CHRONOLOGIE UNIVERSELLE

Toute l'histoire de l'humanité

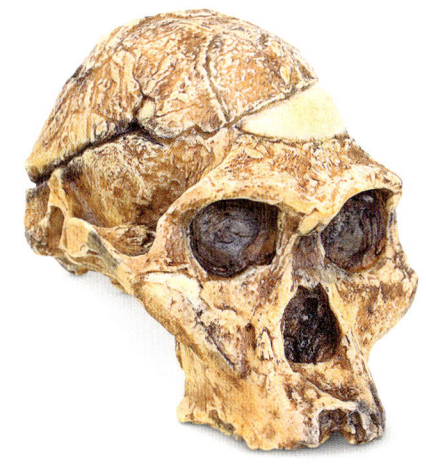

Flammarion

CHRONOLOGIE UNIVERSELLE

Toute l'histoire de l'humanité

Flammarion

Produit pour DK par
cobalt id
www.cobaltid.co.uk

Éditeurs **Marek Walisiewicz**, **Johnny Murray**
Concepteurs **Paul Tilby**, **Paul Reid**
Directeur éditoriale **Hugo Wilkinson**
Directeur éditoriale Art **Duncan Turner**
Responsable éditorial **Angeles Gavira Guerrero**
Responsable éditorial Art **Michael Duffy**
Responsable de la production éditoriale **Robert Dunn**
Fabricante **Meskerem Berhane**

Directrice de la conception graphique
des couvertures **Surabhi Wadhwa-Gandhi**
Responsable de la conception graphique
des couvertures **Sophia MTT**
Graphiste PAO **Ashok Kumar**
Directrice artistique **Karen Self**
Directeur de la conception **Phil Ormerod**
Directrice de publication adjoint **Liz Wheeler**
Directeur de publication **Jonathan Metcalf**

Première édition publiée en anglais
au Royaume-Uni en 2022
Timelines of World History, éditions Dorling Kindersley
Limited DK, One Embassy Gardens,
8 Viaduct Gardens, Londres, SW11 7BW
© 2022 Dorling Kindersley Limited
A Penguin Random House Company
Ventes interdites au Québec.

Pour les esprits curieux : www.dk.com

Version française
© Flammarion, Paris, 2022
Première édition publiée en français,
en France en 2022
par Flammarion, Paris

Flammarion
Directrice éditoriale **Julie Rouart**
Responsable de l'administration
éditoriale **Delphine Montagne**
Éditrice **Pascaline Boucharinc**
Graphiste PAO **Marie-Lou Etienne**
Traductrices **Alexandra Maillard** et **Alice Boucher**
Relectrice **Clémentine Bougrat**

ISBN : 9782080288820
N° d'édition : L.01EBUN000933
Dépôt légal : octobre 2022
Achevé d'imprimer aux Émirats arabes unis

CONTRIBUTEURS

Tony Allen
Tony Allen a écrit de nombreux ouvrages d'histoire pour le grand public et a été rédacteur en chef de la série de 24 volumes *Time-Life History of the World*.

Dr Kay Celtel
Écrivaine et historienne, Kay Celtel a écrit plusieurs ouvrages de vulgarisation sur des sujets allant de l'histoire à l'architecture, en passant par la culture et la littérature.

R. G. Grant
L'historien R. G. Grant est un auteur prolifique d'ouvrages pour adultes et enfants, couvrant un large éventail de sujets sur l'histoire culturelle, technologique et militaire.

Ann Kramer
Après avoir étudié l'histoire à l'université du Sussex, Ann Kramer a écrit sur divers sujets tels l'expérience des femmes pendant la guerre et l'histoire des Noirs américains.

Philip Parker
Philip Parker est un historien spécialiste des systèmes politiques et militaires de l'Antiquité et du Moyen âge, il est notamment l'auteur d'atlas historiques.

Marcus Weeks
Musicien et auteur, Marcus Weeks a écrit et contribué à de nombreuses publications sur la philosophie, les arts, et l'histoire du monde antique.

HISTORIENS SPÉCIALISÉS

Professeur Michael Fisher
Professeur d'histoire Robert S. Danforth, émérite, Oberlin College, États-Unis.

Dr Connor juge
Chercheur postdoctoral en études chinoises, université Somaiya Vidyavihar, Inde.

Professeur Tyesha Maddox
Professeur d'histoire de la diaspora africaine, Fordham University, États-Unis.

Dr Angélica Baena Ramírez
Ancien professeur d'histoire, Universidad Nacional Autónoma de México, UNAM. Chercheur invité et conférencier, UNAM UK et UK Mexican Arts Society.

SOMMAIRE

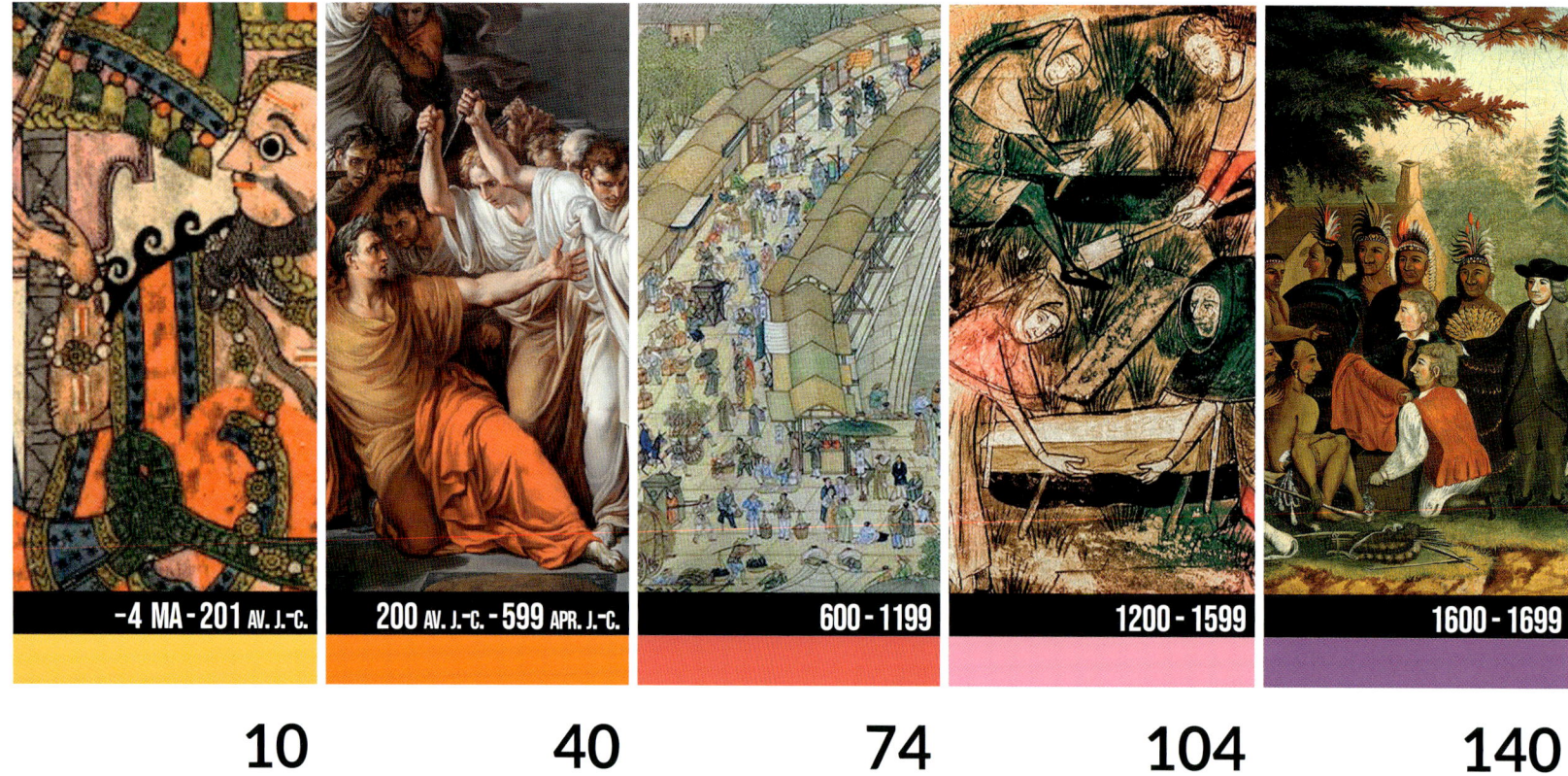

−4 MA - 201 av. J.-C.	200 av. J.-C. - 599 apr. J.-C.	600 - 1199	1200 - 1599	1600 - 1699
10	40	74	104	140

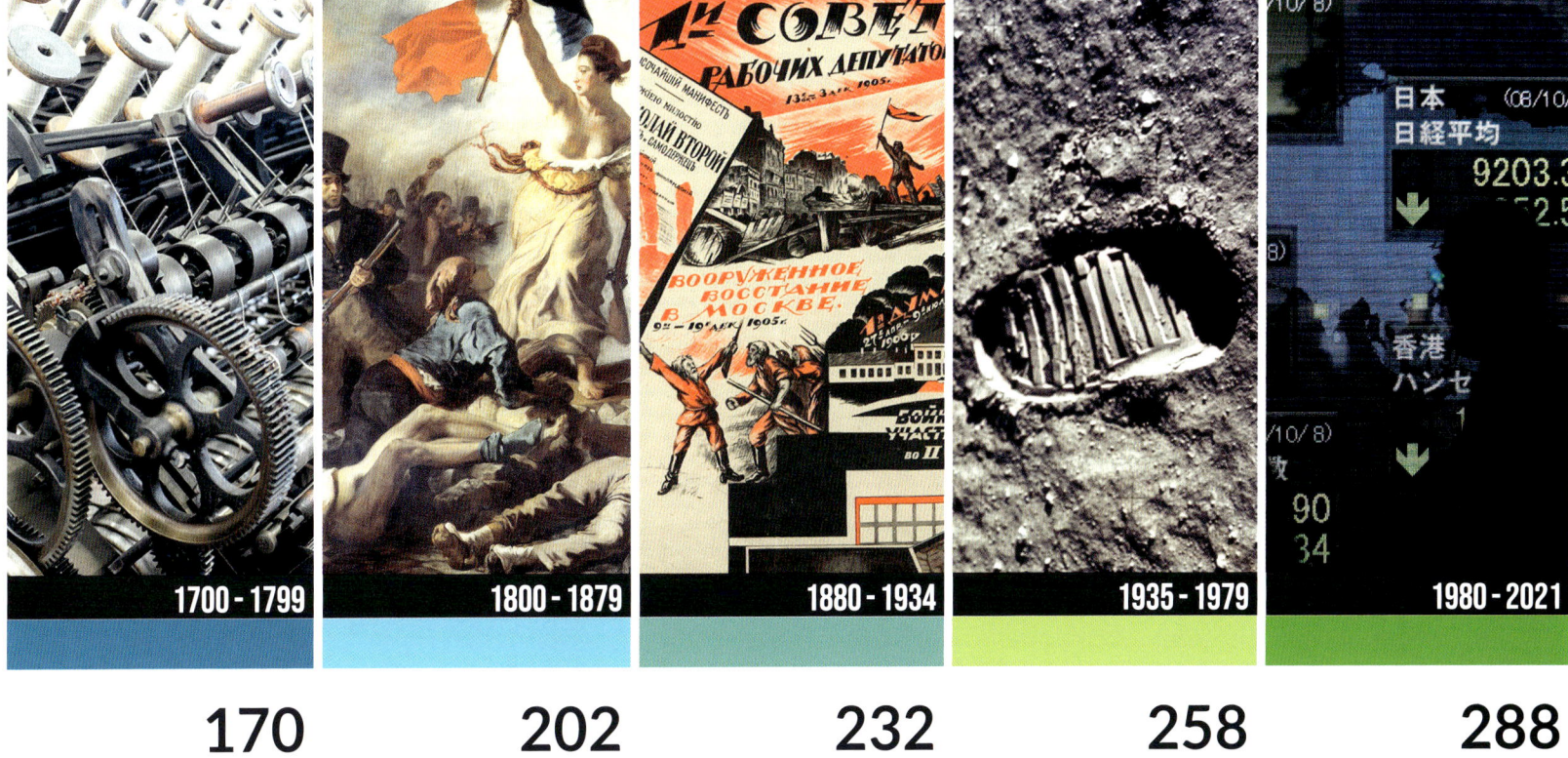

1700-1799	1800-1879	1880-1934	1935-1979	1980-2021
170	202	232	258	288

Commandé par l'empereur moghol Shah Jahan comme mausolée pour son épouse Mumtaz Mahal, le Taj Mahal en marbre blanc à Agra est considéré comme l'apothéose de l'architecture indo-islamique. Commencé en 1632, ce bâtiment parfaitement symétrique a pris 16 années avant d'être achevé.

4 MA AVANT NOTRE ÈRE
LES AUSTRALOPITHÈQUES PROSPÈRENT
Un genre d'homininés précoces capables de marcher debout, les Australopithèques, commence à prospérer sur les prairies africaines.

◁ Réplique de crâne d'*Australopithecus africanus*, nommé « Mme Ples »

1,9 MA AVANT NOTRE ÈRE
USAGE D'OUTILS SPÉCIALISÉS
Descendant des Australopithèques, *Homo erectus* (« homme debout ») évolue. Manifestement différent des ancêtres des humains, plus proches des grands singes, *Homo erectus* développe la taille de la pierre et fabrique des outils de découpe et de chasse sophistiqués. Il y a un million d'années, il apprend à allumer du feu et à s'en servir.

2,5 MA AVANT NOTRE ÈRE
Homo habilis **apparaît** et utilise des outils simples en pierre.

◁ Hachette en pierre du Paléolithique inférieur

—4 MA

300000 AVANT NOTRE ÈRE
Les *Homo sapiens*, les premiers humains modernes, apparaissent en Afrique.

▷ Restes fossilisés sans tête d'un jeune Néandertalien

400000 AVANT NOTRE ÈRE
NÉANDERTAL APPARAÎT
Nommés d'après la vallée de Néander en Allemagne, où ils sont découverts en 1856, les hommes de Néandertal commencent à apparaître en Europe et en Asie. Bien adaptés au climat froid du Nord, ils y prospèrent jusque vers 40000 avant notre ère. Contrairement à la croyance populaire, les Néandertaliens sont intelligents et inventifs. En plus d'être des fabricants d'outils talentueux, ils fabriquent leurs vêtements et leurs chaussures et enterrent même leurs morts.

DE −4 MA À −10000 | 11

46000-40000 AVANT NOTRE ÈRE
DES PEINTURES APPARAISSENT SUR LES PAROIS DES CAVERNES

L'art figuratif le plus ancien connu, vieux de plus de 45 500 ans, a été découvert sur les parois des grottes de Sulawesi, en Indonésie. Bien que certaines décorations rupestres non figuratives soient antérieures à cette découverte, celle-ci marque le début d'une période de peintures rupestres en divers endroits d'Indonésie, de France et de la péninsule Ibérique. À la même époque, les premières sculptures figuratives apparaissent en Europe, taillées dans l'os, l'ivoire et la pierre.

◁ Une peinture de la grotte Chauvet, en France

200000 AVANT NOTRE ÈRE
Début des migrations humaines depuis l'Afrique jusqu'en Europe et en Asie.

62000 AVANT NOTRE ÈRE
L'arc et la flèche remplacent la lance pour chasser le gibier de petite taille.

18000 AVANT NOTRE ÈRE
L'art de la poterie se développe en Chine.

−10000

◁ La calotte glaciaire pendant la dernière période glaciaire

113000 AVANT NOTRE ÈRE
DÉBUT DE L'ÈRE GLACIAIRE DE 100 000 ANS

Le changement climatique qui a commencé vers 200000 avant notre ère s'accélère, marquant le début de la dernière période glaciaire, qui durera plus de 100 000 ans. Alors qu'elle s'intensifie, l'extension de la couche de glace force les populations humaines à migrer vers le sud.

14000-12000 AVANT NOTRE ÈRE
PREMIÈRES INSTALLATIONS HUMAINES

La dernière période glaciaire est suivie par un réchauffement rapide, qui provoque des changements environnementaux majeurs. De grands animaux adaptés à l'ère glaciaire, comme le mammouth, meurent, provoquant une pénurie de grand gibier. Ces nouvelles conditions imposent un changement de comportement humain : les gens abandonnent massivement l'existence nomade des chasseurs-cueilleurs en faveur d'un mode de vie sédentaire organisé en petites communautés, accélérant le développement d'ustensiles domestiques et de la poterie.

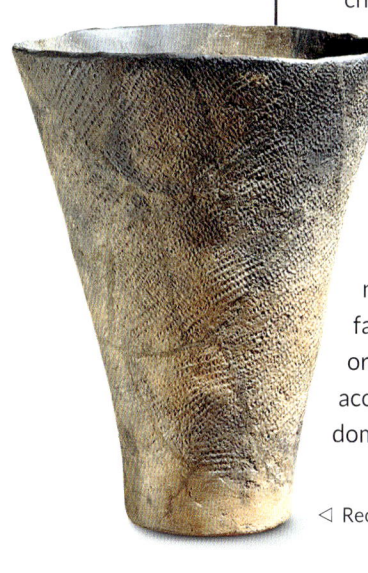

◁ Reconstitution d'une poterie Jomon, Japon

VERS 4100-2900 AVANT NOTRE ÈRE
LES CITÉS-ÉTATS APPARAISSENT EN MÉSOPOTAMIE

L'une des plus anciennes civilisations, Sumer, voit le jour lorsque des colonies humaines s'établissent dans la région située entre le Tigre et l'Euphrate, dans l'actuel Irak. Beaucoup de ces villages se développent en centres urbains. Le plus important d'entre eux est Uruk, la première ville véritable, qui devient le centre politique et culturel de la région. À son apogée, la cité-État d'Uruk compte jusqu'à 80 000 habitants, dont la moitié environ vit dans la ville elle-même.

▷ Temple blanc d'Uruk, visualisation moderne

−10000

VERS 5500-2800 AVANT NOTRE ÈRE
Les colonies dans la vallée de l'Indus marquent les débuts de la **civilisation Harappa.**

VERS 8000 AVANT NOTRE ÈRE **Des colonies fortifiées,** comme celle de Jéricho, apparaissent, offrant alors une défense contre les inondations et les invasions.

VERS 5000-3520 AVANT NOTRE ÈRE
De petits villages s'établissent pendant la période du Jomon précoce, au Japon.

Les premiers métaux travaillés sont l'or et le cuivre.

VERS 9500 AVANT NOTRE ÈRE
TEMPLE DE GÖBEKLI TEPE

Un complexe de cercles de piliers en pierre est édifié en Anatolie, dans le Sud-Est de la Turquie, sur le site aujourd'hui connu sous le nom de Göbekli Tepe. Les piliers en forme de T, sculptés de façon complexe, sont placés dans des cavités creusées à même le sol rocheux. Leur disposition en cercle, dans un but religieux ou rituel, en fait la plus ancienne structure religieuse connue au monde.

◁ Temple circulaire à Göbekli Tepe

DE -10000 À -3000 | 13

3100 AVANT NOTRE ÈRE

NARMER UNIFIE L'ÉGYPTE

Les deux royaumes de Haute et de Basse-Égypte sont unifiés par Narmer (également connu sous le nom de Ménès), qui devient alors le fondateur de la Ire dynastie, et le premier pharaon de la première période dynastique. Sa réalisation capitale est commémorée dans les images et les hiéroglyphes inscrits sur des objets telle la palette de Narmer, une tablette ornementale utilisée pour broyer et mélanger les cosmétiques.

▷ La palette de Narmer

VERS 4500 AVANT NOTRE ÈRE
La fusion des métaux se développe à partir de l'extraction du cuivre provenant de minerai dans des feux.

VERS 3500 AVANT NOTRE ÈRE
Huaricanga, la première ville de la civilisation Norte Chico, au Pérou, est fondée.

VERS 3500 AVANT NOTRE ÈRE
Le plus ancien complexe de terrassement d'Amérique du Nord est édifié à Watson Brake, en Louisiane.

-3000

VERS 3500 AVANT NOTRE ÈRE

LES PREMIERS MOYENS DE TRANSPORT À ROUES

Les agriculteurs de Mésopotamie commence à domestiquer des animaux plus imposants, tels que les bovins et les ânes, et prennent conscience de leur potentiel comme animaux de trait pour tirer une charrue ou un chariot. Les Sumériens construisent des charrettes à quatre roues en bois massif pour l'agriculture. Suivent rapidement des constructions de chariots à des fins militaires et cérémonielles.

△ Char sumérien représenté sur l'étendard d'Ur

VERS 9500-3500
ÉVOLUTION DE L'AGRICULTURE

L'adoption de l'agriculture et l'abandon du mode de vie nomade préparent le terrain aux premières civilisations sédentaires.

VERS 9500 AVANT NOTRE ÈRE
Dans le « Croissant fertile » de l'Égypte et l'Asie occidentale, les gens récoltent, et plus tard cultivent des graminées.

VERS 8500 AVANT NOTRE ÈRE
Les chèvres et les moutons sont les premiers animaux domestiqués alors que l'agriculture se développe, au Moyen-Orient.

VERS 5000-3000 AVANT NOTRE ÈRE
La culture de Yangshao émerge en Chine, du fleuve Jaune jusqu'à certaines parties du Gansu. Les habitants y cultivent principalement le millet.

VERS 3500 AVANT NOTRE ÈRE
Les premières formes de charrue sont inventées en plusieurs endroits différents ; les bovins et les ânes sont utilisés comme animaux de trait.

△ Le dieu Anubis momifie un cadavre, peinture de la tombe d'Amennakht

VERS 2686-2181 AVANT NOTRE ÈRE
LA MOMIFICATION SE DÉVELOPPE
Dans l'Ancien Empire égyptien (vers 2686-2181 avant notre ère), les corps des pharaons, de leur famille et d'autres nobles sont préservés par un processus de momification. Ils sont embaumés et enveloppés dans du tissu avant d'être enterrés avec de splendides trésors funéraires.

—3000

VERS 3000 AVANT NOTRE ÈRE
La civilisation élamite émerge le long de la rive orientale du golfe Persique.

VERS 2560 AVANT NOTRE ÈRE
La grande pyramide de Gizeh, tombeau du pharaon Khéops, est achevée.

VERS 3000 AVANT NOTRE ÈRE
La construction de Stonehenge débute sur la plaine de Salisbury, dans l'Ouest de l'Angleterre.

VERS 2600 AVANT NOTRE ÈRE
Les premières pyramides à degrés sont construites à Caral, la principale ville de la civilisation Norte Chico, au Pérou.

VERS 2900 AVANT NOTRE ÈRE
SYSTÈME D'ÉCRITURE CUNÉIFORME
Les Mésopotamiens de Sumer conçoivent une méthode d'enregistrement des transactions en faisant des empreintes dans de l'argile molle avec un bâton. Ces simples marques de pointage évoluent vers un système d'écriture sophistiqué utilisant des symboles cunéiformes pour représenter les mots et les syllabes, au lieu des pictogrammes utilisés dans les hiéroglyphes.

△ Tablette d'argile avec inscription cunéiforme

VERS 2334-2279 AVANT NOTRE ÈRE
SARGON LE GRAND
Grâce à ses conquêtes de royaumes voisins, Sargon étend son règne à Akkad (à l'est du Tigre), devenant ainsi le premier dirigeant à régner sur un empire composé de cités-États soumises.

> *« Seuls les dieux demeurent éternellement dans la lumière du soleil. Quant à l'homme, ses jours sont comptés. »*

L'ÉPOPÉE DE GILGAMESH, POÈME ÉPIQUE MÉSOPOTAMIEN, VERS 2100 AV. J.-C.

2112-2095 AVANT NOTRE ÈRE
GRANDE ZIGGOURAT CONSTRUITE À UR

Après avoir libéré sa ville de la domination akkadienne et gutienne, le roi Ur-Nammu fonde la troisième dynastie néo-sumérienne d'Ur. Il construit une gigantesque ziggourat (pyramide à degrés) en l'honneur du dieu Nannar. La structure monumentale tombe en ruine après la chute de la troisième dynastie, mais elle est reconstruite au VIe siècle av. J.-C. par Nabonide, roi de Babylone.

△ Ziggourat d'Ur, restaurée et reconstruite

VERS 2334-2279 AVANT NOTRE ÈRE
Sargon le Grand conquiert Sumer et la Mésopotamie et fonde l'Empire akkadien.

VERS 2150 AVANT NOTRE ÈRE
Le royaume de Nubie est établi dans la région au sud de l'Égypte.

VERS 2100-2000 AVANT NOTRE ÈRE
L'Épopée de Gilgamesh est écrite sur des tablettes en langue sumérienne.

−2000

VERS 2200 AVANT NOTRE ÈRE
La fonte du fer est un procédé développé par les Hittites en Anatolie ; le secret est bien gardé.

VERS 2134 AVANT NOTRE ÈRE
Le Moyen Empire égyptien est fondé par Montouhotep II, qui réunifie l'Égypte.

▽ Mohenjo-daro, ruines de la ville

2070-1600 AVANT NOTRE ÈRE
LA DYNASTIE XIA EN CHINE

Selon la tradition, Yu le Grand fonde la dynastie Xia, la première des dynasties chinoises, lorsque le mandat du Ciel lui est conféré par le dernier des cinq souverains mythiques. Yu est devenu légendaire non seulement pour avoir été l'instigateur du régime dynastique en Chine, mais aussi pour sa gouvernance bienveillante et sage. Sa réalisation majeure est le grand chantier qu'il commande pour contrôler les inondations persistantes qui menacent le centre de la Chine.

VERS 2500 AVANT NOTRE ÈRE
CONSTRUCTION DE MOHENJO-DARO

La civilisation harappéenne de la vallée de l'Indus atteint son apogée entre 2600 et 1900 avant notre ère. Elle comprend plusieurs villes, dont Harappa et Mohenjo-daro, avec des populations d'environ 50 000 habitants. Mohenjo-daro est particulièrement remarquable pour ses bâtiments en briques, son urbanisme méthodique ainsi que ses systèmes d'irrigation et d'égouts sophistiqués.

△ Yu le Grand, fondateur légendaire de la dynastie Xia

L'ÂGE DES PYRAMIDES

VERS 2700-2200 AVANT J.-C.

L'Ancien Empire d'Égypte est souvent appelé « l'âge des pyramides » car il englobe les règnes des grands rois bâtisseurs de pyramides de la IIIe (2686-2613 av. J.-C.) à la VIe dynastie (2345-2181 av. J.-C.). Au cours de la période de 500 ans débutant vers 2700 av. J.-C., les constructeurs développent les techniques d'extraction du calcaire et de transport d'énormes quantités de pierre, permettant la construction de monuments gigantesques qui deviennent le symbole de la majesté de l'Égypte ancienne.

Les premières pyramides égyptiennes apparaissent sous le règne du roi Djéser, sous la IIIe dynastie. Djéser déplace sa capitale royale à Memphis et se lance dans un programme de travaux de construction pour établir sa cour. Ce site comprend la construction d'une nécropole dans la ville voisine de Saqqarah, supervisée par son architecte Imhotep, à qui l'on attribue la conception de la première pyramide. La simple pyramide à degrés de Saqqarah inspire les successeurs de Djéser sous la IVe dynastie, comme le roi Snéfrou, qui en affine la conception pour créer une véritable pyramide.

La construction de pyramides atteint son apogée avec celles de Meïdoum et de Dahchour, et avec le célèbre complexe pyramidal de Gizeh, construit pour les rois Khéops, Khéphren, et Mykérinos.

ÉVÉNEMENTS-CLÉS

XXVIIe SIÈCLE AV. J.-C. **Premières pyramides à degrés**
Les premières pyramides égyptiennes sont des structures étagées, construites en ajoutant des étages plus petits faits de blocs de pierre sur une base carrée ou rectangulaire. Le modèle de ces pyramides est celle de Djéser à Saqqarah (*à gauche*), qui s'élève à plus de 60 mètres de hauteur en 6 étages.

XXVIe SIÈCLE AV. J.-C. **Premières vraies pyramides**
Les bâtisseurs de la IVe dynastie procèdent par étages beaucoup plus petits pour construire une forme pyramidale plus lisse s'élevant vers un point, comme la pyramide de Dahchour (*à gauche*), rhomboïdale. L'effet est renforcé par le revêtement de la structure, avec des dalles de calcaire blanc poli.

XXVIe SIÈCLE AV. J.-C. **Le Sphinx**
À côté du complexe des pyramides de Gizeh se trouve une autre structure emblématique de l'Égypte ancienne : le Sphinx (*à gauche*). Taillé dans le roc (mais plus tard restauré avec des blocs de calcaire), il s'agit d'une statue colossale du sphinx mythique ressemblant à un chat, avec le visage du roi Khéphren, qui règne à cette époque.

La grande pyramide de Gizeh est construite au xxviᵉ siècle av. J.-C., afin de devenir un tombeau pour le roi Khéops. Plus grande des pyramides de Gizeh, avec une hauteur de 146,5 mètres, elle représente l'apogée de l'art égyptien de la construction de pyramides et est la plus ancienne des Sept Merveilles du monde antique.

DE –2000 À –1500

VERS 1900 AV. J.-C.
ACHÈVEMENT DE STONEHENGE

Construit au centre de remblais circulaires datant d'environ 3000 av. J.-C., le monument en pierre connu aujourd'hui sous le nom de Stonehenge est achevé environ 1 000 ans plus tard. D'énormes pierres debout surmontées de linteaux sont disposées en anneau autour d'un fer à cheval de pierres plus petites, avec une pierre d'autel au centre. La structure et l'avenue qui y mène sont alignées avec le lever du soleil au solstice d'été : on pense donc qu'elle avait une fonction religieuse ou astronomique.

VERS 1900 AV. J.-C.
LA CONQUÊTE AMORRITE

Au cours du XXIᵉ siècle av. J-C., les Amorrites, un peuple sémite du Levant, font du commerce en Mésopotamie akkadienne. Ils en viennent à occuper une grande partie du sud de la région, établissant des cités-États indépendantes. L'une d'elles, Babylone, devient particulièrement prééminente en tant que capitale de ce qui deviendra le Premier Empire babylonien.

△ Stonehenge, cercle de pierres

▽ Ancien relief babylonien

–2000

VERS 1900 AV. J.-C. **Les Hittites** établissent leur empire et sa capitale à Hattousa, en Anatolie.

1772 AV. J.-C. **Le roi Hammurabi de Babylone** rédige un code de lois qui met l'accent sur la compensation de la victime et sur la punition de l'agresseur.

VERS 1900 AV. J.-C.
LES PALAIS MINOENS

La civilisation minoenne s'établit sur l'île de Crète vers 3000 avant notre ère. Elle devient une puissance commerciale majeure à travers la Méditerranée, et sa prospérité est apparente dans des palais impressionnants – des bâtiments principalement administratifs – construits à partir de 1900 av. J.-C. dans des villes telles que Cnossos ou Phaistos, et sur l'île de Santorin. Ils comptent souvent plusieurs étages, qui sont équipés de systèmes de plomberie et généralement somptueusement décorés.

△ Palais de Cnossos, aujourd'hui partiellement restauré et reconstruit

DE −2000 À −1500 | 19

◁ Ahmose I, statue en calcaire

1549-1069 AV. J.-C.
NOUVEL EMPIRE D'ÉGYPTE

Sous le règne d'Ahmôsis Ier, fondateur de la XVIIIe dynastie, l'Égypte est réunifiée après l'expulsion des souverains hyksôs du delta du Nil. Ainsi commence la période la plus puissante de l'Égypte, le Nouvel Empire d'Égypte, qui voit l'empire s'étendre en Nubie et en Asie occidentale. En accord avec son héritage thébain, Ahmôsis déplace le site des tombes royales des pyramides à la vallée des Rois, près de Thèbes.

VERS 1650 AV. J.-C. Le Nord de l'Égypte est occupé par des envahisseurs venus du Levant, les Hyksôs, qui sont les premiers souverains étrangers d'Égypte.

VERS 1600 AV. J.-C. Une éruption volcanique catastrophique sur Santorin déclenche le déclin de la civilisation minoenne.

−1500

VERS 1600 AV. J.-C. Le climat mondial commence à se refroidir, peut-être à la suite d'éruptions volcaniques à travers le monde.

1549-1069 AV. J.-C. Les Hittites et les Kassites utilisent des armes en fer et des chars tirés par des chevaux pour envahir Babylone.

VERS 1810-1750 AV. J.-C.
LE ROI HAMMURABI

Si l'on se souvient de l'introduction de son code de lois babylonien homonyme, Hammurabi est vénéré à son époque pour avoir étendu l'Empire babylonien à presque toute la Mésopotamie.

◁ Os d'oracle de la dynastie Shang

VERS 1600 AV. J.-C.
LA DYNASTIE SHANG S'ÉTABLIT

Après la semi-mythique dynastie Xia, la vallée du fleuve Jaune est gouvernée par les premiers rois chinois dont l'existence est attestée : la dynastie Shang. Elle est fondée par Chen Tang, vainqueur de la bataille de Mingtiao contre les Xia. Des artefacts en bronze, en jade et en céramique, ainsi que des os d'oracle (caractères gravés sur des os utilisés pour la divination) témoignent de la sophistication culturelle des Shang.

DE –1500 À –1000

VERS 1500 AV. J.-C.
LA CULTURE NOK

La culture Nok, nommée d'après le village de Nok où ses artefacts ont été découverts, commence à se développer dans ce qui est aujourd'hui le Nigéria. Surtout connu pour ses figurines stylisées en terre cuite, le peuple Nok découvre également la fonte du fer à peu près à l'époque où l'âge du fer se met en place en Europe et en Asie. Cette civilisation a une très longue durée de vie, jusqu'à sa soudaine et mystérieuse disparition vers 500 av. J.-C.

◁ Figurine en terre cuite Nok

–1500

VERS 1400 AV. J.-C. Des peuples **parlant le sanskrit védique** migrent en Inde depuis le nord-ouest, puis se répartissent dans le Nord de l'Inde.

1336 AV. J.-C. Le pharaon **Toutankhamon** et sa reine Néfertiti restaurent l'ancienne religion égyptienne.

1348 AV. J.-C. Les **réformes religieuses** instituées en Égypte par le pharaon Akhenaton rejettent les précédents dieux au profit du culte du Soleil.

1300 AV. J.-C. La **culture des champs d'urnes,** nommée d'après la pratique consistant à conserver les cendres dans des urnes, émerge en Europe centrale.

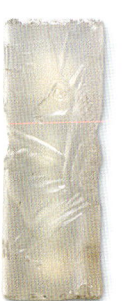

VERS 1400 AV. J.-C.
LES ASSYRIENS AFFIRMENT LEUR INDÉPENDANCE

Après des siècles d'existence comme États-sujets disparates des empires d'Akkad puis de Babylone en Mésopotamie, les Assyriens commencent à émerger en tant que puissance indépendante.

△ Sceau-cylindre assyrien avec son empreinte

1500-500 AV. J.-C.
L'ÂGE DU FER

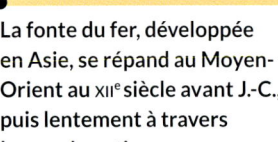

La fonte du fer, développée en Asie, se répand au Moyen-Orient au XIIᵉ siècle avant J.-C., puis lentement à travers le monde entier.

VERS 1500 AV. J.-C. En Anatolie, les Hittites développent des techniques de travail du fer (*comme pour la tête de hache ci-dessus*), mais les gardent secrètes pour maintenir leur supériorité sur les États voisins.

VERS 1000 AV. J.-C. La technologie du fer se répand en Asie occidentale et en Europe, jusqu'aux îles Shetland au nord (*ci-dessus*). Elle est également découverte par les Nok d'Afrique de l'Ouest.

VERS 500 AV. J.-C. Les métallurgistes chinois apprennent les procédés de la fonte et du travail du fer et commencent à produire des pièces complexes, telles que ce crochet de ceinture (*ci-dessus*).

1264-1244 AV. J.-C.
RAMSÈS II ÉTEND L'ÉGYPTE

Sous le règne du pharaon Ramsès II, l'Empire égyptien s'étend vers le sud jusqu'à la Nubie, riche en or. Tout en soumettant le peuple nubien, Ramsès II lance un gigantesque projet de construction sur ce territoire, comme un symbole durable de la puissance égyptienne. Ce site prend la forme de deux temples massifs taillés dans la roche à Abou Simbel, avec des figures géantes en relief sculptées sur leurs façades : le Grand Temple, dédié à Ramsès lui-même, et le Petit Temple pour sa principale épouse, Néfertari.

◁ Ramsès II représenté sur une fresque du temple de Beit el-Wali

---

VERS 1200 AV. J.-C. **Le royaume de Lydie** s'établit en Asie Mineure après le déclin de l'Empire hittite.

VERS 1100-800 AV. J.-C. **La période grecque des « siècles obscurs »** commence après la chute des Mycéniens.

−1000

VERS 1200 AV. J.-C. **La culture Chavín** émerge dans les Andes péruviennes.

VERS 1100 AV. J.-C. **Les marins phéniciens** deviennent une puissance méditerranéenne majeure.

1046 AV. J.-C. **La dynastie Zhou** supplante la dynastie Shang en Chine.

VERS 1200 AV. J.-C.
LA CULTURE OLMÈQUE

La plus ancienne civilisation connue en Méso-Amérique, la culture olmèque, se développe à partir de colonies dans la région du golfe du Mexique, avec d'abord San Lorenzo puis La Venta pour capitale. L'une des caractéristiques prédominantes de la culture olmèque est la sculpture sur pierre. En plus des masques sculptés et des têtes de hache sans doute à usage rituel, les Olmèques produisent un grand nombre de sculptures massives en basalte volcanique, connues sous le nom de « têtes colossales ».

▷ Tête colossale olmèque

Le principal produit commercial des Phéniciens est la teinture pourpre obtenue à partir du murex.

DE –1000 À –901

VERS 1000 AV. J.-C.
ROYAUME DE KOUSH

Avec l'effondrement du Nouvel Empire d'Égypte, les Nubiens, qui avaient été soumis par les Égyptiens, reprennent le contrôle de leurs terres. Ils fondent le royaume indépendant de Koush, dont la capitale est Napata (aujourd'hui Karima, au Soudan). En seulement deux siècles, les Nubiens contrôlent la Haute-Égypte et installent une dynastie koushite, qui régnera ensuite sur toute l'Égypte.

▷ Poterie du royaume de Koush

VERS 969-936 AV. J.-C.
TYR PROSPÈRE SOUS HIRAM IER

La ville de Tyr est idéalement située pour le commerce sur la côte de l'actuel Liban. Sous le règne du roi Hiram Ier, elle devient une plaque tournante pour une grande partie des échanges commerciaux de la région. L'un de ses principaux attraits pour les marchands est le programme de travaux de construction lancé par Hiram, fournissant des entrepôts dans la ville fortifiée.

▷ Tête sculptée provenant de la Tyr phénicienne

VERS 1000 AV. J.-C. **Le roi David** unit les tribus d'Israël et conquiert la ville de Jérusalem.

—1000

VERS 1000 AV. J.-C.
La civilisation Adena commence à se développer le long de la rivière Ohio en Amérique du Nord.

▷ Navire marchand phénicien, relief

VERS 1000 AV. J.-C.
LES PORTS PHÉNICIENS

Au début du xe siècle av. J.-C., les Phéniciens sont la puissance maritime dominante à travers la Méditerranée orientale. Ils commencent à fonder des ports pour faciliter la circulation des marchandises au Moyen-Orient : des ports tels que Tyr, Sidon et Byblos s'étendent progressivement et deviennent des cités-États autonomes et prospères.

VERS 1035-970 AV. J.-C.
LE ROI DAVID

Selon le récit biblique, David est un berger et un musicien qui accède au pouvoir après avoir tué le géant philistin Goliath. Il succède à Saül comme roi d'Israël, et conduit son peuple à Jérusalem.

VERS 950 AV. J.-C.
L'EMPIRE NÉO-ASSYRIEN

Sortant d'un « âge obscur » de déclin qui a affligé une grande partie du Moyen-Orient pendant plus d'un siècle, l'Assyrie commence à rétablir son empire. Au moment où Adad-Nirari II monte sur le trône en 911 av. J.-C., les fondations d'un Empire néo-assyrien sont posées. Sous sa direction, il conquiert une grande partie de la Mésopotamie et au-delà. Son expansion fait de lui l'empire le plus grand et le plus puissant que le monde ait jamais connu.

△ Bas-relief assyrien

Hiram Ier fournit à Salomon du bois de cèdre du Liban pour construire le temple de Jérusalem.

VERS 930 AV. J.-C. **Après la mort de Salomon,** son royaume se divise en Israël au nord et Juda au sud.

VERS 910 AV. J.-C. **La Scythie,** au centre de l'Eurasie, devient le foyer des peuples nomades venus des steppes d'Asie.

VERS 950 AV. J.-C.
CONSTRUCTION DU PREMIER TEMPLE DE JÉRUSALEM

Selon la tradition, le roi David rapporte l'Arche d'alliance à Jérusalem. Cependant, c'est son fils Salomon qui fait construire un temple pour l'abriter lorsqu'il lui succède sur le trône d'Israël. Ce premier temple est le centre spirituel et culturel de la ville, situé sur le mont Moriah (le mont du Temple), jusqu'à ce que les Babyloniens le détruisent en 586 av. J.-C.

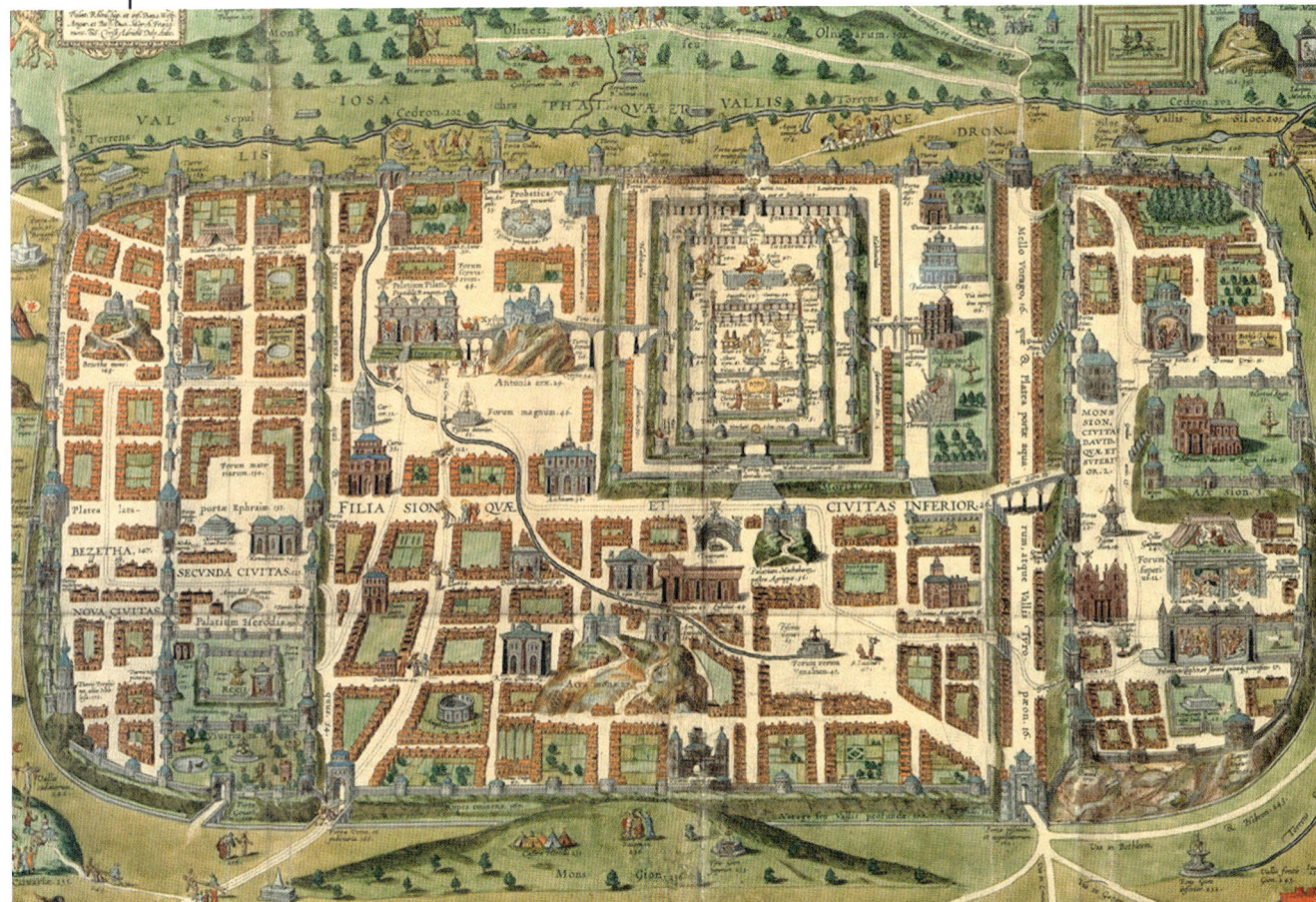

▷ Plan de Jérusalem

VERS 900-400 AV. J.-C.
LA CIVILISATION ÉTRUSQUE

Plusieurs cités-États commencent à prospérer dans le Nord de l'Italie au IXe siècle av. J.-C., évoluant en une civilisation étrusque dotée d'une culture distinctive. Celle-ci prévaut pendant plusieurs siècles avant d'être assimilée dans l'État romain. Une grande partie de ce qui est connu de la société étrusque provient d'œuvres d'art trouvées dans des tombes familiales, notamment des peintures murales, des poteries, et des sculptures en bronze.

▷ Vase étrusque en forme de sanglier

−900

VERS 859-824 AV. J.-C.
SALMANASAR III

Tout au long de son règne, d'environ 859 av. J.-C. jusqu'à sa mort en 824 av. J.-C., Salmanasar III mène une campagne implacable visant à poursuivre l'expansion de l'Empire assyrien initiée par son père.

VERS 900 AV. J.-C. **Les Phéniciens étendent leur influence** à travers la Méditerranée, établissant des colonies en Afrique du Nord et dans le Sud de l'Espagne.

Les glyphes trouvés à La Venta suggèrent que la civilisation olmèque est la première du Nouveau Monde à concevoir un système d'écriture.

VERS 900 AV. J.-C.
ESSOR DE LA CULTURE DE CHAVÍN

Cette civilisation émerge dans le Nord des Andes péruviennes et établit sa capitale à l'emplacement de la ville moderne de Chavín de Huantar. Cette cité comprend un complexe de bâtiments religieux et cérémoniels ornés de sculptures en pierre typiquement andines.

◁ Décoration de pectorale en or de style Chavín

△ Décoration sur les portes de Salmanasar III, à Nimroud

863 AV. J.-C.
NIMROUD DEVIENT CAPITALE ASSYRIENNE

L'Empire néo-assyrien se renforce au IXe siècle avant notre ère. Lorsque Assurnasirpal II devient roi, il se lance dans une campagne d'expansion impitoyable, redonnant à l'Assyrie son ancienne gloire et sa puissance. Il déplace sa capitale d'Assur à Nimroud (aussi connue sous le nom de Kalhu), où il construit d'opulents palais. Après sa mort, son fils Salmanasar III suivra avec enthousiasme les traces de son père.

872 AV. J.-C. Le temple de Louxor, en Égypte, est inondé par une grave crue du Nil.

836 AV. J.-C. La guerre civile éclate en Égypte après une lutte de pouvoir entre factions de la famille royale.

VERS **850 AV. J.-C. Le royaume de Van** (dans l'Arménie moderne) affirme son indépendance vis-à-vis de l'Empire assyrien sous le règne du roi Arame d'Urartu.

△ La Grande Pyramide de La Venta

VERS 900 AV. J.-C.
LA CULTURE OLMÈQUE SE DÉPLACE À LA VENTA

Après que la ville olmèque de San Lorenzo a été gravement endommagée, peut-être par des changements environnementaux, ses habitants établissent une nouvelle capitale à La Venta, à environ 75 kilomètres au nord-est. La nouvelle ville est construite sur un vaste territoire aux routes pavées, et dominée par une pyramide massive en argile. Parmi les nombreux artefacts découverts par les archéologues, l'on trouve des haches de jade, des sculptures et des poteries.

VERS 814 AV. J.-C.
FONDATION DE CARTHAGE

Une légende entoure la fondation de la ville de Carthage par les Phéniciens, sur la côte de l'actuelle Tunisie. Le récit le plus ancien est celui de Didon (ou Elissa), originaire de Tyr, qui acquiert cette terre et en devient la première reine. Ce qui ne fait aucun doute, en revanche, c'est que de colonie phénicienne, elle devient cité-État prospère, capitale d'un puissant Empire carthaginois.

▷ Protomé d'argile carthaginois

VERS 800 AV. J.-C.
PÉRIODE VÉDIQUE

La composition de textes en sanskrit, les Brahmana, et le premier des Upanishad marquent le début de ce que l'on appelle la dernière période védique de la civilisation indo-védique du Nord de l'Inde. Ces textes sacrés, avec d'autres, sont organisés en collection, les quatre Veda, qui sont le fondement des religions brahmaniques. Ces textes sont également la pierre angulaire des principes de la culture régionale kuru, qui influence le développement de sa structure sociale hiérarchique.

◁ Le sage Vyasa parle au roi Janamejaya, du clan kuru, codificateur des textes védiques

−800 — VERS 800 AV. J.-C. **Les peuples helléniques** de cités-États comme Sparte, Athènes et Thèbes se répartissent de la Grèce continentale vers des colonies situées autour de la mer Égée.

776 AV. J.-C.
PREMIERS JEUX PANHELLÉNIQUES D'OLYMPIE

Selon la tradition, Olympie accueille les premiers Jeux panhelléniques en 776 av. J.-C. Fête religieuse et compétition athlétique, les Jeux ont également un but politique, à la fois pour favoriser les relations entre les cités-États grecques participantes et pour ranimer les vieilles rivalités. Les Jeux olympiques ont lieu tous les quatre ans et se perpétuent sous la domination romaine jusqu'au IVe siècle de notre ère.

▷ Athlètes grecs nus représentés sur une amphore

771 AV. J.-C.
DÉBUT DE LA DYNASTIE DES ZHOU ORIENTAUX EN CHINE

Après l'invasion de la capitale des Zhou, Haojing, par des Barbares, la famille royale est forcée de fuir vers l'est, faisant de Luoyi la capitale de la dynastie des Zhou de l'Est. Ce site annonce le début d'une période de déclin du pouvoir des rois Zhou et d'une fragmentation de la région en États plus autonomes. Cette première partie du règne de la dynastie Zhou orientale est connue sous le nom de période des Printemps et Automnes (722-481 av. J.-C.), nommée d'après une chronique officielle de l'État de Lu, les *Annales des Printemps et Automnes*.

◁ L'épée de Goujian, roi de Yue, l'un des hégémons de la période

753 AV. J.-C.
FONDATION DE ROME

Le mythe de la fondation de la ville de Rome relate l'histoire des fils jumeaux du dieu Mars, Romulus et Rémus. Abandonnés à une mort certaine sur les rives du Tibre alors qu'ils sont bébés, ils sont finalement sauvés et allaités par une louve. Une fois adultes, ils reviennent sur le site avec l'intention d'y bâtir une ville. Mais une dispute concernant son emplacement conduit à la mort de Rémus, après quoi Romulus fonde Rome sur le Palatin en 753 av. J.-C. et en devient le premier roi.

> « *Rome s'est développée depuis ses humbles débuts au point qu'elle est maintenant submergée par sa propre grandeur.* »
>
> TITE-LIVE, *HISTOIRE DE ROME*, 10 AV. J.-C.

◁ Romulus et Rémus allaités par une louve

745-727 AV. J.-C. **L'Empire assyrien** s'étend à travers la Mésopotamie jusqu'à la Méditerranée, et de la Scythie au Nord jusqu'à la péninsule arabique.

VERS 750 AV. J.-C. **Le roi Piyé de Koush** envahit l'Égypte et établit une 25ᵉ dynastie nubienne.

VERS 750 AV. J.-C. **Les poèmes épiques d'Homère** sont écrits pour la première fois grâce à un alphabet de style phénicien.

VIIIᵉ SIÈCLE AV. J.-C.
HOMÈRE

Auteur de l'*Iliade* et de l'*Odyssée*, Homère est un personnage légendaire. Faisant partie d'une tradition orale, les poèmes qui lui sont attribués sont peut-être en fait l'œuvre de plusieurs auteurs sur une longue période.

▷ Pyramides de Méroë Soudan, Afrique

VERS 720 AV. J.-C.
CONSTRUCTION DES PYRAMIDES À MÉROÉ

Au VIIIᵉ siècle avant notre ère, la capitale du royaume de Koush se trouve à Napata, mais plusieurs membres de la famille royale sont originaires du Sud, de la ville de Méroé. Celle-ci devient le lieu de sépulture de cette partie de la famille, d'où la construction d'un complexe funéraire en 720 av. J.-C. Les pyramides contenant les tombes sont de style nubien, avec des faces abruptes.

VERS 685-668 AV. J.-C.
SPARTE, PUISSANCE DOMINANTE EN GRÈCE

Sparte considère la force et la discipline comme des idéaux, et produit une armée de combattants intrépides, qui se distinguent sur le champ de bataille par leur tenue de combat distinctive et leurs casques à crête. En conséquence, au VIIe siècle av. J.-C., elle s'impose comme la première puissance militaire de la Grèce, précieuse en tant qu'alliée, dangereuse en tant qu'ennemie.

▷ Guerrier spartiate, bronze

660 AV. J.-C.
LE LÉGENDAIRE PREMIER EMPEREUR DU JAPON

Selon la tradition, Jimmu, un descendant d'Amaterasu, la déesse du Soleil, devient le premier empereur du Japon après avoir conquis le pays tout entier. Il y a peu de preuves historiques de son existence, et la légende semble être un mélange de mythologie et d'événements réels. Néanmoins, la date supposée de son avènement, le 11 février, est toujours célébrée au Japon comme le jour de la fondation de l'État.

–700

689 AV. J.-C. La ville de **Babylone** est détruite par l'empereur assyrien Sennachérib.

671 AV. J.-C. La capitale égyptienne **Memphis** est prise par le roi assyrien Assarhaddon ; elle est reconquise par les Égyptiens huit ans plus tard.

VERS 700 AV. J.-C.
EXPANSION DE NINIVE

Sennachérib monte sur le trône de l'mpire néo-assyrien en 705 avant notre ère. En plus de poursuivre l'expansion de l'empire, il entreprend de déplacer la capitale vers la cité de Ninive. Cela implique un vaste programme de rénovation de la vieille ville, centré autour d'un « Palais sans rival », faisant d'elle l'une des plus grandes et des plus importantes cités du monde à cette époque.

◁ « Palais sans rival » de Sennachérib

DE −700 À −601 | 29

◁ L'empereur Jimmu et le soleil levant

VIIᵉ SIÈCLE AV. J.-C.
LES CENT ÉCOLES DE PENSÉE

La philosophie s'épanouit pendant la période des Zhou orientaux en Chine. Les différents systèmes qui émergent alors sont connus sous le nom des Cent écoles de pensée, et comprennent des penseurs tels que Lao-Tseu (fondateur du taoïsme), Confucius (fondateur du confucianisme), Mozi (moïsme) et Han Fei Zi (légisme).

△ Lao-Tseu chevauchant un bœuf

621 AV. J.-C. « L'âge des tyrans » débute dans de nombreuses cités-États grecques.

620-600 AV. J.-C. Des pièces sont utilisées pour la première fois comme monnaie en Lydie (Turquie moderne).

−601

620 AV. J.-C. Draco établit le premier code de loi à Athènes (d'où le terme « draconien »).

612 AV. J.-C. L'effondrement de l'Empire néo-assyrien est déclenché par la destruction de Ninive par les rebelles babyloniens et mèdes.

▽ Stèle d'Assurbanipal

La bibliothèque d'Assurbanipal contient des textes sur plus de 30 000 tablettes d'argile.

668 AV. J.-C.
ASSURBANIPAL DEVIENT EMPEREUR ASSYRIEN

Parfois proclamé « dernier grand roi d'Assyrie », Assurbanipal arrive au pouvoir alors que l'Empire assyrien est à son apogée. Pendant son règne, il fait de Ninive le centre culturel, politique et commercial de l'empire, avec une vaste bibliothèque abritant des textes tels que *L'Épopée de Gilgamesh* et des bâtiments somptueusement décorés de statues et de bas-reliefs.

VERS 600 AV. J.-C.
REVITALISATION DE BABYLONE

Nabuchodonosor II, à la tête de l'Empire néo-babylonien (605-562 av. J.-C.), est un chef militaire inspirant connu pour ses projets de construction dans toute la Mésopotamie. Il ordonne la revitalisation de la ville de Babylone afin de restaurer sa réputation déclinante, y compris la reconstruction de la ziggourat et, comme le veut la légende, la création des célèbres jardins suspendus.

◁ Les légendaires jardins suspendus de Babylone

−600

590 AV. J.-C. Les souverains nubiens du royaume de Koush déplacent leur résidence de Napata à Méroé.

586 AV. J.-C. Nabuchodonosor II détruit le temple de Jérusalem à la suite d'une révolte juive.

VERS 550 AV. J.-C. Le temple d'Artémis à Éphèse est reconstruit pour remplacer l'original détruit par des inondations.

550 AV. J.-C.
CYRUS LE GRAND FONDE L'EMPIRE ACHÉMÉNIDE

Cyrus est roi d'Anshan, une nation soumise au royaume mède. Il prend la tête d'une révolte, vainc les Mèdes et conquiert ensuite l'Empire lydien pour fonder l'Empire achéménide, le premier empire perse. Par la suite, Babylone tombe également sous la gouvernance achéménide, ce qui conduit Cyrus à faire graver sur un cylindre d'argile « Je suis Cyrus, roi de la Perse ».

△ Le cylindre de Cyrus

600-322 AV. J.-C.
LA PHILOSOPHIE GRECQUE

Les fondements de la philosophie occidentale sont posés par des penseurs grecs à partir du VIᵉ siècle av. J.-C. et atteignent leur apogée dans l'Athènes classique.

VERS 600 AV. J.-C. Thalès de Milet est l'un des premiers penseurs à spéculer sur l'Univers et sa conception.

VERS 530 AV. J.-C. Pythagore fonde une école de mathématiques et philosophie dans une communauté en Italie.

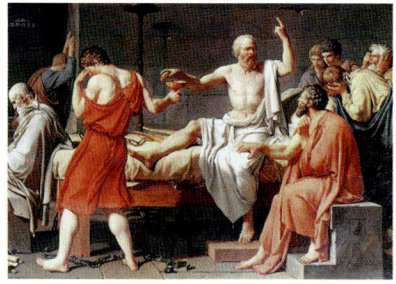

399 AV. J.-C. Socrate, le premier des grands philosophes athéniens, est accusé de corrompre les jeunes et de manquer de respect aux dieux ; il boit de la ciguë plutôt que de renoncer à ses idées.

VERS 387 AV. J.-C. Platon, un protégé de Socrate, fonde l'Académie d'Athènes, où il présente ses idées aux étudiants de toute la Grèce.

508-507 AV. J.-C.
LES ATHÉNIENS RENVERSENT LE TYRAN HIPPIAS

Pendant plus de 100 ans, les cités-États grecques sont dirigées par des chefs connus sous le nom de « tyrans » (bons ou mauvais). À Athènes, cet « âge des tyrans » prend fin quand Hippias est renversé et que son successeur Clisthène introduit une forme de démocratie, au sein de laquelle l'assemblée athénienne se réunit sur une colline appelée la Pnyx. Cela annonce le début d'un âge d'or de la Grèce classique, dont Athènes est le centre.

△ Les marches de la Pnyx

◁ Clisthène

539 AV. J.-C.
Cyrus le Grand conquiert Babylone et transforme son empire en Empire achéménide.

525-402 AV. J.-C.
L'Égypte passe sous le contrôle des Perses et est gouvernée par les rois achéménides.

VERS 509 AV. J.-C.
La République romaine s'établit à la suite du renversement de la monarchie.

VERS 550 AV. J.-C.
Les peuples celtes commencent à migrer de leur terre natale dans le Nord des Alpes et s'installent dans toute l'Europe.

VERS 335 AV. J.-C. Aristote, un ancien élève de l'Académie, fonde sa propre école, le Lycée, qui propose des théories philosophiques alternatives.

△ Couronnement de Darius, bas-relief

518 AV. J.-C.
DARIUS LE GRAND CONSTRUIT PERSÉPOLIS, SA NOUVELLE CAPITALE

Darius Ier dirige l'Empire achéménide à son apogée, et son règne de 36 ans inclut des réformes qui unifient les Perses. Il supervise un certain nombre de projets de construction, améliorant les routes et redynamisant les villes ; le plus grand de ces projets est l'édification d'une toute nouvelle capitale cérémoniale, Persépolis, avec son complexe palatial impressionnant.

DE -500 À -401

VERS 500 AV. J.-C.
LES ZAPOTÈQUES FONDENT MONTE ALBÁN

Alors que la civilisation zapotèque s'épanouit, un site sur les hauts plateaux du Sud du Mexique est choisi comme capitale. Les Zapotèques commencent à construire Monte Albán, la première grande ville de Méso-Amérique, sur une colline escarpée dans la vallée de Oaxaca.

△ Ruines zapotèques à Monte Albán

475 AV. J.-C.
LA PÉRIODE DES ROYAUMES COMBATTANTS COMMENCE EN CHINE

Au début du Vᵉ siècle av. J.-C., le royaume chinois des Zhou se fragmente en plusieurs États plus ou moins autonomes. Tandis qu'ils se disputent le pouvoir dans la région, l'ère des Printemps et Automnes s'achève et est remplacée par une période d'agitation politique connue sous le nom de période des Royaumes combattants. Le conflit se poursuit pendant deux siècles et demi, jusqu'à ce que l'État de Qin, avec son régime autoritaire strict et son armée disciplinée, en sorte victorieux.

▷ Conférence des six États lors de la période des Royaumes combattants

-500

496 AV. J.-C. Naissance du dramaturge grec Sophocle, auteur de tragédies mettant en scène Antigone et Œdipe.

499-449 AV. J.-C. Durant les guerres médiques, les Grecs se défendent contre l'invasion perse dans une série de célèbres batailles.

480 AV. J.-C. L'empereur Xerxès Iᵉʳ franchit l'Hellespont (les Dardanelles) et l'armée perse avance jusqu'à Athènes.

VERS 490 AV. J.-C. Le roi Ajatashatru fonde Pataliputra (la ville moderne de Patna) dans le Nord-Est de l'Inde, en tant que capitale du royaume de Magadha.

490 AV. J.-C.
LES ATHÉNIENS BATTENT LES PERSES À MARATHON

Une bataille décisive dans les guerres médiques a lieu à Marathon, en Attique, pendant la première invasion perse. Prévoyant de conquérir la totalité de la Grèce, Darius Iᵉʳ envoie ses forces par la mer en Attique. Elles sont accueillies sur la plaine côtière de Marathon par les troupes athéniennes qui, bien qu'en infériorité numérique, déjouent les manœuvres des Perses et remportent une victoire écrasante.

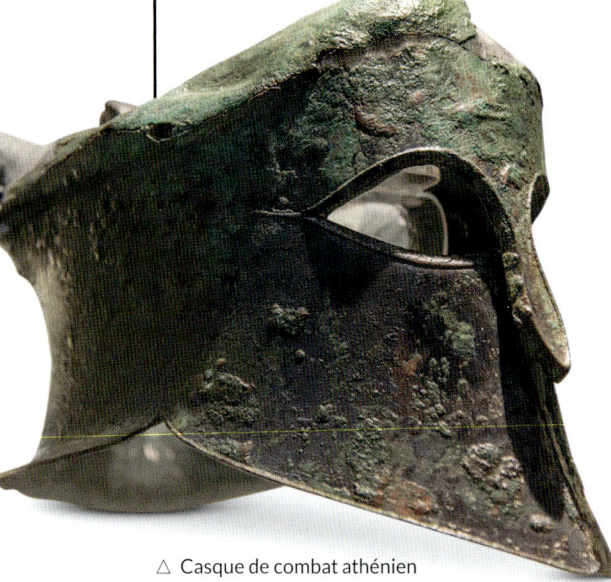
△ Casque de combat athénien

△ Statue assise du Bouddha

VERS 480 AV. J.-C.
ENSEIGNEMENTS DU BOUDDHA

Siddhartha Gautama, connu plus tard comme le Bouddha, passe la dernière partie de sa vie à prêcher dans le Nord de l'Inde. Après sa mort, ses disciples rassemblent ses enseignements et continuent à répandre ses idées dans le monde entier, établissant le bouddhisme comme une religion majeure.

DE –500 À –401 | 33

VERS 484-425 AV. J.-C.
HÉRODOTE
Né à Halicarnasse, dans l'Empire perse, l'écrivain grec Hérodote est surtout connu pour être l'auteur des *Histoires*, un récit des événements et des principaux personnages des guerres médiques.

VERS 479 AV. J.-C. Mort de Confucius. Ses disciples commencent à compiler les *Analectes* qui relatent ses dires.

449 AV. J.-C. Un code de lois, la loi des Douze Tables, est publié à Rome par un collège de décemvirs.

VERS 440 AV. J.-C. Hérodote écrit le premier livre d'histoire, ses *Histoires* en neuf volumes.

431-404 AV. J.-C. La guerre du Péloponnèse oppose la ligue de Délos dirigée par Athènes à la ligue du Péloponnèse, dirigée par Sparte.

–401

▽ Les ruines du Parthénon à Athènes

447 AV. J.-C.
DÉBUT DE LA CONSTRUCTION DU PARTHÉNON
Une fois les Perses vaincus par les forces grecques, Athènes redevient prospère. Périclès supervise la construction d'un certain nombre de monuments sur l'Acropole, dont le plus impressionnant est le Parthénon, un temple dédié à la déesse Athéna, patronne de la ville, construit pour remplacer le temple détruit pendant l'invasion perse. Les travaux sont achevés en 432 av. J.-C.

336-323 AV. J.-C.
ALEXANDRE DE MACÉDOINE UNIT LA GRÈCE

Lorsque Philippe II de Macédoine est assassiné, son fils Alexandre, âgé de 20 ans, monte sur le trône. Il vainc les Thébains, unissant tous les peuples grecs sous son règne. Poursuivant le projet de construction d'un empire de son père, il mène les forces grecques dans une campagne de 10 ans visant à conquérir l'Empire achéménide et à placer l'ensemble de la Perse sous contrôle grec, étendant même son empire jusqu'à la vallée de l'Indus.

▷ Alexandre représenté en empereur byzantin

375 AV. J.-C. **Denys l'Ancien** négocie un traité de paix avec les Carthaginois, mettant fin à une série de guerres.

VERS 400-350 AV. J.-C. **La culture olmèque** entre dans une période de déclin rapide, probablement provoqué par des changements environnementaux.

356 AV. J.-C. **Shang Yang,** un seigneur de l'État chinois de Qin, initie des réformes qui renforcent l'influence de l'État.

338 AV. J.-C. **Philippe II de Macédoine** vainc les forces grecques alliées et prend le contrôle de la quasi-totalité de la Grèce.

356-323 AV. J.-C.
ALEXANDRE LE GRAND

Alexandre III de Macédoine, qui règne sur l'ensemble de la Grèce, est un chef militaire au succès spectaculaire qui, au cours d'une série de campagnes, étend l'influence grecque jusqu'au sous-continent indien.

VERS 350 AV. J.-C.
LA CULTURE DE CHAVÍN ATTEINT SON APOGÉE

Une augmentation rapide de la population de la culture de Chavín au Pérou entraîne des changements dans sa structure sociale vers le milieu du siècle. La principale ville, Chavín de Huantar, dans les Andes, perd de son importance en tant que centre politique et religieux, à mesure que des colonies semi-urbaines et centres cérémoniels se développent dans les plaines, propageant l'influence culturelle de Chavín dans toute la région et le long de la côte.

△ Panneau de pierre sculptée de la culture de Chavín

DE −400 À −301 | 35

305 AV. J.-C.
FONDATION DE LA DYNASTIE PTOLÉMAÏQUE

Un ancien garde du corps et compagnon d'Alexandre le Grand, Ptolémée, est nommé gouverneur de l'Égypte après la mort d'Alexandre en 323 av. J.-C. En 305 av. J.-C., il prend le titre de pharaon. Sous le nom de Ptolémée Ier, il fonde la dynastie ptolémaïque, gouvernant l'Égypte comme un royaume hellénique. Il est également écrivain et historien, et contribue à faire de sa capitale, Alexandrie, un centre de la culture grecque.

▷ Ptolémée Ier inaugurant la bibliothèque d'Alexandrie

332 AV. J.-C.
Alexandre conquiert l'Égypte, étendant son empire vers le sud jusqu'au royaume de Koush.

VERS 330 AV. J.-C.
Naissance d'Euclide d'Alexandrie, auteur du traité de mathématiques *Les Éléments*.

−301

321-185 AV. J.-C.
L'EMPIRE MAURYA

Chandragupta Maurya établit l'Empire maurya en supplantant la dynastie Nanda dans le Nord de l'Inde. Lorsque les forces grecques commencent à se retirer des confins de l'empire d'Alexandre le Grand après sa mort, Chandragupta saisit l'occasion d'envahir l'empire, plaçant tout le Nord du sous-continent sous la domination des Maurya.

◁ Coupe de libation, dynastie Maurya

VERS 400-51 AV. J.-C.
LES GUERRES GALLO-ROMAINES

Alors que les Celtes commencent à migrer des Alpes du Nord pour s'installer dans la vallée du Pô en Italie, ils déclenchent une longue série de conflits avec Rome.

387 AV. J.-C. Brennus, chef des Sénons, mène les Celtes dans le sac de la ville de Rome ; selon la légende, des oies donnent l'alerte (*ci-dessus*).

298-290 AV. J.-C. Une alliance de Samnites (*casque ci-dessus*), de Gaulois et d'autres peuples s'engage avec Rome pour contrôler l'Italie centrale et méridionale.

125-121 AV. J.-C. Les forces romaines vainquent les Gaulois de la tribu des Arvernes (*pièce de monnaie ci-dessus*), et annexent leur territoire pour en faire une province romaine.

58-51 AV. J.-C. Jules César mène une campagne militaire majeure pour conquérir l'ensemble de la Gaule.

DE 221 À 206 AVANT J.-C.
LA DYNASTIE QIN

Les Qin établissent un empire unifié en 221 av. J.-C., marquant la fin de la période des Royaumes combattants en Chine. Zheng, roi de l'État de Qin, conquiert les six autres États belligérants et, en tant qu'empereur Qin Shi Huang, fonde la dynastie Qin, la première dynastie impériale chinoise.

La réussite de Qin Shi Huang peut être attribuée au régime disciplinaire strict qu'il a établi à Qin, qu'il applique ensuite dans tout l'empire. Parmi ses réalisations l'on compte la standardisation de la monnaie, des poids et mesures, et des systèmes d'écriture ; il ordonne également plusieurs projets d'infrastructures massifs, incluant la construction d'un mur au nord, qui constituera les fondations de la Grande Muraille de Chine, ainsi qu'un important réseau routier qui contribue à encourager le commerce entre les régions éloignées de la Chine. L'une de ses réalisations les plus marquantes est la construction d'un vaste mausolée, de la taille d'une ville, pour abriter sa propre tombe, défendue par une armée de figurines en terre cuite.

La dynastie Qin est considérée comme tyrannique par beaucoup dans les États conquis, et le régime fait durement taire toute voix dissidente. Cependant, Qin Shi Huang et ses conseillers réussissent à unifier le pays après des siècles de conflits. La dynastie ne dure pas : en 206 av. J.-C., le deuxième – et dernier – empereur Qin est renversé, et la dynastie prend fin.

ÉVÉNEMENTS-CLÉS

221 av. j.-c. **Qin Shi Huang prend le pouvoir**
Le fondateur de la dynastie Qin, Qin Shi Huang (*ci-contre*), règne comme roi de 247 à 221 av. J.-C., et se proclame empereur d'une Chine unifiée après être sorti triomphant des guerres des Royaumes combattants. Ses réformes de grande envergure jettent les bases des dynasties chinoises qui suivront pendant plus de 2 000 ans. Après sa mort, son successeur, Qin Ershi, est rapidement évincé par la dynastie Han.

221-210 av. j.-c. **Imposition du légisme**
L'empereur Qin Shi Huang entreprend d'établir un contrôle centralisé, mettant fin à la diversité politique et culturelle des Cent écoles de pensée associées aux sept Royaumes combattants. Avec l'aide de son chancelier impérial Li Si, il impose une forme autoritaire de gouvernement connue sous le nom de légisme, et une purge brutale des érudits classiques de la dynastie précédente. Les livres sont brûlés et de nombreux érudits sont enterrés vivants (*ci-contre*).

L'armée de terre cuite qui garde le mausolée du premier empereur est symbolique du pouvoir qu'il exerce. Plus de 8 000 statues de soldats sculptées individuellement ainsi que des centaines de chevaux et de chars sont enterrés avec l'empereur pour l'accompagner dans l'au-delà.

268-232 AV. J.-C.
ASHOKA GOUVERNE L'EMPIRE MAURYA

Ashoka commence son règne avec l'intention de poursuivre l'expansion de l'empire initiée par son grand-père Chandragupta Maurya. Après avoir conquis l'État de Kalinga en 261 av. J.-C., il règne sur tout le sous-continent indien, à l'exception de l'extrême sud. La campagne sanglante de Kalinga lui fait changer d'avis, et il consacre le reste de son règne à la diffusion du bouddhisme, en faisant inscrire ses édits moraux et sociaux sur des piliers surmontés de chapiteaux animaliers dans tout l'empire.

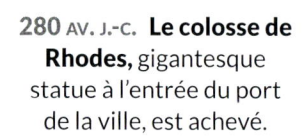

▷ Le chapiteau aux lions d'Ashoka

280 AV. J.-C. **Le colosse de Rhodes,** gigantesque statue à l'entrée du port de la ville, est achevé.

VERS 260 AV. J.-C. **Ashoka** se convertit au bouddhisme et ordonne la construction du grand stupa de Sanchi.

285 AV. J.-C.
CONSTRUCTION DU PHARE D'ALEXANDRIE

La construction d'un phare monumental sur la petite île de Pharos au large de l'Égypte s'achève sous le règne de Ptolémée II Philadelphe. Après 12 ans de travaux, il s'élève à plus de 100 mètres de hauteur et devient le plus haut bâtiment du monde à cette époque. Connu sous le nom de phare d'Alexandrie, il perdure jusqu'à ce que des tremblements de terre l'endommagent au Xe siècle de notre ère.

◁ Le phare d'Alexandrie

264-241 AV. J.-C.
PREMIÈRE GUERRE PUNIQUE

Le IIIe siècle av. J.-C. voit trois longues guerres se succéder entre Romains et Carthaginois. Les deux puissances se disputent la suprématie dans la Méditerranée occidentale, mais les Romains étendent également la guerre sur le territoire carthaginois en Afrique du Nord, notamment lors de la grande bataille navale du cap Ecnome. Après la première guerre punique, qui dure 23 ans, les Romains vainquent les Carthaginois et prennent le contrôle de la Sicile.

« Je trouverai un chemin, ou j'en ferai un. »
(Aut viam inveniam aut faciam)

PROVERBE LATIN COMMUNÉMENT ATTRIBUÉ À HANNIBAL

247-vers 183 av. J.-C.
HANNIBAL
Hannibal est un tacticien militaire respecté qui mène les forces carthaginoises contre Rome lors de la deuxième guerre punique. Après la guerre, il devient un homme d'État réformateur.

213-212 av. J.-C.
SIÈGE DE SYRACUSE
Au plus fort de la deuxième guerre punique (218-201 av. J.-C.), les Romains assiègent la ville stratégique de Syracuse en Sicile, qui est alors un royaume indépendant. Archimède, dont les ingénieuses inventions ont aidé à défendre la ville, est tué par erreur par un soldat romain.

▷ La mort d'Archimède, mosaïque

221 av. J.-C. **La période des Royaumes combattants** s'achève après que Zheng, roi de Qin, a rassemblé les royaumes de Chine en un seul empire.

206 av. J.-C. **La fin de la courte dynastie Qin** marque le début de la guerre civile en Chine tandis que les royaumes Chu et Han se disputent le pouvoir.

218 av. J.-C. **Le général carthaginois Hannibal** traverse les Alpes avec son armée et 37 éléphants. Il bat les Romains lors de la bataille de Cannes.

△ La bataille du cap Ecnome

202 av. J.-C.
DYNASTIE HAN
Le mécontentement à l'égard de la stricte règle légiste de la dynastie chinoise des Qin conduit finalement à sa chute et à 4 années de conflit centré autour de ce qu'on appelle la guerre Chu-Han. La dynastie Han en sort victorieuse et unifie l'empire : elle restera au pouvoir pendant des siècles.

△ Cheval de bronze de la dynastie Han

181 AV. J.-C.
CRÉATION DE LA DYNASTIE SHUNGA
Pushyamitra Shunga (règne de 185 à 149 av. J.-C.), un général de l'Empire maurya, prend le contrôle du Nord de l'Inde après l'assassinat de Brihadratha, le dernier souverain de l'Empire maurya.

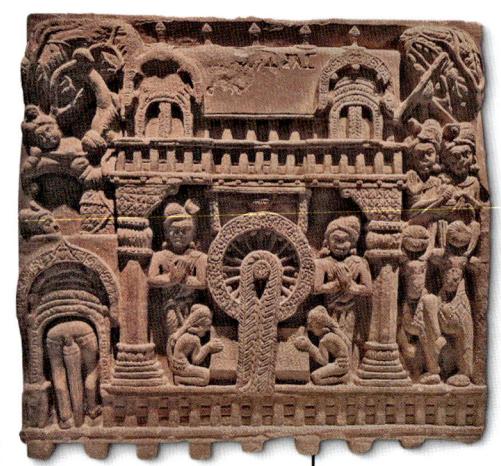

△ Pièce de monnaie de la dynastie des Hasmonéens

165 AV. J.-C.
RÉVOLTE DE JUDAS MACCABÉE
Après que le souverain séleucide Antiochos IV a rendu illégales les pratiques juives en Judée et en Samarie, Judas Maccabée et ses frères se révoltent et prennent Jérusalem en 164 av. J.-C. Judas purifie le temple, restaure le culte juif et établit la dynastie hasmonéenne, qui règne jusqu'à ce qu'elle soit renversée par Hérode le Grand en 37 av. J.-C.

▷ *Judas Maccabée priant pour les morts*, 1635, Pierre Paul Rubens

▷ Sculptures de la période Shunga montrant des scènes de la vie de Bouddha

–200

171-168 AV. J.-C. Les Romains vainquent Persée de Macédoine lors de la troisième guerre de Macédoine.

VERS 150 AV. J.-C.
CONSTRUCTION DU TUMULUS DU GRAND SERPENT
Les Adena sont un peuple des forêts de l'Est de l'Amérique du Nord qui vit dans des villages de maisons circulaires, chasse le cerf et l'élan, récolte des plantes comestibles et cultive des citrouilles et des courges. Ils construisent des centaines de monticules, probablement des monuments funéraires, dont le plus spectaculaire est le tumulus du Grand Serpent, dans l'Ohio. Il est façonné en forme de serpent sinueux.

146 AV. J.-C.
DESTRUCTION DE CARTHAGE
Après que les Carthaginois ont attaqué la Numidie voisine, une armée romaine dirigée par le consul Scipion Émilien débarque en Afrique du Nord et assiège Carthage, avant de finalement la prendre au bout d'un an. Scipion détruit la ville et vend son peuple en esclavage, mettant ainsi un terme aux guerres puniques.

▷ Ruines de Carthage, en Tunisie

146 AV. J.-C.
Les Romains détruisent Corinthe et annexent la Grèce à la province de Macédoine.

138 AV. J.-C.
L'empereur Wu, de la dynastie Han, envoie un émissaire, Zhang Qian, dont les découvertes ouvrent une ère d'expansion vers l'ouest pour la Chine.

▽ Tertre funéraire du Grand Serpent dans l'Ohio, aux États-Unis

104 AV. J.-C.
LE GÉNÉRAL CAIUS MARIUS RÉFORME L'ARMÉE ROMAINE
Marius autorise les pauvres sans terre à rejoindre l'armée, qu'il organise en cohortes d'environ 480 hommes et en légions d'environ 5 500 hommes. Avec leurs armes régulières, le pilum (javelot) et le glaive (courte épée), ces nouvelles troupes constituent une force redoutable.

▷ Buste de Caius Marius, fin du Iᵉʳ siècle av. J.-C.

> « *Les soldats qui aimaient le travail et exécutaient paisiblement et en silence tout ce qu'on leur ordonnait étaient appelés les mulets de Marius.* »
>
> PLUTARQUE, *VIE DE MARIUS*, VERS 110

VERS 100 AV. J.-C.
MONTE ALBÁN S'AGRANDIT

Les Zapotèques continuent d'agrandir la ville de Monte Albán au Mexique. Ils l'équipent de temples en pierre, de pyramides, d'un terrain de jeu de balle et d'une grande place, près de laquelle sont disposés des centaines de *Danzantes*, des sculptures grotesques représentant probablement des prisonniers. Alors que la ville se développe et étend son contrôle dans toute la région d'Oaxaca, sa population atteint 17 000 habitants.

◁ *Danzante* zapotèque, Monte Albán

91 AV. J.-C.
La guerre sociale éclate, opposant Rome à ses alliés italiens.

87 AV. J.-C. **L'empereur Wu, de la dynastie chinoise des Han,** meurt après cinq décennies de règne.

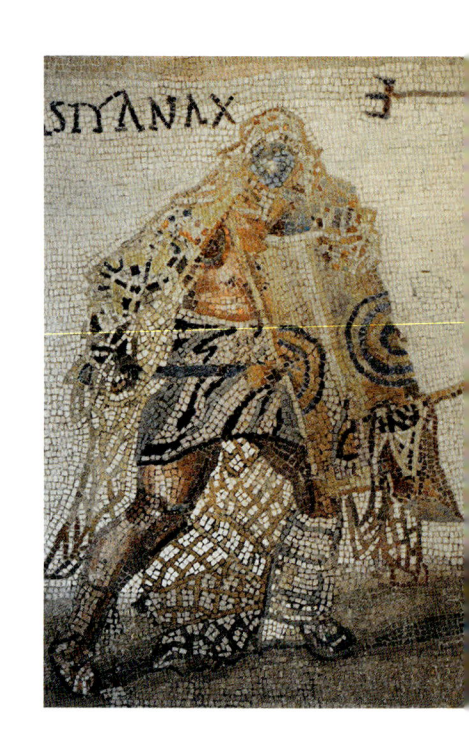

88 AV. J.-C.
MITHRIDATE ATTAQUE L'ASIE ROMAINE

Lorsque Mithridate VI, souverain du royaume du Pont situé sur la côte méridionale de la mer Noire, cherche à étendre son territoire vers le sud, les Romains y voient une menace pour leur province d'Asie (la Turquie occidentale actuelle). Ignorant les pressions romaines, Mithridate marche sur l'Asie et ordonne le massacre de 80 000 citoyens romains. En réponse, Rome envoie une armée placée sous le commandement de Sylla, entamant ainsi une guerre acharnée de quatre ans.

▷ Buste de Mithridate VI

◁ Pièce de monnaie du roi indo-scythe Azilisès, vers 40 av. J.-C.

VERS 80 AV. J.-C.
LES SAKAS CONQUIÈRENT LE GANDHARA

À la fin du IIe siècle avant notre ère, les Sakas, des nomades d'Asie centrale, sont obligés de migrer vers le sud, en Bactriane. Sous la direction de Mauès, ils envahissent et conquièrent le royaume du Gandhara vers 80 avant notre ère, établissant un état indo-scythe qui domine le Nord-Ouest de l'Inde pendant plus d'un siècle, avant d'être éclipsé par les Kouchans.

Plus de 6 000 rebelles sont crucifiés à la suite de la révolte de Spartacus.

73 AV. J.-C.
RÉVOLTE DES ESCLAVES CONTRE ROME

Alors qu'une révolte gronde à Capoue, le gladiateur thrace Spartacus prend la tête d'un groupe de combattants comprenant d'autres gladiateurs et des esclaves en fuite. Ils vainquent plusieurs armées romaines, pillent de nombreuses villes, et manquent d'atteindre Rome. Mais en 71 av. J.-C., une armée dirigée par Licinius Crassus défait les rebelles en Calabre. Des milliers d'entre eux sont crucifiés le long de la Voie appienne (*Via appia*).

◁ Combat de gladiateurs, mosaïque romaine

106-48 AV. J.-C.
POMPÉE LE GRAND

Parmis les plus grands généraux de Rome et membre du premier triumvirat, qui règne sur Rome à partir de 59 av. J.-C., Pompée se dispute avec Jules César, perd la guerre civile qui s'ensuit, et est assassiné.

65 AV. J.-C. **Pompée** vainc Mithridate, roi du Pont, et met fin à ses guerres.

63 AV. J.-C.
LES ROMAINS ANNEXENT LA JUDÉE

Le commandant de l'armée romaine en Orient, Pompée le Grand, dépose le dernier souverain séleucide de Syrie en 64 av. J.-C., et fait de son royaume une province romaine. Il reporte ensuite son attention sur la Judée, alors en proie à une guerre civile opposant les souverains rivaux Hyrcan et Aristobule. Hyrcan ouvre les portes de Jérusalem aux forces de Pompée, qui assiègent le mont du Temple pendant 3 mois avant de le prendre d'assaut et de massacrer des milliers d'habitants. Pompée annexe une partie de la Judée et confie le reste du territoire à des souverains sous tutelle romaine, dont Hyrcan.

▷ Profanation du temple de Jérusalem

> « J'aime le nom d'honneur plus que je ne crains la mort. »
>
> WILLIAM SHAKESPEARE, *JULES CÉSAR*, 1599

44 AV. J.-C.
ASSASSINAT DE JULES CÉSAR

Au printemps de 44 av. J.-C., Jules César se rend à une réunion du Sénat romain. Il est déjà dictateur à vie et beaucoup craignent qu'il ne veuille devenir roi. Alors qu'il prend place, un groupe de sénateurs mené par Marcus Brutus et Cassius Longinus le frappe à coups de poignard. Cet assassinat déclenche une nouvelle guerre civile.

▷ *La Mort de César*, vers 1806, Vincenzo Camuccini

−60

60 AV. J.-C. **L'établissement du protectorat** Han dans les régions occidentales étend le contrôle chinois au nord-ouest, dans le bassin du Tarim.

58 AV. J.-C. **Jules César** commence la conquête de la Gaule, qu'il soumet en 8 ans.

55 AV. J.-C. **Jules César** envahit la Grande-Bretagne et revient l'année suivante, avant de finalement se retirer.

46 AV. J.-C. **Le calendrier romain,** qui s'est décalé de 80 jours par rapport à l'enchaînement des saisons, est réformé.

59 AV. J.-C.
LE PREMIER TRIUMVIRAT PREND LE POUVOIR À ROME

Lassé par le chaos politique des décennies précédentes, Jules César, ex-gouverneur d'Espagne, s'associe à l'homme d'État Crassus et au général Pompée. Ils forment un triumvirat pour gouverner Rome, excluant le Sénat du pouvoir. La mort de Crassus lors d'une bataille contre les Parthes en 53 av. J.-C. et les frictions croissantes entre Pompée et César provoquent l'effondrement du triumvirat, avec pour point culminant la marche de César sur l'Italie à la tête d'une armée en 49 av. J.-C. Cet effondrement marque le début de la guerre civile.

◁ Lucius Licinius Crassus, sénateur romain

DE −60 À −31 | 45

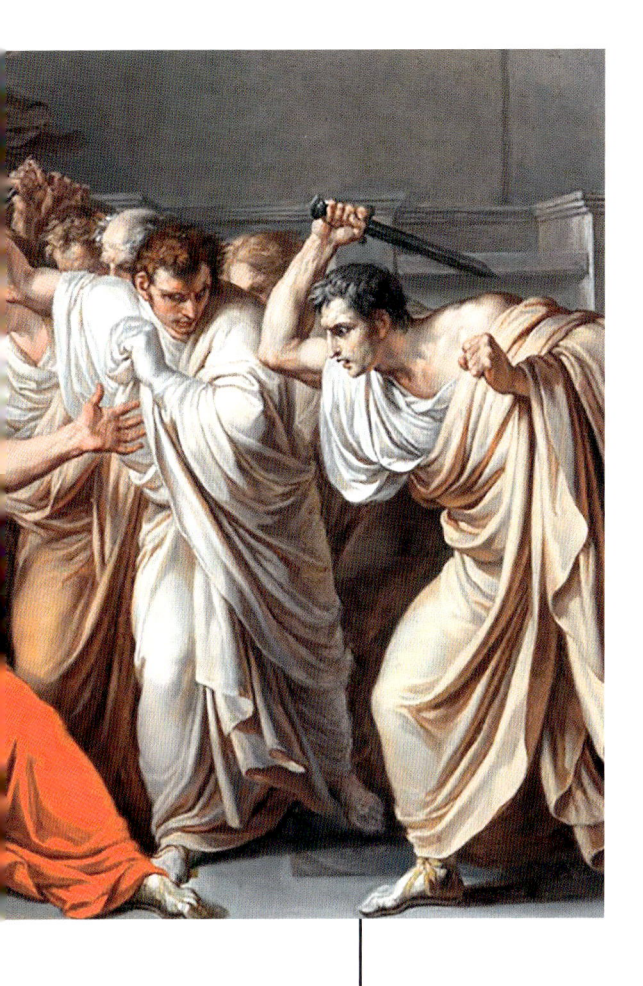

36 AV. J.-C.
LA PLUS ANCIENNE DATE DU CALENDRIER MAYA DIT « COMPTE LONG »

Les peuples mésoaméricains utilisent le système calendaire dit « compte long » pour enregistrer les dates sur de longues périodes temporelles. Fondé sur des multiples de 20, il compte le temps depuis un point de départ situé en 3114 av. J.-C., exprimé en baktuns (environ 394 ans) et leurs subdivisions. La plus ancienne inscription du compte long a été retrouvée sur une stèle en calcaire du peuple mixe-zoque dans la ville de Chiapa de Corzo, au Mexique ; elle porte la date 7.15.3.2.13, soit le 8 décembre 36 av. J.-C.

◁ Pierre calendaire (tardive) maya

31 AV. J.-C.
CLÉOPÂTRE VII EST VAINCUE À ACTIUM

Octave, Lépide et Marc-Antoine, vainqueurs de la guerre civile contre les assassins de César, forment un second triumvirat en 43 av. J.-C., mais celui-ci se dissout et un nouveau conflit éclate. Marc-Antoine s'allie alors avec la reine d'Égypte, Cléopâtre VII, mais leur flotte est détruite à Actium, sur la côte ouest de la Grèce, laissant Octave maître du monde romain.

△ La bataille d'Actium, relief

−50 À 100 APR. J.-C.
LA LITTÉRATURE ROMAINE

La littérature romaine s'inspire d'abord des modèles grecs, mais très vite, des auteurs écrivent des poèmes épiques, des pièces de théâtre, des fictions et des essais en latin.

55-43 AV. J.-C. **L'homme d'État romain Cicéron** rédige des ouvrages sur l'art oratoire et politique, dont *De oratore* (« Sur l'orateur »).

42-19 AV. J.-C. Le poète Virgile (*assis, ci-dessus*) écrit, parmi d'autres œuvres, l'*Énéide*, un poème épique qui raconte la fuite d'Énée en Italie.

VERS 70-77 APR. J.-C. Pline le Jeune écrit *L'Histoire naturelle*, une compilation de toutes les connaissances scientifiques romaines.

70-100 APR. J.-C. L'avocat Tacite rédige *Les Annales* et *les Histoires*, qui comptent parmi les meilleurs écrits historiques latins.

27 AV. J.-C.
LE PREMIER EMPEREUR DE ROME

Octave, le fils adoptif de Jules César, emporte la guerre civile sur ses rivaux en 31 av. J.-C. Au lieu de restaurer la République romaine, il accepte des pouvoirs étendus de la part du Sénat, et les titres d'*Augustus* (« illustre ») et de *princeps* (« le premier »), devenant ainsi le premier empereur romain, Auguste. Il conquiert des zones de l'Europe centrale, reconstruit une grande partie de Rome, et transmet son titre à son beau-fils, Tibère, en l'an 14.

▷ *Auguste Prima Porta*, marbre romain, copie d'un original en bronze

> « Il se vanta avec raison d'avoir trouvé une ville de briques et d'en avoir laissé une de marbre. »
>
> SUÉTONE, « SUR L'HÉRITAGE D'AUGUSTE », DANS *LA VIE DES DOUZE CÉSARS*, 121

23 AV. J.-C. **Les Romains** envahissent Méroé, au sud-est de l'Égypte, mettant à sac sa capitale Napata.

VERS 25 AV. J.-C.
LE CANON BOUDDHIQUE EST ÉCRIT AU SRI LANKA

Les enseignements du Bouddha, qui a vécu au VIe siècle av. J.-C., sont transmis oralement par ses disciples pendant des générations. Tandis que la religion se diffuse à partir de sa terre natale du Nord de l'Inde, le besoin d'une version rédigée s'accentue. Aux alentours de 25 av. J.-C., les écritures, y compris les analyses théologiques et les règles monacales, sont consignées au Sri Lanka et compilées sous le nom de *Tripitaka* ou Canon pali (d'après la langue dans laquelle elles sont écrites).

▷ Pages du Canon pali

4 AV. J.-C.
NAISSANCE DE JÉSUS
Jésus est né de l'union de Joseph, un humble charpentier, et de son épouse Marie dans la petite ville de Bethléem, en Judée, en 4 av. J.-C. Ses enseignements mettent l'accent sur la compassion et le pardon, et attirent de nombreux disciples. Les affirmations selon lesquelles il est le Messie, le sauveur tant attendu du peuple juif, lui valent l'opposition des autorités juives de Palestine.

▷ Jésus et Marie, détail du *Consolateur des affligés*

9 APR. J.-C. Des tribus germaniques vainquent des légions dans la forêt de Teutobourg, stoppant l'expansion romaine en Allemagne.

9 APR. J.-C. Le régent Wang Mang renverse le jeune empereur Han Ruzi et fonde la dynastie Xin.

▷ Maquette du temple d'Hérode

19 AV. J.-C.
HÉRODE RECONSTRUIT LE TEMPLE DE JÉRUSALEM
Nommé roi de Judée par les Romains, Hérode maintient l'indépendance de son royaume en conciliant les intérêts juifs et romains. Il commande plusieurs projets pour Jérusalem, notamment un remodelage du second temple (datant du VIe siècle av. J.-C.) en 19 av. J.-C. : création d'une cour extérieure, nivellement d'une partie du mont du Temple pour étendre son esplanade et construction d'un nouveau mur d'enceinte, dont les vestiges forment aujourd'hui le mur occidental, dit des Lamentations.

▷ Miroir Han, Ier siècle apr. J.-C.

23 APR. J.-C.
MORT DE WANG MANG ET RESTAURATION DES HAN
Après s'être emparé du pouvoir d'une dynastie Han affaiblie en l'an 9, Wang Mang établit la dynastie Xin et entreprend une série de réformes extrêmement impopulaires. Il est tué lors de la rébellion qui s'ensuit en 23 apr. J.-C., et à la suite de laquelle les loyalistes Han profitent du désordre pour revendiquer le pouvoir de l'empereur Guangwu, en 25 apr. J.-C.

DE 509 AVANT J.-C. À 395 APRÈS J.-C.

INGÉNIERIE ET ARCHITECTURE ROMAINES

Les Romains sont des ingénieurs inventifs et des bâtisseurs acharnés. Parmi les édifices qui subsistent de l'époque républicaine (avant 27 av. J.-C.), l'on compte de nombreux temples avec de hauts soubassements et des colonnes de style grec. Ceux-ci sont complétés par des bâtiments publics tels que les basiliques rectangulaires à colonnes utilisées pour arbitrer les tribunaux et les salles d'audience. Dès la période impériale, l'architecture romaine développe sa propre identité en s'appuyant sur de nouveaux matériaux comme la brique et le « béton romain » (opus caementicium), composé de pouzzolane, une roche d'origine volcanique solide et durable. Ces innovations permettent la construction de dômes, d'immenses amphithéâtres tels que le Colisée, d'aqueducs, et de grands thermes, comme ceux de Dioclétien à Rome.

Les Romains décorent leurs bâtiments avec des frises sculptées, des bustes, de belles statues en marbre ou en bronze, souvent inspirées d'originaux grecs. Les intérieurs romains sont peints en stuc et ornés de fresques aux scènes colorées, à la fois géométriques et mythologiques. Les sols et les murs des villas sont parés de mosaïques, généralement des scènes d'arènes ou légendaires, composées de milliers de tesselles de marbre et de calcaire.

INNOVATIONS-CLÉS

VERS 300 AV. J.-C. À 395 APR. J.-C.
Les routes romaines
Les Romains construisent un réseau de 80 000 kilomètres de voies pavées (*telles que la* Via appia, *ci-contre*) reliant les principaux points de l'empire. Les routes sont construites en ligne droite sur un sol en terre nivelé ; des couches de gravier sont ajoutées et surmontées d'une surface de béton dur et de blocs de pierre rectangulaires. Une courbure prononcée et des fossés adjacents assurent un bon drainage.

VERS 200 AV. J.-C. À 395 APR. J.-C.
Les villes romaines à plan quadrillé
Les cités fondées par les Romains sont disposées selon un modèle de grille basé sur le plan des camps militaires romains. Une rue principale, le *decumanus maximus*, s'étend d'est en ouest et une autre, *le cardo maximus*, du nord au sud. Les bâtiments principaux et le forum, centre de la vie civique, sont placés à leur croisement. Pour tracer les villes, les géomètres et les arpenteurs, ou agrimenseurs, romains utilisent des cordes, des bâtons et la groma, un poteau avec un bras rotatif et des poids suspendus.

INGÉNIERIE ET ARCHITECTURE ROMAINES | 49

Le pont du Gard est construit au Ier siècle de notre ère afin de transporter l'eau de la rivière Gardon à Vers-Pont-du-Gard, non loin de Nîmes, dans le Sud de la France. La structure à trois niveaux mesure 275 mètres de long et est considérée comme l'un des plus beaux aqueducs romains encore debout.

> *« Tous les héros masculins ont baissé la tête en signe de soumission ; seules les deux sœurs l'ont fièrement dressée pour venger le pays. »*
>
> POÈME VIETNAMIEN DU XVᵉ SIÈCLE SUR LES SŒURS TRUNG

▷ *Page du De medicina*

25 APR. J.-C.
CELSUS PUBLIE « DE MEDICINA »
L'auteur romain Aulus Cornelius Celsus compile une encyclopédie générale qui comprend le *De medicina*, un résumé des connaissances médicales romaines. Dans ses 8 volumes, il décrit les techniques chirurgicales pour soigner, entre autres, les hernies, les calculs vésicaux et les abcès, définit de nombreux types de fièvre, et utilise pour la première fois le terme de « cancer ». Ses œuvres, perdues pendant longtemps, sont redécouvertes en 1426.

40-43 APR. J.-C **Les sœurs Trung** se révoltent contre la domination chinoise des Han et établissent brièvement un État indépendant au Vietnam.

33 APR. J.-C.
CRUCIFIXION DE JÉSUS
Après avoir prêché pendant 3 ans, Jésus est arrêté par les autorités juives et jugé par Ponce Pilate, le chef des autorités romaines en Palestine, au motif que son prétendu titre de « roi des Juifs » est séditieux. Après sa crucifixion, ses disciples déclarent qu'il est ressuscité d'entre les morts. Cette croyance forme le noyau d'une nouvelle religion, le christianisme.

△ *La Crucifixion*, Giotto

43 APR. J.-C.
INVASION ROMAINE DE LA GRANDE-BRETAGNE
L'empereur Claude ordonne à une troupe romaine de 40 000 hommes d'envahir la Grande-Bretagne. Ils débarquent sur la côte sud-est et, après d'impitoyables combats, vainquent la résistance britannique menée par Caractacus, roi des Catuvellauni. Les légions prennent bientôt Camulodunum (Colchester), la capitale et avancent ensuite vers les Midlands, entamant une occupation de la Grande-Bretagne qui durera plus de 350 ans.

◁ *Caractacus, roi des Catuvellauni*

65 APR. J.-C.
ÉRUPTION DU VÉSUVE
En août 79 de l'ère chrétienne, le mont Vésuve, situé dans le Sud de l'Italie, entre en éruption, envoyant une pluie de cendres chaudes et de pierre ponce sur les villes voisines de Pompéi et d'Herculanum. Une coulée de lave surchauffée déferle sur Herculanum et la détruit ; un nuage de gaz toxique asphyxie la plupart des 2 000 habitants demeurés à Pompéi, tandis qu'une pluie de pierres chaudes et de cendres tue les autres. Les deux cités restent ensevelies jusqu'au début de leur excavation, au XVIIIᵉ siècle.

▷ *L'Éruption du Vésuve*, 1817, J. M. W. Turner

VERS 65 APR. J.-C **Le bouddhisme apparaît en Chine,** diffusé par des moines venus d'Inde.

66-70 APR. J.-C. La révolte des Juifs contre l'oppression romaine se solde par la chute de Jérusalem.

69 APR. J.-C Au terme de l'« année des quatre empereurs », Vespasien emporte la guerre civile qui oppose plusieurs empereurs romains.

74 APR. J.-C. Les Romains prennent Massada, mettant fin à la résistance des zélotes juifs.

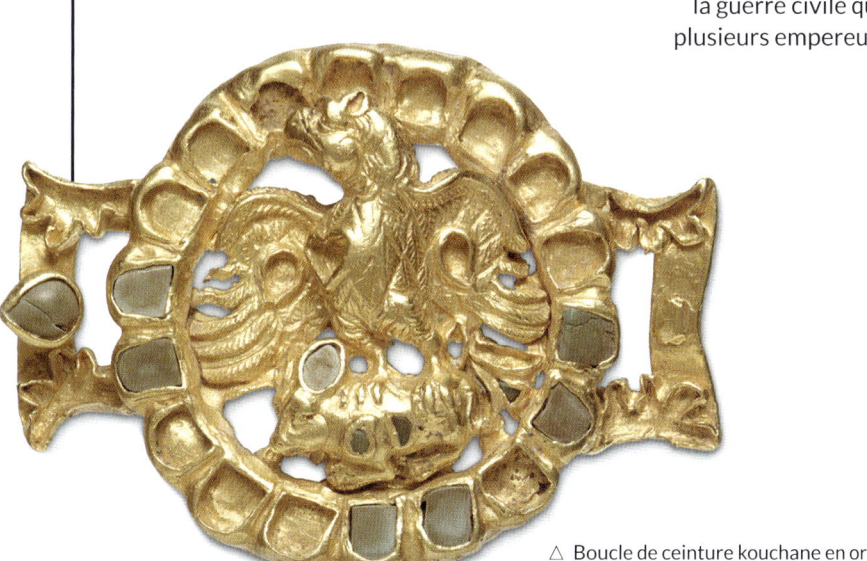

79

△ Boucle de ceinture kouchane en or

60 APR. J.-C.
UNIFICATION DES ROYAUMES KOUCHANS EN INDE
Descendants des nomades Yuezhi, les Kouchans ont conquis la Bactriane au IIᵉ siècle av. J.-C., mais restent divisés en cinq royaumes. Vers 60 apr. J.-C., Kujula Kadphisès unit les royaumes et les étend dans le Nord-Ouest de l'Inde, prenant le Gandhara et fondant un empire qui dominera bientôt le Nord de l'Inde et deviendra l'une des plus grandes puissances d'Eurasie.

La coulée de lave qui détruit Pompéi atteint une température de plus de 300 °C.

80 APR. J.-C.
INAUGURATION DU COLISÉE DE ROME

Commandé par l'empereur Vespasien en 72 de notre ère, le Colisée est construit en 8 ans. Les jeux inauguraux de l'amphithéâtre, qui se déroulent en l'an 80, durent plus de 100 jours et mettent en scène des combats de gladiateurs et des chasses, notamment d'animaux exotiques comme le rhinocéros. Le Colisée est le plus grand amphithéâtre de l'empire : il compte 80 entrées distinctes et peut accueillir plus de 50 000 spectateurs.

△ Le Colisée à Rome

100 APR. J.-C. Le Shuōwén Jiězì, premier dictionnaire avec des caractères chinois, est achevé. Il répertorie plus de 9 000 caractères.

VERS **110 APR. J.-C.** Des **émissaires** indiens rendent visite à l'empereur Trajan à Rome.

▽ La pyramide du Soleil à Teotihuacán

VERS 100 APR. J.-C.
CONSTRUCTION DE LA PYRAMIDE DU SOLEIL

Les habitants de la ville de Teotihuacán, dans le centre du Mexique, construisent une vaste pyramide à l'est de l'avenue des Morts, l'artère principale de la ville. Haute de plus de 70 mètres, elle est revêtue de pierres calcaires et peinte. L'édifice sert probablement de temple, une statue du dieu du feu Huehueteotl ayant été retrouvée près de son sommet en 2013.

DE 80 À 139 | 53

101 APR. J.-C.
L'EMPEREUR ROMAIN TRAJAN CONQUIERT LA DACIE

Trajan entreprend deux campagnes (en 101-102 puis en 105-106) pour étendre les frontières romaines au-delà du Danube, envahissant le royaume des Daces de Décébale (dans l'actuelle Roumanie). Après une trêve initiale, les légions reviennent et rasent la capitale dace Sarmizégétuse, capturant Décébale et faisant de la Dacie une province romaine.

△ Deuxième campagne dacienne, détail des reliefs de la colonne Trajane

76-138 APR. J.-C.
L'EMPEREUR HADRIEN
Fils adoptif de Trajan, Hadrien inverse la politique expansionniste de son prédécesseur. Il consolide les frontières impériales, construit le mur d'Hadrien et effectue de vastes tournées dans l'empire.

VERS 130 APR. J.-C. Le souverain kouchan Kanishka Ier envahit le Nord de l'Inde et étend son territoire jusqu'à Mathura.

132 APR. J.-C. Zhang Heng présente le premier sismoscope à la cour impériale.

132 APR. J.-C. La seconde révolte juive contre la domination romaine est menée par Simon Bar Kokhba.

139

122 APR. J.-C.
CONSTRUCTION DU MUR D'HADRIEN

Lors d'une visite en Grande-Bretagne en 122 de notre ère, l'empereur Hadrien ordonne l'érection d'une fortification pour marquer la frontière nord de la province romaine. Une fois achevé, le mur de pierre et de gazon de 5 mètres de haut s'étend sur 129 kilomètres entre Wallsend, sur le fleuve Tyne, et le golfe de Solway, ponctué de 16 forts et de nombreux fortins et tourelles pour sa garnison de 9 000 hommes.

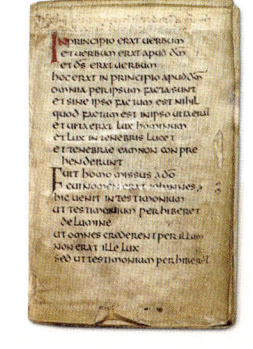

△ Le mur d'Hadrien, vu depuis Hotbank Crags

105-868 APR. J.-C.
LE PAPIER ET LE LIVRE

Le papier offre un support de lecture beaucoup moins onéreux que le papyrus et le vélin utilisés auparavant en Égypte et en Grèce.

105 APR. J.-C. **Cai Lun, un haut fonctionnaire chinois**, fait bouillir des chiffons et de l'écorce avant de faire sécher la pulpe obtenue, créant ainsi le papier, une surface d'écriture durable et économique.

VERS 400 APR. J.-C. **Les codex (livres)** aux pages cousues (comme l'Évangéliaire de saint Cuthbert, ci-dessus) remplacent les vieux parchemins peu maniables.

868 APR. J.-C. **Le Sutra du diamant**, traité de dévotion bouddhiste, est le plus ancien livre imprimé connu. Un unique bloc de bois est utilisé pour chaque page.

166 APR. J.-C.
DÉBUT DES GUERRES MARCOMANES

Au IIe siècle de notre ère, les frontières romaines sont soumises à une pression croissante de la part des Barbares. En 166, des tribus germaniques conquièrent la province de Pannonie ; deux ans plus tard, les Marcomans, qui se sont installés près du Danube en Bohème, envahissent l'Italie. L'empereur Marc Aurèle les repousse et traverse le Danube, mais les guerres marcomanes connaîtront 14 ans d'âpres combats avant de prendre fin.

▷ Les Romains affrontent les tribus germaniques, détail du sarcophage de Portonaccio

169 APR. J.-C Une épidémie de peste frappe l'Empire romain et tue l'empereur Lucius Verus.

143-161 APR. J.-C La frontière romaine en Bretagne est temporairement déplacée au nord du mur d'Antonin.

150 APR. J.-C.
LA CULTURE NOK S'ÉPANOUIT EN AFRIQUE DE L'OUEST

Née dans la zone fertile autour de la rivière Bénoué, au centre du Nigéria, la culture Nok développe la fonte du fer et produit des figurines humaines et animales en terre cuite d'une grande sophistication. Bien qu'elle domine une vaste région, la culture périclite en l'espace de 50 ans, probablement à cause de la surpopulation ou d'une invasion par des ethnies voisines.

▷ Figurine Nok en terre cuite

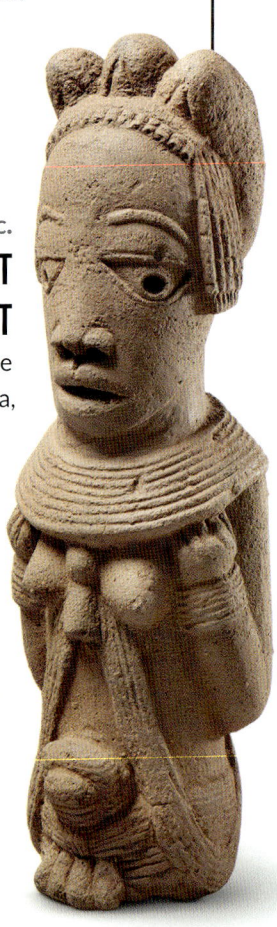

▷ Temple à Hatra, en Irak

160 APR. J.-C.
APOGÉE DU ROYAUME DE HATRA

L'un des premiers États arabes en dehors de la péninsule arabique, le royaume de Hatra, situé dans le Nord de l'Irak actuel, atteint son apogée dans les années 160 de notre ère, s'enrichissant grâce à sa position stratégique sur une importante route caravanière. Il résiste aux tentatives de conquête romaine en 117 et 199, mais tombe finalement aux mains du souverain sassanide Chapur Ier en 240.

DE 140 À 199 | 55

197 APR. J.-C.
FIN DE LA GUERRE CIVILE ROMAINE

L'assassinat de l'empereur romain Commode et de son successeur Pertinax entraîne une lutte de pouvoir entre Pescennius Niger, gouverneur de Syrie, Clodius Albinus, gouverneur de Bretagne, et Septime Sévère, gouverneur de Pannonie. S'alliant d'abord à Albinus, Septime Sévère vainc Niger, puis Albinus en 197, rétablissant la paix et stabilisant les frontières de l'empire.

▷ Buste en marbre de Septime Sévère

180 APR. J.-C L'empereur **Commode** conclut un traité qui met un terme aux guerres marcomanes.

189 APR. J.-C. Dong Zhuo met fin au règne des eunuques en Chine et brûle la capitale, Luoyang.

184 APR. J.-C. Déclenchement de la rébellion des Turbans jaunes en Chine.

199

« Le Ciel d'azur est déjà mort ; le Ciel jaune va bientôt s'élever. »

ZHANG JUE, CHEF DES TURBANS JAUNES, *HOU HANSHU*, Ve SIÈCLE

VERS 192 APR. J.-C.
ÉTABLISSEMENT DU ROYAUME DE CHAMPA

Alors que des luttes internes secouent la dynastie Han, ses provinces d'Asie du Sud-Est commencent à prendre leur indépendance. En 192, les Cham établissent quatre royaumes autour de Hué, au Vietnam moderne. Ils absorbent les influences indienne et chinoise, dominent le commerce et s'étendent au nord vers la Chine et à l'ouest dans la région khmère du Cambodge.

△ Yaksha (esprit de la nature), civilisation du Champa

DE 250 À 900 APRÈS J.-C.
LA CIVILISATION MAYA CLASSIQUE

Une civilisation sophistiquée se développe au sein de la Mésoamérique précolombienne, dans la région qui englobe le Sud du Mexique, le Guatemala, le Belize, le Salvador et le Honduras. Le peuple maya, commence à former des sociétés complexes vers 2000 avant notre ère et à s'installer dans des villes vers 750 avant notre ère. Sa culture distinctive continue de s'épanouir au cours de la période classique (250-900), marquée par l'introduction d'un calendrier dit « compte long ». À cette époque, la civilisation repose sur un réseau de cités-États autonomes liées entre elles par le commerce, ou par des rivalités pour le pouvoir dans la région.

Des centres urbains tels que Tikal, Calakmul, Copán, Palenque et Yaxchilan sont dirigés par des dynasties de « rois divins » – leaders spirituels, chefs politiques et militaires – et par une aristocratie de plus en plus puissante. Les palais, monuments et temples pyramidaux sont très présents dans la société maya classique. D'autres bâtiments comprennent des observatoires et des terrains de jeu de balle cérémoniel. Le développement d'un système d'écriture engendre une classe instruite parmi laquelle l'astronomie et les mathématiques s'épanouissent, et dont le patronage favorise un âge d'or des arts et de l'artisanat.

ÉVÉNEMENTS-CLÉS

250-900 APR. J.-C. Essor de Tikal et de Calakmul
La civilisation maya de la période classique est marquée par l'émergence de cités-États puissantes. Les cités rivales de Tikal et de Calakmul (*à gauche*), les plus importantes d'entre elles, se combattent tout au long de la période.

250 APR. J.-C L'écriture maya
Aux alentours de l'an 250 de notre ère, les Mayas développent un système d'écriture représentant les mots et les syllabes par des symboles. Les symboles, ou glyphes, disposés en blocs forment des mots et des phrases ; ils sont consignés sur une sorte de papier fabriqué à partir d'écorce ou inscrits sur des artefacts en pierre ou en céramique (*à gauche*).

VERS 750-900 APR. J.-C.
Effondrement de la civilisation maya classique
Les cités-États mayas classiques des Basses Terres du Sud commencent à décliner pour des raisons aujourd'hui encore mystérieuses. Vers 900, elles sont largement abandonnées (*à gauche*), et le centre de la civilisation maya postclassique se déplace au nord, vers des villes, comme Chichén Itzá.

LA CIVILISATION MAYA CLASSIQUE

Au cœur de la forêt tropicale, le temple des Inscriptions est construit au sommet de la pyramide abritant la tombe de K'inich Janaab' Pakal, dont le règne (615-683) marque l'apogée de la cité-État classique de Palenque.

200-300 APR. J.-C.
LA CULTURE MOCHE ATTEINT SON APOGÉE AU PÉROU

Moche, la capitale d'un peuple de la côte nord du Pérou, devient un centre d'innovation et de créativité. Ses artisans produisent de magnifiques bijoux en or et en argent et des vases raffinés à anse-goulot en étrier. Le temple du Soleil – une gigantesque pyramide à degrés – et les tombes royales élaborées de Dos Cabezas révèlent une culture sophistiquée et riche.

◁ Vase à anse-goulot en étrier moche

212 APR. J.-C.
CONSTITUTION ANTONINE

Jusqu'au IIIᵉ siècle de notre ère, la citoyenneté romaine échoit aux individus vivant en Italie, dans les colonies romaines, et à ceux récompensés pour leurs services au sein de l'armée. En 212, l'empereur Caracalla l'étend à tous les adultes libres de l'empire. Il agit peut-être ainsi pour récolter de l'argent, les citoyens étant soumis à des droits de succession, ou pour contrer son impopularité. Cette mesure contribue néanmoins à souder l'empire au cours des décennies suivantes.

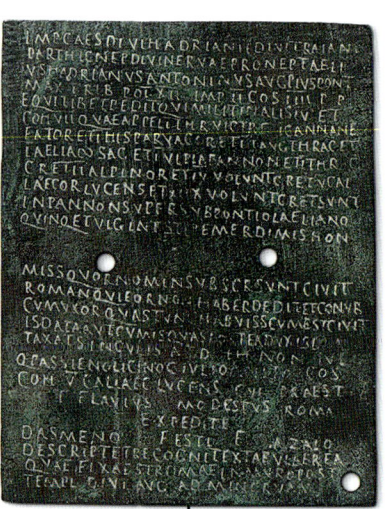

◁ Tablette militaire accordant la citoyenneté romaine

200

VERS 200 APR. J.-C.
Le manuscrit de Bakhshali est le plus ancien à présenter un signe pour indiquer le zéro.

161-223 APR. J.-C.
LIU BEI

Après avoir servi comme général pour les Han, Liu Bei s'allie à Cao Cao, avant de se retourner contre lui lors de la bataille de la Falaise rouge en 208, devenant ainsi le premier souverain de l'État des Trois Royaumes de Shu-Han.

220-280 APR. J.-C.
LES TROIS ROYAUMES DE CHINE

Dans les années 190, la dynastie Han perd la plupart de ses territoires au profit des seigneurs de guerre. L'un d'eux, Cao Cao, réunifie le Nord, mais il est vaincu en 208, alors qu'il tentait d'envahir le Sud, lors de la bataille de la Falaise rouge. À partir de 220, la Chine se constitue en trois royaumes, ceux de Cao Wei, Shu-Han et Sun Wu, au cours d'une période de désunion longue de 60 ans.

▷ Cao Cao regarde la lune la nuit avant la bataille de la Falaise rouge

241 APR. J.-C.

MANI COMMENCE À PRÊCHER EN PERSE

À la suite du chaos provoqué par la chute de la dynastie perse des Parthes, des mouvements religieux fleurissent. Mani, qui a grandi au sein de l'une de ces sectes, les mandéens, prêche une nouvelle foi combinant des éléments du zoroastrisme et du christianisme et mettant l'accent sur le combat entre le bien et le mal. Le manichéisme, qui interdit à ses prêtres de se marier, se répand largement, gagnant des adhérents en Perse et jusque dans l'Empire romain.

▷ Écrits de Mani, manuscrit enluminé

235 APR. J.-C. **Maximin le Thrace**, un humble soldat, devient empereur, marquant le début de l'anarchie militaire dans l'Empire romain.

249 APR. J.-C. **Le clan Sima** s'empare du pouvoir dans le royaume chinois de Cao Wei.

△ L'investiture d'Ardachir Ier, relief en pierre

224 APR. J.-C.

ARDACHIR IER RENVERSE LES PARTHES

La dynastie des Parthes, à la tête de la Perse depuis le milieu du IIIe siècle av. J.-C., est affaiblie par les invasions romaines et une guerre civile qui divise le royaume. Après une invasion romaine en 216 apr. J.-C., Ardachir, roi parthe du Sud-Ouest, se révolte. Huit ans plus tard, il vainc le dernier souverain des Parthes, Artaban V, et fonde une nouvelle dynastie, celle des Sassanides, qui régnera sur la Perse durant quatre siècles.

235 APR. J.-C.

SÉVÈRE ALEXANDRE EST ASSASSINÉ

La stabilité que Septime Sévère apporte à l'Empire romain à partir de 197. est de courte durée. Le comportement de son petit-neveu, Héliogabale, provoque une révolte qui lui vaut d'être assassiné en faveur de son cousin, Sévère Alexandre. Mais celui-ci est lui aussi assassiné en 235 alors qu'il tente de réprimer une mutinerie au sein de l'armée en Germanie. Plus de 25 empereurs éphémères lui succéderont au cours du siècle, dont bon nombre sont issus de l'armée.

◁ Sévère Alexandre

DE 250 À 299

VERS 250 APR. J.-C.
ROYAUME DE YAMATO AU JAPON

Ce royaume émerge dans la région du mont sacré Miwa, près de Nara. L'un de ses premiers souverains, la reine Himiko, est mentionnée dans une source chinoise datant de 238. Cette culture agricole et clanique sachant travailler le fer s'étend progressivement dans le centre du Japon. Les Yamato entretiennent des liens avec la Corée et la Chine, dont ils s'inspirent de la culture bouddhique, des miroirs en bronze, de l'écriture, et de la bureaucratie.

◁ Tête de guerrier, période Yamato

251 APR. J.-C. L'empereur romain d'origine perse sassanide Dèce est tué lors de la bataille d'Abrittus contre les Goths.

250

260 APR. J.-C. Le souverain perse sassanide Chapour Ier vainc et capture l'empereur romain Valérien.

260 APR. J.-C. Postume fonde l'Empire (dissident) des Gaules.

275 APR. J.-C. Saint Antoine fonde un monastère dans le désert égyptien.

▽ Site archéologique de Tiahuanaco, en Bolivie

VERS 250 APR. J.-C.
ÉTABLISSSEMENT DE LA VILLE DE TIAHUANACO

Établie près du lac Titicaca dans l'Ouest de la Bolivie, Tiahuanaco entame sa montée en puissance. Grâce à des monticules surélevés irrigués par des canaux, l'agriculture prospère et produit des surplus de nourriture permettant la construction d'une grande capitale cérémonielle qui comprend la porte du Soleil et un temple semi-souterrain orné d'images de divinités. Les potiers de Tiahuanaco fabriquent des vases polychromes distinctifs décorés de têtes humaines, de jaguars et de pumas.

DE 250 À 299 | 61

269 APR. J.-C.
ZÉNOBIE PREND LA SYRIE ET L'ÉGYPTE

Après l'assassinat de son mari Odénat, un puissant allié des Romains, Zénobie se révolte contre ces derniers. Ses armées s'emparent de la Syrie et de l'Égypte avant d'attaquer l'Asie Mineure. Les positions romaines se retrouvant menacées à l'est, l'empereur Aurélien marche à la rencontre de la souveraine, vainquant les Palmyréniens à Antioche puis assiégeant Palmyre, où il capture Zénobie.

◁ *La Reine Zénobie s'adressant à ses soldats*, 1725-1730, Giovanni Battista Tiepolo

« *Vous exigez ma reddition comme si vous ignoriez que Cléopâtre a préféré mourir en tant que reine plutôt que de rester en vie.* »

ZÉNOBIE, EN RÉPONSE À L'EMPEREUR AURÉLIEN, EXTRAIT D'*HISTORIA AUGUSTA*, IVᵉ SIÈCLE

299

280 APR. J.-C.
LES JIN DE L'OUEST RÉUNIFIENT LA CHINE

Petit-fils d'un général impérial, Sima Yan dépose le dernier empereur Cao Wei en 265 et se déclare premier souverain d'une nouvelle dynastie, les Jin de l'Ouest. Il établit un nouveau code juridique, confie le pouvoir aux princes impériaux puis, en 280, conquiert l'État oriental de Wu. Mais cette réunification de la Chine ne survit pas longtemps à la mort de Sima Yan, une décennie plus tard.

▷ Sima Yan, empereur Wu des Jin

284 APR. J.-C.
DIOCLÉTIEN DEVIENT EMPEREUR ROMAIN

De naissance modeste, Dioclétien gravit les échelons de l'armée avant d'être déclaré empereur à la suite de la mort de Numérien, dans des circonstances troubles, pendant une campagne contre les Perses. Fort et doté d'un génie de l'organisation, il comprend qu'un seul homme ne peut mettre fin à l'anarchie militaire : en 286, il choisit un autre officier, Maximien, comme coempereur, puis étend le système à quatre empereurs (la tétrarchie).

△ *Les Tétrarques*, sculpture en porphyre

300

301 apr. J.-C. **Dioclétien publie L'édit du Maximum,** une tentative de contrôle de l'inflation.

303 apr. J.-C. **Dioclétien ordonne la persécution des chrétiens,** tuant tous ceux qui refusent d'abjurer leur foi.

vers 250 apr. J.-C. **Début de la période maya classique** en Mésoamérique.

304 apr. J.-C.

LA CHINE DU NORD SE DIVISE EN 16 ROYAUMES

La dynastie des Jin de l'Ouest devient de plus en plus dépendante de soldats nomades non chinois du Nord, tels que les Xiongnu du Sud. En 304, Liu Yuan, un commandant d'origine Xiongnu, renverse la dynastie et fonde la sienne, celle des Han Zhao. La Chine du Nord se dissout alors en une mosaïque chaotique de petits États, connus sous le nom des Seize Royaumes, gouvernés par d'autres groupes nomades tels que les Xianbei et les Jie, jusqu'à sa réunification par les Wei du Nord en 439.

◁ Grès de la période des Seize Royaumes de Chine

320 apr. J.-C.

CHANDRAGUPTA FONDE L'EMPIRE DES GUPTA

Petit-fils de Gupta, fondateur d'un petit État situé dans le Magadha, dans le Nord-Est de l'Inde, Chandragupta assoit le pouvoir de sa dynastie en épousant une princesse de l'État voisin des Licchavi. Il étend ses territoires à Ayodhya et au Sud du Bihar, marquant ainsi le début de l'expansion de l'Empire gupta, qui domine l'Inde du Nord jusqu'au Ve siècle.

△ Krishna tuant le démon Keshi, sculpture de la dynastie gupta

DE 300 À 359 | 63

312 APR. J.-C.
BATAILLE DU PONT MILVIUS

La tétrarchie de Dioclétien (gouvernance de l'Empire romain par quatre empereurs) se retrouve déstabilisée après la mort de Constant Ier en 306 et la nomination de son fils, Constantin, comme empereur. Une lutte s'ensuit avec Maxence – fils de Maximien, le coempereur de Dioclétien –, qui revendique le pouvoir sur l'Empire d'Occident. Allié à Licinius à l'est, Constantin marche sur l'Italie et bat Maxence lors de la bataille du pont Milvius, à l'extérieur de Rome.

◁ La bataille du pont Milvius

330 APR. J.-C.
CONSTANTIN FONDE UNE NOUVELLE CAPITALE ROMAINE À L'EST

Après avoir vaincu Licinius, son dernier rival, Constantin Ier choisit le site de l'ancienne cité grecque de Byzance pour y fonder une nouvelle capitale et consolider son règne. Il l'appelle Nova Roma (« Nouvelle Rome », bien qu'elle prenne rapidement le nom de Constantinople), y établit un nouveau Sénat, et y fait construire une place majestueuse, des thermes, un vaste hippodrome et d'imposantes églises chrétiennes. La nouvelle ville, capitale impériale pendant plus de 1 000 ans, est décorée de statues prélevées dans tout l'empire.

◁ Colonne de Constantin, à Istanbul

320 APR. J.-C. Ezana, du royaume éthiopien d'Aksoum, se convertit au christianisme.

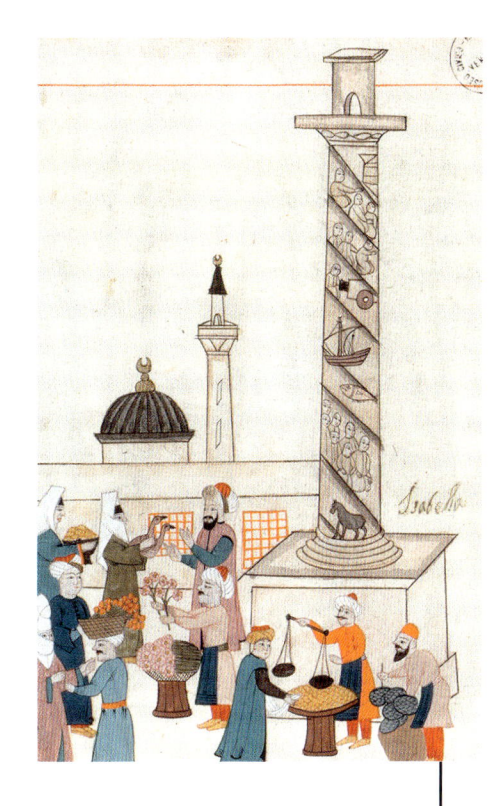

325 APR. J.-C. Le concile de Nicée, une réunion d'évêques chrétiens, convient de la première doctrine chrétienne officielle.

359

> « *Aucun individu, quel qu'il soit, ne devrait être privé de la possibilité de consacrer son cœur à l'observance de la religion qu'il juge la meilleure pour lui.* »
>
> ÉDIT DE MILAN, 313

45-500 APR. J.-C.
PROPAGATION DU CHRISTIANISME

Le christianisme se répand à partir de son centre judéen au milieu des années 40 de notre ère, grâce aux voyages de l'apôtre Paul à Antioche et en Asie Mineure.

301 APR. J.-C. L'Arménie devient le premier État chrétien à la suite de la conversion de son souverain, Tiridate III, par saint Grégoire l'Illuminateur.

313 APR. J.-C. Par l'édit de Milan, Constantin Ier autorise le christianisme et les autres religions dans l'Empire romain.

391 APR. J.-C. Théodose Ier interdit les cultes païens dans l'Empire romain. De nombreux temples sont attaqués et détruits par la foule chrétienne.

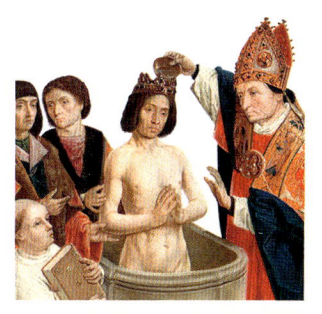

497 APR. J.-C. Le roi franc Clovis se convertit au christianisme, acceptant le baptême dans l'Église catholique romaine.

VERS 250-476 APRÈS J.-C.
LE DÉCLIN ET LA CHUTE DE ROME

Au IVe siècle, l'Empire romain subit la pression croissante de Barbares qui cherchent à piller l'empire ou à s'y installer. Mais les coûts et la bureaucratie nécessaires pour défendre ses frontières n'étant plus supportables, il se retrouve incapable de faire face aux attaques qu'il subit sur de multiples fronts, dont de fréquentes incursions dans ses provinces frontalières. Pour faire face à la menace, l'Empire est obligé de recruter des mercenaires barbares afin de renforcer ses armées, ses meilleurs généraux, dont Stilicon (vers 359-408), étant désormais d'origine germanique. À partir des années 390, Alaric et ses Goths dévastent les Balkans et envahissent même l'Italie, ouvrant la voie à un grand groupe de Vandales, d'Alains et de Suèves qui traverse le Rhin en 407 pour se rendre d'abord en Gaule, puis occuper une grande partie de l'Espagne et de l'Afrique du Nord. Avec le recul du contrôle central, l'assiette fiscale de l'Empire se réduit au point qu'il n'est plus capable de défendre ses provinces de l'Ouest. Rome est saccagée par les Vandales et le dernier empereur d'Occident, Romulus, est déposé par son chef d'armée germanique, Odoacre, en 476. Pendant ce temps, les empereurs romains d'Orient stabilisent les Balkans. Leur lignée leur survivra pendant près de 1 000 ans.

ÉVÉNEMENTS-CLÉS

VERS 250-476 APR. J.-C. **Protéger les frontières**
Affaibli, l'Empire romain réagit à la menace barbare en renforçant ses frontières. L'armée est divisée en garnisons frontalières (*à gauche*) et en armées de campagne mobiles d'élite au financement coûteux.

VERS 409-800 APR. J.-C. **Les royaumes germaniques**
Les Barbares germaniques établissent des royaumes dans les provinces romaines qu'ils occupent : les Francs en Gaule, les Wisigoths (*à gauche*) en Espagne, et les Ostrogoths en Italie. Hormis en Grande-Bretagne, leurs souverains s'installent dans d'anciennes villes romaines et intègrent d'anciens fonctionnaires romains dans leurs gouvernements.

452 APR. J-C. **Le pape Léon Ier rencontre Attila le Hun**
Attila, roi des Huns, conduit une armée à travers le Danube jusqu'en Italie du Nord, prenant 10 villes au passage. Une ambassade menée par le pape Léon Ier (*à gauche*) rencontre Attila pour tenter de le convaincre de ne pas marcher sur Rome. Les Huns se retirent, vraisemblablement pour éviter des conditions hivernales difficiles.

LE DÉCLIN ET LA CHUTE DE ROME | 65

Délicatement sculpté dans du marbre de Proconnèse, le sarcophage Ludovisi, du milieu du IIIe siècle, représente une bataille entre les Romains et des Barbares, sans doute des Goths. La figure centrale à cheval représente peut-être le soldat romain décédé du sarcophage.

378 APR. J.-C.
DÉROUTE DE L'ARMÉE ROMAINE

Dans les années 370, les Goths cherchent à s'installer dans l'Empire romain d'Orient. Essuyant d'abord un refus, malmenés ensuite par les fonctionnaires romains, ils envahissent les Balkans en 378. L'empereur romain d'Orient, Valens, les intercepte près d'Adrianople. Trouvant moins d'ennemis que prévu, il attaque sans attendre de renforts. Mais le retour de Goths partis en expédition pour chercher de la nourriture gonfle les rangs de leur cavalerie, qui finit par battre les Romains.

△ La bataille d'Adrianople

360

360 APR. J.-C. Julien l'Apostat devient empereur romain, marquant le début d'une résurgence païenne.

378 APR. J.-C.
SIYAJ K'AK' CONQUIERT LA CITÉ MAYA DE TIKAL

Les Mayas de Tikal, près du lac Petén, étendent progressivement leur territoire dans les Basses Terres du Guatemala. Cependant, en 378, une nouvelle dynastie prend le pouvoir lorsque Siyaj K'ak', un étranger venu de la ville de Teotihuacan, dans le centre du Mexique, renverse la dynastie indigène et installe Yax Nuun Ayiin comme souverain. L'influence culturelle mexicaine croît à Tikal et dans ce « nouvel ordre », la cité absorbe des territoires au nord et à l'est, devenant ainsi la plus puissante cité-État maya.

▷ Ruines d'un temple de la cité maya de Tikal

386 APR. J.-C.
LES TUOBA RÉUNIFIENT LE NORD DE LA CHINE

La période chaotique des Seize Royaumes commence à s'apaiser en 386, lorsque les Tuoba – un peuple turc de Chine – affirment leur indépendance. Leur chef Tuoba Gui se déclare premier empereur de la dynastie Wei en 399 et entame une expansion de son territoire, parvenant à réunifier le Nord de la Chine en 40 ans. Les Wei adoptent alors le bouddhisme et deviennent des mécènes de l'art bouddhique.

◁ Sculptures bouddhistes, commandées par les Wei dans les grottes de Yungang

> « *La ville renommée, la capitale de l'Empire romain, est engloutie par un gigantesque incendie.* »
>
> OROSE, LETTRE À GAUDENTIUS, À PROPOS DU SAC DE ROME EN 410

404 APR. J.-C. Kwanggaet'o, souverain du royaume coréen de Silla, arrête une invasion de l'État japonais de Yamato.

405 APR. J.-C. Saint Jérôme achève la traduction latine de la Bible, la Vulgate.

406 APR. J.-C. Les Vandales, les Suèves et les Alains franchissent en force la frontière rhénane de l'Empire romain.

419

410 APR. J.-C.
LES GOTHS D'ALARIC METTENT ROME À SAC

Frustré par des années de promesses romaines non tenues concernant des terres pour son peuple, le chef goth Alaric envahit l'Italie, dans le but de prendre Rome elle-même. Un premier siège est levé après le paiement d'un important tribut, mais l'empereur Honorius rompt les négociations et, après un nouveau siège, les Goths font irruption dans la ville en août 410, saccageant bon nombre de ses bâtiments.

△ Le sac de Rome par les Goths d'Alaric

400-1700 APR. J.-C.
L'ÉVOLUTION DE LA PEINTURE CHINOISE

À partir du Ve siècle de notre ère, les artistes chinois développent des techniques picturales sophistiquées et établissent une tradition du paysage qui perdurera pendant des siècles.

VERS 400 Gu Kaizhi, l'un des principaux artistes de la dynastie des Wei du Nord, est parmi les premiers grands représentants de la peinture de paysage.

VERS 750 Wang Wei introduit l'encre et le lavis dans l'art du paysage durant la renaissance artistique de la période Tang.

VERS 1500 Les « quatre maîtres des Ming », dont Shen Zhou, mettent l'accent sur l'expression individuelle, portant la peinture chinoise à de nouveaux sommets.

1650-1700 Sous les premiers Qing, des styles de peinture individualisés émergent, dont le pinceau virtuose de Shitao (*ci-dessus*).

DE 420 À 479

VERS 450 APR. J.-C.
APOGÉE DU ROYAUME D'AKSOUM

Le royaume chrétien d'Aksoum (qui correspond à l'Érythrée et à l'Éthiopie actuelles) atteint son apogée au Vᵉ siècle de notre ère. C'est le premier État subsaharien à battre de la monnaie. Ses marchands commercent jusqu'à Alexandrie, rejoignant ainsi les réseaux méditerranéens, et ses souverains érigent d'immenses stèles dans la capitale, Aksoum.

▷ Stèle du roi Ezana à Aksoum, IVᵉ siècle.

439 APR. J.-C. Les Vandales prennent Carthage, capitale romaine d'Afrique du Nord.

△ *Le Cours de l'Empire. Destruction*, 1836 : Thomas Cole imagine le sac de Rome

450 APR. J.-C. Exécution de Cui Hao, architecte en chef des réformes des Wei du Nord en Chine.

426 APR. J.-C.
SAINT AUGUSTIN COMPLÈTE « LA CITÉ DE DIEU »

Après une carrière de professeur à Milan, Augustin se convertit au christianisme et devient d'abord prêtre, puis évêque à Hippone, dans sa région natale d'Afrique du Nord. Ses écrits permettent de concilier la philosophie classique et l'enseignement chrétien. Dans *La Cité de Dieu*, il raconte l'histoire du monde à travers la providence divine, réfutant l'idée selon laquelle le sac de Rome, en 410, serait une punition divine contre le paganisme.

◁ Traduction espagnole de *La Cité de Dieu* de saint Augustin

> « Le monde a passé, le monde perd de son emprise, le monde est à bout de souffle. »
>
> SAINT AUGUSTIN, SERMON 81

DE 420 À 479 | 69

455 APR. J.-C.
LES VANDALES METTENT ROME À SAC

Dans les années 440, l'empereur romain Valentinien III s'efforce de maintenir la paix avec les Vandales, allant jusqu'à fiancer sa fille Eudocia au prince vandale Hunéric. Mais le successeur de Valentinien, Pétrone Maxime, rompt cet accord. Offensé, le roi Genséric, le père d'Hunéric, débarque avec une flotte près d'Ostie et marche sur Rome, la dépouillant au passage de ses derniers trésors antiques. Les flottes romaines envoyées en 460 et 468 pour se venger des Vandales sont facilement détruites, confirmant la faiblesse terminale de Rome.

451 APR. J.-C. Attila le Hun est battu par une armée romano-wisigothe dans les champs Catalauniques.

467 APR. J.-C. La mort de Skandagupta marque le début du déclin de l'Empire gupta.

479

455 APR. J.-C. Début de l'invasion anglo-saxonne de l'Angleterre (date traditionnelle).

▷ Buste de Romulus

476 APR. J.-C.
LE DERNIER EMPEREUR ROMAIN D'OCCIDENT

En 475, l'officier romain Oreste dépose l'empereur Julius Nepos et met son propre fils, Romulus, sur le trône. Une révolte éclate parmi les mercenaires germains de l'armée, qui réclament un tiers des terres de l'Italie. Face au refus d'Oreste, leur général, Odoacre, s'empare de la capitale impériale alors établie à Ravenne et dépose Romulus, le tout dernier empereur romain d'Occident.

▷ Le singe, dessin de Nazca

VERS 450 APR. J.-C.
LE PEUPLE NAZCA RÉALISE DES GÉOGLYPHES DANS LE DÉSERT

Au milieu du Ve siècle, le peuple nazca, crée dans le désert du Sud du Pérou des géoglyphes (immenses dessins réalisés à l'aide de sable et de gravier colorés placés dans des tranchées peu profondes). Certains font des centaines de mètres de long et représentent des animaux tels que des singes, des colibris et des araignées ; ils sont bien visibles seulement du ciel.

493 APR. J.-C.
THÉODORIC, ROI DES OSTROGOTHS, VAINC ODOACRE

Encouragé par l'empereur romain d'Orient Zénon, le roi ostrogoth Théodoric envahit l'Italie en 489, pour renverser le roi germanique Odoacre, qui menace la frontière romaine. Après une longue lutte, Théodoric pénètre dans Ravenne en 493 et, sous couvert d'une trêve, assassine Odoacre. Il règne ensuite sur l'Italie en tant que roi, dans le respect des lois et du droit romains.

◁ Théodoric, roi des Ostrogoths

480 APR. J.-C. **Les Hephtalites** d'Asie centrale envahissent l'Empire gupta, accélérant son effondrement.

VERS 500 APR. J.-C. **L'État môn de Dvâravatî** émerge en Thaïlande. Il œuvre comme intermédiaire pour la culture indienne.

497 APR. J.-C. **Clovis, roi des Francs,** se fait baptiser. Il est le premier grand souverain germanique à se convertir au catholicisme.

△ Plat en vermeil du roi Péroz

484 APR. J.-C.
LES HEPHTALITES TUENT LE SOUVERAIN SASSANIDE

En 484, le souverain sassanide Péroz marche vers l'est pour affronter les Huns blancs (Hephtalites) qui menacent la frontière orientale de la Perse depuis les années 450. Il subit une défaite dévastatrice et est tué près de Balkh. Pillée par les Hephtalites, la Perse connaît une période de chaos jusqu'à l'accession au trône du petit-fils de Péroz, Khosrow Ier, près de 50 ans plus tard.

VERS 500 APR. J.-C.
ESSOR DE LA CULTURE HUARI

La civilisation Huari commence à s'épanouir dans les Hautes Terres centrales du Pérou. À partir de Huari, leur capitale située près d'Ayacucho à l'enceinte monumentale en pierre et aux temples en forme de D, ils se propagent et occupent une grande partie de l'ancien territoire des Moche. Leurs tissus aux couleurs vives et leurs céramiques représentant le dieu des bâtons, une figure rectangulaire avec une coiffe somptueuse, se répandent à travers tout leur empire.

△ Tissu huari

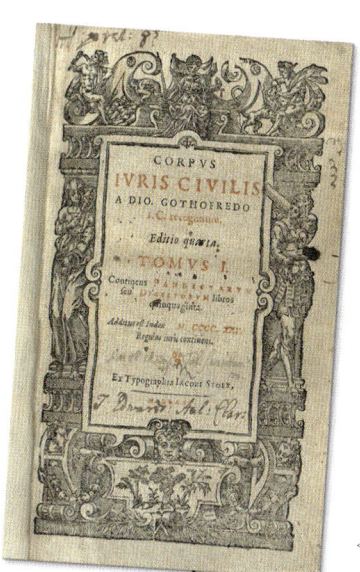

529 APR. J.-C.
L'EMPEREUR ROMAIN D'ORIENT JUSTINIEN PUBLIE SON CODE JURIDIQUE

Afin de rationaliser les lois impériales qui se sont accumulées au fil des siècles, l'empereur Justinien nomme une commission composée de 10 membres pour produire un code juridique unique. Deux ans plus tard, en 529, son travail est achevé et le Code (ainsi que ses révisions ultérieures) devient la seule source de droit de l'Empire romain d'Orient, un document légal qui restera extrêmement influent pendant plusieurs siècles.

◁ Édition ultérieure du *Corpus de juris civilis* de Justinien

482-565 APR. J.-C.
JUSTINIEN IER

Comptant parmi les plus grands empereurs romains d'Orient, Justinien reconquiert les provinces occidentales perdues d'Afrique du Nord, d'Italie et d'Espagne, publie un nouveau code juridique et fait construire l'église Sainte-Sophie à Constantinople.

507 APR. J.-C. Clovis vainc les **Wisigoths** à Vouillé et les repousse en Espagne.

VERS 535 APR. J.-C. La Nubie se fragmente en trois royaumes : la Nobatie, l'Alodie et la Makurie.

536 APR. J.-C. Bélisaire, général romain d'Orient, reprend Rome aux Ostrogoths.

539

538 APR. J.-C.
LE BOUDDHISME GAGNE LE JAPON

Soucieux de gagner des alliés contre la Chine, le souverain de l'État coréen de Baekje envoie une délégation au Japon, qui emporte avec elle des images du Bouddha et des textes sacrés. La nouvelle religion rencontre une opposition farouche de la part des nobles japonais, mais l'empereur Kinmei confie les cadeaux coréens à Soga no Iname, dont les membres du clan deviendront les premiers bouddhistes japonais et feront bâtir le premier temple bouddhiste, l'Asuka-dera.

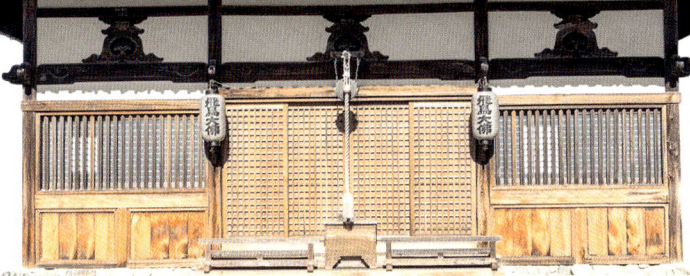

△ Le temple Asuka-dera, au Japon

Les températures estivales moyennes baissent de 2 °C en Europe au cours de l'été 536, marquant le début de la décennie la plus froide depuis plus de 2 000 ans.

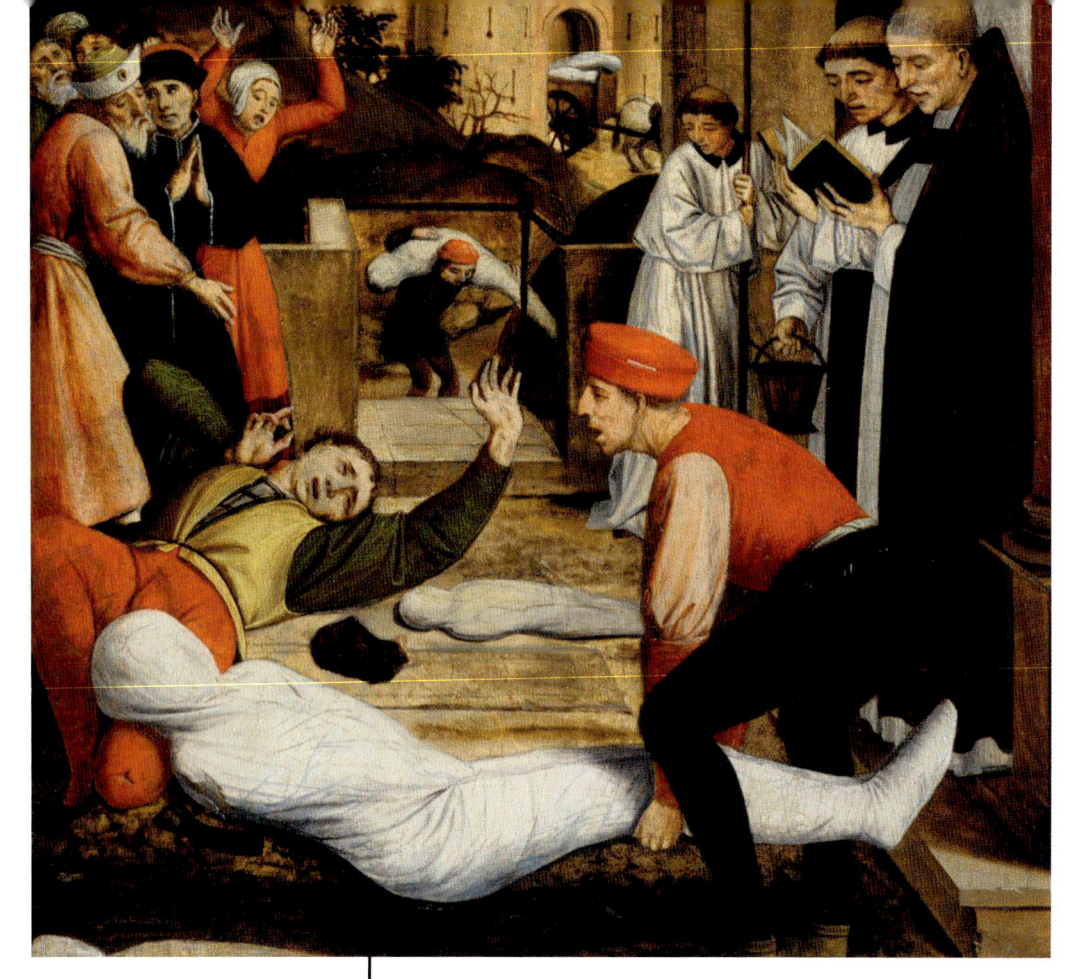

542 APR. J.-C.
LA PESTE DE JUSTINIEN

La première épidémie connue de peste bubonique commence, dans l'Empire byzantin, dans le port de Péluse, en Égypte, et se propage ensuite jusqu'à Constantinople, la capitale impériale, où elle laisse les rues jonchées de cadavres. L'empereur Justinien contracte la maladie, mais n'en meurt pas. La peste tue environ 40 % de la population de la Méditerranée orientale, perturbe énormément l'agriculture, le commerce et le recrutement militaire, et affaiblit gravement l'Empire byzantin.

◁ Prières pour les victimes de la peste de Justinien

540

550 APR. J.-C. **Le royaume du Ghana** – le premier des grands États d'Afrique – est fondé.

VERS 570 APR. J.-C. **Le khan Bayar** établit le royaume des Avars en Europe centrale.

En 542, près de 10 000 personnes meurent quotidiennement de la peste à Constantinople.

568 APR. J.-C.
LES LOMBARDS ENVAHISSENT L'ITALIE

Peuple germanique basé en Pannonie (Hongrie actuelle), les Lombards profitent de la faiblesse de la domination byzantine, due à la guerre prolongée avec les Ostrogoths et à la peste de Justinien, pour traverser les Alpes et pénétrer en Italie. Leur roi, Audoin, conquiert très vite le Nord, et s'empare même de Pavie en 572. Mais le royaume lombard se fragmente rapidement en duchés rivaux qui s'affrontent.

◁ Détail du casque du roi lombard Agilulf

587 APR. J.-C.
LE ROI WISIGOTH D'ESPAGNE SE CONVERTIT AU CATHOLICISME

Les Wisigoths, qui adhèrent à la forme arienne du christianisme populaire parmi les peuplades germaniques, se convertissent au catholicisme lorsque leur roi, Récarède, se convertit en 587. La profession de foi est proclamée lors d'un concile à Tolède, en 589. Malgré des soulèvements sporadiques contre la nouvelle politique religieuse, elle permet de rassembler les Wisigoths et les Romains, et permet à la monarchie wisigothique de se renforcer grâce au soutien de l'Église catholique.

◁ Baptême des Wisigoths en Espagne

593 APR. J.-C.
LE PRINCE SHŌTOKU DEVIENT RÉGENT DU JAPON

Après l'accession de sa tante Suiko à la fonction d'impératrice du Japon, Shōtoku Taishi est nommé régent par le chef du puissant clan Soga. Il gouverne avec sagesse, créant des liens forts avec la Chine et établissant un système bureaucratique à la chinoise avec une hiérarchie. Il introduit la Constitution en 17 articles – un code moral destiné à la classe dirigeante – et promeut le bouddhisme en bâtissant de grands temples, dont le Hōryū-ji à Ikaruga.

◁ Le prince Shotoku

570 APR. J.-C. **Naissance du prophète Mahomet** dans la ville de La Mecque, dans l'Ouest de l'Arabie.

597 APR. J.-C. **Saint Augustin** se rend dans le Kent, dans le cadre d'une mission commanditée par le pape Grégoire Iᵉʳ visant à convertir les Anglo-Saxons.

589 APR. J.-C.
UNIFICATION DE LA CHINE

En 581, un fonctionnaire de la cour, Yang Jian, renverse la dynastie des Zhou du Nord et établit les Sui. Sous le nom d'empereur Wen, il sécurise le Nord, puis envahit le Sud de la Chine, battant la dynastie Chen et prenant sa capitale Nanjing. À la suite de l'unification de la Chine en 589, il se lance dans des projets tels que la construction du Grand Canal, dont les dépenses contribuent à l'effondrement de sa dynastie en 30 ans.

△ L'empereur Wen et des bateaux sur le Grand Canal

642 APR. J.-C.
LA PERSE SASSANIDE EST CONQUISE

Après avoir envahi la Palestine sous contrôle byzantin et la Syrie, les armées arabes musulmanes envahissent la Perse sassanide. Elles remportent une série de victoires contre les Perses à Al-Qadisiyya et ailleurs, avant de défaire la dernière grande armée perse à Nahavand en 642. La plupart de ses généraux étant morts, le chef des Perses prend la fuite, laissant son empire aux mains du califat islamique.

△ La bataille d'Al-Qadisiyya, d'après un manuscrit persan

613 APR. J.-C.
Le prophète Mahomet commence à prêcher à La Mecque.

622 APR. J.-C. L'Hégire, ou le départ de Mahomet et de ses disciples de La Mecque pour Médine, marque le début de l'ère islamique.

618 APR. J.-C.
FONDATION DE LA DYNASTIE TANG

Les campagnes militaires ratées et les projets monumentaux lancés par Yang Jian, l'empereur chinois Sui, provoquent une révolte généralisée. Pour endiguer le chaos, le général d'armée Li Yuan prend le contrôle, dépose l'empereur et fonde sa propre dynastie, celle des Tang. Devenu lui-même empereur sous le nom de Gaozu, Li Yuan vainc les rebelles et unifie la Chine en 6 ans. Le règne des Tang durera près de 300 ans.

◁ L'empereur Tang Gaozu

> « *Grâce au miroir tendu par l'Histoire, on peut comprendre l'ascension et la chute d'une nation.* »
>
> PUBLICATION POSTHUME DE TAIZONG, DEUXIÈME EMPEREUR TANG, VERS 640

646 APR. J.-C.
RÉFORME DE TAIKA AU JAPON

Depuis un demi-siècle, la Cour japonaise est dominée par le clan corrompu des Soga. Mais un coup d'État fomenté par le prince Naka no Ōe et Nakatomi no Kamatari met fin à l'influence des Soga, et un nouvel empereur accède au trône. Prenant la Chine des Tang pour modèle, son règne, dit « l'ère Taika », connaît une série de réformes : la propriété privée est abolie, le contrôle direct de l'empereur sur l'administration est imposé, les lois sont codifiées et un système fiscal équitable est institué. Les réformes de Taika renforcent considérablement le Japon.

◁ Nakatomi no Kamatari

668 APR. J.-C.
UNIFICATION DE LA CORÉE SOUS LA DYNASTIE SILLA

En 660, le roi Munmu de l'État coréen de Silla attaque le royaume rival de Baekje. En 8 ans, Baekje est vaincu, ainsi que le troisième État coréen, Koguryo. Le royaume de Silla expulse les forces chinoises Tang et unifie la Corée, établissant un gouvernement calqué sur celui des Tang.

▷ Ossuaire en grès de la dynastie Silla

672 APR. J.-C. Tikal conquiert **Dos Pilas** et devient la cité-État maya dominante.

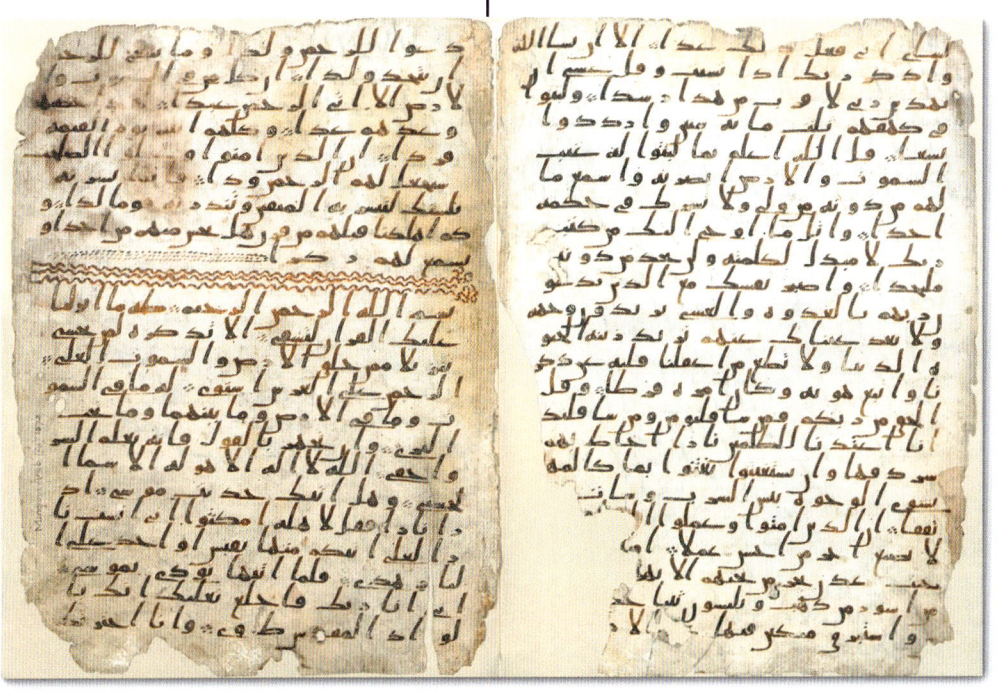

650 APR. J.-C.
COMPILATION DU CORAN

Après la mort du prophète Mahomet en 632, des conflits concernant l'identité de son successeur et le besoin d'une version écrite du Coran, qui se transmet alors oralement, émergent. La rédaction du livre sacré prend fin sous le califat d'Othman, vers 650. Les premiers manuscrits qui subsistent lui sont postérieurs de quelques années.

◁ Manuscrit du Coran de Birmingham

711 APR. J.-C.
L'ARMÉE ARABO-BERBÈRE ENVAHIT L'ESPAGNE

Après avoir conquis l'Afrique du Nord, les forces du califat omeyyade pénètrent en Espagne, alors sous domination wisigothe, en 711. Cette armée arabo-berbère menée par Tariq ibn Ziyad dépose le roi wisigoth Rodéric au Guadalete. En 6 ans, elle envahit toute la péninsule Ibérique, à l'exception de petites enclaves dirigées par des chrétiens dans le Nord.

△ La bataille du Guadalete

725 APR. J.-C. **Les Hohokams** installent des colonies équipées de canaux d'irrigation complexes dans le désert de Sonora, en Arizona.

732 APR. J.-C. **Les Francs battent une armée arabe** à Tours, stoppant l'avancée de l'Empire islamique vers le Nord.

726 APR. J.-C.
ICONOCLASME DANS L'EMPIRE BYZANTIN

La vénération des icônes (portraits du Christ et des saints) est populaire dans l'Empire byzantin, mais en 726, l'empereur Léon III institue une politique iconoclaste, interdisant leur culte et ordonnant leur destruction. Léon et ses principaux clercs imputent les défaites byzantines face aux Arabes au mécontentement divin à l'égard de la vénération des icônes. Bien qu'impopulaire auprès de nombreux Byzantins, cette politique se maintient durant plus de 60 ans.

◁ Iconoclastes byzantins

DE 700 À 759 | 77

751 APR. J.-C.

PÉPIN LE BREF EST SACRÉ ROI DES FRANCS

Dominée par les maires du palais (ses plus hauts fonctionnaires), tous issus de la lignée carolingienne, la dynastie mérovingienne est affaiblie. En 751, Pépin III dit le Bref, lui aussi carolingien, dépose le dernier souverain mérovingien Childéric III puis, avec la bénédiction du pape, se fait couronner roi et rétablit l'autorité royale.

◁ Pépin le Bref, roi carolingien

751 APR. J.-C. Victoire de l'armée arabe du califat abbasside face aux Tang chinois, lors de la bataille de la rivière Talas.

752 APR. J.-C. Les Lombards conquièrent Ravenne, la dernière grande cité byzantine, dans le Nord de l'Italie.

755 APR. J.-C. La révolte d'An Lushan affaiblit l'Empire Tang en Chine.

759

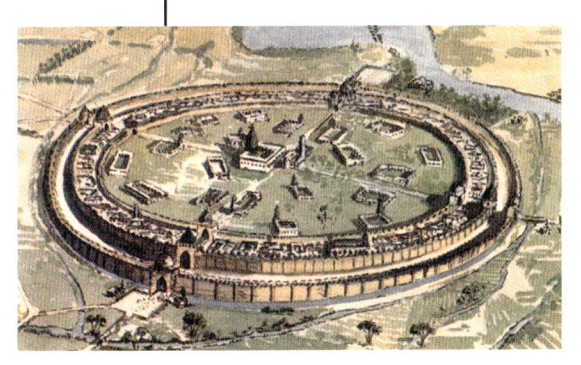

756 APR. J.-C. Abd al-Rahman Ier fonde le califat omeyyade de Cordoue.

750 APR. J.-C.

LES ABBASSIDES RENVERSENT LES OMEYYADES

Le mécontentement croissant à l'égard des califes omeyyades installés en Syrie conduit à la révolte d'Abu al-Abbas, dit Al-Saffah, un descendant de l'oncle de Mahomet. Il vainc le calife omeyyade et établit son califat abbasside en Irak, où son successeur, Al-Mansur, fonde Bagdad.

△ Bagdad à l'époque d'al-Mansour

715-1450
LES LIVRES ENLUMINÉS MÉDIÉVAUX

Des manuscrits somptueux peints à la main, religieux ou historiques pour la plupart, sont produits à partir du ve siècle et pendant le millénaire suivant, d'abord au sein de monastères, puis pour de riches mécènes, à mesure que l'alphabétisation progresse.

VERS 715 Les Évangiles de Lindisfarne, nommés d'après le monastère où ils sont conservés, ont une reliure incrustée de pierres précieuses.

781 L'évangéliaire de Godescalc est commandé par l'empereur carolingien Charlemagne.

VERS 1113 La *Chronique des temps passés* retrace l'histoire russe depuis les premiers temps jusqu'à l'avènement de Vladimir III.

1405-1408 Le livre d'heures de Jean, duc de Berry, et d'autres recueils de prières similaires deviennent populaires auprès de riches mécènes.

786 APR. J.-C.

HARUN AL-RACHID DEVIENT CALIFE ABBASSIDE

À la mort de son frère, Harun initie un âge d'or pour le califat abbasside, au cours duquel les arts et les sciences s'épanouissent, au point que des ambassades sont envoyées en Gaule et même jusque dans la Chine des Tang. Avec l'aide de ses vizirs, Harun renforce le gouvernement califal, qu'il transfère de Bagdad à Raqqa plus tard au cours de son règne.

▷ Harun al-Rachid

VERS 800 APR. J.-C.

CONSTRUCTION DU TEMPLE DE BOROBUDUR

Ce complexe de temples bouddhistes est construit par les rois Sailendra, du centre de Java, grâce à la richesse de leur empire maritime. Il s'agit du plus grand monument bouddhiste du monde, construit sous la forme d'un mandala en trois dimensions qui guide les pèlerins à travers trois niveaux symbolisant le voyage de l'âme vers le nirvana. Il demeure un centre important de culte bouddhiste jusqu'à son abandon au XIe siècle.

▷ Le temple de Borobudur

787 APR. J.-C. **Le concile de Nicée** met fin à la controverse iconoclaste dans l'Empire byzantin en autorisant à nouveau le culte des icônes.

774 APR. J.-C. **Le souverain franc Charlemagne** conquiert le royaume lombard d'Italie.

794 APR. J.-C. **La capitale impériale japonaise** est délocalisée à Heian (aujourd'hui Kyoto).

▷ La pierre de Lindisfarne consigne un raid viking

793 APR. J.-C.

PREMIER RAID VIKING DANS LE NORD-OUEST DE L'EUROPE

Une attaque viking contre le monastère de Lindisfarne, sur la côte nord-est de l'Angleterre, initie deux siècles au cours desquels des guerriers venus de Scandinavie attaquent les côtes de l'Europe du Nord. Leurs drakkars capables de se déplacer rapidement et d'accoster dans des eaux peu profondes ainsi que leurs talents de guerrier aident les Vikings à conquérir la majeure partie de l'Angleterre anglo-saxonne et à placer les royaumes francs au bord de l'effondrement.

VERS 747-814 APR. J.-C.

CHARLEMAGNE

Charlemagne renforce le gouvernement et le système juridique franc, et prend le titre d'empereur des Romains. Il étend le pouvoir franc à l'Espagne, la Saxe, l'Italie et jusque dans l'Europe centrale.

DE 760 À 809 | 79

Le complexe de temples de Borobudur compte 504 statues de Bouddha.

802 APR. J.-C.
JAYAVARMAN II FONDE L'EMPIRE KHMER

En se proclamant *chakravartin* (souverain universel), Jayavarman affirme l'indépendance des Khmers vis-à-vis des Sailendra javanais. C'est le premier souverain khmer à s'établir dans la région d'Angkor. Ses successeurs construiront l'immense complexe de temples qui comprend Angkor Wat.

△ Jayavarman II

809

800 APR. J.-C. **Ibrahim ibn al-Aghlab fonde l'Empire aghlabide**, avec Kairouan (dans l'actuelle Tunisie) pour capitale.

801 APR. J.-C. **La dynastie Gurjara-Pratihâra** devient puissante sous le règne de Nagabhata II, qui conquiert Kannauj, dans le Nord de l'Inde.

▽ Couronnement de Charlemagne

800 APR. J.-C.
CHARLEMAGNE EST SACRÉ EMPEREUR ROMAIN

Le souverain franc Charlemagne est couronné par le pape Léon III dans la basilique Saint-Pierre de Rome. La cérémonie, organisée le jour de Noël, établit symboliquement Charlemagne comme l'héritier de l'Empire romain d'Occident, confirmant son pouvoir et initiant une lignée d'empereurs romains qui perdurera jusqu'au XIXe siècle.

DE 800 À 1300
LA SCIENCE ISLAMIQUE

Les 5 siècles qui suivent l'an 800 voient fleurir la science dans les pays islamiques, tandis que les savants s'appuient sur un héritage légué par les empires classiques et réalisent leurs propres avancées. La conquête des provinces orientales des Empires romain et perse sassanide donne le contrôle sur d'importantes bibliothèques et traditions d'érudition au califat islamique. Les exigences pratiques de la médecine, de l'architecture, du commerce, et le besoin de comprendre la géographie d'un vaste empire incitent les souverains musulmans à financer la traduction de textes tels que L'Almageste, de l'astronome et mathématicien romain Ptolémée.

Les cours des califes omeyyades et abbassides à Damas et à Bagdad, ainsi que de centres régionaux tels que Cordoue en Espagne, deviennent des centres d'apprentissage où l'expérimentation et les progrès scientifiques dépassent ceux de l'Europe. Des penseurs tels qu'Al-Khwarizmi (vers 780-850) développent l'algèbre en tant que discipline distincte et résolvent des équations quadratiques, tandis qu'au XIe siècle, Ibn Sina (Avicenne) élabore les notions d'impulsion et d'inertie, qui dépassent les travaux d'Aristote. Al-Biruni (973-1048) quant à lui calcule le rayon de la Terre en mesurant la hauteur d'une montagne.

À partir du XVe siècle, alors que de nouveaux empires islamiques centralisés émergent en Inde, en Turquie et en Perse, la science islamique se consacre à la production de recueils de connaissances au lieu d'innover. Son âge d'or touche à sa fin.

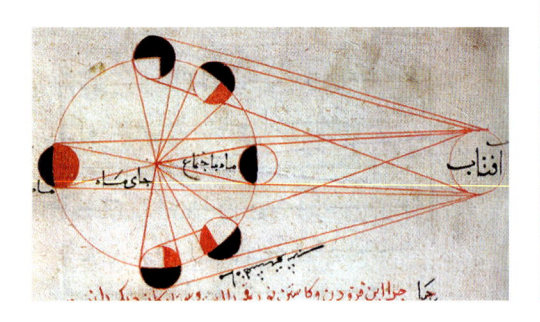

ÉVÉNEMENTS-CLÉS

À PARTIR DE 770 Traduction des œuvres classiques
Des califes abbassides tels qu'Al-Mansur (au pouvoir de 754 à 775) inaugurent une bibliothèque à Bagdad, nommée Bayt al-Hikma (« maison de la Sagesse »). Celle-ci attire des érudits qui traduisent des manuscrits classiques, comme le *De materia medica* de Dioscoride (*à gauche*), du latin, du grec et du persan vers l'arabe.

À PARTIR DE 800 La médecine islamique
Des médecins tels que le Persan Razhès (854-925) font des observations pointues (en distinguant la rougeole de la variole, par exemple), tandis que le *Canon de la médecine* d'Avicenne (980-1037) devient un manuel médical fondamental pour les siècles à venir (*à gauche*).

À PARTIR DE 800 Les sciences physiques
Les savants islamiques réalisent de grandes avancées dans le domaine de l'optique, classent les substances chimiques pour la première fois et produisent des cartes sophistiquées, telle que cette représentation (*à gauche*) des phases de la Lune réalisée par le savant Al-Biruni.

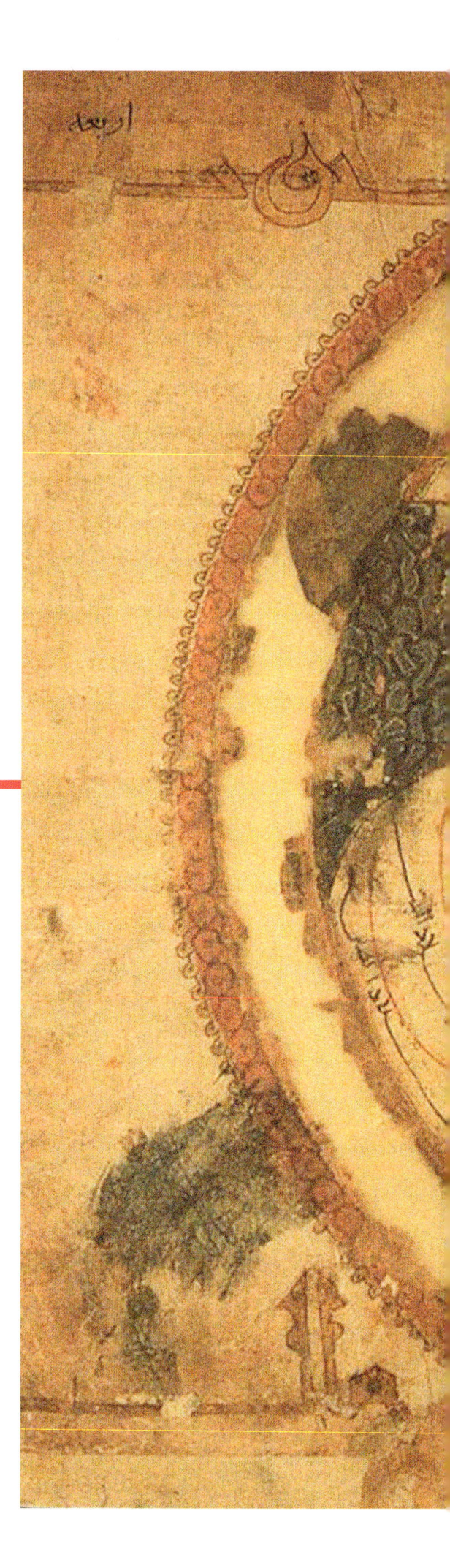

LA SCIENCE ISLAMIQUE

Le monde islamique développe une tradition cartographique sophistiquée, initiée par l'école al-Balkhi à Bagdad au IXe siècle. Compilée par le géographe Istakhri vers 970, cette carte présente le monde divisé en deux parties par deux grandes mers.

822 APR. J.-C.
FONDATION DU BAYT AL-HIKMA (« MAISON DE LA SAGESSE »)

Un centre d'érudition s'intéressant particulièrement à la traduction de textes latins et grecs en arabe, le Bayt al-Hikma, est créé à Bagdad par le calife Al-Mamun. Il accueille des savants tels que le mathématicien Al-Khwarizmi, le « père de l'algèbre », et permet aux penseurs arabes d'avoir accès aux œuvres classiques de la philosophie et de la science.

△ La « maison de la Sagesse »

VERS 811 APR. J.-C. **La première monnaie de papier,** connue sous le nom de « monnaie volante » apparaît en Chine.

810

811 APR. J.-C. **Le khan bulgare Kroum** vainc et tue l'empereur byzantin Nicéphore à Pliska, étendant ainsi le premier Empire bulgare.

831 APR. J-C.
CHUTE DE PALERME

Après la prise de la ville sicilienne de Palerme par les forces musulmanes aghlabides, l'émirat installé en Tunisie domine l'île entière en 902. Palerme prospère sous le règne de Ziyadat Allah I (vers 817-838) et de ses successeurs, devenant un important centre de commerce où les influences islamique, byzantine, juive et chrétienne occidentale fusionnent pour créer une riche culture hybride qui prospère jusqu'au XIIIe siècle.

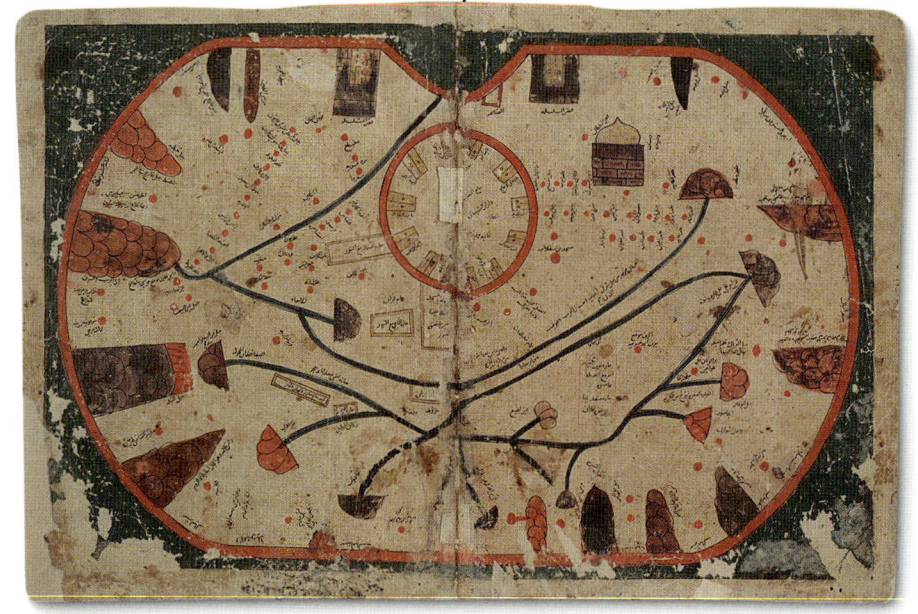

△ Carte arabe de la Sicile

DE 810 À 869 | 83

843 APR. J.-C.

TRAITÉ DE VERDUN

À la mort de Charlemagne, son vaste empire revient à son fils, qui règne sous le nom de Louis le Pieux pendant 26 ans. Lorsque Louis meurt en 840, ses fils s'engagent dans une guerre civile. Après deux ans d'âpres combats, un accord est trouvé à Verdun, donnant la France à Charles le Chauve, les terres germaniques à Louis, et la région au centre (Lotharingie) à Lothar.

◁ Le traité de Verdun, miniature

804-872 APR. J-C.

FUJIWARA NO YOSHIFUSA

En 858, Fujiwara no Yoshifusa est nommé *sessho* (régent) de son petit-fils Seiwa, âgé de 9 ans. C'est le début d'une lignée de régents Fujiwara qui seront les véritables souverains du Japon jusqu'au milieu du XIIe siècle.

848 APR. J.-C. Le royaume de Pagan est fondé dans la vallée de l'Irrawaddy par les Mranma (Birmans).

850 APR. J.-C. Le souverain Vijayalaya Chola prend la ville de Tanjore, dans le Sud de l'Inde, aux souverains de la dynastie des Pandyas.

858 APR. J.-C. Fujiwara no Yoshifusa, de l'influent clan japonais Fujiwara, devient régent, ouvrant la voie à trois siècles de domination Fujiwara.

869

841 APR. J.-C.

COLONISATION DE DUBLIN PAR LES VIKINGS

La ville irlandaise est d'abord utilisée comme longphort (port fortifié) pour les raids effectués à l'intérieur des terres. Cependant, vers les années 850, elle devient sous le règne d'Olaf le Blanc et de son frère Ímar, le royaume de Dublin dont les chefs tiennent la région, souvent en alliance avec le royaume viking d'York, jusqu'au XIe siècle.

◁ Hache de guerre viking

▷ Une représentation chinoise ancienne d'armes à feu en usage

VERS 850 APR. J.-C.

POUDRE À CANON

En Chine, des moines taoïstes, à la recherche de l'élixir d'immortalité, élaborent une formule pour la poudre à canon. Si les propriétés médicinales du salpêtre sont alors connues, la combustion obtenue lorsqu'il est mélangé à du soufre et du charbon de bois ne l'est pas. À partir du XIe siècle, on l'utilise pour produire les premières armes à feu, comme les lances de feu et les flèches explosives.

DE 870 À 919

874 APR. J.-C.

COLONISATION DE L'ISLANDE PAR LES VIKINGS

Menés par Ingólfur Arnarson, des centaines de Vikings migrent de Scandinavie vers l'Islande, bientôt suivis par des milliers d'autres lors d'une période nommée landnám (« prise de terres »). Ils établissent rapidement des fermes sur toute l'île et développent un État libre islandais, gouverné à partir de 930 par l'Althing, l'un des premiers parlements du monde.

◁ Figure viking de Thor en bronze, Islande, vers l'an 1000

VERS 882 APR. J.-C.

OLEG, CHEF DES VIKINGS DE LA RUS, DEVIENT SOUVERAIN DE KIEV

À partir de son camp basé dans les environs de Novgorod, le chef Oleg vainc ses rivaux Askold et Dir et prend leur forteresse à Kiev. Il y transfère sa capitale et lance des raids sur les tribus slaves locales comme celle des Drevliens, qu'il oblige à payer un tribut. Alors que la puissance de Kiev grandit, elle devient le cœur de l'État de Kiev.

△ Oleg de Novgorod au combat

870

896 APR. J.-C.
Le tsar Siméon de Bulgarie défait une armée byzantine à Bulgarophygon.

878 APR. J.-C.

ALFRED LE GRAND BAT LES VIKINGS À LA BATAILLE D'EDINGTON

Alfred préserve son royaume du Wessex des pillards nordiques de la Grande Armée païenne, qui a vaincu les royaumes anglo-saxons un par un depuis son arrivée en Angleterre en 865. Les Vikings prennent Alfred par surprise, le forçant à fuir dans les marais autour d'Athelney, mais il regroupe ses troupes et emporte la victoire à Edington, obligeant les Vikings à réclamer la paix.

▷ Le roi Alfred le Grand

« *Les païens, terrifiés par la faim, le froid, la peur, et enfin par le désespoir, imploraient la paix.* »

ASSER, *VIE D'ALFRED*, VERS 900

DE 870 À 919 | 85

◁ Statue toltèque de Tula

VERS 900 APR. J.-C.
DÉVELOPPEMENT DE LA CAPITALE TOLTÈQUE DE TULA
Située dans l'État d'Hidalgo, au Mexique, Tula est la capitale toltèque. S'étendant sur environ 8 kilomètres carrés, la ville possède plusieurs pyramides (notamment la pyramide à cinq degrés de Quetzalcóatl), des terrains de jeu de balles et plusieurs statues géantes de guerriers. Tula devient la plus grande cité de la région entre la chute de Teotihuacan et la montée en puissance de Tenochtitlan, bien qu'on ne sache pas bien si les Toltèques fondent alors un empire ou s'ils exercent une simple influence culturelle.

L'anthologie japonaise Kokinshū contient 1 111 poèmes.

909 APR. J.-C. Le califat fatimide s'installe lorsque Abdullah al-Mahdi renverse les Aghlabides en Afrique du Nord.

918 APR. J.-C. Le roi Parantaka Chola Ier conquiert l'Empire pandya, dans le Sud de l'Inde.

919

905 APR. J.-C. Compilation du *Kokinshu*, la première anthologie de poésie japonaise.

907 APR. J.-C.
CHUTE DES TANG EN CHINE
Après une longue période d'affaiblissement des souverains, de domination de la Cour par les eunuques, et une série de rébellions, le dernier empereur Tang est déposé par Zhu Wen, un ancien rebelle devenu général, qui établit l'éphémère dynastie des Liang postérieurs. Durant les décennies suivantes – période des Cinq Dynasties et des Dix Royaumes –, la Chine se dissout en une mosaïque d'États concurrents qui ne seront réunifiés par les Song qu'en 960.

▷ Soldats Tang à cheval, peinture funéraire

929 APR. J.-C.
CALIFE OMEYYADE À CORDOUE

L'émir Abd al-Rahman III se proclame calife omeyyade à Cordoue après que les califes fatimides d'Afrique du Nord ont menacé d'envahir l'Espagne. Il unifie l'Al-Andalus sous contrôle musulman et réduit les territoires chrétiens du Nord à la vassalité. Sous son règne, Cordoue atteint son apogée culturelle, avec la construction du complexe palatial Madinat-al-Zahra et d'une université qui attire des étudiants du monde musulman et de l'Europe chrétienne.

▷ Statue d'Abd al-Rahman à Cordoue

VERS **950** APR. J.-C. **Tiahuanaco,** cité au cœur d'une civilisation peu connue en Bolivie, est abandonnée.

946 APR. J.-C. **Les Perses chiites** de la dynastie des Bouyides s'emparent de Bagdad.

935 APR. J.-C.
UNIFICATION DE LA CORÉE

Taejo, souverain du royaume de Goryeo, unifie la Corée grâce à la conquête de l'État du Baekje, qui fait suite à sa victoire sur Silla l'année précédente. Taejo et ses successeurs affaiblissent les seigneurs de guerre régionaux, augmentent les recettes fiscales et réforment la bureaucratie. Le pouvoir royal ainsi accru permet de créer un État centralisé fort.

▷ Le roi Taejo

DE 920 À 969 | 87

960 APR. J.-C.
FONDATION DE LA DYNASTIE SONG

Zhao Kuangyin, général de la dynastie des Zhou postérieurs dans le Nord de la Chine, s'empare de la capitale Kaifeng et se proclame empereur Taizu de la dynastie Song. Au cours des 20 années suivantes, il conquiert le reste de la Chine, la réunifiant après la période chaotique des Cinq Dynasties et des Dix Royaumes. La promotion de l'éducation, les académies scientifiques et les examens rigoureux de la fonction publique renforcent la bureaucratie centrale en Chine.

◁ *Le Long de la rivière pendant le festival de Qingming*, l'une des peintures chinoises les plus célèbres, dépeint la vie dans la capitale des Song, Kaifeng

961 APR. J.-C. Nicéphore Phocas, empereur byzantin, prend la Crète aux Arabes.

VERS 965 APR. J.-C. Le roi Harald du Danemark, dit Harald à la Dent Bleue, se convertit au christianisme.

962 APR. J.-C. Le roi germanique Otton Ier est couronné empereur du Saint-Empire romain germanique à Rome.

969 APR. J.-C. Les Fatimides conquièrent l'Égypte et y transfèrent leur califat.

969

▽ La couronne impériale d'Otton Ier

955 APR. J.-C.
OTTON IER DÉFAIT LES HONGROIS

Lors de la bataille du Lechfeld, la cavalerie lourde du roi germanique Otton Ier met en déroute une troupe de cavaliers hongrois. La mort de la plupart des chefs hongrois met fin à leurs raids vers l'ouest. Otton est couronné empereur romain par le pape Jean XII en 962.

930-1789
HISTOIRE DES PARLEMENTS

Le Moyen Âge voit l'établissement d'assemblées de roturiers qui affirment leurs droits face aux monarques et évoluent progressivement vers les parlements démocratiques actuels.

930 L'Althing, le plus ancien parlement du monde, dirigé par les Vikings, est créé en Islande. Il se réunit chaque année pour décider des lois.

1188 Les Cortes de Castille-et-León, premiers organes parlementaires d'Europe continentale, se réunissent. Ils comprennent des nobles, des marchands et des citadins.

1295 Le modèle du Parlement anglais est convoqué par Édouard Ier : il comprend des nobles et deux représentants de chaque ville et arrondissements.

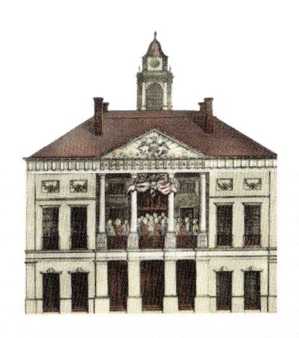

1789 Le premier Congrès américain se réunit à New York ; les représentants des 13 États sont élus au vote populaire.

DE 970 À 1009

988 APR. J.-C.
BAPTÊME DE VLADIMIR DE KIEV

Le grand-prince de Kiev est baptisé lors d'une cérémonie à Kiev. Au préalable, il a envoyé des émissaires dans les pays voisins pour enquêter sur leurs religions : aucune ne lui plaisait, hormis le christianisme grec orthodoxe. Son baptême rend possible une alliance avec Byzance par son mariage avec la sœur de l'empereur Basile II.

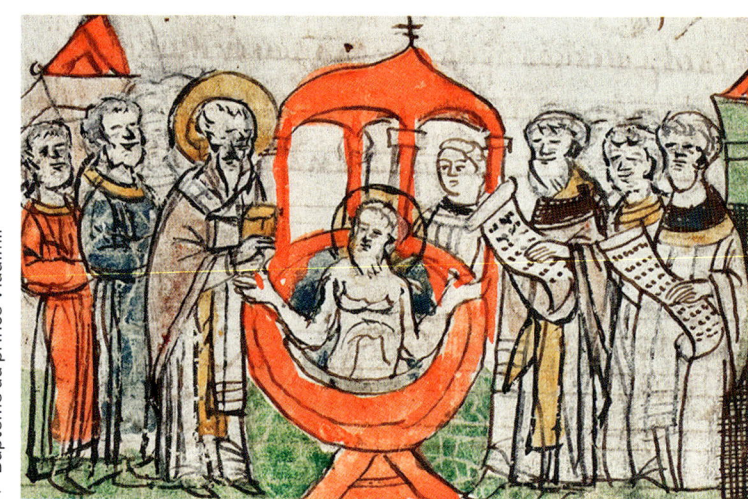

« *Boire est la joie de tous les Rus. Nous ne pouvons pas exister sans ce plaisir.* »

RÉPONSE DE VLADIMIR DE KIEV AUX ÉMISSAIRES MUSULMANS BULGARES LUI SUGGÉRANT DE SE CONVERTIR, VERS 987

▷ Baptême du prince Vladimir

970

975 APR. J.-C. L'empereur byzantin **Jean Tzimiskès** reprend Damas après une campagne en Syrie.

987 APR. J.-C. **La dynastie capétienne** est fondée en France par Hugues Capet, devenu roi après la mort du dernier souverain carolingien.

973 APR. J.-C. Parantaka II vainc les souverains Rashtrakuta, établissant la suprématie de la dynastie Chola dans le Sud de l'Inde.

982 APR. J.-C. Le royaume de Dai Viet détruit Indrapura, la capitale du royaume de Champa.

985 APR. J.-C.
LES VIKINGS COLONISENT LE GROENLAND

Après avoir été banni d'Islande pour son implication dans un combat mortel, Erik le Rouge navigue vers une terre qu'il nomme « Groenland » pour y attirer davantage de colons. Il est suivi par des milliers de migrants qui établissent deux colonies (à l'est et à l'ouest) à l'extrémité sud de l'île, où ils se maintiennent durant plus de 400 ans.

▷ Erik le Rouge

987 APR. J.-C.
LES TOLTÈQUES ÉTENDENT LEUR INFLUENCE SUR LE YUCATAN

Dans la cité maya de Chichén Itzá, l'apparition d'une architecture de style toltèque de Tula, qui comprend des chac-mools (autels), des atlantes représentant des guerriers et le temple-pyramide de Kukulcán, suggère des migrations humaines depuis le centre du Mexique vers la péninsule du Yucatán. On ignore s'il s'agit d'envahisseurs, de colons ou d'une nouvelle élite, ou encore si les dirigeants mayas locaux ont simplement assimilé la culture toltèque.

△ Statue de guerrier toltèque

◁ Basile II, le « tueur de Bulgares »

996 APR. J.-C.

BASILE II FAIT CAMPAGNE CONTRE LES BULGARES

Basile II est un empereur byzantin très actif, qui cimente l'autorité impériale à la fois dans son pays et à l'étranger. Il neutralise notamment l'ambitieux royaume bulgare en s'emparant de ses principaux bastions tels que Skopje. En 1014, il inflige une défaite sanglante au tsar bulgare Samuel à Kleidion, tuant 15 000 Bulgares et aveuglant 99 survivants sur 100. Le Premier Empire bulgare s'effondre alors, et les Bulgares ne menacent plus Byzance pendant 150 ans.

1001 Étienne Ier devient le premier roi de Hongrie et en fait un État européen puissant.

△ Pueblo Bonito

VERS 1000

LA CULTURE DE CHACO S'ÉPANOUIT AUTOUR DE PUEBLO BONITO

Les Indiens Pueblos du Sud-Ouest américain atteignent leur apogée avec la construction de « grandes maisons » telles que celles de Pueblo Bonito, de voies de communications, et de systèmes d'irrigation permettant aux cultures de pousser sous un climat rigoureux. Mais la culture Chaco décline en un siècle, probablement en raison de changements environnementaux.

1001

MAHMOUD DE GHAZNI ENVAHIT L'INDE

Les 17 campagnes menées par Mahmoud représentent les premières incursions musulmanes majeures dans le sous-continent indien, ses armées allant jusqu'à Kânnauj et Gwalior au sud, et ravageant le temple de Shiva à Somnath, dans le Gujarat. Même si de nombreux souverains indiens sont réduits à la vassalité, son État ghaznévide n'occupe que certaines parties du nord-ouest.

▷ Mahmoud de Ghazni

DE 1010 À 1049

1010

1010 Fondation de la dynastie Ly, au Vietnam, par Ly Thai To.

1014 Le roi irlandais Brian Boru vainc une coalition viking lors de la bataille de Clontarf.

1017 Le souverain danois Knut est couronné roi d'Angleterre.

1018 Le roi Rajendra Chola Ier conquiert le Sri Lanka et les îles Maldives.

VERS 974-1028
L'EMPEREUR LY THAI TO

Commandant de la garde du palais du Dai Viet à Thang Long (Hanoï), Ly prend le pouvoir après la mort du dernier empereur Lê. Il déplace sa cour dans le delta du fleuve Rouge et promeut le bouddhisme dans son royaume.

△ Boleslas Ier entre à Kiev

1024
BOLESLAS EST COURONNÉ ROI DE POLOGNE

Boleslas (plus tard surnommé le Vaillant) hérite de la principauté de la Grande-Pologne à la mort de son père, Mieszko Ier, en 992, puis étend son territoire en menant des campagnes à l'est, à l'ouest, au nord et au sud. Il obtient un archevêché indépendant du contrôle germanique et devient le premier roi de Pologne en 1024, 6 mois avant sa mort.

1021
RÉDACTION DU « DIT DU GENJI »
Considéré comme le premier roman japonais, le *Dit du Genji* est achevé en 10 ans par la princesse Murasaki Shikibu. L'œuvre est une chronique exquise de la vie, des coutumes et de l'étiquette du Japon de l'époque de Heian, à l'apogée des régents Fujiwara. L'histoire est vue à travers les yeux d'un courtisan, Genji, un membre de la famille royale rétrogradé au rang de roturier.

◁ « Les papillons », chapitre du *Dit du Genji* représenté sur un paravent à panneaux

1031 Le califat omeyyade de Cordoue périclite, en proie à une guerre civile.

> « *Les choses réelles dans l'obscurité ne semblent pas plus réelles que les rêves.* »
>
> *DIT DU GENJI*, MURASAKI SHIKIBU, 1021

1041-1048
INVENTION DES CARACTÈRES MOBILES
Les blocs de bois sont utilisés depuis longtemps en Chine pour imprimer des pages entières, mais Bi Sheng, un artisan de la dynastie Song, conçoit un système dans lequel les blocs, chacun d'un seul caractère, peuvent être disposés et réorganisés pour créer et imprimer de nombreuses pages de texte différentes.

◁ Blocs de caractères mobiles, sculptés à la main

1040
LES SELDJOUKIDES BATTENT LES GHAZNÉVIDES
Les Seldjoukides, des Turcs Oghouz nomades originaires d'Asie centrale, envahissent le Khorassan (situé sur des territoires répartis dans l'Iran, le Turkménistan et l'Afghanistan modernes) en 1037. Dirigés par Toghrul-Beg, ils vainquent les Ghaznévides à Dandanakan en 1040. Après la fuite du sultan ghaznévide Massoud en Inde, les Seldjoukides établissent un nouvel empire islamique, qui s'étend jusqu'en Asie Mineure.

△ La bataille de Dandanakan

▷ La pagode dorée de Shwedagon

1044
LE PRINCE ANAWRAHTA DEVIENT ROI DE PAGAN
Anawrahta transforme sa petite principauté de Haute-Birmanie en un Empire birman unifié. Il conquiert les royaumes des Môns du Sud et étend son empire jusqu'aux frontières du royaume de Nanzhao au nord et jusqu'à l'État d'Arakan à l'ouest. Sa conversion au bouddhisme theravada en 1056 entraîne des réformes religieuses et la construction de nombreuses pagodes dans la plaine de Pagan. Le renforcement de l'armée contribue à assurer l'avenir de la Birmanie.

DE 960 À 1279

LA VIE DANS LA CHINE DES SONG

Alors qu'une grande partie de l'Europe subit un système féodal, les citoyens de la Chine des Song vivent en paix dans un pays aux cités florissantes et au commerce en pleine expansion. Sous 8 empereurs successifs, la dynastie des Song du Nord emploie une bureaucratie méritocratique pour superviser la vie civique. Les paysans sont attirés dans les villes prospères, dont certaines hébergent plus d'un million de personnes. Le commerce s'épanouit le long des canaux nouvellement construits, et les entrepreneurs financent des expéditions commerciales au Japon et en Asie du Sud-Est à bord de jonques à plusieurs ponts guidées par les premières boussoles magnétiques. Les transactions sont simplifiées par l'emploi d'une monnaie faite de pièces en cuivre et des premiers billets de banque imprimés.

L'élite métropolitaine jouit d'un style de vie rythmé par les sorties au théâtre, restaurant et dans des clubs consacrés à des activités telles que la poésie, l'art, la cuisine et l'équitation. L'alphabétisation est encouragée par la production de papier à grande échelle et l'introduction de la gravure sur bois. La Chine connaît des innovations techniques comme la poudre à canon et les premières armes à feu, tandis que l'industrie, alors en plein essor, voit la production de la fonte atteindre un record avec 125 000 tonnes par an.

Malgré la perte des terres du Nord prises par des envahisseurs en 1127, la prospérité se poursuit sous le règne des Song du Sud, centré sur Lin'an (l'actuelle Hangzhou). Mais la dynastie s'effondre face aux envahisseurs mongols un siècle et demi plus tard, en 1279.

ÉVÉNEMENTS-CLÉS

1005 Maintien de la paix
Après 25 ans de guerres intermittentes, les Song signent un traité avec l'Empire des Liao à la frontière nord, leur payant un tribut annuel en argent et en soie brute (*à gauche*) en échange de la fin des hostilités.

1070 Nouvelle politique économique
Confrontés à un déficit budgétaire croissant, les Song nomment le philosophe Wang Anshi (*à gauche*) chancelier. Son programme de réformes s'attaque à l'évasion fiscale des riches et aux inégalités sociales croissantes. Malgré la résistance des propriétaires fonciers et des guildes de marchands, il est couronné de succès.

1127 Les Jürchen prennent Bianjing
La frontière nord de la Chine est affaiblie lorsque les Jürchen la franchissent et prennent la capitale avant de capturer l'empereur et son héritier. Le fils cadet de l'empereur établit une nouvelle cour au sud du fleuve Yangtsé, initiant la période dite des Song du Sud. (*Dragon des Song du Sud, à gauche*).

LA VIE DANS LA CHINE DES SONG

Cette peinture datant de l'époque des Song du Nord représente un moulin à eau. C'est une période d'innovations technologiques majeures et de commerce. Une grande partie des échanges se fait par voie d'eau : il est possible de voyager sur des milliers de kilomètres via un système de voies navigables intérieures.

DE 1050 À 1079

VERS 1050
LA CULTURE YORUBA S'ÉPANOUIT À IFE

La ville d'Ife (aujourd'hui au Nigéria) est le centre du règne de l'Ooni, le chef d'ascendance divine de tous les Yorubas. Elle développe une culture urbaine sophistiquée et une tradition de sculpture, en particulier des têtes en terre cuite ou en bronze.

◁ Tête en bronze d'Ife

1054
GRAND SCHISME

La séparation formelle entre les Églises orthodoxe orientale et catholique romaine a lieu en 1054, après une période de discussions autour de la foi. Une demande transmise par le légat du pape Léon IX intimant le patriarche Michel Cérulaire de reconnaître la suprématie papale entraîne une excommunication mutuelle, qui ne sera levée qu'en 1965. Malgré de nombreux efforts, la réunification des Églises n'a pas lieu.

◁ Le patriarche Michel Cérulaire est excommunié

1050

1053 Les Normands remportent la bataille de Civitate et établissent leur domination dans le Sud de l'Italie.

1055 Gruffydd ap Llywelyn devient roi du pays de Galles.

1062 L'émirat berbère musulman des Almoravides s'établit à Marrakech.

1066
CONQUÊTE NORMANDE DE L'ANGLETERRE

Après la mort du roi anglo-saxon Édouard le Confesseur, le duc Guillaume de Normandie se considère comme l'héritier légitime du trône d'Angleterre. La succession est cependant contestée et, en janvier 1066, le comte anglais Harold Godwinson se couronne lui-même. Guillaume envahit l'Angleterre et vainc Harold avant de le tuer lors de la bataille d'Hastings. Les événements entourant la succession et la bataille sont décrits dans la célèbre tapisserie de Bayeux.

Environ 15 000 hommes combattent à la bataille d'Hastings.

DE 1050 À 1079 | 95

1071
BATAILLE DE MANZIKERT

Répondant aux incessants raids seldjoukides aux frontières de son empire, l'empereur byzantin Romain IV Diogène fait marcher son armée sur l'Anatolie orientale. Pris par surprise par une importante force turque, Romain est capturé et son armée détruite, ouvrant la voie aux Seldjoukides, qui conquièrent la majeure partie de l'Asie Mineure.

▷ La bataille de Manzikert

> « *Ma punition est bien plus lourde. Je te pardonne, et te libère.* »
>
> LE SULTAN ALP ARSLAN À ROMAIN DIOGÈNE, APRÈS LA BATAILLE DE MANZIKERT, EN 1071

1075 **Le pape Grégoire VII** publie un décret interdisant l'investiture des laïques.

1079

1077 **Le sultanat seldjoukide de Roum** s'établit en Asie Mineure.

◁ Tapisserie de Bayeux : panneau représentant la mort du roi Harold

1077
L'EMPEREUR ROMAIN GERMANIQUE HENRI IV FAIT PÉNITENCE

Henri IV s'oppose au pape Grégoire VII sur le droit des souverains séculiers à nommer des évêques, ce que ce dernier conteste. En réponse, Grégoire excommunie Henri en 1076, libérant ainsi les nobles de leur serment de loyauté envers celui-ci et provoquant leur révolte. Henri effectue une pénitence humiliante à Canossa, en Italie, attendant pendant 3 jours dans la tempête que le pape révoque son excommunication.

▷ Pénitence de l'empereur Henri IV

DE 1080 À 1109

Alphonse VI de León

1086
DÉFAITE D'ALPHONSE VI DE LEÓN ET CASTILLE

Alarmé par l'avancée chrétienne dans la péninsule Ibérique, l'émir de Séville demande leur aide aux Almoravides, une dynastie musulmane berbère d'Afrique du Nord. Les forces almoravides commandées par Youssef ben Tachfine vainquent les armées chrétiennes d'Alphonse VI durant la bataille de Sagrajas, en 1086. Bien que Youssef ben Tachfine se retire temporairement en Afrique, les Almoravides reviennent bientôt pour réunifier l'Espagne islamique et entamer leur avancée vers le nord.

L'horloge astronomique des Song

1092
HORLOGE À EAU CHINOISE

Le polymathe et ingénieur chinois Su Song construit une horloge à eau dans la capitale Song de Kaifeng. Logée dans une tour de 12 mètres de haut, l'horloge est alimentée par la chute d'eau dans différents seaux. Elle indique l'heure, le jour du mois et la phase de la Lune. Elle est détruite par les Jürchen en 1126.

1080

1088 **L'université de Bologne,** la plus ancienne d'Europe, est fondée en Italie.

1092 **L'Empire seldjoukide** commence à se désagréger après la mort du sultan Malik Chah.

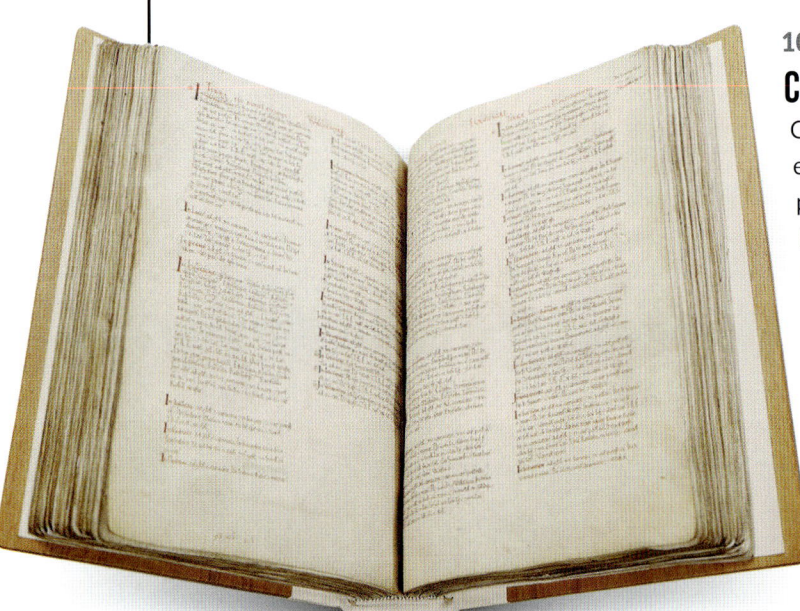

1085
COMMANDE DU « DOMESDAY BOOK »

Guillaume de Normandie commande une grande enquête foncière pour évaluer l'impôt qu'il pourrait percevoir de son nouveau royaume anglais. Des commissaires sont envoyés pour enregistrer les propriétaires de terres, ainsi que leur nombre de têtes de bétail et de serfs sous le règne d'Édouard le Confesseur (de 1042 à 1066). Les résultats sont compilés dans un registre central, le *Domesday Book*.

◁ Le *Domesday Book*

Le Domesday Book recense 13 418 propriétés.

1099
L'ARMÉE DE LA PREMIÈRE CROISADE PREND JÉRUSALEM

Une armée de croisés menée par Raymond de Toulouse, Godefroy de Bouillon et Bohémond de Tarente se met en route en 1096, en réponse à un appel aux armes lancé par le pape Urbain. Leur objectif est de rétablir le contrôle chrétien de la Terre sainte. L'armée se fraie un chemin à travers l'Asie Mineure et s'engage dans un long siège à Antioche, avant de prendre Jérusalem d'assaut en massacrant ses résidents musulmans et des chrétiens locaux.

◁ La prise de Jérusalem

1098 **L'ordre cistercien** est fondé par d'anciens moines bénédictins.

VERS **1100** **La culture Sicán** du Nord du Pérou s'épanouit dans une nouvelle capitale, Túcume.

◁ Manche de peigne de Thulé

1100
CONSTRUCTION DE GRAND ZIMBABWE

La cité de Grand Zimbabwe, en Afrique du Sud, est probablement une capitale royale, qui s'enrichit grâce au commerce de l'or entre l'intérieur du pays et la côte de l'Afrique de l'Est. Entourée de hauts murs de pierres sèches, elle abrite jusqu'à 20 000 personnes et reste le centre dominant de la région jusqu'en 1400 environ.

△ Ruines de Grand Zimbabwe

VERS 1100
LES INUITS DE THULÉ MIGRENT

Les Thuléens commencent à se déplacer vers l'est, depuis leurs terres ancestrales de l'Alaska vers l'Arctique canadien. Avec leurs harpons et leurs bateaux en peau de phoque, ils peuvent chasser les baleines boréales et les phoques loin en mer. Ils délogent les Esquimaux du Dorset qui habitent l'Arctique oriental et atteignent le Groenland vers 1200.

1121
DÉBUT DES CAMPAGNES DE CONQUÊTE ALMOHADES

Fondé en Afrique du Nord par Muhammad ibn Tumart, le mouvement réformateur islamique almohade gagne rapidement le soutien des Berbères des montagnes de l'Atlas. Ibn Tumart (qui est tué lors d'une attaque manquée sur Marrakech en 1130) et ses successeurs renversent la dynastie almoravide au Maroc. La majorité de l'Ibérie musulmane est sous leur contrôle dans les années 1170.

▷ Conseil de guerre almohade

1110 L'**Empire byzantin** commence à persécuter les bogomiles dans les Balkans.

1112 Accession au pouvoir d'Alaungsithu, sous le règne duquel le royaume de Pagan (dans la Birmanie moderne) atteint son apogée.

1113 Le prince Mstislav ordonne la construction de la cathédrale Saint-Nicolas à Novgorod, la plus ancienne de Russie.

▷ Angkor Wat en construction

1113
CONSTRUCTION DU TEMPLE D'ANGKOR WAT

Le vaste complexe de temples d'Angkor Wat est bâti dans la capitale royale d'Angkor sous le règne du roi khmer Suryavarman II (de 1113 à 1150). Dédiées au dieu hindou Vishnou, ses tours représentent le mont sacré Meru, tandis que ses vastes galeries sont décorées de scènes inspirées par les épopées hindoues.

Avec une superficie de 82 hectares, Angkor Wat est le plus grand site religieux du monde.

DE 1110 À 1139 | 99

▷ Le concordat de Worms commémoré sur un vitrail

1122
CONCORDAT DE WORMS

L'accord, ou concordat, signé par le pape Calixte II et l'empereur du Saint-Empire romain germanique Henri V met fin à la controverse sur l'investiture. Il stipule que les évêques doivent être choisis par le pape et investis de leurs insignes spirituels par le clergé, mais qu'ils dépendent de l'empereur pour les terres qu'ils détiennent ; en cas de nomination contestée, l'empereur l'emporte.

1139
GUERRE CIVILE EN ANGLETERRE

Après la mort du roi anglais Henri Ier, les partisans de sa fille, l'impératrice Mathilde, et ceux de son neveu, Étienne de Blois, se disputent le trône. L'autorité centrale s'effondre pendant une période connue sous le nom de « l'Anarchie », qui prend fin en 1153, lorsque Étienne signe le traité de Winchester acceptant que le fils de Mathilde, Henri, hérite du trône après lui.

◁ L'impératrice Mathilde

1125 La désignation de Lothaire II en tant qu'empereur du Saint-Empire romain initie une guerre civile entre les guelfes et les gibelins en Italie.

1127
LES JÜRCHEN ENVAHISSENT LE NORD DE LA CHINE

Les Jürchen, une confédération de tribus situées aux frontières nord-est de la Chine, envahissent Kaifeng et capturent l'empereur Huizong des Song en 1125. Les Song rétablissent leur pouvoir sous le nom de dynastie des Song du Sud à Hangzhou, dans le Sud, tandis que les Jürchen fondent la dynastie Jin dans le Nord. Ils adoptent progressivement les pratiques chinoises et règnent sur le Nord jusqu'à ce que les Mongols les renversent en 1234.

▷ Cavalier de la dynastie des Song

DE 1140 À 1169

1143
ALPHONSE Iᵉʳ RECONNU ROI DU PORTUGAL

Après avoir vaincu les Maures dans une bataille à Ourique en 1139, Afonso Henriques s'autoproclame roi du Portugal, même si le Portugal fait alors partie du royaume de Léon. Quatre ans plus tard, Alphonse VII de Léon et Castille reconnaît Afonso comme roi du Portugal.

▷ Statue d'Alphonse Iᵉʳ

> « C'est une île qui ressemble à la tête d'une autruche et qui abrite des villes florissantes, des montagnes élevées, des rivières qui coulent et un terrain plat. »
>
> DESCRIPTION DE LA BRETAGNE TIRÉE DE LA « CHARTE », TEXTE ACCOMPAGNANT LE LIVRE DE ROGER, 1154

1145 Suryavarman II d'Angkor envahit le royaume de Champa et met à sac sa capitale, Vijaya.

1148 La deuxième croisade se délite dans le chaos après l'échec du siège de Damas.

1140

1147 Les Almohades envahissent l'Espagne après les pertes almoravides face aux États chrétiens.

1145
APPEL À LA DEUXIÈME CROISADE

Lorsque Imad Al-Din Zengi, atabeg (émir) de Mossoul, prend la place forte des croisés d'Édesse, le pape Eugène III appelle à une deuxième croisade. Menée par le roi de France Louis VII et l'empereur allemand Conrad III, elle part pour le Levant en 1147. Une importante défaite à Dorylée épuise les forces croisées, et l'attaque ratée de Damas les empêche d'atteindre leur objectif.

△ Louis VII embarque pour la croisade

1150
LA CITÉ DE CAHOKIA ATTEINT SON APOGÉE

Principal établissement de la culture mississippienne des bâtisseurs de tumulus (connue pour ses immenses plateformes cérémonielles en terre), Cahokia compte 20 000 habitants au XIIᵉ siècle. Ils s'adonnent à la culture du maïs, de haricots et de courges, et produisent des pipes à tabac et des poteries. Leur culture décline avant de s'effondrer au XIVᵉ siècle, probablement en raison de la surexploitation des ressources.

△ Effigie de mère allaitante, récipient de Cahokia

1154
LE LIVRE DE ROGER EST ACHEVÉ

À la demande du roi Roger Ier de Sicile, le géographe arabe Charif Al-Idrissi produit la *Tabula Rogeriana* (« Livre de Roger »), une carte du monde très précise. Elle est le fruit de longues recherches et d'entretiens avec de nombreux voyageurs. C'est la carte la plus fiable pendant plus de deux siècles.

◁ Le livre de Roger (détail)

1161 **Le roi géorgien Georges III** prend la grande ville d'Ani à son émir kurde cheddadide.

1161 **La marine des Song du Sud** vainc les Jin à la bataille de Caishi, mettant fin à l'avancée des Jin dans le Sud de la Chine.

1169
INVASION ANGLO-NORMANDE DE L'IRLANDE

Diarmait Mac Murchada, roi de Leinster contraint à l'exil par ses rivaux, recrute une armée de chevaliers anglo-normands pour l'aider à reconquérir son trône. Avec l'aide de Richard de Clare dit Strongbow, comte de Pembroke, il récupère ses terres. Strongbow épouse la fille de Mac Murchada, Aoife, et est déclaré héritier du trône de Leinster. Redoutant l'existence d'un royaume anglo-normand indépendant en Irlande, Henri II d'Angleterre envahit le pays, obtenant la soumission des principaux nobles irlandais et le début de 750 ans de domination anglaise sur l'Irlande.

▷ *Le Mariage de Strongbow et Aoife*, 1854, Daniel Maclise

DE 1170 À 1199

◁ *Le Martyre de Thomas Becket, relief en albâtre*

1175
MUHAMMAD DE GHUR ENVAHIT L'INDE

Le sultan de l'Empire des Ghorides (l'actuel Afghanistan) envahit le Nord de l'Inde et pousse ensuite jusqu'au Pendjab, créant ainsi un Empire musulman. Après une bataille à Tarain en 1192, il s'empare de Delhi, où son esclave militaire et gouverneur Qutb al-Din Aibak construit le Qûtb Minâr pour commémorer sa victoire. Les luttes avec les Khwârazm-Shahs en Iran ralentissent la poursuite des conquêtes. L'Empire s'effondre après la mort de Muhammad en 1206.

▷ Qûtb Minâr à Delhi, en Inde

1170
MEURTRE DE THOMAS BECKET

L'archevêque de Canterbury, Thomas Becket, est assassiné dans sa cathédrale par des chevaliers qui pensent exécuter les ordres du roi d'Angleterre, Henri II. Becket s'est querellé avec le roi au sujet des tentatives du monarque d'étendre le contrôle royal sur l'Église, si bien qu'il a fait excommunier son ancien ami et maître. L'ordre du roi de tuer Becket est peut-être le résultat d'un malentendu.

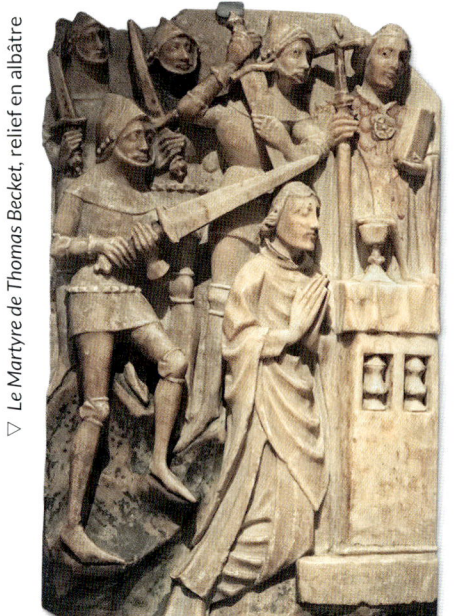

1170

1175 Le bouddhisme de la Terre pure s'établit au Japon.

1171 Henri II d'Angleterre débarque en Irlande pour affirmer la souveraineté anglaise.

1176
DÉFAITE DE FRÉDÉRIC BARBEROUSSE

L'empereur romain germanique Frédéric Barberousse est vaincu à la bataille de Legnano par les Ligues lombardes, une alliance de villes du Nord de l'Italie. Frédéric a envahi l'Italie quatre fois au cours des décennies précédentes, essayant d'imposer le contrôle impérial sur les villes ; cette cinquième expédition se termine en désastre, car l'infanterie des Ligues s'obstine à repousser les attaques de la cavalerie impériale. Frédéric bat en retraite en Allemagne et en 1183, il est contraint de reconnaître l'autonomie des villes des Ligues.

△ *La bataille de Legnano*

1187
SALADIN CONQUIERT JÉRUSALEM

Le sultan égyptien Saladin porte un coup dévastateur aux États croisés de Palestine : après avoir détruit la principale armée des croisés lors de la bataille de Hattin en 1187, il prend d'assaut d'autres forteresses, dont Acre, Jaffa, Sidon et Beyrouth, et s'empare ensuite de Jérusalem après un court siège. Sa chute envoie une onde de choc dans toute l'Europe chrétienne, conduisant à l'appel à la troisième croisade.

△ Les soldats de Saladin prennent Jérusalem

1138-1193
SALADIN
Saladin devient vizir des califes fatimides d'Égypte et finit par les renlerser. Son acquisition de la Syrie et la défaite des croisés en Palestine font de lui le dirigeant dominant au Moyen-Orient.

1192 Richard Ier d'Angleterre et Saladin concluent le **traité de Ramla.**

1180-1885 Les clans Minamoto et Taira s'affrontent lors de la guerre de Genpei au Japon.

1185 La révolte de Pierre et Asen contre la domination byzantine marque le début du Second Empire bulgare.

1192
ÉTABLISSEMENT DU SHOGUNAT DE KAMAKURA AU JAPON

Le gouvernement impérial du Japon est dominé par le clan Taira depuis 1160. Une révolte menée par le clan Minamoto se solde par la victoire des Minamoto lors de la guerre de Genpei (1180-1185). En 1192, le chef du clan, Minamoto no Yoritomo, établit le shogunat de Kamakura (régime militaire) au nord de la capitale impériale de Kyoto. En installant des officiers shogunaux dans toutes les provinces du Japon, il s'assure que les shoguns Minamoto continuent à régner sur le pays, ce qu'ils font jusqu'au XIVe siècle.

△ Minamoto no Yoritomo

1206
GENGIS KHAN FONDE L'EMPIRE MONGOL

Au début du XIIIe siècle, un guerrier nommé Temüdjin (vers 1162-1227) unifie toutes les tribus nomades mongoles et tatares de la steppe asiatique, qu'il place sous sa domination. Adoptant le nom de Gengis Khan (« maître du monde »), il envoie les cavaliers de la steppe dans des campagnes de conquête. Aucune armée ne peut leur résister. Lorsqu'il meurt, les Mongols contrôlent un empire s'étendant de la côte pacifique à la mer Caspienne.

▷ *Gengis Khan au combat*, vers 1430, miniature du *Jami al-tawarikh*

1206 **Le sultanat de Delhi**, État musulman du Nord de l'Inde, est fondé par Qutb al-Din Aibak, qui règne de 1206 à 1210.

1200

1209 **Le pape lance une croisade** contre les hérétiques albigeois du Sud de la France.

1204
SAC DE CONSTANTINOPLE

La quatrième croisade, lancée par le pape Innocent III, dégénère en une sordide entreprise mercenaire. Au lieu de combattre les musulmans en Égypte, les croisés pillent la riche capitale chrétienne byzantine Constantinople. Si l'Empire byzantin est restauré, il ne récupérera jamais complètement son territoire ni sa richesse.

△ Mosaïque représentant une scène de la quatrième croisade

1209
SAINT FRANÇOIS CRÉE L'ORDRE FRANCISCAIN

Fils d'un marchand italien, François d'Assise adopte une vie de pauvreté après une série de visions. En 1209, le pape Innocent III l'autorise à fonder un ordre de moines qui parcourent le monde, demandent l'aumône et prêchent. L'ordre des franciscains se développe rapidement, en réaction contre la richesse et la corruption de l'Église catholique.

△ *Saint François d'Assise avec des anges*, vers 1475, Sandro Botticelli

1215
« MAGNA CARTA »

Étape importante dans les droits de l'homme, la *Magna Carta* est un triomphe pour les puissants barons anglais en révolte contre le monarque en place, le roi Jean, qui règne de 1199 à 1216. Ils le forcent à signer le document, dans lequel il s'engage à ne pas emprisonner arbitrairement ses sujets et à ne pas leur prélever des impôts sans leur consentement. Ce document devient et restera une référence du droit anglais.

△ La *Magna Carta*, édition datant de 1300

1218
MORT DU SOUVERAIN KHMER JAYAVARMAN VII

Considéré comme le plus grand souverain de l'Empire khmer cambodgien (IXe au XVe siècle), Jayavarman qui règne de 1181 à 1218, combat avec succès le royaume voisin du Champa. Il fait du bouddhisme mahayana la religion d'État et construit le temple de Bayon dans sa capitale, Angkor Thom.

◁ Jayavarman VII, tête de bronze

1234 **Les Mongols conquièrent le Nord de la Chine** et mettent fin à la dynastie Jin.

1212 **Les Espagnols chrétiens** vainquent les Almohades musulmans à Las Navas de Tolosa.

1235 **L'empire du Mali** est fondé par Soundiata Keïta en Afrique de l'Ouest.

1239

1221
RÉVOLTE DE JOKYU AU JAPON

Sous le shogunat de Kamakura, à partir de 1192, les empereurs du Japon sont cantonnés à un rôle de simple représentant, le pouvoir réel étant exercé par les samouraïs des clans de guerriers. En 1221, l'ancien empereur Go-Toba tente de réaffirmer l'autorité impériale contre le clan dominant des Hojo, qui règne en tant que régent du shogunat de Kamakura. Avec une énergie impitoyable, les Hojo s'abattent sur la capitale impériale Kyoto dans une attaque dévastatrice qui balaie les partisans de l'empereur. Go-Toba finit exilé sur une île éloignée de l'Ouest du Japon.

△ *L'Empereur Go-Toba forge une épée*, vers 1840, gravure d'Utagawa Kuniyoshi

DE 1240 À 1269

> « *Ils ont balayé la ville… comme des loups enragés attaquant des moutons.* »
>
> L'HISTORIEN PERSE DU XIVᵉ SIÈCLE WASSAF DÉCRIVANT LE SAC DE BAGDAD PAR LES MONGOLS

1258
SAC DE BAGDAD

Bagdad est la capitale des califes abbassides, chefs de file du monde islamique depuis 750. En 1258, Hulagu, khan de l'Empire mongol de l'Ouest, bat les troupes abbassides et encercle Bagdad, qui tombe après un bref siège. Les Mongols ne montrent aucune pitié, tuant le calife et massacrant toute la population de la ville.

1240

1241 Une armée mongole bat les chevaliers chrétiens en Pologne lors de la bataille de Liegnitz.

1244 Le maître zen japonais **Dogen** fonde l'Eihei-ji, le premier temple du bouddhisme zen soto au Japon.

1242
BATAILLE SUR GLACE

En avril 1242, le prince Alexandre Nevsky, héros russe, mène l'armée de la ville de Novgorod dans une bataille contre les chevaliers teutoniques de Prusse sur le lac Peïpous gelé. Après d'âpres combats, les chevaliers sont contraints de battre en retraite. Beaucoup se noient sous le poids de leur armure, qui rompt la glace. La bataille met fin aux espoirs teutoniques de conquérir la Russie.

▷ Monument à Alexandre Nevsky à Pskov, en Russie

△ La bataille de Muret, lors de la croisade contre les Albigeois

1244
ÉCRASEMENT DE L'HÉRÉSIE ALBIGEOISE

L'hérésie albigeoise est une forme non orthodoxe de christianisme qui compte de nombreux adeptes dans le Sud de la France. En 1209, l'Église catholique lance une croisade contre ces hérétiques, connus sous le nom de cathares. Montségur, leur dernier bastion, tombe en mars 1244. Environ 250 cathares sont brûlés vifs sur place.

DE 1240 À 1269 | 107

◁ Le siège mongol de Bagdad, peinture persane du XIVᵉ siècle

1265
THOMAS D'AQUIN ÉCRIT LA « SOMME THÉOLOGIQUE »

Le plus grand penseur chrétien médiéval, Thomas d'Aquin, commence à écrire son œuvre maîtresse, la *Somme théologique*, à Rome en 1265. Réconciliant la philosophie grecque antique et la foi chrétienne, il offre des preuves rationnelles de l'immortalité de l'âme et de l'existence de Dieu. Ses travaux jettent les bases de la philosophie occidentale moderne.

▷ Saint Thomas d'Aquin, 1363, Francesco Traini

1269

1250 Le souverain français **Louis IX** est capturé par les troupes du sultan d'Égypte au cours de la septième croisade.

1260 Kubilai Khan devient grand khan, chef suprême de l'Empire mongol.

1260 Le souverain mamelouk Baybars vainc les Mongols qui envahissent la Palestine à Ain Djalout.

1250
LES MAMELOUKS RÈGNENT SUR L'ÉGYPTE

Les Mamelouks sont une classe de guerriers issus des rangs des soldats-esclaves qui servent les diverses dynasties de sultans qui règnent sur l'Égypte. Après avoir arrêté une invasion de l'Égypte par les croisés en 1250, les généraux mamelouks prennent le pouvoir au Caire, renversant la dynastie ayyoubide. Les Mamelouks règnent ensuite sur l'Égypte pendant près de trois siècles.

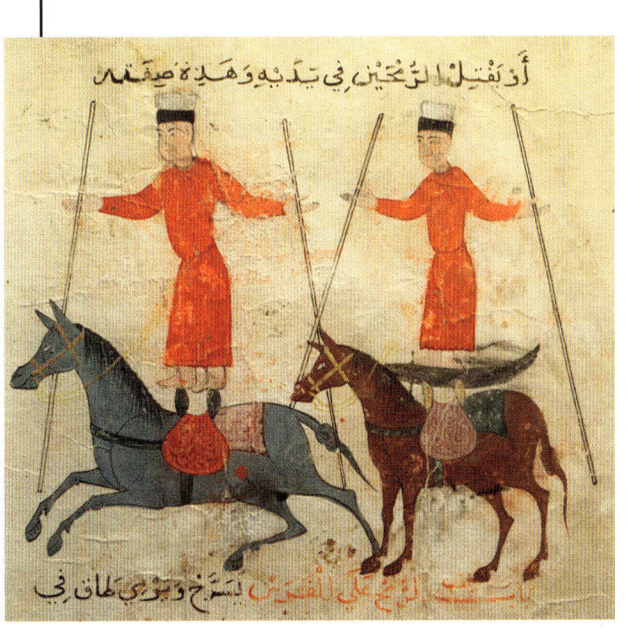

△ Cavaliers mamelouks

1215-1294
KUBILAI KHAN

Kubilai est le petit-fils de Gengis Khan. Devenu grand khan mongol en 1260, il conquiert la Chine et fonde la dynastie Yuan en 1271. Il règne depuis Pékin, et mène des campagnes jusqu'au Japon et à Java.

1270
MORT DE SAINT LOUIS

Le règne de Louis IX (de 1226 à 1270) est un âge d'or pour la France, mais ses différentes croisades se révèlent désastreuses. Vingt ans après l'échec de l'invasion de l'Égypte en 1250, il dirige une attaque contre le califat hafside en Afrique du Nord. Arrivé en Tunisie, il meurt de maladie. Il est canonisé en 1297.

△ La mort de Louis IX

△ Archer mongol à cheval

1279
CHUTE DES SONG DU SUD

En 1234, les Mongols contrôlent le Nord de la Chine, mais le Sud, riche et densément peuplé, reste dominé par la dynastie Song. Dirigés par Kubilai Khan à partir de 1260, les Mongols attaquent les Song, mettant en place une vaste armée et créant une marine pour combattre sur les fleuves. Après plusieurs batailles épiques, la capitale du Sud, Hangzhou, tombe en 1276, et en 1279 toute la Chine est sous domination mongole. Traqué comme un fugitif, Song Bing, le dernier empereur Song, alors âgé de 7 ans, se noie pendant une bataille navale.

1270 **Yekouno Amlak** fonde la dynastie salomonienne, qui règne en Éthiopie jusqu'en 1974.

1271 **Kubilai Khan** devient empereur chinois et fonde la dynastie Yuan.

1280
LES ARMES À POUDRE À CANON

La poudre à canon est utilisée pour la guerre en Chine dès le XIe siècle et peut-être même avant. De simples bombes et pétards évoluent en lance-flammes et en tubes tirant des projectiles. C'est probablement pendant le conflit entre les Mongols et les Song à la fin du XIIIe siècle que les armes à feu sont largement utilisées pour la première fois, sous la forme de canons à main à fût métallique. Ces dispositifs primitifs se révèlent très efficaces, et, en l'espace d'un demi-siècle, des imitations des canons chinois sont utilisées dans les guerres en Europe.

△ Canon à main chinois de la dynastie Yuan

VERS **1299**
MARCO POLO RACONTE SES VOYAGES

Fils d'un marchand vénitien, Marco Polo voyage avec son père le long de la route de la Soie jusqu'en Chine. Il est reçu à la cour de Kubilai Khan et reste en Chine pendant 17 ans, faisant de nombreux voyages. De retour à Venise dans les années 1290, il est fait prisonnier lors d'une guerre contre Gênes. Pendant son emprisonnement, il raconte les merveilles qu'il a vues à un compagnon de cellule, qui publie plus tard *Le Livre des merveilles*, qui aura une grande influence.

◁ Marco Polo quitte Venise

« Je n'ai pas dit la moitié de ce que j'ai vu. »

MARCO POLO SUR SON LIT DE MORT, EN 1324

1299

1282 La famille de **Habsbourg** dirige l'Autriche.

1290 La **dynastie afghane des Khaldji** s'empare du sultanat de Delhi.

1291 Acre, le dernier État croisé, tombe aux mains des Mamelouks.

1281
LE JAPON DÉFIE LES MONGOLS

Contrôlant déjà la Chine et la Corée, Kubilai Khan cherche à ajouter le Japon à ses conquêtes. Une expédition de reconnaissance en 1274 précède une invasion à grande échelle en 1281. Deux flottes partent de la Corée et du Nord de la Chine, transportant environ 150 000 hommes. Les samouraïs japonais résistent farouchement aux premiers débarquements, cantonnant les Mongols aux îles du large. Un typhon, connu au Japon sous le nom de « vent divin » (« kamikaze »), disperse alors la flotte des envahisseurs, qui subissent de lourdes pertes. Les Mongols n'essaient plus de conquérir le Japon.

◁ L'invasion mongole, vers 1300, rouleau japonais

DE 1300 À 1329

▷ Fresque de Giotto, chapelle des Scrovegni, Padoue

1306-1309
GIOTTO RÉINVENTE L'ART

Au début du XIVᵉ siècle, l'artiste italien Giotto di Bondone peint son œuvre maîtresse, les fresques qui décorent la chapelle des Scrovegni à Padoue. Illustrant la vie de la Vierge Marie et du Christ, elles font preuve d'un réalisme des gestes et des expressions qui défie la tradition artistique byzantine statique de l'époque. Rétrospectivement, on considère l'œuvre de Giotto comme la préfiguration de l'art de la Renaissance italienne.

> « Que le malheur s'abatte rapidement sur ceux qui nous ont condamnés à tort : Dieu nous vengera. »
>
> LE GRAND MAÎTRE TEMPLIER JACQUES DE MOLAY AVANT SON EXÉCUTION, EN 1314

1300

1302 Lors de la bataille de **Courtrai**, les chevaliers français sont massacrés par des fantassins flamands.

1309 Sous la papauté **d'Avignon**, le pape Clément V, contrôlé par la France, réside en Avignon au lieu de Rome.

1314 **Les Templiers sont éliminés** et leur grand maître Jacques de Molay est exécuté par le roi de France Philippe IV, dit Bel.

1314
« LA DIVINE COMÉDIE » DE DANTE

Réfugié politique chassé de sa ville natale de Florence, le poète italien Dante Alighieri commence probablement à travailler sur son chef-d'œuvre *La Divine Comédie* en 1314. Sa décision d'écrire en italien plutôt qu'en latin est une rupture cruciale avec la tradition médiévale. Comprenant 14 233 vers, le poème épique suit son narrateur dans un voyage à travers l'*Enfer* et le *Purgatoire* jusqu'au *Paradis*. Reconnue comme l'une des plus grandes œuvres de la tradition littéraire occidentale, *La Divine Comédie* est achevée par Dante un an avant sa mort, en 1321.

▷ *Dante et les Trois Royaumes*, 1465, Domenico di Michelino

DE 1300 À 1329 | 111

1274-1329
ROBERT BRUCE

Roi des Écossais à partir de 1306, Robert est un redoutable guerrier. Après avoir vaincu le roi anglais Édouard II en 1314, il fait une incursion en Angleterre et établit le droit de l'Écosse à être un royaume indépendant.

1324
PÈLERINAGE DE MANSA MOUSSA

En 1324, Mansa Moussa, souverain de l'Empire musulman du Mali en Afrique de l'Ouest, se rend en pèlerinage à La Mecque. Son arrivée au Caire, alors la plus grande ville du monde musulman, fait sensation. Personne n'a jamais vu un cortège aussi richement vêtu et une telle profusion d'or. Lorsque Moussa revient au Mali après son pèlerinage, il fait construire de belles mosquées, des universités et des bibliothèques dans des cités comme Tombouctou et Gao, faisant de son empire un centre majeur de la foi et du savoir islamiques.

▽ Mansa Moussa représenté sur une carte catalane

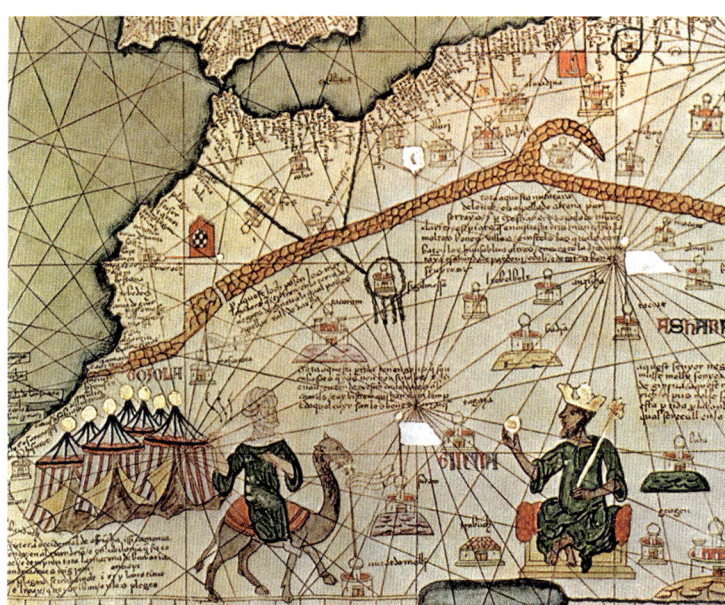

1314 Robert Bruce mène l'Écosse à la victoire contre les Anglais à la bataille de Bannockburn.

1324 Mort d'Osman, fondateur de la dynastie ottomane.

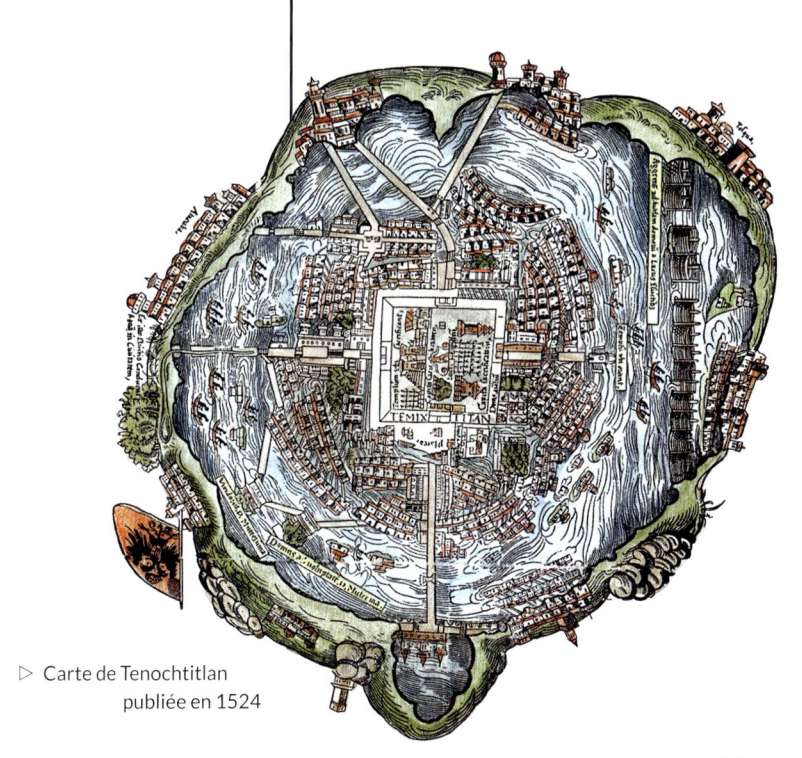

1329

▷ Pendentif maori en ivoire de baleine en forme de chevron

VERS 1320
LES MAORIS COLONISENT LA NOUVELLE-ZÉLANDE

Bien que la date ne soit pas certaine, c'est sans doute vers 1320 que la première grande vague de colons polynésiens, aujourd'hui connus sous le nom de Maori arrive en Nouvelle-Zélande, alors inhabitée. Ils font certainement le voyage en canoë sur 4 000 kilomètres depuis les îles de la Société à travers le Pacifique Sud. Une fois établis, les Maoris développent une culture et un système social uniques, qui restent peu influencés par les contacts extérieurs jusqu'au XIXᵉ siècle.

▷ Carte de Tenochtitlan publiée en 1524

1325
LES AZTÈQUES FONDENT TENOCHTITLAN

En 1325, le peuple aztèque s'installe sur une île marécageuse du lac Texcoco, à l'emplacement de l'actuelle ville de Mexico. Ce site est choisi à la suite d'une vision prophétique qui montre un aigle perché sur un cactus. Cette colonie devient peu à peu la plus grande ville de la Mésoamérique et le centre d'un empire puissant.

1337
DÉBUT DE LA GUERRE DE CENT ANS

En 1337, le roi d'Angleterre Édouard III se déclare héritier du trône de France. Cette initiative déclenche une guerre intermittente qui durera 116 ans. Les Anglais prennent l'offensive, remportant des victoires lors de la bataille navale de l'Écluse en 1340, ou sur terre à Crécy en 1346. Les chevaliers français ne donnent pas le change face aux archers anglais, mais la situation tourne à leur avantage sous le roi Charles V à partir de 1364.

◁ Pièce de monnaie anglaise célébrant la victoire de l'Écluse

△ La bataille de Crécy, livrée en France en 1346

◁ Casque d'Ashikaga Takauji

1338
SHOGUNAT ASHIKAGA

Sous le shogunat de Kamakura établi en 1192, l'empereur japonais n'est qu'un homme de paille sans pouvoir. En 1333, l'empereur Go-Daigo appelle à la restauration de l'autorité impériale. Le samouraï Ashikaga Takauji se charge de renverser le shogunat en son nom, mais, bientôt déçu par l'empereur, il prend le pouvoir en 1338, fondant un shogunat qui durera deux siècles.

1347 **La peste noire** est signalée pour la première fois en Occident, en Crimée.

△ Miniature du *Shâhnâmeh*

1335
LE PLUS BEAU LIVRE DE PERSE

La version illustrée du poème épique perse *Shâhnâmeh* (ou *Livre des rois*) produite à Tabriz dans les années 1330 est l'une des plus grandes réussites de la peinture persane de miniatures. Réalisée pour les souverains mongols de l'Empire ilkhanide, elle est connue sous le nom de *Livre des rois du Grand Mongol*.

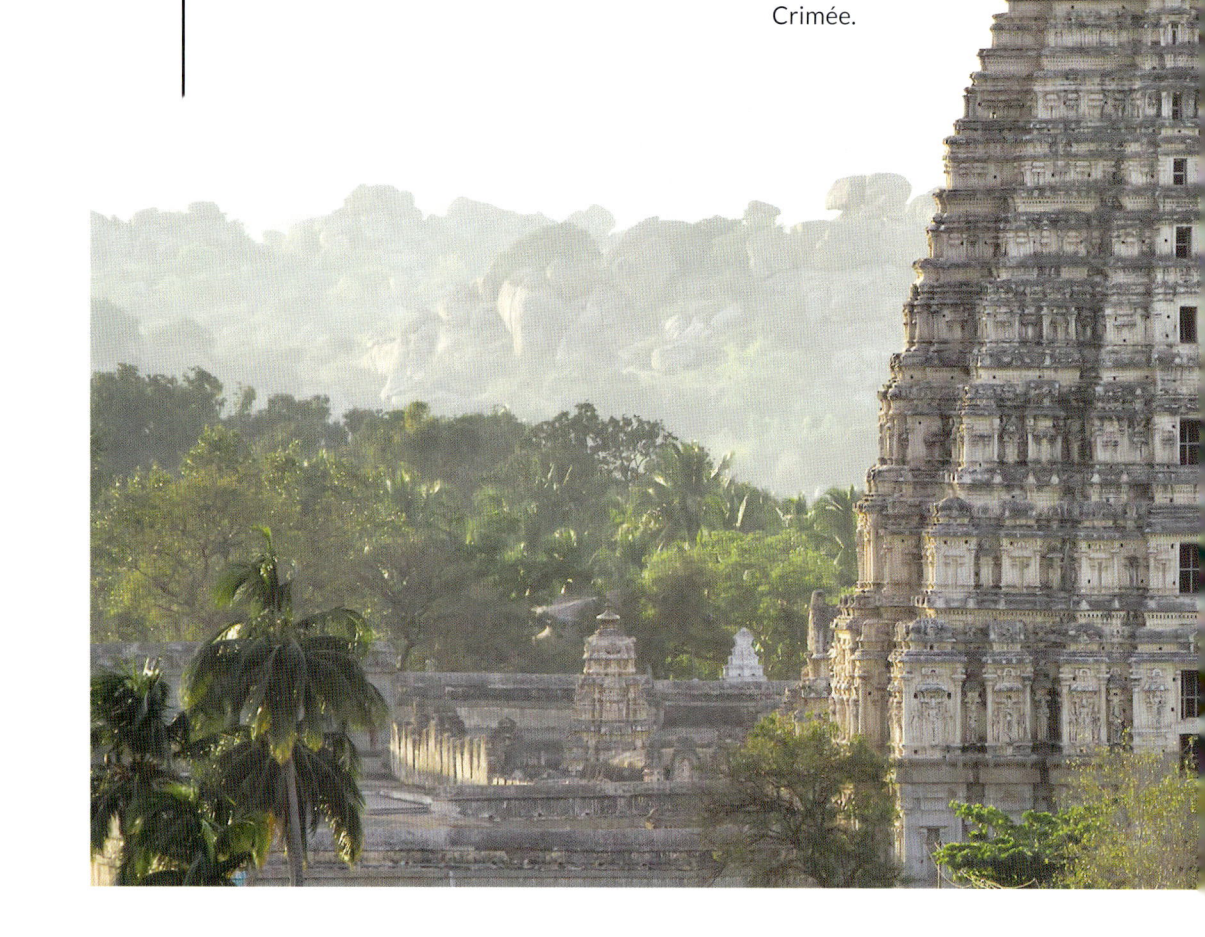

1354
VOYAGES D'IBN BATTÛTA

Né à Tanger, au Maroc, l'érudit musulman Ibn Battûta est un infatigable voyageur. Pendant 30 ans, il parcourt le monde islamique, voyageant de l'Afrique de l'Est à Sumatra, du Sri Lanka à Samarcande et de Jérusalem à Pékin. Il publie un récit célèbre de ses périples après son retour au Maroc, en 1354.

◁ Ibn Battûta visite Tabriz, en Iran

Ibn Battûta parcourt 117 000 kilomètres en trois décennies lors de ses voyages.

1351 **La révolte des Turbans rouges** est une sucession de guérillas paysannes chinoises contre la dynastie mongole Yuan.

1355 **Le roi de Bohême Charles IV** est couronné empereur romain.

1356 **La bataille de Poitiers** marque une victoire anglaise sur les Français durant la guerre de Cent Ans.

1356 **La ville chinoise de Nankin** tombe aux mains des Turbans rouges rebelles.

1358 **La Jacquerie**, une révolte de paysans français, est brutalement réprimée par la noblesse.

1359

1336
EMPIRE VIJAYANAGARA

En 1336, Harihara Ier établit un empire indépendant dans le Sud de l'Inde, sur le plateau du Deccan. Avec Vijayanagar (« ville de la victoire ») pour centre, cet empire se maintient durant plus de deux siècles. Il prospère grâce au commerce, notamment intercontinental, les échanges s'étendant alors jusqu'à la Méditerranée. Vers 1500, la capitale compte parmi les plus grandes villes de l'Inde ; elle est dotée de palais et de temples hindous qui sont considérés comme des chefs-d'œuvre architecturaux.

◁ Le temple de Virupaksha, dans les ruines de l'ancienne ville de Vijayanagar

LA PESTE NOIRE

DE 1346 À 1351

La pandémie connue sous le nom de mort noire ou peste noire débute en 1346, lorsqu'une épidémie de peste bubonique frappe l'armée d'un prince mongol en train d'assiéger Caffa, une colonie génoise située en Crimée. Si les Mongols finissent par lever leur siège, ils laissent cependant le virus derrière eux. Transportée à bord des bateaux des commerçants génois, la peste progresse rapidement sur le pourtour méditerranéen, de la Syrie à l'Égypte et de l'Italie au Sud de la France.

Les villes européennes en plein essor et surpeuplées sont particulièrement vulnérables à la maladie. Propagée à la fois par les puces des rats noirs et par l'air, la peste atteint l'Angleterre en 1348 et la Baltique en 1350. Les taux de mortalité sont terrifiants, atteignant probablement 80 % des personnes infectées. Des villages entiers sont décimés, et les régions les plus impactées perdent environ les trois quarts de leur population. Au total, quelque 25 millions de personnes seraient mortes en Europe au moment où la peste recule en 1351, soit un tiers de la population totale du continent.

La peste se répand aussi largement en Eurasie, faisant des millions de victimes en Chine en 1353. Sa réapparition en Europe dans les années 1360 et 1370 concerne particulièrement les régions épargnées par la première pandémie. En 1400, la population de l'Angleterre est réduite de moitié par rapport à son niveau d'avant la peste. La population d'Europe quant à elle se rétablit totalement vers la fin du XVe siècle.

ÉVÉNEMENTS-CLÉS

VERS 1300 La route de la Soie
Endémique en Asie centrale, la peste bubonique se répand le long des voies commerciales de la route de la Soie (*à gauche*), qui relie la Chine à l'Europe. Le déclin du commerce au XVe siècle réduit la transmission du virus.

1349-1351 Massacres de Juifs
Réagissant à cette mortalité massive, les chrétiens en Allemagne et dans d'autres parties de l'Europe massacrent des milliers de Juifs, les accusant d'avoir provoqué l'épidémie en empoisonnant les puits. Dans des villes comme Strasbourg, Cologne, Mayence et Francfort, des communautés juives entières sont exterminées (*à gauche*).

1358 La Jacquerie
La peste noire provoque des perturbations sociales et contribue à jeter le trouble en Europe pendant des années. En France, la révolte des paysans connue sous le nom de Jacquerie (*à gauche*) éclate dans le sillage de la pandémie, provoquant beaucoup de morts et de destructions avant d'être réprimée dans le sang.

LA PESTE NOIRE | 115

Les enterrements collectifs sont courants en Europe durant la pandémie, comme ici à Tournai en 1349. Les symptômes les plus caractéristiques de la peste sont les bubons – des gonflements des ganglions lymphatiques au niveau du cou, de l'aine ou des aisselles. Les gens ignorant alors tout de l'origine de la peste, ils ne disposent d'aucun moyen de défense contre elle.

1374
ESSOR DU THÉÂTRE NÔ

Le théâtre nô japonais, l'une des plus anciennes traditions théâtrales du monde, prend une place de premier plan lorsque l'acteur Kan'ami Kiyotsugu et son fils Zeami Motokiyo se produisent devant le souverain du Japon, le shogun Ashikaga Yoshimitsu. Zeami devient l'un des favoris de la Cour, créant de nombreuses pièces qui établissent la forme moderne du genre. Subtil mélange de mots, de musique et de gestes interprétés par des acteurs masqués, le nô prend une place centrale dans la culture du Japon.

▷ Masque nô de Mikazuki (divinité masculine)

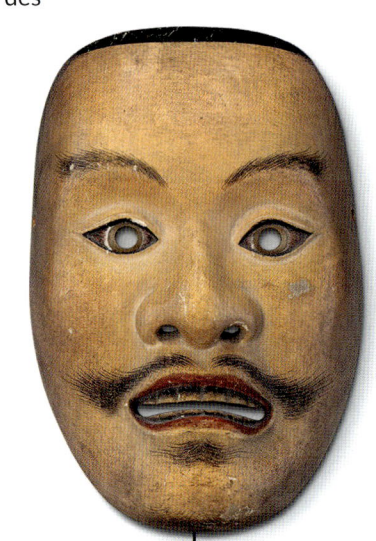

▷ Palais des Papes à Avignon

1360

1380 À la bataille de **Koulikovo**, le grand-prince Dimitri de Moscou vainc la Horde d'or mongole de Tokhtamych.

◁ Pièce de monnaie de la dynastie Ming

1368
PROCLAMATION DE L'EMPIRE MING

Paysan pauvre, Zhu Yuanzhang s'impose comme le leader d'une révolte populaire chinoise contre la dynastie mongole des Yuan dans les années 1350. En 1368, il chasse les Mongols de Pékin, leur capitale, et monte sur le trône impérial en tant qu'empereur Hongwu. Il entreprend de restaurer les traditions confucéennes chinoises après la période de domination étrangère, et il renforce l'État centralisé, imposant son autorité avec une brutalité impitoyable. La dynastie Ming qu'il fonde régnera sur la Chine pendant près de trois siècles.

◁ L'empereur Hongwu, premier souverain de la dynastie Ming

DE 1360 À 1389 | 117

1387
« LES CONTES DE CANTERBURY » DE CHAUCER

Le poète anglais Geoffrey Chaucer est un courtisan, diplomate et fonctionnaire de l'époque d'Édouard III et de Richard II. Son œuvre la plus célèbre, *Les Contes de Canterbury*, est un ensemble d'histoires racontées par un groupe de pèlerins en route pour le sanctuaire de saint Thomas Becket, dans la cathédrale de Canterbury. Œuvre fondatrice de la littérature anglaise, elle offre un portrait riche et varié de son époque. Commencée dans les années 1380, elle reste inachevée à la mort de Chaucer en 1400.

△ Le manuscrit Ellesmere des Contes de Canterbury de Chaucer

1378
SCHISME PAPAL

À partir de 1309, les papes résident à Avignon, alors dominée par la monarchie française. En 1378, les Romains exigent le retour de la papauté dans son lieu de résidence traditionnel. Urbain VI est élu pape à Rome, en opposition à Clément VII à Avignon. Les deux papes sont rejoints par un troisième en 1409, élu à Pise. Ce schisme, qui se résoud finalement en 1417, affaiblit sérieusement le prestige papal.

1383 La Pologne et la Lituanie sont unifiées sous le règne de Ladislas II Jagellon.

1385 La victoire portugaise sur la Castille à Aljubarrota garantit l'indépendance de la maison d'Aviz (dynastie jeanine).

1389

1381 Durant la révolte des paysans, les rebelles anglais menés par Wat Tyler sont vaincus à Londres.

1389 Une coalition serbo-bosniaque affronte les forces ottomanes lors de la première bataille du Kosovo.

Les campagnes de Timour pourraient avoir provoqué la mort de 17 millions de personnes.

1336-1405
LE TRIOMPHE DE TIMOUR

Tamerlan, ou Timour le Boiteux, un guerrier mongol de Samarcande, conquiert des terres de l'Inde à l'Anatolie, établissant l'Empire timouride.

1387 Lors d'une campagne en Perse et en Arménie, Timour met à sac la ville d'Ispahan et tue environ 70 000 de ses citoyens.

1395 Timour vainc son rival Tokhtamych à la bataille du Terek et brise la Horde d'or mongole (casque *ci-dessus*).

1398 Alors qu'il envahit l'Inde, Timour vainc le sultan de Delhi et pille la ville avant d'emporter son butin à Samarcande.

1402 Les Ottomans sont humiliés à Ankara alors que Timour frappe à l'ouest et enferme l'empereur ottoman Bayezid Ier dans une cage.

1392
DYNASTIE JOSEON EN CORÉE

En 1388, le général Yi Seong-gye est chargé par le souverain de la Corée, le roi U de la dynastie Goryeo, d'envahir la Chine des Ming. Convaincu qu'attaquer les Ming conduirait à un désastre militaire, il retourne ses troupes contre le roi et prend le contrôle du gouvernement. Quatre ans plus tard, Yi se déclare roi sous le nom de Taejo, établissant la dynastie Joseon, qui régnera sur la Corée pendant plus de 500 ans.

△ Boîte en laque de la dynastie Joseon

▷ *La Bataille de Grunwald, 1875-1878, Jan Matejko*

1396 À la bataille de Nicopolis, les chevaliers européens sont massacrés par les forces ottomanes.

1402 Zhu Di devient l'empereur Ming Yongle en Chine : il est considéré comme le deuxième fondateur de la dynastie Ming.

1408 L'encyclopédie Yongle, commandée par l'empereur Ming, est achevée : elle compte 11 095 volumes.

1390

En 1405, la première armada de bateaux-trésors de Zheng He compte 27 800 hommes à bord de 317 navires.

1405
VOYAGES DE ZHENG HE

En 1403, l'empereur Yongle de Chine ordonne la construction d'une flotte, dans le but de démontrer la supériorité de la Chine en Asie du Sud-Est et dans l'océan Indien. Commandée par l'eunuque Zheng He, cette « flotte du trésor » entreprend sept voyages épiques entre 1405 et 1432, allant jusqu'au Sri Lanka et à l'Afrique de l'Est et collectant des trésors, y compris des animaux vivants.

▷ Une girafe capturée par la flotte du trésor

DE 1390 À 1419 | 119

1410
DÉFAITE DES CHEVALIERS TEUTONIQUES À GRUNWALD

La bataille de Grunwald (ou de Tannenberg) est une victoire décisive pour les armées de Pologne et de Lituanie sur les chevaliers teutoniques prussiens dirigés par le grand maître Ulrich von Jungingen. Ordre militaire croisé, les chevaliers teutoniques combattent durant deux siècles pour étendre leur pouvoir sur l'Europe de l'Est. Leur défaite à Grunwald amorce un déclin dont ils ne se remettront jamais.

1386-1422
LE ROI HENRI V

Roi d'Angleterre à partir de 1413, Henri V se bat avec succès pour le droit de régner sur la France. Il est reconnu héritier présomptif en 1420, mais sa mort subite l'empêche de monter sur le trône français.

1417 Le pape Martin V unifie la papauté divisée et la relocalise à Rome.

1419 Jean sans Peur, souverain de Bourgogne, est assassiné par les Français.

1419

1415
BATAILLE D'AZINCOURT

En août 1415, le roi anglais Henri V, affirmant sa prétention au trône français, emmène une armée en France. Après le coûteux siège d'Harfleur, ses troupes épuisées marchent sur Calais, tenu par les Anglais. Le 25 octobre, il est intercepté à Azincourt par une armée française bien plus forte, mais contre toute attente, les chevaliers et archers anglais triomphent, et la noblesse française est décimée.

▷ Épée du roi Henri V

1415
EXÉCUTION DE JAN HUS

En tant que chef de file d'un mouvement de réforme religieuse de Bohême (aujourd'hui la République tchèque), Hus dénonce la corruption de la papauté et du clergé catholique. Reconnu coupable d'hérésie par un concile catholique à Constance, dans le Sud de l'Allemagne, il est brûlé vif. En 20 ans, ses disciples tchèques, connus sous le nom de hussites, répriment les croisades papales envoyées pour les éradiquer.

◁ Jan Hus sur le bûcher

VERS 1400-1600
LA RENAISSANCE

Au cours des XVe et XVIe siècles, les cités-États d'Italie sont le foyer d'une floraison d'art et d'idées nouvelles. Ce mouvement est appelé la Renaissance, car il s'articule autour d'une « renaissance » de la connaissance, fondée sur la redécouverte de la pensée et de la culture de la Grèce et de la Rome antiques.

La base matérielle de la Renaissance repose sur la prospérité de cités-États telles que Florence, Venise et Milan, qui se sont enrichies grâce au commerce, à la banque et à la fabrication de produits de luxe. Les élites dirigeantes de ces villes, comme la famille Médicis à Florence, financent généreusement des érudits, peintres, sculpteurs et architectes. Elles sont prêtes à soutenir des innovations telles que la perspective linéaire et les sujets non religieux dans la peinture, ou encore les statues qui célèbrent la beauté du corps nu. Enrichis par les contributions des fidèles chrétiens, les papes successifs à Rome représentent une autre source importante de mécénat. Le plafond de la chapelle Sixtine peint par Michel-Ange pour le pape Jules II est peut-être la plus grande œuvre de la Renaissance. Bien qu'il remette en question certains tabous chrétiens, notamment l'interdiction de la dissection pour l'étude de l'anatomie, l'homme de la Renaissance voit les idées de l'Antiquité païenne comme un complément de la foi chrétienne. L'esprit de libre recherche alors nourri se répand dans toute l'Europe, alimentant la révolte protestante contre le catholicisme et les débuts de la science moderne.

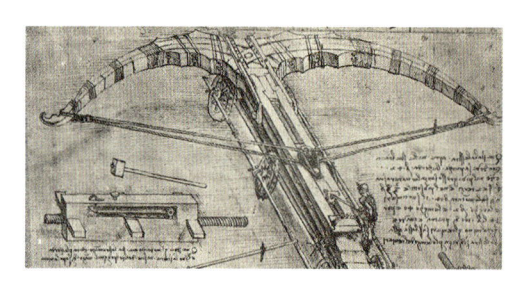

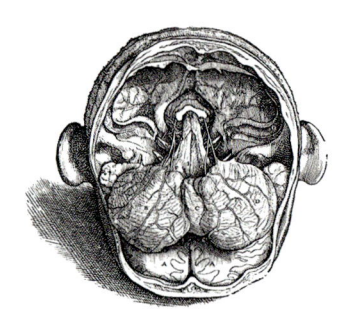

ÉVÉNEMENTS-CLÉS

1485 La Naissance de Vénus
Cette peinture (*à gauche*) de l'artiste florentin Sandro Botticelli est un exemple typique de l'adoption à la Renaissance de thèmes de la mythologie grecque et romaine. Les mécènes se délectent des détails allégoriques savants de telles œuvres, et de la beauté séduisante de la déesse nue.

VERS 1487-1510 Les carnets de Léonard de Vinci
Peintre, ingénieur, inventeur et chercheur inspiré, Léonard de Vinci est « l'homme de la Renaissance » par excellence. Travaillant principalement à Florence et à Milan, il remplit ses carnets (*à gauche*) d'observations et d'idées novatrices, notamment pour la conception de machines volantes et d'armement.

1543 À propos de la fabrique du corps humain
Le médecin flamand André Vésale publie les résultats de la dissection de cadavres, principalement à l'université de Padoue, dans un livre intitulé *À propos de la fabrique du corps humain* (*à gauche*). Son travail fait faire un pas de géant à la compréhension de l'anatomie humaine.

LA RENAISSANCE | 121

Peinte en 1509-1511 par Raphaël, *L'École d'Athènes* décore un mur du palais des Papes du Vatican. Centrée sur les figures de Platon et d'Aristote, elle représente les plus grands philosophes, mathématiciens et scientifiques de l'Ancien Monde dont les œuvres ont inspiré la Renaissance.

◁ La Cité interdite, peinture de la dynastie Ming

1420
CONSTRUCTION DE LA CITÉ INTERDITE

L'empereur chinois Ming Yongle ordonne que Pékin soit totalement reconstruite pour en faire la capitale de l'Empire Ming. Siège du gouvernement, la Cité interdite, conçue comme un palais impérial impressionnant, se trouve au cœur de la nouvelle capitale. Elle est le fruit du travail de plus de 100 000 artisans et d'innombrables ouvriers. Autour d'elle, Pékin devient rapidement la plus grande ville du monde, avec près d'un million d'habitants dans les années 1440.

Plus de 100 millions de tuiles et de briques sont utilisées pour construire la Cité interdite de Pékin.

1420

1422 L'Empire vijayanagara, dans le Sud de l'Inde, atteint son apogée sous le règne de Deva Raya II.

1428 Une révolte vietnamienne contre la Chine des Ming prend fin lorsque le chef des rebelles, Lê Loi, s'empare du trône du Dai Viet.

1428 La Triple Alliance aztèque unifie trois cités-États, qui règnent ensemble sur la vallée de Mexico.

1421 À la bataille de Kutná Hora, les rebelles hussites remportent une victoire sur le Saint-Empire romain germanique.

1427 Des marins portugais rallient les Açores, au milieu de l'Atlantique.

1428 Ulugh Beg, sultan de Samarcande, construit un observatoire astronomique.

« J'avais 13 ans quand Dieu s'est adressé à moi… »

JEANNE D'ARC, AUDITION PUBLIQUE, FÉVRIER 1431

△ Vitrail de Jeanne d'Arc à Fougères, en France

1429
SIÈGE D'ORLÉANS

Alors qu'ils s'apprêtent à gagner la guerre de Cent Ans, les Anglais assiègent Orléans. Une jeune paysanne, Jeanne d'Arc, arrive dans le camp français après avoir reçu l'ordre de Dieu de raviver la résistance. Inspirés, les Français brisent le siège et marquent un tournant dans la guerre. Jeanne est exécutée par ses ennemis en 1431.

DE 1420 À 1439 | 123

1438
FORMATION DE L'EMPIRE INCA

Accédant au trône du petit royaume de Cusco, dans les Andes péruviennes, en 1438, Pachacuti Inca Yupanqui se lance aussitôt dans une campagne d'expansion qui jette les bases du vaste Empire inca. C'est Pachacuti qui, dans les années 1450, fait construire le domaine royal du Machu Picchu, qui forme aujourd'hui les ruines incas les plus célèbres. À la fin du XVe siècle, les territoires incas s'étendent de l'Équateur actuel jusqu'au Sud du Chili.

◁ L'empereur inca Pachacuti, statue près du Machu Picchu, au Pérou

1434
PRINCE EXPLORATEUR

En 1434, le marin portugais Gil Eanes dépasse le cap Boujdour, voyageant plus loin le long de la côte ouest-africaine que n'importe quel autre marin européen jusque-là. C'est un triomphe pour Henri, le prince du Portugal, surnommé « le Navigateur », qui encourage les voyages d'exploration, initiant l'ère des grandes découvertes.

▷ Henri le Navigateur

1439

1434 **Cosme de Médicis** devient le dirigeant effectif de Florence.

1436
DÔME DE BRUNELLESCHI

En 1296, les habitants de Florence construisent une magnifique cathédrale, mais plus d'un siècle plus tard, il lui manque toujours une coupole. En 1418, l'architecte Filippo Brunelleschi remporte un concours pour coiffer le bâtiment. Faisant preuve d'une immense ingéniosité technique, il construit un dôme octogonal de 42 mètres de diamètre, sans aucun contrefort extérieur pour soutenir son poids. Achevé en 1436, il compte parmi les toutes premières réalisations de la Renaissance italienne.

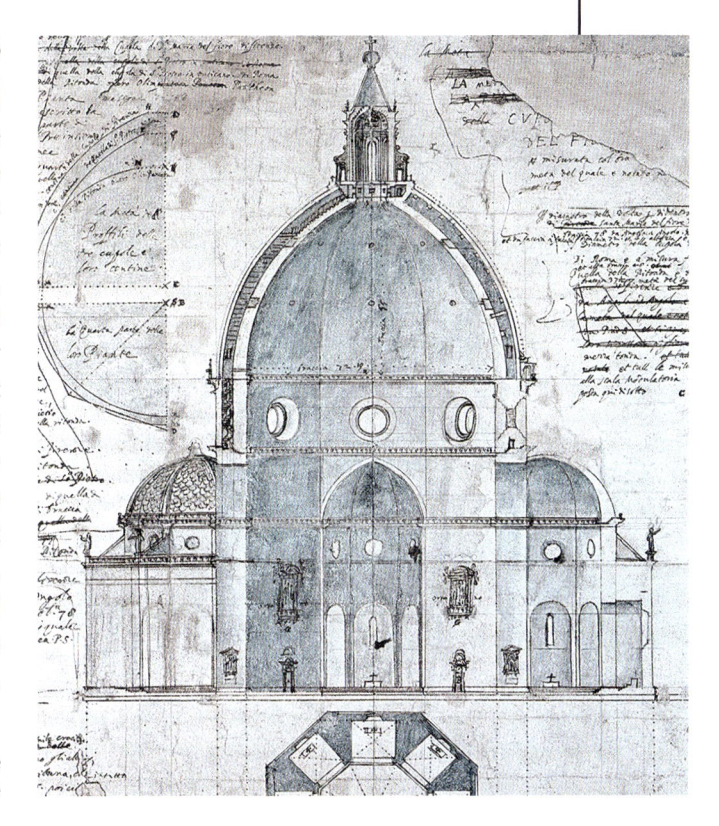

▷ Coupe de la cathédrale de Florence du XVIe siècle

1389-1464
COSME DE MÉDICIS

Né dans une riche famille de banquiers, Cosme se sert de sa fortune pour dominer la cité-État de Florence pendant 30 ans. Mécène des artistes et des savants, il fait de sa ville le centre de la première Renaissance.

1453
CHUTE DE CONSTANTINOPLE

En 1453, la capitale de l'Empire chrétien byzantin, Constantinople, tombe aux mains des Turcs ottomans. Le sultan Mehmed II s'empare de la ville après que ses lourds canons en ont brisé les murs, qui avaient résisté aux sièges depuis plus de 1000 ans. Le dernier empereur byzantin, Constantin XI, meurt dans les combats, et la population chrétienne est massacrée. La victoire des Ottomans est un triomphe pour l'islam, laissant l'Europe ouverte à d'autres attaques turques.

◁ Les troupes du sultan Mehmed II

1449 À la bataille de Tumu, l'empereur chinois Ming Yingzhong est vaincu et capturé par Esen Taidji, khan des Mongols oïrats.

1453 La bataille de Castillon, la dernière de la guerre de Cent Ans, s'achève sur la victoire de la France.

1440

1444 Les marchands d'esclaves portugais transportent par bateau les premiers êtres humains asservis d'Afrique de l'Ouest pour les vendre à Lagos, dans l'Algarve.

▷ Plaque de bronze du Bénin

1432-1481
LE SULTAN MEHMED II

Mehmed II mène des campagnes qui anéantissent l'Empire byzantin et étendent la domination ottomane sur une grande partie des Balkans. Souverain cultivé, il soutient les artistes de la Renaissance italienne.

1440
ESSOR DU BÉNIN

Le royaume ouest-africain du Bénin est fondé par les Edo, un peuple de l'actuel Sud-Ouest du Nigéria. Sous le règne de l'Oba (roi) Ewuare, qui s'empare du pouvoir lors d'un violent coup d'État en 1440, il s'étend, pour devenir un important empire régional. Au cours du siècle suivant, la capitale du Bénin est embellie par des plaques de bronze fabriquées par les métallurgistes locaux.

48 copies de la Bible de Gutenberg nous sont parvenues.

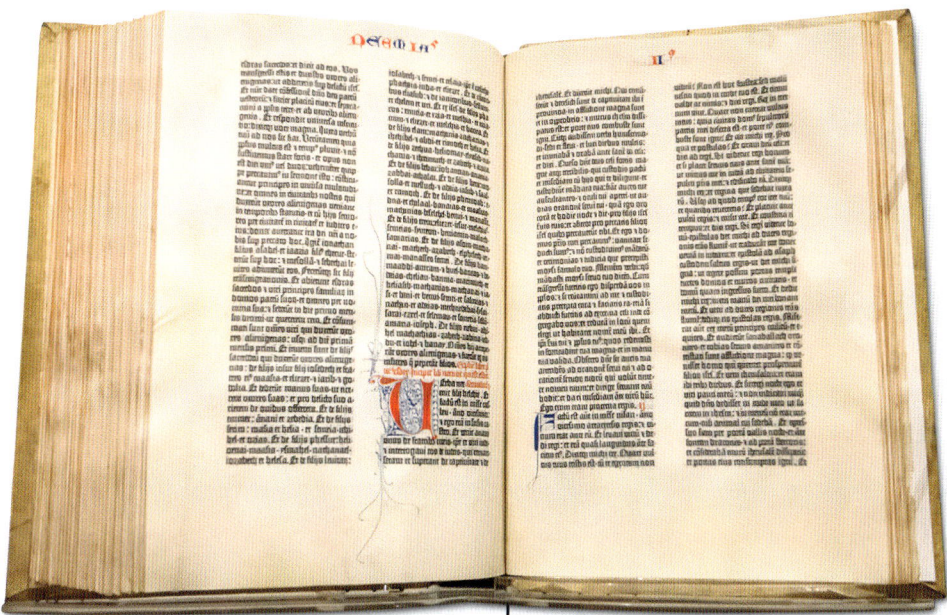

1454
BIBLE DE GUTENBERG
La Bible imprimée par Johannes Gutenberg dans la ville allemande de Mayence en 1454 compte parmi les cinq premiers livres produits en Europe grâce à des caractères métalliques mobiles. Son succès initie une révolution dans la culture européenne. À partir des années 1470, des presses apparaissent dans de nombreux pays, rendant les livres aisément disponibles. En diffusant le savoir et l'alphabétisation au-delà des élites traditionnelles, elles encouragent les gens à contester l'autorité établie.

△ Bible de Gutenberg imprimée sur vélin

1459

1456 **Les Ottomans tentent** de soumettre la Hongrie et d'assiéger Belgrade, mais sont repoussés par les forces de Jean Hunyadi.

△ Sacrifice humain aztèque

1454
GUERRES FLEURIES AZTÈQUES
Sous le règne de Moctezuma Ier, la Triple Alliance aztèque (Mexico-Tenochtitlan, Tlacopan et Texcoco) lance les « guerres des fleurs », des attaques contre des peuples voisins tels que les Tlaxcala, les Huexotzinco et les Cholula. Les Aztèques s'acharnent à prouver leur bravoure et à capturer des prisonniers pour en faire des sacrifices humains. Ces guerres rituelles font des Tlaxcala les ennemis jurés des Aztèques.

1455
GUERRE DES DEUX-ROSES
Pendant 30 ans, le trône anglais est revendiqué par les prétendants de la maison de Lancastre, représentée par une rose rouge, et la maison d'York, représentée par une rose blanche. À la suite de sa victoire à Towton en 1461, le yorkiste Édouard IV supplante l'inefficace lancastrien Henri VI. Les lancastriens triomphent finalement quand Henri VII prend le pouvoir sur Richard III, en 1485.

△ *Cueillir les roses rouges et blanches dans l'ancien temple*, 1908, Henry Payne

1467
GUERRES DE POUVOIR AU JAPON

Au Japon, une dispute concernant la succession du shogun au pouvoir déclenche des affrontements dans Kyoto, la capitale, entre les clans de Yamana Sôzen et d'Hosokawa Katsumoto. La guerre d'Ōnin qui en résulte est brève, mais elle affaiblit fatalement le shogunat. Avec une autorité centrale désormais impuissante, le Japon entre dans une ère de conflits chaotiques entre les seigneurs de guerre régionaux, les daimyo.

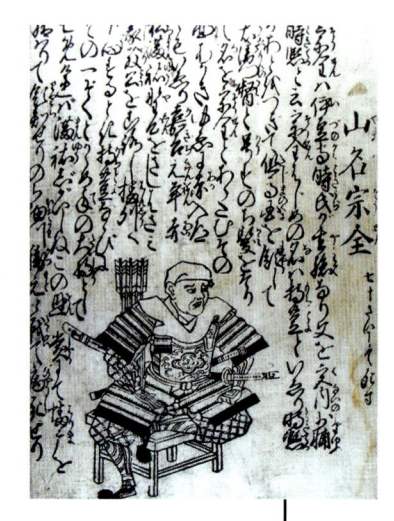

△ Yamana Sôzen, aussi connu sous le nom de « Moine Rouge »

1468
SONNI ALI PREND TOMBOUCTOU

Au XVe siècle, l'Empire du Mali, en Afrique de l'Ouest, connaît un déclin. Sonni Ali, chef du peuple songhaï, saisit l'occasion pour prendre les villes maliennes de Tombouctou et Djenné. À sa mort en 1492, l'Empire songhaï est plus étendu que celui du Mali. Il perdure durant un siècle.

△ Tombeau en terre d'Askia, deuxième souverain de l'Empire songhaï

1461 Le poète français **François Villon** écrit son célèbre ouvrage *Le Testament*.

1460

1471 **Le Champa,** royaume du Sud du Vietnam, est écrasé par le Dai Viet lors de la guerre Cham-Vietnam.

Sous les Ming, la Grande Muraille s'étend sur 8 850 kilomètres.

1472
LES MING ÉTENDENT LA GRANDE MURAILLE

Après une défaite désastreuse contre les Mongols oïrats lors de la bataille de Tumu en 1449, la Chine des Ming se sent de plus en plus menacée par les incursions de guerriers nomades le long de ses frontières steppiques. En 1472, des travaux initient l'extension de l'ancienne Grande Muraille dans le Nord-Ouest de la région d'Ordos. L'arrêt des pillards grâce au mur conduit les Ming à poursuivre les ajouts et les réparations de la muraille.

△ Section de la Grande Muraille de Chine reconstruite sous les Ming

DE 1460 À 1479 | 127

△ *Ivan III déchirant l'acte du khan tatar*, 1862, Nikolay Shustov

1476
IVAN LE GRAND DÉFIE LE KHAN

À partir du XIIIe siècle, les princes russes acceptent la suzeraineté des guerriers mongols turcs. En 1476, Ivan III, grand-duc de Moscou, refuse de payer un tribut au khan Ahmed, chef de la Horde d'or tatare. Confirmée par la défaite des Tatars à la rivière Ougra en 1480, l'affirmation de son indépendance lui permet de revendiquer la domination de tous les princes russes. Alors surnommé « Ivan le Grand », il pose les fondements de l'État russe moderne.

1476 William Caxton installe la première presse typographique en Angleterre, à Westminster.

1479

1474 L'artiste de la Renaissance Mantegna peint la chambre nuptiale illusionniste du palais ducal de Mantoue.

1477 À la bataille de Nancy, les piquiers suisses vainquent et tuent Charles le Téméraire, duc de Bourgogne.

1479
UNIFICATION DE L'ESPAGNE

En 1469, Ferdinand et Isabelle, héritiers respectifs des royaumes espagnols d'Aragon et de Castille, se marient. Dix ans plus tard, ayant hérité de leurs trônes, ils deviennent les gouvernants effectifs d'un puissant État espagnol uni. Connus sous le nom de Rois Catholiques, ils font un usage impitoyable de l'Inquisition pour éliminer les non-croyants, expulsant tous les Juifs en 1492. Grâce à leur victoire sur les musulmans à Grenade, ils étendent leur domination sur l'ensemble de l'Espagne.

▷ Ferdinand V et Isabelle Ire

△ Pièce de monnaie espagnole représentant Ferdinand et Isabelle

DE 1480 À 1499

1486
TEMPLE DE TENOCHTITLAN

En 1486, le tlatoani (roi) aztèque Tizoc meurt et est remplacé par son frère Ahuizotl. L'année suivante, Ahuizotl rouvre le grand temple de Tenochtitlan, capitale de l'Empire aztèque, et marque l'événement par un sacrifice rituel collectif au cours duquel les cœurs des victimes sont offerts aux dieux.

◁ Pierre sacrificielle aztèque, vers 1481-1486

1492
CHRISTOPHE COLOMB TRAVERSE L'ATLANTIQUE

Le marin génois Christophe Colomb obtient le soutien de la monarchie espagnole pour un projet de navigation vers l'Asie. À bord de la caraque *Santa-Maria*, il atteint les Bahamas avec deux autres navires après presque 6 semaines de traversée. Malgré trois autres voyages transatlantiques jusqu'en 1504, Colomb tarde à prendre conscience qu'il a trouvé un continent inconnu des Européens. Ses voyages établissent un lien permanent entre les Amériques et l'Eurasie.

▷ *Débarquement de Colomb*, 1842-1847, John Vanderlyn

1480

1488 Le navigateur portugais **Bartolomeu Dias** franchit le cap de Bonne-Espérance et pénètre dans l'océan Indien.

1485
DYNASTIE DES TUDORS

Lors de la phase finale de la guerre des Deux-Roses entre les York et les Lancastre, Henri Tudor, un Lancastre, envahit l'Angleterre pour contester le règne du roi yorkais Richard III. Exploitant le mécontentement vis-à-vis de Richard – qui est soupçonné d'avoir assassiné son prédécesseur, l'enfant roi Édouard V –, Henri s'attire un large soutien. Richard est vaincu et tué à la bataille de Bosworth. Régnant sous le nom d'Henri VII, le nouveau roi épouse Élisabeth d'York pour consolider la dynastie Tudor.

◁ Le premier acte parlementaire d'Henri VII

DE 1480 À 1499 | 129

« J'en suis venu à croire qu'il s'agit d'un puissant continent jusqu'alors inconnu. »

CHRISTOPHE COLOMB, JOURNAL DE SON TROISIÈME VOYAGE, 1498

1494 **Le roi de France Charles VIII** envahit l'Italie et déclenche une série de guerres (les guerres d'Italie) qui durera 65 ans.

1495 **La syphilis** arrive en Europe ; une épidémie se déclare parmi les soldats français à Naples.

1497 **Parti de Bristol,** le navigateur italien Jean Cabot explore la côte nord-américaine.

1499

1492
CHUTE DE GRENADE

L'émirat de Grenade est le dernier État musulman de la péninsule Ibérique. Après 10 ans de campagnes menées par les Rois Catholiques d'Espagne, Grenade se rend aux chrétiens en janvier 1492. Les termes de la reddition garantissent une tolérance religieuse aux musulmans, qui subissent bientôt des pressions pour se convertir au christianisme. Ceux qui refusent sont contraints à l'exil.

◁ La forteresse et le palais de l'Alhambra à Grenade

1481-1520
LES EXPLORATIONS PORTUGAISES

Sous le règne du roi Jean II (de 1481 à 1495), les marins portugais reprennent les voyages au long cours et les découvertes initiés par le prince Henri le Navigateur.

1488 **Bartolomeu Dias** contourne la pointe sud de l'Afrique au cap de Bonne-Espérance, ouvrant la route vers l'Inde.

1497-1498 **Vasco de Gama** dirige une flotte qui navigue vers l'Inde, via l'Afrique du Sud, avant de revenir. C'est le voyage océanique le plus long à cette date.

1500 **Pedro Cabral,** à la tête d'une flotte de 13 navires débarque dans le Nord-Est du Brésil et revendique le territoire pour la couronne portugaise.

1519 **Fernand de Magellan** navigue de l'Espagne vers l'Asie en traversant le Pacifique. Un unique navire accomplit la traversée autour du globe.

DE 1500 À 1519

1503
UN PAPE DE LA RENAISSANCE

Jules II, pape de 1503 à 1509, est un homme mondain qui dirige personnellement les troupes papales au combat. Il emploie des artistes majeurs de la Renaissance tels que Raphaël et Michel-Ange afin de décorer le Vatican et concevoir la nouvelle basilique Saint-Pierre. Son mécénat artistique généreux est financé par la vente massive d'« indulgences » qui accordent la rémission des péchés. Ces pratiques corrompues déclenchent la Réforme protestante.

▷ *Moïse*, de Michel-Ange, sur la tombe du pape Jules II

1517
LE CAIRE TOMBE AUX MAINS DES OTTOMANS

Régnant de 1512 à 1520, le sultan Sélim Ier double pratiquement l'étendue de l'Empire ottoman. Sa conquête du Caire en 1517 met fin à la domination des Mamelouks sur l'Égypte et la Syrie, donnant aux Ottomans le contrôle du cœur du monde musulman, y compris des villes saintes de La Mecque et de Médine. Cela lui permet de revendiquer le titre de calife, chef de l'islam. Sélim bloque la propagation du chiisme, massacrant ses communautés et combattant l'Iran des Safavides.

◁ Le couronnement du sultan Sélim Ier

1513 À la bataille de Flodden, le roi Jacques IV d'Écosse est tué en combattant les Anglais.

1510 Les Portugais établissent une colonie permanente à Goa, en Inde.

1517 Les marchands portugais atteignent le port chinois de Canton par la mer.

1501
FONDATION DE L'IRAN SAFAVIDE

Les Safavides sont des mystiques musulmans soufis appartenant à la branche chiite de l'islam. En 1501, le chah safavide Ismaïl Ier revendique la souveraineté sur l'Iran politiquement fragmenté, établissant son contrôle sur un vaste territoire lors de campagnes qui aboutissent à la défaite des Ouzbeks à Merv en 1510. L'Empire safavide chiite d'Ismaïl Ier remet en question le leadership de l'Empire sunnite ottoman sur l'islam.

◁ La bataille de Merv, fresque à Ispahan

1517

LUTHER INITIE LA RÉFORME

En réaction à la vente d'indulgences par l'Église, le moine et théologien allemand Martin Luther rend publiques ses « 95 thèses », rédigées dans un langage simple et clair, qui critiquent les croyances et les pratiques catholiques. Rétrospectivement, cet événement est considéré comme le début de la Réforme qui divise l'Europe chrétienne. En 1521, Luther est excommunié par le pape, une décision confirmée par l'empereur Charles Quint, mais les efforts pour supprimer le mouvement de la Réforme échouent.

△ Martin Luther affiche ses thèses

> « Ici, je me tiens debout. Je ne peux pas faire autrement ; Dieu me soutient. »
>
> DISCOURS DE MARTIN LUTHER, 1521

1519

1519 Le conquistador espagnol Hernán Cortés mène une expédition au Mexique.

1485-1547
HERNÁN CORTÉS

Simple noble espagnol à l'ambition exceptionnelle, Cortés participe à la colonisation de Cuba. Il débarque au Mexique avec une petite force militaire en 1519, et conquiert l'Empire aztèque de sa propre initiative.

1519

ÉLECTION D'UN EMPEREUR HABSBOURG

Lorsqu'il est élu empereur du Saint-Empire romain en 1519, le Habsbourg Charles Quint règne déjà sur l'Espagne, l'Autriche, les Pays-Bas et une grande partie de l'Italie. Avec un tel pouvoir entre les mains, il cherche à devenir le chef reconnu de toute l'Europe chrétienne. Mais sa domination est contestée par les protestants, opposés à son catholicisme, et par les rois de France. Il finit par abandonner son projet d'unification après plus de 30 ans de guerre. Pour être élu empereur, il paie 850 000 florins de pots-de-vin.

△ Buste de Charles Quint par Leone Leoni

Pour être élu empereur, Charles Quint paie 850 000 florins de pots-de-vin.

1521
CONQUÊTE DE L'EMPIRE AZTÈQUES

Arrivé au Mexique en 1519, Hernán Cortés, soldat espagnol, marche sur la capitale aztèque Tenochtitlan. Il est repoussé et subit de lourdes pertes, mais s'alliant avec les ennemis des Aztèques, il revient en 1521 et assiège la ville. Affaiblis par la maladie, les Aztèques sont vaincus en août. L'empereur Cuauhtémoc est capturé, puis tué.

◁ La retraite d'Hernán Cortés de Tenochtitlan en 1520

1525 À la bataille de Pavie, le roi de France François Ier est vaincu et fait prisonnier par l'empereur Charles Quint.

1520

1521 Martin Luther est déclaré hérétique, ce qui scelle le schisme entre protestants et catholiques.

1526
FONDATION DE L'EMPIRE MOGHOL

Bâbur, guerrier musulman descendant de Gengis Khan, envahit l'Inde depuis l'Afghanistan et vainc le sultan de Delhi lors de la première bataille de Panipat en avril 1526. À sa mort, en 1530, il domine la majorité du Nord de l'Inde, fondant ainsi l'Empire moghol. Ses descendants assurent un âge d'or de stabilité et d'épanouissement culturel en Inde.

▷ Bâbur et sa cour

DE 1520 À 1539 | 133

△ Sabre de la cour de Soliman le Magnifique, 1526

1526
LES ARMÉES OTTOMANES ENVAHISSENT L'EUROPE

Sultan ottoman depuis 1520, Soliman le Magnifique lance une série de campagnes contre l'Europe chrétienne. En 1526, son armée écrase les Hongrois à Mohács, amenant ses troupes à la frontière de l'Autriche. Trois ans plus tard, il assiège la capitale autrichienne, Vienne. La ville tient bon, permettant à l'Europe de résister à l'expansion de l'islam.

▽ Portrait d'Henri VIII par Hans Holbein

1534
HENRI VIII ROMPT AVEC ROME

Mécontent du refus du pape Clément VII d'annuler son mariage avec Catherine d'Aragon, le roi anglais Henri VIII se déclare chef de l'Église d'Angleterre, renonçant à l'autorité papale. Au cours des années suivantes, les monastères sont démantelés et les terres de l'Église confisquées par la Couronne. Les opposants à la réforme religieuse, comme Thomas More, l'ancien chancelier d'Henri, sont exécutés.

1527 Des soldats allemands protestants pillent la ville sainte de Rome.

1533 Le souverain inca Atahualpa est capturé et exécuté par les conquistadors espagnols.

1534 Ignace de Loyola crée la Compagnie de Jésus (les jésuites) pour répandre la foi catholique.

1539

1534 Le marin breton Jacques Cartier commence à explorer le fleuve Saint-Laurent en Amérique du Nord.

> « Moi qui suis le sultan des sultans, l'ombre de Dieu sur terre... »
>
> SOLIMAN LE MAGNIFIQUE

1522-1791
QUATRE ROMANS CLASSIQUES CHINOIS

L'imprimerie permet la production à bon marché de romans, ce qui les popularise dans la Chine des Ming. Les plus connus sont les « Quatre livres extraordinaires ».

1522 *Les Trois Royaumes* est écrit par Luo Guanzhong avant 1400 et imprimé en 1522 (scène peinte *ci-dessus*).

1589 Les personnages de contes populaires Ming dont les aventures épiques sont reprises dans *Au bord de l'eau*, contribuent à la popularité du livre à la suite de son impression, en 1589.

1592 *La Pérégrination vers l'ouest*, écrit par Wu Cheng'en, est célèbre pour les pitreries du malicieux Roi Singe (représenté *ci-dessus*).

1791 Dans *Le Rêve dans le pavillon rouge,* l'écrivain Cao Xueqin dépeint l'histoire d'une famille de l'élite pour décrire la société chinoise.

DE 1540 À 1559

1543
RÉVOLUTION COPERNICIENNE

Dans son livre *Des révolutions des sphères célestes*, publié en 1543, l'astronome polonais Nicolas Copernic avance que la Terre et les autres planètes tournent autour du Soleil – la Terre n'étant pas le centre de l'Univers. Si sa théorie est adoptée par les astronomes à partir de la fin du XVIe siècle, l'Église catholique s'y oppose.

1542
LES EUROPÉENS EXPLORENT L'AMÉRIQUE DU NORD

Hernando de Soto, soldat espagnol ayant pris part à la conquête du Pérou, monte une expédition pour explorer le Sud des États-Unis. Progressant depuis la Floride à travers des terres habitées par des peuples indigènes, il devient le premier Européen à atteindre le Mississippi en 1541. Il meurt l'année suivante.

◁ Hernando de Soto

◁ Le système copernicien, illustration de 1600

1540

1541 Michel-Ange achève la fresque du plafond de la chapelle Sixtine.

1541 Le calvinisme se répand tandis que le prédicateur Jean Calvin fonde une république à Genève.

1545 Lors du concile de Trente (1545-1563), les dirigeants de l'Église catholique organisent la Contre-Réforme.

1543
ARRIVÉE DES PORTUGAIS AU JAPON

Les commerçants portugais sont les premiers navigateurs européens à atteindre le Japon. Leur arrivée en 1543 est bien accueillie par la population locale, car ils apportent des marchandises de Chine. Les empereurs Ming ayant interdit le commerce direct avec le Japon, les Portugais servent d'intermédiaires. Ils introduisent également des armes à feu, qui sont bientôt fabriquées sur le territoire nippon, ce qui se répercute sur les conflits entre les samouraïs. Les missionnaires jésuites, qui arrivent à partir de 1549, convertissent des milliers de Japonais, mais le christianisme sera banni par la suite.

▷ Arrivée d'un navire portugais, vers 1620, paravent japonais

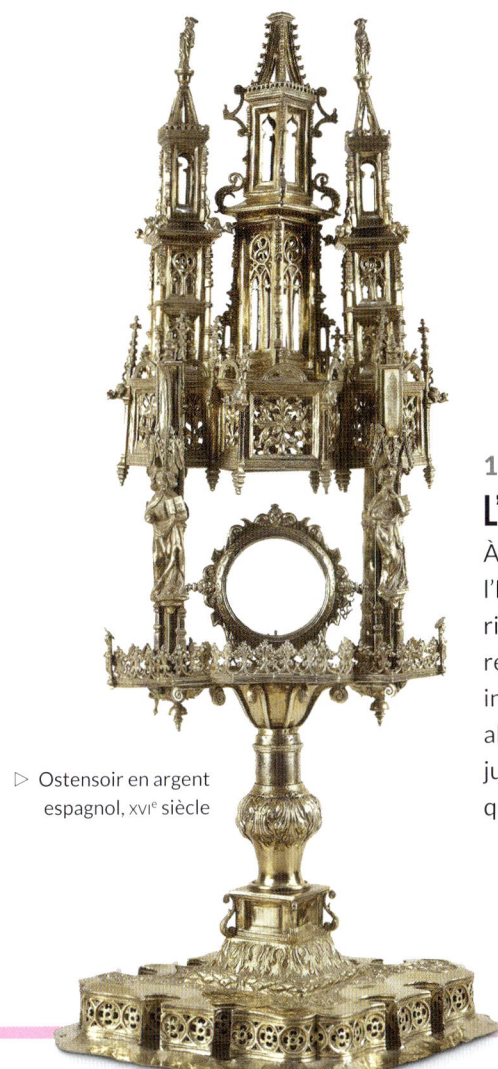

Les mines espagnoles en Amérique produisent 40 000 tonnes d'argent en deux siècles.

▷ Ostensoir en argent espagnol, XVIᵉ siècle

1545
L'ARGENT SUD-AMÉRICAIN

À partir de 1532, les conquistadors espagnols font main basse sur l'Empire inca. En 1545, ils découvrent les gisements d'argent les plus riches du monde à Potosí, dans l'actuelle Bolivie. Exploitées avec un recours impitoyable au travail forcé, les mines apportent une richesse inouïe à la monarchie espagnole, finançant les armées qui dominent alors l'Europe. L'argent est également transporté à travers le Pacifique jusqu'à la Chine des Ming, où il permet d'acheter des biens tels que de la soie et des céramiques.

1552 Le tsar Ivan le Terrible vainc le khanat de Kazan et étend le territoire russe en Sibérie.

1552 La Chine accorde aux Portugais un comptoir commercial à Macao.

1556
AKBAR LE GRAND RÈGNE SUR L'INDE

Régnant de 1556 à 1605, Akbar est le plus grand empereur moghol de l'Inde. Il triple l'étendue de l'empire, qui couvre alors une grande partie du sous-continent. Cherchant activement le ralliement des Indiens non musulmans à son régime, il adopte une politique religieuse tolérante. Il dote cet empire diversifié d'une administration unifiée et utilise les richesses issues des impôts pour financer des artistes, des architectes et des savants.

▷ Pièce d'or d'Akbar

△ Akbar, album de Shah Jahan, vers 1630

1571
DÉFAITE OTTOMANE EN MER

La flotte d'une coalition d'États chrétiens comprenant notamment de l'Espagne, Venise et Gênes inflige une lourde défaite à la marine de l'Empire ottoman lors de la bataille de Lépante, menée le long de la côte grecque. C'est la dernière bataille navale européenne disputée par des navires de guerre à rames. Environ 400 galères et 150 000 hommes y participent.

◁ Lampe provenant du *Marqués de Santa Cruz*, galère ayant participé à la bataille de Lépante

▷ *La Bataille de Lépante*, 1640, Andries Van Eertvelt

1560

1562 **Les guerres de religion** éclatent en France, opposant les catholiques aux protestants (huguenots).

1566 **La guerre de Quatre-Vingts Ans** contre l'Espagne éclate aux Pays-Bas.

1569 **L'union de Lublin** entérine la réunion de la Pologne et de la Lituanie en un seul État, la république des Deux Nations.

1572 **L'empereur Wanli** prend la tête de la Chine des Ming. Son règne dure 48 ans.

1572
MASSACRE DE LA SAINT-BARTHÉLEMY

Les huguenots de France se rassemblent à Paris, une ville majoritairement catholique, pour célébrer le mariage d'Henri de Navarre, protestant, avec la sœur du roi de France Charles IX. Probablement sur ordre du roi, les dirigeants huguenots sont assassinés, entraînant le massacre de protestants par la foule catholique. Cette nuit de la Saint-Barthélemy est l'épisode le plus marquant des guerres de religion en France (1562-1598).

△ Massacre de la Saint-Barthélemy

On estime que 3 millions de personnes sont mortes durant les guerres de religion en France.

DE 1560 À 1579 | 137

1575
VICTOIRE DE NAGASHINO

Une longue période de guerre civile prend fin au Japon lorsque Oda Nobunaga établit sa domination sur tous les autres daimyo (seigneurs féodaux). Devant le château de Nagashino en 1575, il bat le clan Takeda grâce à son utilisation habile de l'infanterie et d'armes à feu primitives, les arquebuses. Cette technologie modifie la guerre au Japon et permet à Nobunaga d'unifier le pays avant sa mort en 1582.

◁ La bataille de Nagashino

1576 Les troupes espagnoles, que le roi d'Espagne n'a pas payées, se mutinent et mettent Anvers à sac.

1578 À la bataille des Trois Rois, le souverain marocain Ahmed al-Mansour tue le roi du Portugal.

1579

▽ Túpac Amaru

1572
DERNIER EMPEREUR INCA

Après la conquête de l'Empire inca par les Espagnols dans les années 1530, l'État inca survit dans une région éloignée du Pérou, dans les environs de Vilcabamba. En 1571, Túpac Amaru hérite du titre de Sapa Inca (empereur). L'année suivante, les Espagnols décident d'en finir avec l'État inca. Leurs troupes prennent Vilcabamba et poursuivent Túpac Amaru. Il est capturé, emmené à Cuzco et décapité publiquement en septembre 1572.

VERS 1560-1700
L'ARCHITECTURE MOGHOLE

Régnant sur une grande partie du Nord de l'Inde en 1550, les empereurs moghols dépensent sans compter pour construire de beaux bâtiments dans un mélange de styles d'Asie centrale, d'Inde et de Perse.

1565-1573 Le fort d'Agra, de briques et de grès, nécessite 4 000 ouvriers et 8 années de travaux avant d'être achevé.

1607-1620 Le Hiran Minar, à Shekhupura, est un ensemble de bâtiments commandé par l'empereur Jahangir en mémoire d'une antilope de compagnie.

1632-1648 Le Taj Mahal est construit à Agra par un Shah Jahan au cœur brisé, en guise de tombeau pour son épouse préférée, Mumtaz Mahal.

1671-1673 La mosquée Badshahi à Lahore, commandée par l'empereur Aurangzeb, est célèbre pour son intérieur en marbre sculpté.

138 | DE 1580 À 1599

1587
SHAH ABBAS RÈGNE SUR L'IRAN

L'accession d'Abbas Ier, dit « le Grand »,
au trône d'Iran en 1587 marque le début
de l'âge d'or de la dynastie safavide.
Combattant impitoyable, Abbas mène des
guerres victorieuses contre les Ottomans
et les Ouzbeks, qui lui permettent d'élargir
les frontières de son empire. L'art perse
prospère sous son patronage. Il fait
d'Ispahan sa capitale, embellissant la ville de
bâtiments d'une beauté exceptionnelle.

▷ Plafond de la mosquée du Shah à Ispahan

1580

1582 **Le pape Grégoire XIII** remplace le calendrier julien par le calendrier grégorien, plus précis.

1587 **Élisabeth Ire d'Angleterre** ordonne l'exécution de sa cousine catholique Marie.

1580 **Philippe II d'Espagne** annexe le Portugal, qui perd son indépendance.

1584 **L'île de Roanoke** devient la première (bien qu'éphémère) colonie anglaise d'Amérique du Nord.

1588
ÉLISABETH DÉFIE L'ARMADA

Prévoyant d'utiliser ses troupes basées aux
Pays-Bas pour envahir l'Angleterre, le roi Philippe
II d'Espagne envoie une flotte de 130 navires,
la Grande Armada, pour protéger ses soldats qui
traversent la Manche. Inspirés par leur vaillante
reine, Élisabeth Ire, les marins anglais traquent
l'Armada et la repoussent dans la mer du Nord.
L'invasion est abandonnée. Tandis qu'elle
contourne les îles Britanniques pour retourner
en Espagne, l'Armada perd de nombreux
navires à cause du mauvais temps.

▷ Les navires anglais affrontent l'Armada espagnole

1564-1616
WILLIAM SHAKESPEARE

Si l'auteur anglais William Shakespeare naît et meurt à Stratford-upon-Avon, il passe ses années de création à Londres. Entre 1589 et 1613, il écrit 38 pièces de théâtre et 154 sonnets, des œuvres qui le rendent célèbre dans le monde entier.

1599
SHAKESPEARE AU GLOBE

Le théâtre du Globe est construit à Londres, le long de la Tamise, pour accueillir la troupe du Lord Chamberlain, une compagnie d'acteurs dont William Shakespeare fait partie. Son *Henri V* est probablement la première pièce jouée dans les lieux en 1599. S'adressant à la fois à l'élite lettrée et au peuple, les théâtres londoniens sont au centre d'une scène culturelle bien vivante nommée Renaissance anglaise.

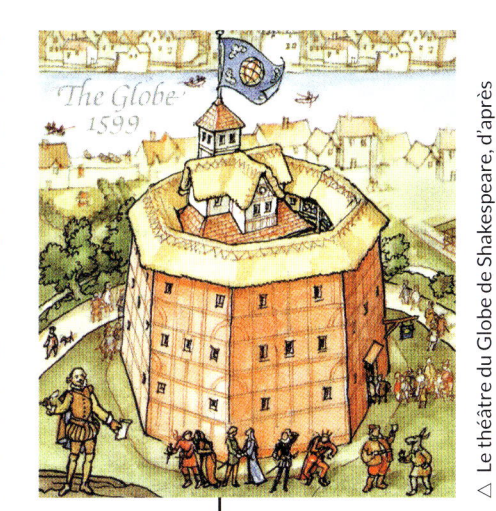

△ Le théâtre du Globe de Shakespeare, d'après un timbre britannique

« *Le monde entier est une scène…* »

SHAKESPEARE, *COMME IL VOUS PLAIRA*, 1599

1591 À la bataille de Tondibi, l'armée marocaine bat l'Empire songhaï en Afrique du Nord.

1599

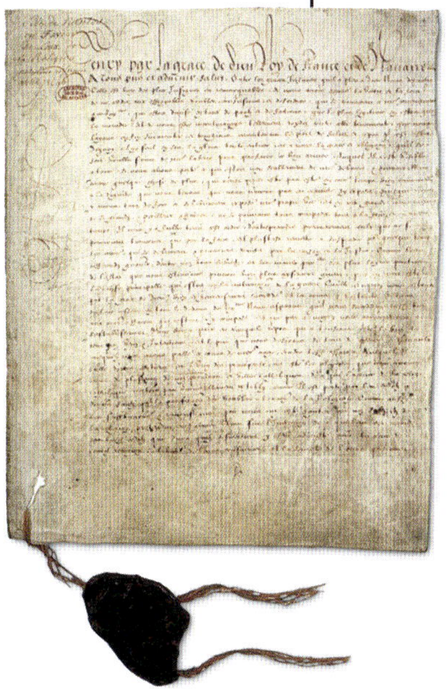

▽ L'édit de Nantes, 1598

1594
LE BON ROI HENRI

Chef des huguenots durant les guerres de religion en France, Henri de Navarre devient Henri IV de France en 1594. Cherchant à mettre fin au conflit religieux, le roi se déclare catholique tout en décrétant la tolérance envers les protestants à travers l'édit de Nantes. Surnommé le Bon Roi Henri à cause de son souci du bien-être de son peuple, il est assassiné par un fanatique catholique en 1610.

1598
LA CORÉE BAT LES ENVAHISSEURS

Le dirigeant du Japon, Toyotomi Hideyoshi, lance deux invasions par la mer de la Corée. Les deux échouent grâce au génie naval de l'amiral coréen Yi Sun-sin. Avec une flottille composée de « bateaux tortues » – des cuirassés armés de canons –, il vainc à plusieurs reprises les Japonais, pourtant supérieurs en nombre. Yi meurt en novembre 1598 au cours de la bataille de Noryang, dont la victoire assure son indépendance à la Corée.

△ L'amiral Yi Sun-sin, bronze

1600
VICTOIRE DE TOKUGAWA À SEKIGAHARA

La mort de Toyotomi Hideyoshi, souverain du Japon, en 1598 donne à l'ambitieux Tokugawa Ieyasu l'occasion de briguer le pouvoir. Il se heurte à la résistance des régents agissant au nom du fils d'Hideyoshi, alors seulement âgé de 5 ans. Lors de la bataille de Sekigahara, les régents sont trahis par des alliés et les forces de Tokugawa triomphent. Proclamé shogun en 1603, ce dernier fonde un régime qui restera en place durant plus de 250 ans.

▷ La bataille de Sekigahara, paravent japonais

VERS 1600 Le royaume **du Dahomey** est fondé par le peuple fon en Afrique de l'Ouest.

1600 Le volcan péruvien **Huaynaputina** entre en éruption, avec des effets à grande échelle sur le climat mondial.

1603 Le souverain perse safavide **Abbas Ier** lance une guerre victorieuse contre les Ottomans.

1600-1602
LES COMPAGNIES DES INDES ORIENTALES SE FONT CONCURRENCE

Le contrôle du commerce lucratif des épices et autres produits de luxe des Indes orientales (Inde et Sud-Est de l'Asie) fait l'objet d'une concurrence féroce entre les nations maritimes européennes. En 1600, la Couronne anglaise autorise un groupe de marchands à s'organiser en une Compagnie des Indes orientales avec un monopole sur le commerce asiatique. Deux ans plus tard, les Néerlandais établissent leur propre Compagnie des Indes orientales. Ces compagnies se dotent de forces armées et deviennent des agents majeurs de l'expansion impériale.

◁ Officiers de la Compagnie britannique des Indes orientales en Inde

◁ Armoiries de la Compagnie néerlandaise des Indes orientales et de la ville de Batavia

DE 1600 À 1609 | 141

1607
FONDATION DE JAMESTOWN, EN VIRGINIE
Des colons envoyés par la Virginia Company de Londres établissent un fort sur une île de la baie de Chesapeake, qu'ils nomment Jamestown en l'honneur du roi anglais Jacques Ier. La famine et la maladie tuent les quatre cinquièmes des colons, mais un nombre suffisant survit pour en faire le premier établissement durable de l'Angleterre en Amérique du Nord.

△ Le fort James en 1607

1605 Jahangir succède à son père Akbar sur le trône impérial moghol.

1609

1605 La mort du tsar **Boris Godounov** marque le début du « Temps des troubles » en Russie.

1605 La conspiration **des Poudres,** fomentée par des catholiques, échoue à détruire le Parlement anglais.

1606 Willem Janszoon, navigateur néerlandais, est le premier Européen à atteindre l'Australie.

> « J'ai découvert dans les cieux beaucoup de choses qui n'avaient pas été vues auparavant... »
>
> GALILÉE, *LETTRE À LA GRANDE-DUCHESSE DE TOSCANE*, 1615

1609-2021
LE DÉVELOPPEMENT DES TÉLESCOPES

Depuis leur invention au XVIIe siècle en Europe, les télescopes permettent aux astronomes de voir toujours plus loin dans l'espace, transformant la compréhension de l'Univers.

1609 L'astronome italien **Galilée,** est le premier à utiliser un télescope pour observer les planètes.

1789 William Herschel, un astronome germano-britannique, construit un puissant télescope qui utilise des miroirs plutôt que des lentilles pour observer les étoiles.

1917 Le télescope Hooker est utilisé par Edwin Hubble au mont Wilson, en Californie, pour explorer de nombreuses galaxies au-delà de la nôtre.

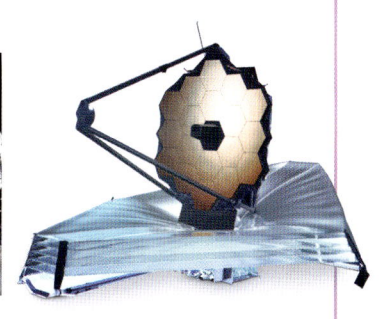

2021 Le télescope spatial *James Webb* détecte le rayonnement des objets les plus éloignés de l'Univers.

1613
LES ROMANOV RÈGNENT SUR LA RUSSIE

L'extinction de la dynastie des Riourikides en 1598 plonge la Russie dans une période de troubles. Après la fin du règne bref et brutal de Boris Godounov en 1605, plusieurs prétendants se disputent le trône. En 1613, le Zemsky Sobor (Parlement) élit Michel Ier Romanov, âgé de 16 ans, comme tsar. Bénéficiant d'un désir généralisé d'ordre, ce dernier règne jusqu'en 1645, fondant une dynastie qui se maintiendra durant plus de trois siècles.

◁ Assiette représentant l'élection de Michel Ier Romanov

1616
NURHACI DÉFIE LES MING

Chef de clan mandchou basé au nord de la Grande Muraille de Chine, Nurhaci unifie les tribus du Nord sous son autorité. Après avoir créé un État organisé en sections militaires nommées « bannières », il revendique le Nord de la Chine. Ses armées remportent des victoires notables contre les Ming avant sa mort, en 1626. Ses successeurs finiront de conquérir l'Empire Ming.

△ Nurhaci, chef de clan mandchou

1610

1611 Le roi **Gustave II Adolphe** hérite du trône de Suède à l'âge de 16 ans.

1610 Le roi français **Henri IV** est tué par un fanatique catholique, François Ravaillac.

1612 Les **exportations de tabac** depuis la colonie de Virginie, en Amérique du Nord, vers l'Angleterre débutent.

1615 L'Espagnol **Miguel de Cervantès** achève son roman *Don Quichotte*.

▽ La bataille d'Osaka, écran du XVIIe siècle

1615
SIÈGE D'OSAKA

La domination du clan des Tokugawa, shoguns du Japon depuis 1603, est contestée par le clan Toyotomi. Installé au château d'Osaka, Toyotomi Hideyori rassemble une grande armée pour défier les Tokugawa. À partir de l'hiver 1614, un long siège du château débute, qui se termine par une bataille décisive en mai 1615, au cours de laquelle les Toyotomi sont vaincus et le château est pris.

1547-1616
MIGUEL DE CERVANTÈS

Cervantès mène une vie aventureuse, combattant les Ottomans à Lépante en 1571 avant d'être capturé par des pirates d'Afrique du Nord. Ses livres, dont le roman *Don Quichotte*, sont écrits à la fin de sa vie.

1618
DÉFENESTRATION DE PRAGUE

L'événement qui précipite la ruineuse guerre de Trente Ans en Europe se produit à Prague, alors capitale de la Bohême, en mai 1618. La population, majoritairement protestante est en désaccord avec le roi catholique Ferdinand, soutenu par l'empereur romain germanique Matthias. Lors d'une confrontation avec les dirigeants bohêmiens dans le château de Hřadcany, deux régents catholiques envoyés par l'empereur sont jetés d'une haute fenêtre. Tous deux survivent, mais cet acte de défi protestant déclenche une guerre de religion.

◁ *La Défenestration de Prague*, 1890, Václav Brožík

1619 Les Néerlandais conquièrent **Jakarta** et imposent leur domination sur certaines parties de l'Indonésie en commettant des massacres.

1619 L'astronome **allemand Johannes Kepler** décrit scientifiquement le mouvement des planètes.

1619

1616
LA MOSQUÉE BLEUE

Lorsqu'elle est achevée en 1616, la magnifique mosquée du sultan Ahmed – connue sous le nom de Mosquée Bleue pour la couleur de son intérieur carrelé – domine la ligne d'horizon de la capitale ottomane, Istanbul, avec ses six minarets élancés. Commandée par Ahmed Ier, sultan de 1603 à 1617, elle est l'affirmation de la puissance et du prestige de l'Empire ottoman.

◁ Le plafond de la Mosquée Bleue

Le plafond de la mosquée ottomane du sultan Ahmed est composé de 20 000 carreaux de céramique.

LE MONDE FLOTTANT

DE 1615 À 1868

Après des siècles de guerre civile, le Japon entre, au XVIIe siècle, dans une ère de paix quasi continue sous le shogunat Tokugawa. Établissant leur capitale à Edo (aujourd'hui Tokyo), les shoguns contrôlent fermement les seigneurs de guerre régionaux (les daimyo) qui se sont autrefois battus pour le pouvoir. La cour des empereurs japonais à Kyoto est reléguée au rang d'élément folklorique. Les samouraïs, la classe combattante traditionnelle du Japon, qui n'occupent plus de fonction officielle, survivent grâce à la rémunération des daimyo.

Dans ces conditions de paix et d'ordre, l'économie du Japon prospère. Bien que méprisés dans un ordre social qui les classe en dessous des paysans, les marchands s'enrichissent, même si le commerce extérieur est strictement régulé.

Les artisans et les artistes japonais prospèrent au service d'une élite de plus en plus citadine. À la fin du XVIIe siècle, le Japon est l'un des pays les plus urbanisés du monde et Edo, avec une population d'environ un million d'habitants, est alors sans doute la plus grande ville. Sa culture urbaine dynamique, surnommée le « monde flottant », engloutit l'argent des marchands et le temps libre des samouraïs désœuvrés, dédié au plaisir plutôt qu'à la guerre.

Malgré les problèmes croissants liés aux révoltes paysannes et les complots des samouraïs mécontents, le shogunat Tokugawa maintient une société stable pendant plus de 250 ans, jusqu'à ce que la pression de l'impérialisme occidental opère un changement fondamental.

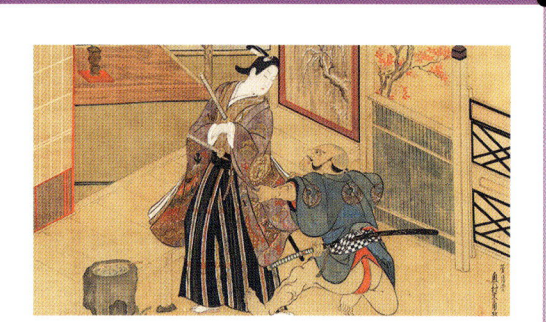

ÉVÉNEMENTS-CLÉS

1629 Le kabuki, exclusivement masculin
Avec ses mélodrames, son humour et ses costumes flamboyants, le théâtre kabuki (*à gauche*) devient extrêmement populaire dans le Japon urbain. À partir de 1629, les interprètes féminines sont interdites, laissant aux acteurs masculins le soin de jouer à la fois des rôles d'hommes et de femmes.

1689 Le voyage de Bashō
La culture littéraire du Japon des Tokugawa inclut les poèmes dits haïkus. En 1689, le poète Matsuo Bashō (1644-1694) voyage jusqu'à la lointaine île septentrionale de Honshu et consigne ses expériences dans son œuvre maîtresse, *Le Chemin étroit vers les contrées du Nord* (*à gauche*).

1829-1832 Les 36 vues d'Hokusai
La série de gravures sur bois du mont Fuji (*à gauche*) de Katsushika Hokusai (1760-1849) figure parmi les œuvres d'art les plus célèbres de la fin de la période Tokugawa. Lorsque les œuvres d'Hokusai commencent à arriver en Europe dans les années 1860, elles exercent aussitôt une influence décisive sur l'évolution de l'art occidental.

LE MONDE FLOTTANT | 145

Cete estampe de la série d'Utagawa Hiroshige *Sept sources chaudes de Hakone*, créée en 1852, illustre les plaisirs des riches. Les graveurs tels qu'Hiroshige et Hokusai sont qualifiés d'« artistes du monde flottant », car ils dépeignent les plaisirs frivoles accessibles aux privilégiés.

146 | DE 1620 À 1629

1620
LES PÈRES PÈLERINS

À l'automne 1620, un groupe de puritains anglais fuyant les persécutions religieuses fait un voyage de 10 semaines à travers l'Atlantique à bord du *Mayflower*. Parmi les 102 « pèlerins » qui rallient Cape Cod en novembre, moins de la moitié survivront pour célébrer Thanksgiving avec les peuples indigènes en 1621. Ils établissent la colonie de Plymouth, la deuxième colonie anglaise permanente d'Amérique du Nord.

▷ *Action de grâce à Plymouth*, 1925, Jennie Brownscombe

1620

1620 **L'eunuque Wei Zhongxian** entame son règne de terreur sur la Chine des Ming, avec la bénédiction de l'empereur Tianqi.

1623 **La Compagnie néerlandaise des Indes orientales** exécute des commerçants rivaux sur l'île d'Ambon, en Indonésie.

1620 **Le philosophe anglais Francis Bacon** décrit un nouveau système de logique dans son *Novum organum*.

◁ Coupe de la basilique Saint-Pierre par Michel-Ange, 1569

◁ La bataille de la Montagne Blanche

1620
BATAILLE DE LA MONTAGNE BLANCHE

En 1619, le Parlement de Bohême choisit le prince-électeur et comte palatin protestant Frédéric V comme souverain. L'empereur catholique du Saint-Empire romain germanique Ferdinand II envoie une grande armée pour écraser la Bohême. À la Montagne Blanche, près de Prague, l'armée de Frédéric est mise en déroute. La foi catholique est brutalement imposée à la Bohême indépendante, mais le conflit entre protestants et catholiques se poursuit, initiant la guerre de Trente Ans.

1626
ACHÈVEMENT DE LA BASILIQUE SAINT-PIERRE

Après 120 années de travaux, la basilique Saint-Pierre de Rome est achevée en novembre 1626. Plus grande église du monde, elle est l'œuvre de nombreux architectes, de Bramante, qui en a fait dessiné les plans, à Michel-Ange, en grande partie responsable de la vaste coupole, en passant par Carlo Maderno, qui en a ajouté la façade. Chef-d'œuvre de la Renaissance, la basilique est une affirmation audacieuse du pouvoir et de la richesse de l'Église catholique.

DE 1620 À 1629 | 147

Les Néerlandais achètent l'île de Manhattan à ses habitants indigènes pour 60 florins (soit environ 2000 euros).

1628
ÉTUDES ANATOMIQUES DE HARVEY

William Harvey est un médecin anglais qui réalise des milliers de dissections de cadavres humains et d'animaux vivants. En 1628, il publie *De motu cordis* (« Du mouvement du cœur »), un livre démontrant que le sang circule dans le corps, pompé par le cœur. Il s'agit probablement du plus grand pas en avant dans la compréhension de l'anatomie humaine depuis les Grecs anciens.

▷ Planche illustrant les expériences d'Harvey

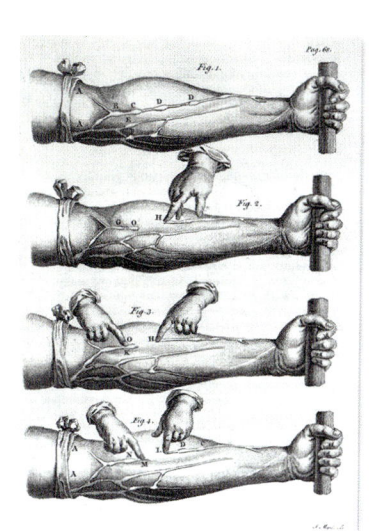

1626 Les marchands de fourrure néerlandais établissent un comptoir sur l'île de Manhattan, qu'ils nomment La Nouvelle-Amsterdam.

1626 Les forces catholiques commandées par Albrecht von Wallenstein battent les protestants à Dessau lors de la guerre de Trente Ans.

1629

1628 Le cardinal de Richelieu, principal ministre français, écrase une révolte protestante pendant le siège de La Rochelle.

△ L'avènement de Shah Jahan, illustration du *Padshahnama*

1628
SHAH JAHAN S'EMPARE DU TRÔNE DE L'INDE

Cinquième empereur moghol, Shah Jahan règne sur l'Inde de 1628 à 1658. Son règne est une période de splendeur pour la cour moghole, comme en témoignent de magnifiques bâtiments tels que le Taj Mahal, qui commémore Mumtaz Mahal, l'épouse préférée du shah. Cependant, malgré la richesse de l'empire, des millions de personnes meurent à cause d'une grande famine au Deccan, dans le Sud de l'Inde, en 1630-1632.

1585-1642
LE CARDINAL RICHELIEU

Premier ministre sous Louis XIII, Richelieu renforce le pouvoir de la monarchie en réprimant la noblesse et les huguenots rebelles. Il survit à de nombreux complots contre lui.

△ *Gustave Adolphe à Breitenfeld*, 1632, Johann Walter

1631
VICTOIRE DES SUÉDOIS À BREITENFELD

Sous le règne de Gustave II Adolphe, la Suède devient une puissance militaire européenne majeure. En 1630, Gustave intervient dans la guerre de Trente Ans aux côtés des protestants et, à la tête de son armée, soutient les Saxons dans leur lutte contre le Saint-Empire romain catholique. Lors de la bataille de Breitenfeld, les Suédois et les Saxons triomphent des forces impériales grâce au remarquable commandement du roi de Suède. Gustave Adolphe est tué sur le champ de bataille l'année suivante.

1630

1631 Lors du sac de Magdebourg, durant la guerre de Trente Ans, 20 000 protestants sont massacrés par les troupes catholiques.

1633 L'astronome italien Galilée est condamné par l'Inquisition pour ses conceptions héliocentriques.

1630 Fuyant les persécutions dont ils sont la cible dans l'Angleterre des Stuarts, les puritains fondent la colonie américaine du Massachusetts.

1632 Le roi de Suède, Gustave II Adolphe, est tué lors de la bataille de Lützen.

Environ 8 millions de civils et soldats périssent au cours de la guerre de Trente Ans.

1636
AVÈNEMENT DES MANDCHOUS

En 1636, Huang Taiji, chef des Mandchous, affirme le droit de la dynastie Qing, qu'il vient de fonder, à régner sur la totalité de la Chine. Dans les faits, les Ming continuent à diriger l'Empire chinois depuis Pékin. Toutefois, la puissance militaire grandissante des Mandchous conforte ces derniers dans leur ambition. Durant l'hiver 1636, ils attaquent la Corée, contrainte de reconnaître leur domination. Une invasion de la Chine par les Qing suivra de peu.

△ Casque impérial de la dynastie Qing

1637
LA PHILOSOPHIE DE DESCARTES

Publié aux Pays-Bas en 1637, le *Discours de la méthode* du philosophe René Descartes est une œuvre fondatrice des Lumières. Considérant que la raison est la clé de la connaissance, Descartes appréhende l'esprit pensant comme distinct du corps, lequel n'est qu'une machine physique. Son injonction à « douter autant que possible de tout » favorise les recherches scientifiques sur le monde.

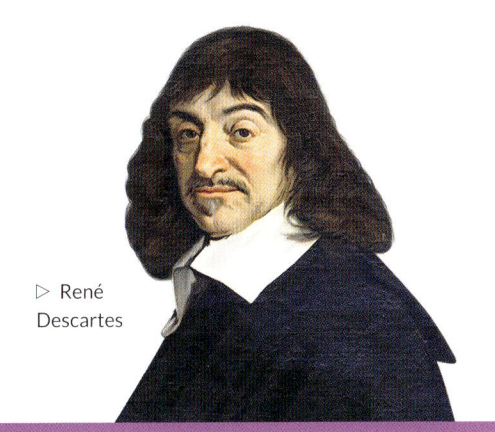

▷ René Descartes

1639
LES OTTOMANS RECONQUIÈRENT L'IRAK

Souverain brutal et excentrique, Mourad IV règne sur l'Empire ottoman de 1623 à 1640. Il sort victorieux de la guerre qui l'oppose à la Perse safavide durant la quasi-totalité de son règne. Au terme d'un long siège en 1638, il reprend Bagdad aux Safavides et signe, l'année suivante, un traité de paix qui divise le Moyen-Orient le long d'une ligne toujours présente aujourd'hui – elle correspond à l'actuelle frontière entre l'Iran et l'Irak.

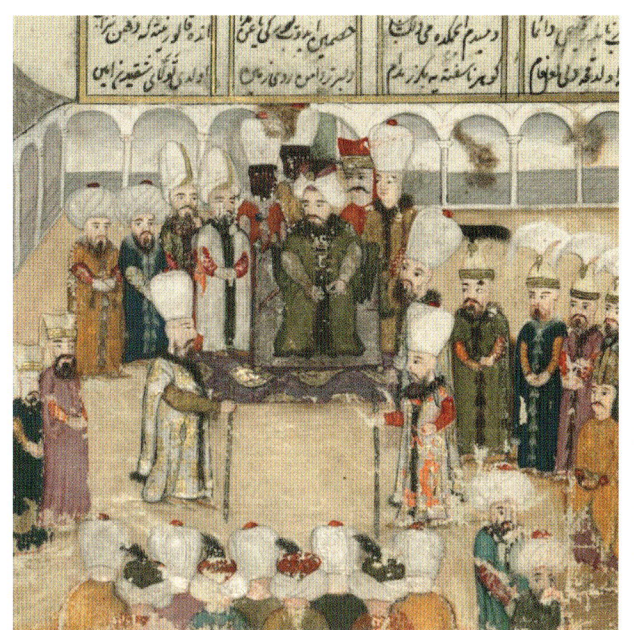

△ Le sultan Mourad IV recevant un hommage

« *Je pense, donc je suis.* »

RENÉ DESCARTES, *INTRODUCTION AU DISCOURS DE LA MÉTHODE*, 1637

1639 Lors de la bataille des Dunes, la marine hollandaise détruit la flotte espagnole au large de la côte méridionale de l'Angleterre.

1639
REJET DE L'INFLUENCE ÉTRANGÈRE PAR LE JAPON

L'influence des marchands et missionnaires européens perturbe la société japonaise. En 1637-1638, un soulèvement majeur, auquel prennent part des Japonais convertis, secoue le shogunat Tokugawa, qui riposte en interdisant le christianisme et en limitant les contacts avec les étrangers. Dès lors, les Néerlandais sont les seuls Européens autorisés à commercer avec le Japon, exclusivement via le port de Nagasaki.

▷ Le martyre des catholiques à Nagasaki

1642
PREMIÈRE GUERRE CIVILE ANGLAISE

Appartenant à la dynastie des Stuarts, Charles Ier entre en conflit avec une grande partie de ses sujets anglais et écossais à propos de la question des impôts et des religions. S'efforçant de régner sans recourir au Parlement, il est accusé de favoriser le catholicisme. En 1642, le roi et le Parlement lèvent chacun une armée, déclenchant une guerre civile qui débouche en octobre sur une première bataille rangée, à Edgehill. Aucun des deux partis en présence n'obtenant de victoire décisive, un conflit de longue durée s'installe.

1640

1640 Le Portugal gagne son indépendance en rejetant la domination espagnole.

1643 Louis XIV accède au trône à l'âge de 4 ans, sous la régence de sa mère, la reine Anne d'Autriche.

▷ Dessin néerlandais de Maoris, 1642

◁ Lobsang Gyatso, cinquième dalaï-lama

1642
LES NÉERLANDAIS PARVIENNENT EN NOUVELLE-ZÉLANDE

Envoyé par la Compagnie néerlandaise des Indes orientales, le marchand et explorateur Abel Tasman part pour le Pacifique Sud. En décembre 1642, ses hommes sont les premiers Européens à apercevoir la Nouvelle-Zélande. Jetant l'ancre près de l'île du Sud, ils affrontent des guerriers maoris en pirogue. Le contact est bref. Les Européens ne reviendront pas en Nouvelle-Zélande avant 1769.

1642
LE DALAÏ-LAMA UNIFIE LE TIBET

Au début des années 1600, le Tibet est déchiré par les conflits qui opposent des sectes bouddhistes rivales et des factions tribales ennemies. En 1642, la guerre civile prend fin avec la formation d'un véritable gouvernement à Lhassa, sous le règne de Lobsang Gyatso, cinquième dalaï-lama, dont les successeurs dirigent le Tibet jusqu'au XXe siècle.

DE 1640 À 1644 | 151

La Veille de la bataille d'Edgehill, 1845, Charles Landseer

▷ L'empereur Chongzhen et l'impératrice

1644
CHUTE DES MING

Au cours des années 1640, la dynastie des Ming entre dans la dernière phase de son déclin. Ravagées par la sécheresse et les maladies, certaines régions de l'Empire chinois se révoltent. Au printemps 1644, Li Zicheng, paysan le plus puissant de la rébellion, marche sur Pékin. Le souverain Chongzhen s'étant pendu à un arbre dans les jardins impériaux, Li Zicheng est proclamé empereur avant de fonder une nouvelle dynastie. Son triomphe, toutefois, sera de courte durée.

1644 Lors de la première guerre civile anglaise, les parlementaires (ou « Têtes-Rondes ») l'emportent sur les royalistes à la bataille de Marston Moor.

1643 Après sa victoire sur l'Espagne à la **bataille de Rocroi**, la France devient la puissance majeure en Europe.

1643 Le physicien italien Evangelista Torricelli utilise un baromètre à mercure pour mesurer la pression atmosphérique.

1644

Près d'un Anglais sur 25 meurt au cours des guerres civiles.

▷ Le prince Dorgon, régent mandchou

1644
LES MANDCHOUS ENVAHISSENT LA CHINE

Exploitant le chaos qui accompagne la chute des Ming, les armées mandchoues franchissent la Grande Muraille avec la volonté de gouverner la Chine grâce à l'instauration de la dynastie Qing. Soutenues par les généraux Ming hostiles au rebelle Li Zicheng, elles remportent la victoire lors de la bataille de la passe de Shanhai et occupent Pékin. Sous la férule du régent Dorgon, les Mandchous entreprennent une série de campagnes militaires brutales visant à étendre leur pouvoir sur la totalité de l'Empire chinois.

1645

▷ Amazones du Dahomey

1645
PREMIER ROI DU DAHOMEY

Dans les années 1600, le peuple fon crée le puissant État du Dahomey en Afrique de l'Ouest. Aho Houegbadja, qui monte sur le trône en 1645, est considéré comme le premier roi de cet État dont il établit les principales institutions, en particulier l'armée de femmes guerrières appelées Minon (« Nos mères »). Au cours du siècle suivant, le Dahomey entretient, dans les ports de son littoral, d'intenses relations commerciales avec les Européens.

1645 Durant la première guerre civile anglaise, les forces royalistes sont vaincues à la bataille de Naseby par la New Model Army mise en place par le Parlement.

1648 La dynastie Qing mandchoue étend sa domination sur la Chine méridionale en s'emparant de Guangzhou (Canton).

1647 Considérés comme subversifs, les jésuites sont chassés de la colonie de la baie du Massachusetts.

1648 Déchu, le sultan ottoman Ibrahim Ier est remplacé par son fils de 6 ans, Mehmed IV.

▷ Natte mandchoue

1645
PORT DE LA NATTE

Après s'être emparés de Pékin, les Mandchous s'efforcent d'imposer leurs lois aux Chinois. Les villes qui soutiennent les Ming déchus voient leur population exterminée. Pour prouver leur soumission, tous les hommes chinois doivent adopter la « natte » mandchoue, accompagnée d'un front rasé. La désobéissance à cet ordre entraîne la mort.

1600-1649
CHARLES Ier

Roi d'Angleterre et d'Écosse depuis 1625, Charles Ier estime tenir son pouvoir du droit divin. Son mariage avec la catholique Henriette-Marie et son refus de tout compromis sur la religion ou la politique le conduisent à sa perte.

1649
EXÉCUTION DE CHARLES IER

Vaincu lors de la première guerre civile anglaise, Charles Ier est fait prisonnier par les forces parlementaires. Après l'échec d'une révolte royaliste soutenue par les Écossais en 1648, le pouvoir revient à Oliver Cromwell et à la New Model Army. À l'instigation de Cromwell, le roi est accusé de trahison. Au terme d'un simulacre de procès, Charles Ier est exécuté à Whitehall, à Londres, le 30 janvier 1649. Au cours des 11 années suivantes, une république est instaurée en Angleterre.

▷ Charles Ier conduit vers le lieu de son exécution

1648
FRONDE

Durant la minorité de son fils, Louis XIV, Anne d'Autriche gouverne la France avec l'aide de son principal ministre, le cardinal Mazarin. Lors de la révolte dite de la Fronde, son pouvoir est remis en cause par les parlements et la noblesse, qui revendiquent chacun la défense des libertés traditionnelles. Au terme de 5 ans de lutte, Mazarin restaure le pouvoir monarchique absolu.

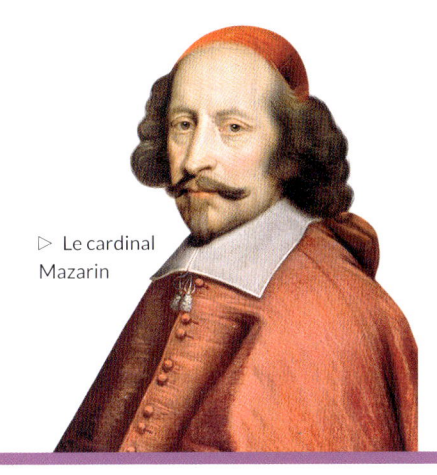

▷ Le cardinal Mazarin

1648
PAIX DE WESTPHALIE

Les traités signés en 1648 dans les villes d'Osnabrück et de Münster en Westphalie mettent fin tout à la fois à la guerre de Trente Ans, entre les catholiques et les protestants, et à la guerre de Quatre-Vingts Ans, entre les Néerlandais et les Espagnols. Marquant un tournant dans les relations européennes, ces accords permettent aux États allemands de déterminer leur propre politique religieuse, mais aussi de ratifier la totale indépendance des Pays-Bas et de la Suisse.

◁ Signature du traité de Münster

1649 Le shah de Perse, **Abbas II,** s'empare de Kandahar, ville de l'Empire moghol.

1649 Partie à la conquête de l'Irlande, **l'armée commandée par Cromwell** et fidèle aux parlementaires se livre à un massacre des catholiques irlandais dans la ville de Drogheda.

1649

> « *Nous lui couperons la tête avec la couronne dessus.* »
>
> OLIVER CROMWELL DURANT LE PROCÈS DE CHARLES Ier, DÉCEMBRE 1648

1653
CROMWELL DEVIENT LORD-PROTECTEUR

Principal chef des troupes parlementaires lors des guerres civiles anglaises, Oliver Cromwell s'impose sur la scène politique britannique après l'exécution de Charles Ier. Après avoir brutalement réprimé la résistance irlandaise et écossaise, il assume, à partir de 1653, des pouvoirs quasi dictatoriaux en tant que lord-protecteur du Commonwealth. Défendant agressivement les intérêts britanniques à l'étranger, il maintient l'ordre à l'intérieur du pays, mais échoue à créer un système républicain durable. Après sa mort en 1658, les Anglais reviennent rapidement à la monarchie.

▷ Statue d'Oliver Cromwell

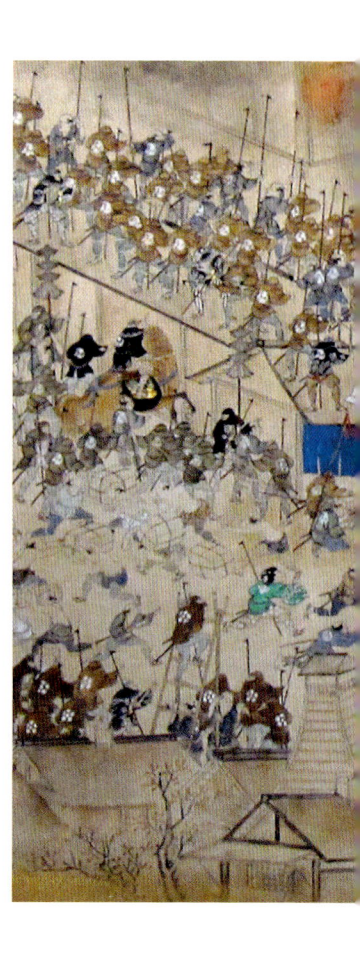

1650

1651 Les forces polonaises l'emportent sur les Cosaques ukrainiens rebelles à Berestetchko.

1654 Au Brésil, les colons portugais s'emparent des plantations de canne à sucre néerlandaises.

1650 Le sultan Bin Saif s'empare du port de Mascate et chasse les Portugais hors d'Oman.

1652 Louis XIV entre à Paris, mettant fin à la Fronde.

1652
GUERRES COMMERCIALES ANGLO-NÉERLANDAISES

Dans les années 1650, l'Angleterre et les Pays-Bas luttent pour le contrôle du commerce maritime et des colonies à travers le monde. En 1652, cette rivalité débouche sur une guerre ouverte, avec l'affrontement d'escadres anglaises et néerlandaises en mer du Nord et dans la Manche. Cette première guerre anglo-néerlandaise s'achève par la victoire des Anglais au large de Schéveningue, en 1653. Deux autres guerres navales s'ensuivront avant que la paix ne soit proclamée en 1674.

△ La bataille de Schéveningue

1657
GRAND INCENDIE DE MEIREKI

Avec ses maisons de bois et de papier entassées les unes sur les autres, la capitale du Japon, Edo (aujourd'hui Tokyo), est particulièrement vulnérable aux flammes. En mars 1657, un kimono jeté au feu déclenche un gigantesque embrasement : le grand incendie de Meireki. Environ 100 000 personnes seraient mortes lors des trois jours de l'incendie, qui détruit près des deux tiers de la ville.

◁ *Le grand incendie*, peinture sur rouleau, 1814, Tashiro Yukiharu

1655 **L'invasion de l'Union de Pologne-Lituanie** par l'armée de Charles X, roi de Suède, marque le début du « Déluge » en Pologne.

1656 **L'Empire ottoman** revit sous la gouvernance brutale mais efficace des grands vizirs Köprülü.

1656
TEMPS PRÉCIS

Personnalité majeure dans différentes disciplines scientifiques, de l'astronomie à l'optique, le savant néerlandais Christiaan Huygens (1629-1695) s'inspire d'une idée de Galilée pour élaborer, en 1656, la première horloge à pendule. Fabriqué selon les dessins de Huygens par l'horloger Salomon Coster, ce système indique l'heure avec une exactitude supérieure à tous les mécanismes précédents. Ce décompte précis du temps transformera la vie quotidienne.

▷ L'horloge à pendule de Christiaan Huygens

▷ L'empereur Aurangzeb et sa cour

1658
AURANGZEB S'EMPARE DU POUVOIR

Alors que l'empereur moghol Shah Jahan se fait vieux et malade, ses quatre fils s'affrontent pour le contrôle de l'Inde. Affrontements dont son troisième fils, Aurangzeb, sort victorieux en 1658. Après avoir tué deux de ses frères et fait arrêter son père, ce dernier règne durant 49 ans, au cours desquels il ne cesse d'étendre les frontières de l'empire. Ses convictions musulmanes provoquent un conflit avec une partie de ses sujets.

Sous le règne d'Aurangzeb, l'Empire moghol s'étend jusqu'à 4 millions de kilomètres carrés.

1662
LE CHÂTEAU DU ROI-SOLEIL

En 1661, alors âgé de 22 ans, Louis XIV décide d'assumer en personne la direction du gouvernement de la France et s'impose comme le Roi-Soleil, monarque absolu qui n'admet nulle limite à son pouvoir de droit divin. Pour affirmer sa conception de l'autorité royale, il ordonne la construction d'un château à Versailles, en dehors de Paris, où devra désormais siéger sa cour. Les magnifiques jardins et édifices seront, pour l'essentiel, achevés à la fin des années 1680.

◁ *Vue du château et des jardins de Versailles*, 1668, Pierre Patel

« L'État, c'est moi. »

LOUIS XIV

1660

1661 Promulgué dans la Barbade britannique, **le Code des esclaves** dénie tous droits aux populations réduites en esclavage.

◁ Carte du XVIIe siècle montrant Formose

1662
KOXINGA RÈGNE SUR FORMOSE

Les défenseurs de la dynastie Ming résistent de nombreuses années durant à l'emprise mandchoue en Chine. En 1661, le pirate Zheng Chenggong (Koxinga), fidèle aux Ming et battu en Chine continentale, entraîne ses partisans à Formose (Taïwan). Après s'être emparé du fort néerlandais de l'île, il fonde, l'année suivante, son propre royaume qui continue à défendre la dynastie Ming. Les successeurs de Koxinga dirigeront l'île jusqu'en 1683, date à laquelle celle-ci tombera aux mains des Qing.

◁ Koxinga (Zheng Chenggong)

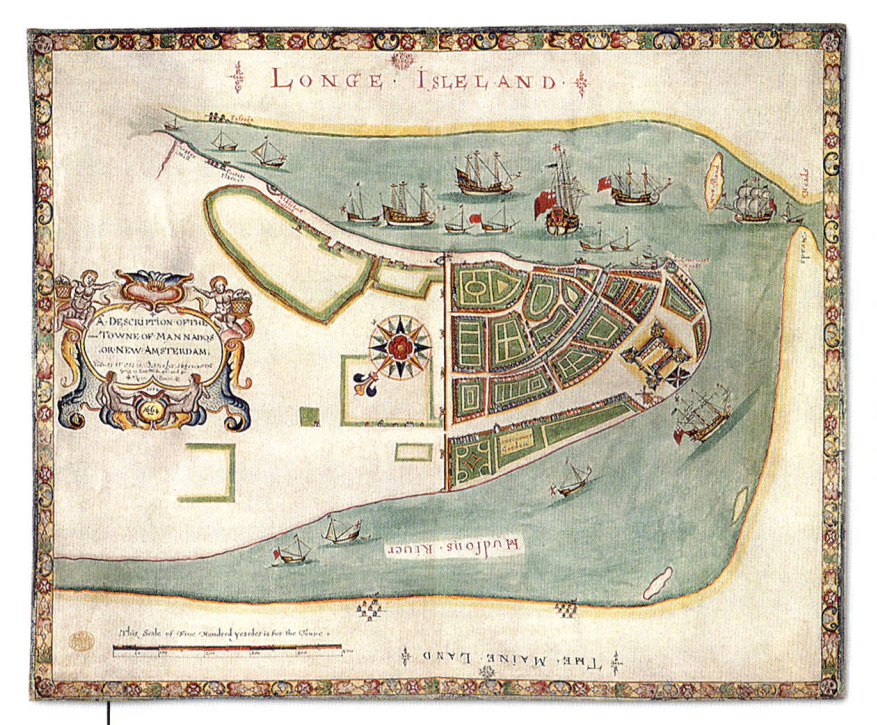

DE 1660 À 1669 | 157

1664
NAISSANCE DE NEW YORK

En 1626, un comptoir commercial néerlandais s'installe sur l'île de Manhattan. Baptisée Nouvelle-Amsterdam, la colonie se développe sous l'énergique houlette de Peter Stuyvesant, avant d'être attaquée par la marine anglaise en 1664. Ne disposant pas de ressources défensives, Stuyvesant cède sans livrer combat, et la colonie est rebaptisée New York, en hommage au duc d'York, héritier du trône britannique.

◁ Plan de New York, 1664

1665 Le traité de Purandhar contraint l'Empire marathe à accepter la domination moghole.

1666 La mort du shah Abbas II marque la fin de l'âge d'or de la Perse safavide.

1668 La Riksbank, première banque centrale du monde, est créée en Suède.

1669 Le siège de Candie marque la conquête de la Crète par les Turcs ottomans.

1662
EXTINCTION DU DODO

Incapable de voler, le dodo est un oiseau originaire de Maurice, île de l'océan Indien que des marins néerlandais colonisent en 1598. L'espèce, dont le dernier spécimen est observé en 1662, est décimée par les chasseurs néerlandais et les rats des navires. Son extinction est devenue le symbole de la menace exercée par l'homme sur la nature.

◁ Le dodo, *Raphus cucullatus*

1660-1685
LA RESTAURATION ANGLAISE

Revenant d'exil en 1660, le fils du roi décapité Charles Ier, restaure la monarchie. De nombreux événements tragiques marqueront son règne, qui durera 25 ans.

1661 Tout juste couronné, Charles II bafoue le puritanisme en prenant des maîtresses et en autorisant l'ouverture de théâtres.

1665 La Grande Peste frappe Londres, tuant un sixième de la population. C'est la dernière grande épidémie de peste en Angleterre.

1666 En septembre, le grand incendie de Londres détruit de nombreux édifices, laissant place à des reconstructions majeures.

1675 Création de l'observatoire royal de Greenwich, qui contribue grandement aux progrès en astronomie et en navigation.

DE 1670 À 1679

△ Stepan Razin, en route vers le lieu de son exécution

1671
ÉCRASEMENT DE LA RÉVOLTE COSAQUE

Constitués de peuples indépendants, les Cosaques vivent sur les frontières de l'Empire russe. En 1667, à la tête d'une force armée, Stepan « Stenka » Razin, Cosaque du Don, ravage les abords de la Volga et de la mer Caspienne. Rejoint en masse par des paysans révoltés, Razin menace l'État russe. L'armée impériale, bien entraînée, défait les Cosaques et écrase la rébellion paysanne. Après avoir été capturé, Razin est démembré sur la place Rouge à Moscou en juin 1671.

1671 Les Portugais **s'emparent du royaume de Ndongo**, conquérant de fait l'Angola.

1670

1670 L'Angleterre crée **la Compagnie de la baie d'Hudson** afin d'établir des relations commerciales avec le Canada.

1672
EXPANSION DU COMMERCE DES ESCLAVES

Créée en 1672, la Compagnie royale d'Afrique est une entreprise anglaise soutenue par la monarchie des Stuarts destinée à favoriser le commerce sur les côtes d'Afrique de l'Ouest, et en particulier le transport d'esclaves africains à destination des colonies britanniques du Nouveau Monde. De riches marchands, à l'exemple d'Edward Colston, négociant originaire de Bristol, rejoignent l'entreprise, pendant que d'autres pays européenss lancent dans le commerce transatlantique des esclaves, dont la Grande-Bretagne devient le principal acteur.

△ *Portrait du marchand Edward Colston*, Jonathan Richardson

En 1740, quelque 42 000 esclaves africains sont transportés chaque année par des navires britanniques.

1672
« ANNÉE DÉSASTREUSE » AUX PAYS-BAS

À partir de 1650, les Pays-Bas s'épanouissent sous le gouvernement des frères Johan et Cornelis De Witt. En 1672 cependant, Louis XIV, soutenu par la flotte anglaise, envahit le territoire. Tenus pour responsables de cet échec militaire, les frères De Witt sont lynchés par la foule. Prenant le pouvoir, Guillaume d'Orange bloque l'avancée française en ouvrant les digues afin d'inonder les terres basses. Si les Pays-Bas survivent au « rampjaar » (année désastreuse), en revanche l'âge d'or néerlandais prend fin.

◁ Les frères De Witt

1673
RÉVOLTE DES TROIS FEUDATAIRES

La dynastie Qing, d'origine mandchoue, fait face à une révolte majeure dans le Sud de la Chine. Les généraux Han ayant fait allégeance aux Mandchous ont reçu en récompense des fiefs qu'ils administrent personnellement. Trois de ces « feudataires » – Wu Sangui dans la province du Yunnan, Shang Zhixin dans le Guangdong et Geng Jingzhong dans le Fujian – se rebellent et menacent de renverser l'empereur mandchou Kangxi. La rébellion qui sera maîtrisée au terme de 8 années de campagnes militaires, assurant finalement la pérennité du règne des Qin en Chine.

◁ Wu Sangui

1675 L'empereur moghol **Aurangzeb** fait exécuter le chef sikh Guru Tegh Bahadur.

1678 Les traités de paix de Nimègue mettent fin à la guerre entre la France et la République des sept Provinces-Unies des Pays-Bas.

1674
AVÈNEMENT DE L'EMPIRE MARATHE

Les Marathes sont issus d'une caste de guerriers établie dans le Sud de l'Inde. Dans les années 1640, Shivaji, membre du clan des Bhonsle, impose ses redoutables talents militaires. Contraint d'accepter la souveraineté de l'empereur moghol Aurangzeb en 1665, il reprend bientôt ses campagnes et se fait couronner roi des Marathes en 1674. À sa mort en 1680, Shivaji contrôle une grande partie de l'Inde méridionale. Résistant aux contre-attaques d'Aurangzeb, l'Empire marathe se développe au cours du siècle suivant.

◁ Statue de Shivaji Bhonsle

DE 1680 À 1684

1681
FONDATION DE LA PENNSYLVANIE

En 1681, Charles II, roi d'Angleterre, attribue au quaker William Penn un vaste territoire en Amérique du Nord, afin de rembourser une dette due à son défunt père. Penn fonde une colonie basée sur le principe de la liberté de culte pour toutes les sectes chrétiennes et signe en 1683 un traité avec le peuple autochtone des Lenapes, avant de créer Philadelphie, qui devient la florissante capitale de sa colonie.

▷ *Traité de Penn avec les Indiens*, 1772, Benjamin West

1681 Reliant les côtes françaises de l'Atlantique à la Méditerranée, **le canal du Midi est achevé.**

1682 Pierre Ier (dit le Grand) **devient tsar de Russie** à l'âge de 10 ans.

1680
RÉVOLTE DES PUEBLOS

Dominés par les Espagnols depuis 1598, les Pueblos du Nouveau-Mexique se rebellent en 1680 contre la répression visant leurs pratiques cultuelles. La résistance organisée par le chef religieux autochtone Popé parvient à chasser l'ensemble des Espagnols du territoire. De retour après sa mort, 12 ans plus tard, ces derniers ne toucheront plus aux croyances des Pueblos.

◁ *Popé*, sculpture de Cliff Fragua

1644-1718
WILLIAM PENN

Persécuté en Angleterre, le quaker William Penn devient le propriétaire de la Pennsylvanie. Les principes mis en avant dans son traité *Frame of the Government of Pennsylvania* influenceront la rédaction de la Constitution américaine.

> « *Si les hommes sont bons, le gouvernement ne pourra être mauvais.* »
>
> WILLIAM PENN, *FRAME OF THE GOVERNMENT OF PENNSYLVANIA*, 1682

DE 1680 À 1684 | 161

1683
SIÈGE DE VIENNE

Partie de Hongrie, une vaste armée turque ottomane conduite par le grand vizir Kara Mustafa assiège Vienne, capitale du Saint-Empire romain. Menées par Jean Sobieski, roi de Pologne, des forces polonaises, autrichiennes et allemandes se mettent en marche et contraignent l'armée ottomane à battre en retraite. La défaite turque contribue au déclin de l'Empire ottoman.

△ Panneau de tente ottoman, siège de Vienne

1683 Taïwan tombe aux mains de la dynastie Qing à la suite de la bataille de Penghu, qui marque la défaite des partisans des Ming sur l'île.

1684

1682
LA SALLE RÉCLAME LA LOUISIANE

Désireux d'agrandir les possessions de son pays en Amérique du Nord, l'aventurier français René-Robert Cavelier de La Salle explore le fleuve Illinois. En 1682, il descend le Mississippi en canoë jusqu'au golfe du Mexique et revendique pour la France la totalité de la région qu'il baptise Louisiane. Lors d'une l'expédition organisée en 1687, La Salle est assassiné au cours d'une mutinerie de son équipage.

▽ Cavelier de La Salle, vitrail

1684 Le peuple guerrier des Shonas chasse les Portugais du Zimbabwe et fonde l'Empire rozvi.

▽ Fête organisée sur la Tamise gelée à Londres

1683
PETIT ÂGE GLACIAIRE

Vers 1650, la période climatique appelée « petit âge glaciaire » atteint son point culminant en Europe. Des fêtes sont organisées sur la Tamise gelée à Londres, la progression des glaciers détruit des villages dans les Alpes et la raréfaction généralisée des récoltes provoque des famines récurrentes. L'hiver de 1683 est notamment marqué par des températures glaciales et de denses chutes de neige. Les causes de ce phénomène demeurent incertaines.

Plus de 800 000 huguenots fuient les persécutions sous Louis XIV.

1685
RÉVOCATION DE L'ÉDIT DE NANTES

Au cours des années 1680, Louis XIV lance une campagne pour éradiquer le protestantisme en France. Garantissant les droits des huguenots et signé en 1598, l'édit de Nantes est révoqué. Soumis à un traitement brutal, les protestants doivent choisir entre une conversion forcée au catholicisme ou l'émigration. La majorité des huguenots quitte la France, et plus de 50 000 d'entre eux s'établissent en Angleterre. La perte des savoir-faire propres aux protestants porte un coup sérieux à l'économie française.

◁ Tympan de l'église protestante française de Londres

1686 L'empereur moghol Aurangzeb étend son empire avec la conquête du sultanat de Bijapur, dans le Sud de l'Inde.

1687 L'accession au pouvoir de l'empereur Higashiyama marque le début de l'ère Genroku au Japon, qui se caractérise par l'expansion des villes et le développement de l'économie.

1685 Une rébellion menée par le duc de Monmouth échoue à renverser Jacques II, roi d'Angleterre.

▽ Première édition de l'ouvrage de Newton

▽ Explosion du Parthénon

1643-1727
ISAAC NEWTON

Professeur de mathématiques à l'université de Cambridge et président de la Royal Society, il est l'auteur d'œuvres majeures dans le domaine des mathématiques, de la physique et de l'optique. Au cours de ses dernières années, il dirige la Royal Mint.

1687
« PRINCIPES MATHÉMATIQUES » DE NEWTON

Parus en 1687, les *Principes mathématiques de la philosophie naturelle* de Sir Isaac Newton marquent une avancée majeure dans la compréhension de l'Univers physique. Ils affirment la loi du mouvement et admettent la gravité comme une force qui tout à la fois maintient les planètes dans leur orbite et entraîne la chute des objets sur terre.

1687
SACCAGE DU PARTHÉNON

En 1687, Venise s'affronte aux Ottomans pour le contrôle de la Grèce. Lorsque l'armée vénitienne attaque Athènes, la garnison turque de la ville se retire sur les hauteurs, où se dresse le temple antique du Parthénon transformé en poudrière. Les tirs de l'artillerie vénitienne font exploser le célèbre édifice et le laissent en ruine.

1688
« GLORIEUSE RÉVOLUTION » EN GRANDE-BRETAGNE

L'accession de Jacques II au trône en 1685 provoque une crise en Grande-Bretagne, en raison du catholicisme du roi et de sa volonté de gouverner sans recourir au Parlement. Décidée à le remplacer, l'élite politique fait appel à Guillaume d'Orange, gouverneur général de Hollande et époux de Marie, fille de Jacques. Guillaume débarque en Angleterre sans rencontrer d'opposition et succède sous le nom de Guillaume III à Jacques II qui a fui en exil. La « Glorieuse Révolution » confirme la Grande-Bretagne en tant qu'État parlementaire protestant.

◁ Tapis représentant les armes de Guillaume III

1689 L'Angleterre, les Pays-Bas et l'Autriche forment la coalition de la **Grande Alliance** pour lutter contre Louis XIV.

1689 **Le traité de Nertchinsk** établit la frontière entre la Chine et la Russie, le long du fleuve Amour et du lac Baïkal, ouvrant la voie au commerce à travers la Sibérie.

▽ Vue de la ville d'Ayutthaya, 1665

1688
COUP D'ÉTAT AU SIAM

Au cours des années 1680, le royaume siamois d'Ayutthaya (dans l'actuelle Thaïlande) entretient des relations soutenues avec les Européens. Le roi Narai envoie des diplomates à la cour de Louis XIV et accueille des marchands, soldats ou missionnaires français. En 1688, opposés à l'influence étrangère, les nationalistes siamois le renversent lors d'un coup d'État. Les Français sont expulsés et les contacts avec les Européens coupés.

1690
BATAILLE DE LA BOYNE

Après la « Glorieuse Révolution » de 1688, les catholiques d'Irlande se rebellent contre le nouveau monarque protestant d'Angleterre, Guillaume III. Soutenu par les Français, le roi destitué Jacques II prend la tête des forces catholiques irlandaises, qui contrôlent bientôt la plus grande partie du pays. En 1690, Guillaume III se rend en Irlande avec une armée et défait Jacques II sur les abords de la rivière Boyne, près de Drogheda. Jacques II s'enfuit en France et Guillaume III réaffirme la domination protestante en Irlande.

1690 À la bataille du cap Béveziers, les navires britanniques et néerlandais infligent une cruelle défaite à la flotte française.

1692 Les colons espagnols reviennent au Nouveau-Mexique, mettant fin à la révolte des Pueblos.

1690 Job Charnock, agent de la Compagnie britannique des Indes orientales, établit une base fortifiée à Calcutta.

1692
PROCÈS DES SORCIÈRES DE SALEM

À la fin du XVIIe siècle, dans les colonies d'Amérique du Nord, la croyance en la sorcellerie reste vivace, favorisée par des puritains tels que Cotton Mather. En 1692, des adolescentes de Salem (Massachusetts), victimes de crises et de convulsions, affirment avoir été ensorcelées, puis se répandent rapidement des cas supposés de possession démoniaque. Quelque 200 personnes sont accusées de sorcellerie, 14 femmes et 6 hommes sont exécutés, avant que la psychose collective ne s'apaise.

△ *L'Examen d'une sorcière*, 1853, Tompkins Matteson

« *Va dire à l'humanité qu'il y a des diables, des sorciers et des sorcières.* »

COTTON MATHER, *MEMORABLES PROVIDENCES*, 1689

DE 1690 À 1694 | 165

1693
OR BRÉSILIEN

En 1693, la découverte de gisements d'or dans le Sud-Est du Brésil, colonisé par le Portugal, provoque la première ruée vers l'or mondiale. Dans l'espoir de s'enrichir, des dizaines de milliers de Portugais migrent vers cette colonie. En 1730, le Brésil produit 10 000 kilos d'or par an.

△ Esclaves africains cherchant de l'or au Brésil

△ Guillaume III lors de la bataille de la Boyne

1694 Création de la Banque d'Angleterre ; l'institution financera l'expansion de l'Empire britannique.

1694 Le Quilombo dos Palmares, communauté d'esclaves marrons (fugitifs) comptant plusieurs milliers de membres, est réprimé au Brésil.

1694

1693
TREMBLEMENT DE TERRE EN SICILE

Le 11 janvier 1693, un terrible tremblement de terre frappe le Sud-Est de la Sicile. Les villes de Catane et de Raguse, durement touchées par le séisme, perdent plus de la moitié de leur population et la plupart de leurs bâtiments. Le tsunami qui succède au tremblement de terre s'étend jusqu'à Malte. Près de 60 000 personnes auraient été victimes de la catastrophe.

△ Le tremblement de terre en Sicile, gravure

1690-1775
LES PREMIÈRES MACHINES À VAPEUR

Bien que des systèmes à la vapeur d'eau existent dès l'Antiquité, les moteurs qui permettent le développement de la révolution industrielle sont élaborés à partir des années 1690.

1690 Le physicien Denis Papin, huguenot français établi en Allemagne, construit le premier piston à vapeur.

1698 L'ingénieur anglais Thomas Savery élabore une pompe à vapeur qui devient un succès commercial.

1712 L'inventeur anglais Thomas Newcomen construit son révolutionnaire « moteur atmosphérique » destiné à pomper l'eau hors des mines.

1763 L'inventeur écossais James Watt améliore le système de Newcomen en créant un moteur doté de multiples fonctions et destiné aux usines.

1696
INVASION DE LA MONGOLIE PAR LES QING

Tenant désormais fermement sous sa coupe le territoire de l'ancien Empire chinois, la dynastie des Qing se lance dans une politique expansionniste en menant une série de campagnes contre les tribus mongoles situées au-delà de la Grande Muraille. En 1696, l'empereur Kangxi envoie une armée forte de 80 000 hommes dans le désert de Gobi pour soumettre les Dzoungars, qui constituent la plus puissante confédération mongole. La victoire obtenue lors de la bataille de Jao Modo permet à l'empereur de dominer la totalité de la Mongolie-Extérieure.

> *Sous la dynastie Qing, l'Empire chinois couvre 10 % du territoire mondial.*

▷ Guerrier Qing à cheval

1695

1697 **Le traité de paix de Ryswick** met fin à la guerre de Neuf Ans en Europe.

1696
SIÈGE D'AZOV

Aspirant à faire de la Russie une grande puissance, le tsar Pierre le Grand cherche un accès à la mer Noire, alors contrôlée par l'Empire ottoman. En 1695, ses troupes assiègent la forteresse turque d'Azov, sur les abords de la mer Noire, mais échouent en raison de leur faiblesse navale. Revenant l'année suivante avec une flotte de galères, elles s'emparent du fort, marquant le début d'une expansion majeure de l'influence russe en direction du sud.

◁ *Capture d'Azov*, 1696, Robert Kerr Porter

1654-1722
L'EMPEREUR KANGXI

Régnant sur la Chine à partir de 1661 et pour une durée de 61 ans, l'empereur Kangxi unifie le pays et réconcilie les Han avec le gouvernement mandchou en adoptant les traditions confucéennes et en favorisant la prospérité.

1697
DÉFAITE DES OTTOMANS

À la suite des pertes subies lors du siège désastreux de Vienne en 1683, l'Empire ottoman s'efforce de reprendre l'avantage. En 1697, le sultan Moustafa II envoie une importante armée vers le nord dans le but d'attaquer l'Empire autrichien des Habsbourgs. Au moment où elles franchissent la rivière Tisza près de Zenta (dans l'actuelle Serbie), les forces ottomanes sont surprises par l'armée que dirige le prince de Savoie et sont mises en déroute. Cette défaite conforte le contrôle des Habsbourgs sur la Hongrie et chasse les Ottomans de l'Europe centrale.

◁ La bataille de Zenta, 1697

1698 Pierre le Grand écrase la révolte des streltsy (corps militaire russe).

▷ Le fort Jesus à Mombasa

1698
DOMINATION DES ARABES EN AFRIQUE DE L'EST

Au cours de la seconde moitié du XVIIᵉ siècle, le sultanat d'Oman, situé dans la péninsule arabique, devient la puissance dominante sur le littoral swahili, en Afrique de l'Est, où il remplace le Portugal. Dans les années 1690, le fort Jesus, situé à Mombasa, dans l'actuel Kenya, est l'unique place forte encore détenue par les Portugais. Au terme d'un long siège, les forces omanaises s'en emparent en 1698. Les Arabes contrôleront une grande partie de l'Afrique de l'Est durant près de deux siècles.

△ La création du Khalsa

1699
LES SIKHS FONDENT LE KHALSA

Dans le Nord de l'Inde, les sikhs se sentent menacés par l'intransigeance religieuse de l'empereur musulman Aurangzeb. Guru Gobind Singh, dont le père a été exécuté par l'empereur, décide de créer l'ordre chevaleresque du Khalsa pour défendre la liberté de religion. Les premiers Khalsa sont « baptisés » au cours d'une cérémonie organisée à Anandpur, dans le Pendjab en 1699. Contraints de suivre des règles vestimentaires et un code de conduite stricts, les Khalsa forment le cœur du sikhisme.

L'EMPIRE ASHANTI

DE 1701 À 1901

Au XVIIe siècle, l'Empire ashanti émerge dans la région qui correspond aujourd'hui au Ghana. Formant un sous-groupe ethnique de langue akan, les Ashantis sont répartis sur de petits territoires tribaux qui s'établissent autour de Kumasi à la fin des années 1600. Osei Tutu unifie ces territoires à partir de 1701 et règne sous le titre d'asantehene (monarque absolu) sur ce qui constitue le plus puissant État politique et militaire du golfe de Guinée, en Afrique de l'Ouest. L'or est la principale production de l'Empire ashanti, la poudre d'or servant de monnaie ; il n'est pas jusqu'aux plus pauvres qui ne possèdent des ornements en or. Les Ashantis, toutefois, se mettent aussi à exporter des esclaves ; ils sont capturés lors de raids guerriers et vendus aux Britanniques, aux technologique qui permet aux Ashantis de bâtir leur empire, lequel atteint son apogée sous Opoku Waré qui règne de 1720 à 1750, et couvre l'actuel Ghana, ainsi que certaines régions de la Côte d'Ivoire et du Togo.

Cette expansion territoriale entraîne un conflit entre les Ashantis et les Britanniques qui colonisent Cape Coast au début du XIXe siècle. De 1824 à 1899, cinq guerres opposent l'Empire ashanti aux Anglais et à leurs alliés, lesquels reprennent progressivement le contrôle avant de brûler Kumasi en 1874, de déposer et d'exiler l'asantehene, puis d'annexer officiellement l'empire en 1900.

ÉVÉNEMENTS-CLÉS

1701 Osei Tutu unifie le peuple ashanti
Le tabouret d'or, qui symbolise l'autorité d'Osei Tutu, roi du nouvel État ashanti, est rituellement purifié chaque année lors de la fête de l'igname (*à gauche*), qui marque la première récolte de tubercule.

1720-1750 Commerce et expansion
Sous le règne d'Opoku Waré, successeur d'Osei Tutu, l'empire s'étend et contribue au développement d'un réseau commercial qui se déploie en direction du nord, à travers le Sahara, et dont les principaux produits sont l'ivoire, les noix de kola et, surtout, l'or, que l'on pèse à l'aide de poids décorés (*à gauche*).

1824-1901 Guerres contre les Britanniques
Les Ashantis entrent en guerre contre les Britanniques (*à gauche*) au sujet d'un territoire appartenant aux Fanti – population prospère qui commerce avec l'Angleterre – dont ils veulent s'emparer. Quatre autres guerres suivront, avant que la dernière – provoquée par un manque de respect des Britanniques à l'égard du tabouret d'or ashanti – n'aboutisse à la victoire des Anglais, qui dominent désormais toute la Côte de l'Or.

L'EMPIRE ASHANTI | 169

Ce cliché de 1896 montre le roi Kobina et les membres de sa tribu, vêtus du kenté traditionnel. Ce tissu connaît une très grande popularité au XVIIIe siècle, sous le règne des Akan, qui le portent à la façon d'une toge. Au siècle suivant, Kumasi, la capitale ashanti, devient le centre de la production de cette étoffe.

1701
DÉBUT DE LA GUERRE DE SUCCESSION D'ESPAGNE

Entre 1701 et 1713, la France et l'Espagne combattent la Grande Alliance, qui réunit l'Angleterre, les Pays-Bas et l'Autriche, à propos du trône espagnol, qui revient, après le décès de Charles II d'Espagne, à Philippe d'Anjou, petit-fils de Louis XIV.

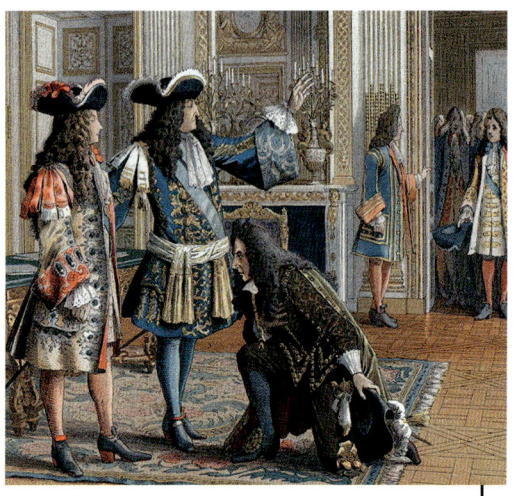

◁ Louis XIV proclamant son petit-fils roi

1709
UTILISATION DU COKE POUR LA FONTE BRUTE

Abraham Darby transforme l'industrie de l'acier en faisant fondre du minerai de fer avec du coke, substance issue du charbon de terre. Dynamisant la révolution industrielle, il permet de construire de plus grands hauts-fourneaux et de réduire la dépendance de la Grande-Bretagne à l'égard des ressources en bois, en rapide diminution, pour la production de charbon.

△ Production d'acier dans le haut-fourneau de Coalbrookdale, dans le Shropshire

1704 Chrétienne engagée, **Dona Beatriz Kimpa Vita** prend la tête de la résistance contre le commerce portugais des esclaves dans l'empire du Kongo.

1708 Assassinat de **Gobind Singh**, dernier guru sikh tolérant.

1701 Épanouissement de **l'Empire ashanti** dans l'actuel Ghana.

1700
DÉBUT DE LA GRANDE GUERRE DU NORD

La grande guerre du Nord (1700-1721) est provoquée par la Russie et ses alliés, qui défient la suprématie suédoise en Europe du Nord et de l'Est. Charles XII, empereur de Suède, défait ses adversaires en 1706 et envahit la Russie en 1707. Il est battu en 1709 à la bataille de Poltava par les forces de Pierre le Grand, qui boutent les Suédois hors de la région de la Baltique. Le traité de Nystad (1721), qui attribue les provinces de la Baltique contrôlées par les Suédois à la Russie, marque la fin de la guerre.

▷ *Pierre le Grand*, 1838, Paul Delaroche

△ L'empereur moghol Aurangzeb

1707
MORT D'AURANGZEB

Le dernier des grands empereurs moghols, Aurangzeb (né en 1618), s'empare du trône de son père, Shah Jahan, en 1658 et s'autodéclare « conquérant du monde ». Musulman pieux, il repousse les frontières de son empire et combat fréquemment les Marathes. À sa mort, l'Empire moghol se fragmente, mais perdure jusqu'en 1858.

1709
RÉVOLTE DES AFGHANS

En 1709, Mirwais Khan Hotak (1673-1715) chasse les dirigeants perses safavides du Grand Kandahar, dans le Sud de l'Afghanistan. La dynastie des Hotaki administre une région qui comprend l'Afghanistan, l'Iran et le Pakistan occidental jusqu'en 1738, date à laquelle le nouveau roi de Perse, Nader Shah Afshar, reconquiert le Kandahar.

> « *Que la voie empruntée par le pur l'emporte dans le monde entier.* »
>
> GOBIND SINGH, VERS 1699

△ Le mausolée de Mirwais Hotak à Kandahar

1709 Le « grand hiver » frappe l'Europe de l'Ouest ; des icebergs sont aperçus en mer du Nord.

1710 La première porcelaine européenne est produite à Meissen, en Allemagne.

1713
INTENSIFICATION DU COMMERCE DES ESCLAVES PAR LES BRITANNIQUES

En 1713, l'Espagne signe un contrat avec le Royaume-Uni, aux termes duquel 4 800 esclaves africains seront envoyés chaque année durant 30 ans dans les colonies espagnoles en Amérique. Ce contrat, ainsi que l'ouverture de l'Afrique à tous les négociants anglais en 1698 et la demande croissante de main-d'œuvre dans les plantations de canne à sucre du Nouveau Monde, fait de l'Angleterre un acteur majeur du commerce des esclaves au XVIIIe siècle. Entre 1640 et 1807, le Royaume-Uni transporte environ 3,1 millions d'esclaves africains, enrichissant les villes portuaires de Londres, Bristol et Liverpool.

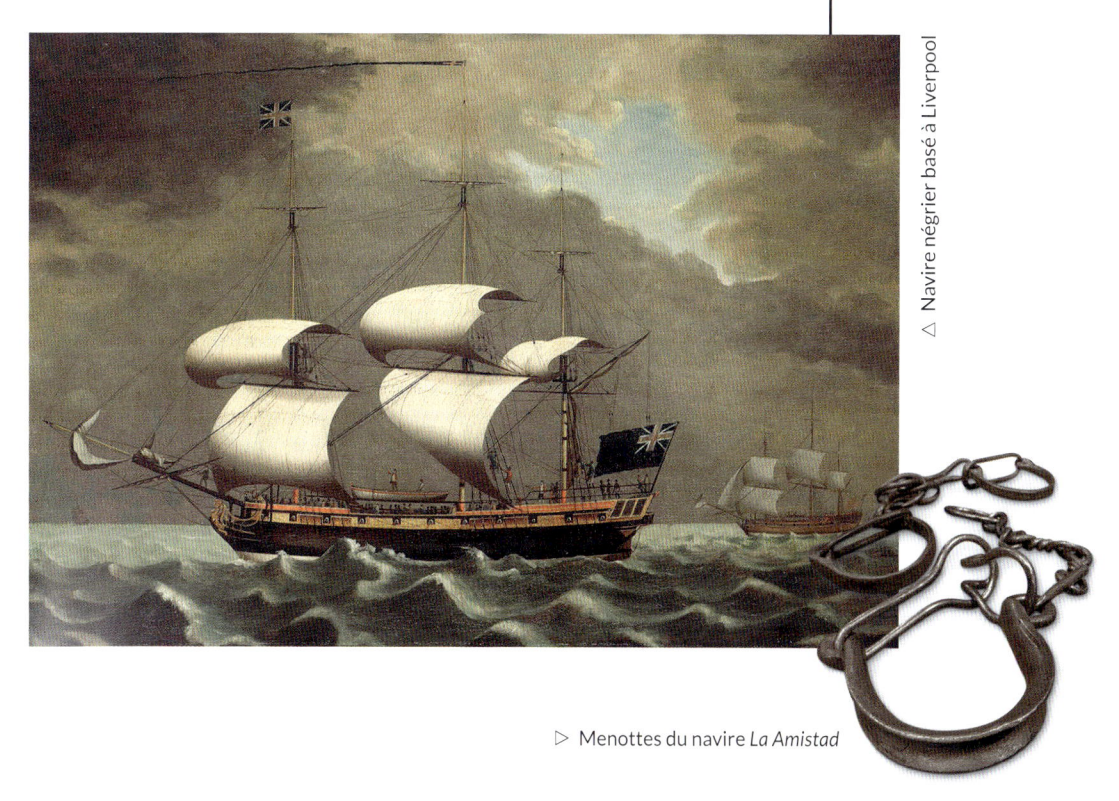

△ Navire négrier basé à Liverpool

▷ Menottes du navire *La Amistad*

172 | L'INDUSTRIALISATION

Inventée par Samuel Crompton en 1774, la mule-jenny ou jeannette révolutionne l'industrie du coton. Capable de produire simultanément plusieurs centaines de bobines, la machine fabrique des fils de qualité et de types différents. En 1812, plus de 4 millions de bobines permettent de confectionner des tissus à grande échelle.

DE 1700 À 1799

L'INDUSTRIALISATION

Au XVIIIe siècle, les innovations technologiques et les changements sociétaux se conjuguent pour transformer l'économie britannique. L'amélioration des méthodes de culture accroît la productivité des fermes et crée une main-d'œuvre disponible, tandis que les nouvelles pratiques bancaires libèrent du capital destiné à l'investissement. Les moteurs à vapeur remplacent les chevaux et l'eau comme source d'énergie dans les usines et les transports, permettant aux mines de produire de façon efficace la matière brute destinée à une industrie britannique de l'acier en expansion. En 1709, le passage du charbon de bois au coke dans les hauts-fourneaux bouleverse la métallurgie, et en 1783, l'élaboration de nouvelles techniques de puddlage et de laminage, destinées à ôter les impuretés de l'acier, ouvre la voie à une production à grande échelle.

Des inventions telles que la mule-jenny ou la *water frame* d'Arkwright font sortir l'industrie textile des ateliers artisanaux pour la faire entrer dans les usines. Le rapprochement des fonderies et filatures des bassins houillers des Midlands, du Nord de l'Angleterre ou du Sud du pays de Galles favorise le développement d'un réseau de canaux et de routes destinés à transporter les marchandises à travers tout le pays.

L'industrialisation donne au Royaume-Uni un avantage économique en matière de pouvoir politique, mais provoque aussi des changements sociaux, avec des rassemblements d'ouvriers en grève ou qui détruisent des machines afin d'obtenir une amélioration de leurs conditions de travail. Au XIXe siècle, l'Allemagne, la France, les États-Unis et le Japon entrent dans la révolution industrielle qui bouleverse le monde.

ÉVÉNEMENTS-CLÉS

1712 Le moteur de Newcomen transforme les exploitations minières
Combustible de la révolution industrielle, le charbon est essentiel à la production du fer et de l'acier. Le moteur atmosphérique de Thomas Newcomen transforme l'exploitation minière grâce au pompage de l'eau, performant et peu coûteux, hors des mines britanniques, qui peuvent dès lors être creusées à de plus grandes profondeurs. En 1729, plus de cent moteurs sont utilisés en Grande-Bretagne et en Europe. Les grandes quantités de charbon ainsi produites bouleversent le paysage industriel (*ci-contre*).

1779 Construction du premier pont métallique
Enjambant la Severn, dans le Shropshire, en Angleterre, l'Iron Bridge (*ci-contre*) marque un tournant dans les techniques de construction et illustre les possibilités offertes par la fonte, matériau par excellence de cette nouvelle ère. La demande en fer, aussi bien pour les moteurs à vapeur que pour l'équipement militaire durant les guerres napoléoniennes, provoque un quadruplement de la production britannique entre 1793 et 1815.

DE 1715 À 1724

1715
GUERRE DES YAMASEE

La guerre entre les colons britanniques et les Autochtones Yamasee en Caroline du Sud provoque la destruction quasi totale de la colonie et contribue à l'émergence des puissantes confédérations des Creeks et des Catobas.

▽ *La Guerre des Yamasee*, 1844, gravure sur bois

1716 **Les Espagnols établissent le fort de San Antonio** pour protéger l'Est du Texas des Français de Louisiane.

1720
BAJI RAO DEVIENT PESHWA

À l'âge de 20 ans, Baji Rao devient le septième Peshwa (Premier ministre) de la confédération marathe, formée de guerriers hindous. Remarquable officier de cavalerie, il reste invaincu sur le champ de bataille. Ses tactiques, notamment l'encerclement rapide de l'adversaire ou les attaques lancées dans des directions inattendues, déstabilisent l'ennemi et permettent aux Marathes de contrôler le champ de bataille. Se déplaçant sans cesse et vivant de rapines, l'armée qu'il dirige conquiert plusieurs territoires et affaiblit l'Empire moghol.

◁ Baji Rao Ier (1700-1740)

1721 **Le dramaturge japonais Chikamatsu Monzaemon** publie l'une de ses pièces les plus célèbres, *Suicides d'amour à Amijima*.

▽ Fontaine du sultan Ahmed III, palais de Topkapi, Istanbul

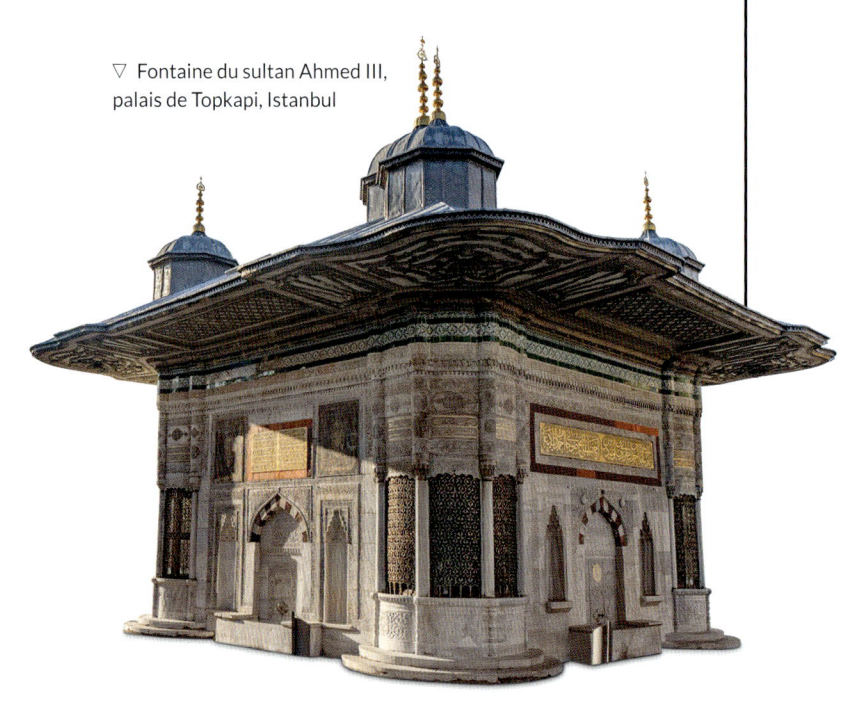

1718-1730
ÈRE DES TULIPES DANS L'EMPIRE OTTOMAN

Marquée par l'épanouissement de la culture et des arts ottomans, cette période correspond à un raffinement de l'architecture et de la décoration, influencées par des styles occidentaux tels que le baroque. La popularité de la tulipe et son usage fréquent dans les motifs ont donné son nom à cette ère.

1653-1725
CHIKAMATSU MONZAEMON

Auteur de plus de 100 pièces de théâtre pour marionnettes appartenant aux genres du kabuki et du joruri, Chikamatsu est l'un des dramaturges les plus éminents du Japon, avec ses portraits de personnages aussi complexes que réalistes et son exploration de la nature humaine.

DE 1715 À 1724 | 175

1722
YONGZHENG, EMPEREUR DE CHINE SOUS LA DYNASTIE QING

En 1722, Yongzheng (1678-1735) monte sur le trône, succédant à son père, Kangxi. Opérant une centralisation du pouvoir sous l'égide du Grand Conseil, il s'efforce également de réduire l'influence européenne en Chine en expulsant les missionnaires chrétiens, en interdisant le commerce de l'opium et en restreignant au port de Canton l'accès des marchands étrangers.

1721
VARIOLISATION EN OCCIDENT

La variolisation – qui consiste à déposer de petites quantités de pus extrait des vésicules de la variole sur des incisions pratiquées dans la peau, afin de favoriser l'inoculation – est une pratique fort connue en Asie et en Afrique. Elle est introduite en Europe par l'écrivaine britannique Lady Mary Wortley Montagu, qui en fait bénéficier ses propres enfants. Quoique l'isolement après la variolisation soit essentiel, nombre de médecins n'en tiennent pas compte et renvoient dans le monde des patients inoculés.

◁ Lady Mary Wortley Montagu

◁ L'empereur Yongzheng

1722 Les forces afghanes conduites par Mahmoud Hotak contraignent la dynastie perse safavide à abdiquer.

1724 En Inde, l'Empire moghol continue à se fragmenter, perdant Awadh et Hyderabad au profit de dynasties rivales.

« Le souverain qui ne dispose que d'une armée possède une main, mais celui qui dispose d'une marine en a deux. »

PIERRE LE GRAND, VERS 1700

1721
PIERRE LE GRAND DEVIENT TSAR DE RUSSIE

Fondateur de la Russie moderne, Pierre Ier (1672-1725) fait évoluer son pays du tsarat à l'empire, à la suite de la victoire obtenue lors de la grande guerre du Nord. S'inspirant des idées qui ont cours en Europe occidentale pour moderniser la Russie, il fonde Saint-Pétersbourg, crée une marine russe et favorise une promotion fondée sur le mérite plutôt que sur l'héritage. Sous son règne, la Russie devient une puissance majeure et constitue une menace pour les Empires turc et perse.

◁ Pierre le Grand sur la rive de la mer Baltique, rêvant à l'édification de Saint-Pétersbourg

1725
APOGÉE DE LA PRODUCTION DE VIOLONS STRADIVARIUS

À partir de 1700, le luthier italien Antonio Stradivari (1644-1737) produit des violons, violoncelles et altos dont la sonorité, la facture et la beauté sont inégalées. Quelque 650 instruments nous sont parvenus.

▷ Violon Stradivarius

Le Gujin tushu jicheng compte près de 100 millions de caractères chinois.

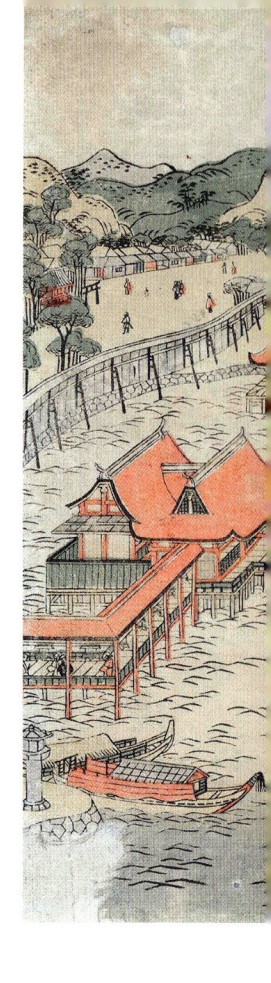

1725 L'Autriche et l'Espagne signent le traité de Vienne, qui modifie l'équilibre des pouvoirs en Europe.

1726 Publication de la plus grande encyclopédie de l'époque prémoderne en Chine. Intitulée *Gujin tushu jicheng*, elle se compose de 10 000 volumes.

1728
EXPÉDITION VERS LE GRAND NORD

Désireux de connaître l'étendue de ses terres à l'est, Pierre le Grand, empereur de Russie, demande au marin danois Vitus Béring (1681-1741) de longer le littoral sibérien en direction du nord depuis la péninsule du Kamtchatka. En 1728, Béring s'engage dans le détroit (qui porte aujourd'hui son nom) séparant la Sibérie de l'Alaska, qu'il définit comme la limite de la Sibérie à l'est. En 1733-1743, une seconde expédition de 3 000 personnes cartographie la vaste côte septentrionale de la Russie.

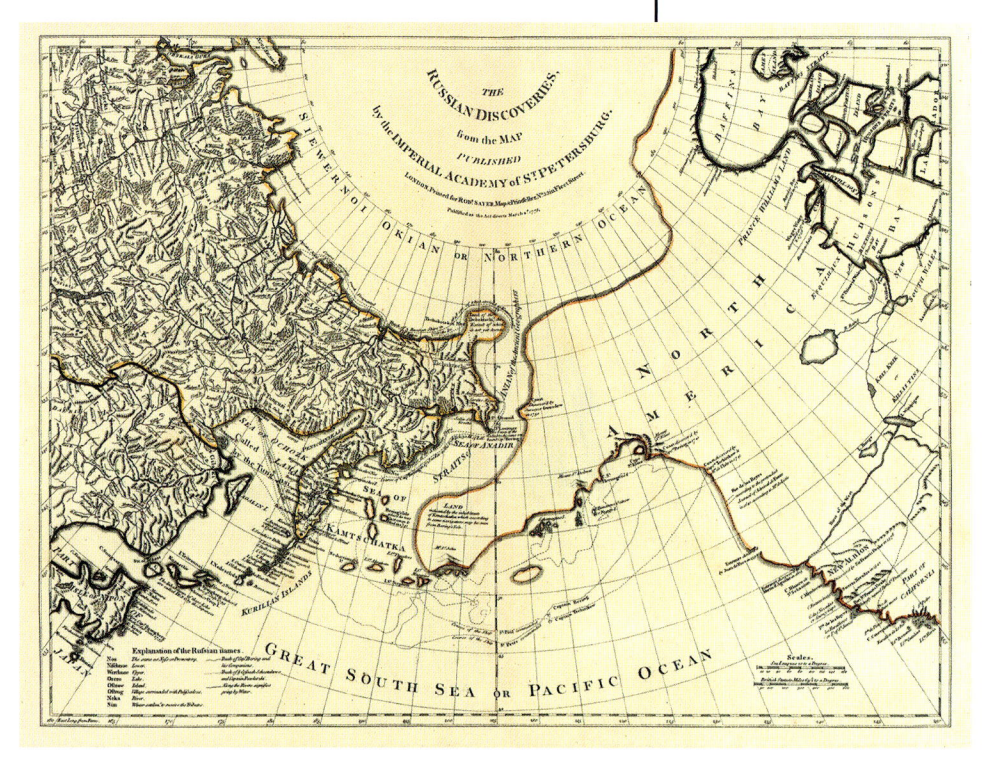

△ Carte réalisée à l'Académie impériale de Saint-Pétersbourg montrant les limites de l'exploration russe

1730

RÉSURGENCE DU SHINTOÏSME AU JAPON

Au XVIIIe siècle, le shintoïsme, culte fondé sur la nature, s'éloigne de ses racines premières pour se fondre dans le bouddhisme et le confucianisme. Dans les années 1730, le mouvement de réforme mené par Kada Azumamaro (1669-1736) et Kamo Mabuchi (1697-1769) s'efforce de libérer le shintoïsme de ces influences et de mettre l'accent sur son éthique, reposant sur une simplicité absolue, en faisant revivre les rites anciens. Les sanctuaires shintoïstes prolifèrent et au début du XIXe siècle, chaque famille doit, sur ordre du gouvernement japonais, s'affilier à l'un d'entre eux.

◁ Le temple shintoïste d'Itsukushima

1731 Le royaume du Dahomey accepte la suzeraineté du royaume d'Oyo, fondé par les Yorubas en Afrique de l'Ouest.

1733 L'invention de la navette volante augmente la vitesse du tissage.

1729

UNIFICATION DES PERSES SOUS NADER SHAH

À la suite du chaos provoqué en 1722 par le renversement du dernier shah safavide, Sultan Hussein, Nader Shah (1688-1747) prend le contrôle du Nord de l'Iran avant de vaincre, lors de la bataille de Damghan (1729), le souverain afghan Hotak, puis de réunir sous son autorité l'ensemble des Perses. S'autoproclamant shah en 1736, Nader chasse les Russes et les Ottomans de Perse et bâtit un vaste empire que sa dynastie dirige jusqu'en 1796.

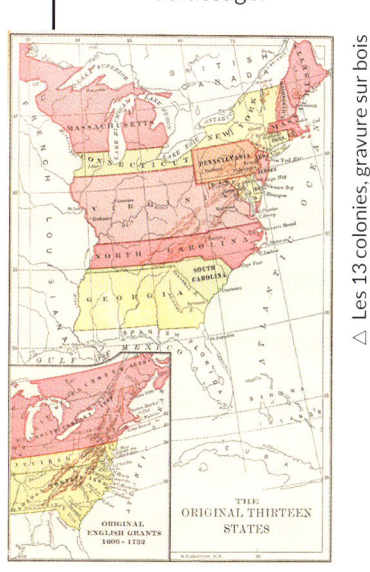

△ Nader Shah sur le champ de bataille

△ Les 13 colonies, gravure sur bois

1732

LA GÉORGIE, DERNIÈRE DES COLONIES BRITANNIQUES EN AMÉRIQUE DU NORD

Baptisée d'après George II, roi d'Angleterre, la province de Géorgie est fondée en 1732. Dernière des 13 colonies établies par le Royaume-Uni sur le littoral atlantique de l'Amérique, la Géorgie vise à renforcer la présence anglaise dans le Sud.

Auguste III, roi de Pologne

1735
FIN DE LA GUERRE DE SUCCESSION DE POLOGNE

En 1733, la mort d'Auguste II, roi de Pologne, provoque un conflit majeur, la France et l'Espagne des Bourbons d'un côté, l'Autriche des Habsbourgs, la Prusse et la Russie de l'autre cherchant à imposer sur le trône leur propre candidat. Les combats se poursuivent jusqu'à la signature d'un traité de paix en 1735. Trois ans plus tard, l'Autriche impose son prétendant, Auguste III.

1735 **Les musulmans peuls créent le Fouta-Djalon**, confédération de provinces islamiques située en Afrique de l'Ouest.

1735 **Charles Marie de La Condamine** entreprend la première exploration scientifique de l'Amazone, qu'il descend sur toute sa longueur navigable.

1707-1778
CARL VON LINNÉ

Naturaliste suédois, « père de la taxonomie », Linné répertorie la totalité des organismes connus à l'intérieur d'un unique système hiérarchisé qui rend compte des différences entre les espèces.

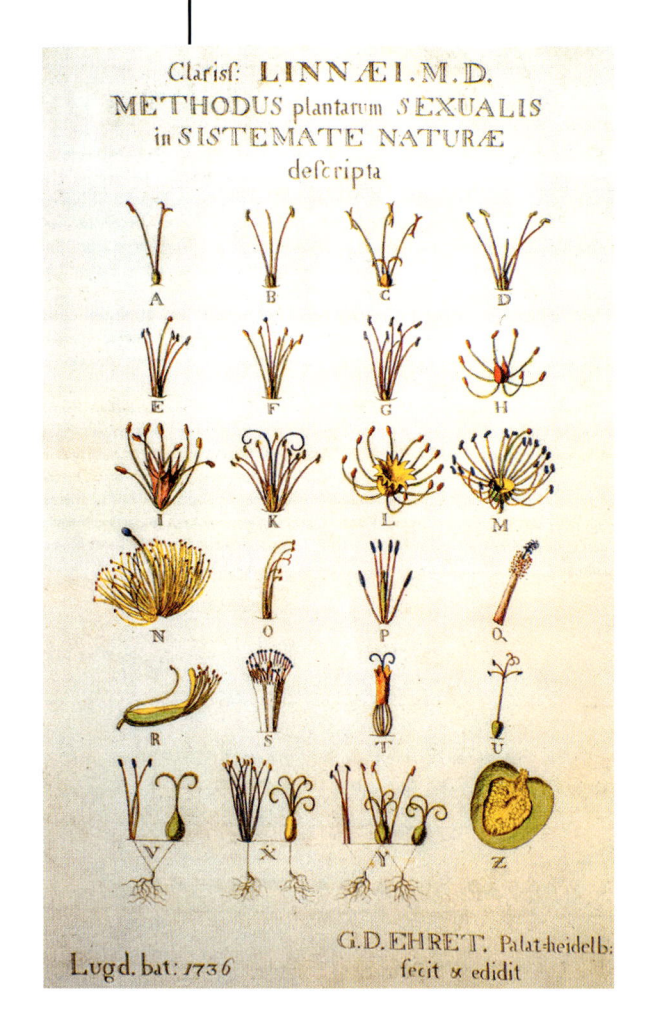

1735
CARL VON LINNÉ PUBLIE SON « SYSTEMA NATURAE »

Dans *Systema naturae*, Linné présente la taxonomie, qui lui permet de classer les organismes vivants par groupes, en fonction de leur structure et de leurs caractéristiques. Il normalise le système binomial, qui attribue deux noms latins à chaque espèce, et affine sa classification dans des ouvrages ultérieurs tels que *Genera plantarum* (1742) ou *Species plantarum* (1753). Sa division du monde naturel en règnes, mais aussi ses critères de classes, d'ordres, de genres et d'espèces continuent de sous-tendre notre façon d'aborder le monde naturel.

◁ Planche extraite de *Systema naturae*

1738
NADER SHAH ENVAHIT L'INDE MOGHOLE

Après avoir conquis Kandahar en Afghanistan, l'empereur perse Nader Shah envahit l'Inde moghole, laquelle subit déjà la pression des sikhs et des Marathes hindous. Lors de la bataille de Karnal (1738), il l'emporte sur des forces mogholes plus importantes, dont il capture le souverain, Muhammad Shah, avant de piller Delhi, emportant des trésors d'une valeur de 700 millions de roupies, dont le trône du Paon et le diamant Koh-i-Noor. Le butin issu du pillage permet à Nader de poursuivre ses campagnes contre l'Empire ottoman et dans le Nord du Caucase.

◁ La bataille de Karnal, fresque

> « Si l'on ne connaît pas les noms, c'est aussi la connaissance des choses que l'on perd. »
>
> — CARL VON LINNÉ, *PHILOSOPHIE BOTANIQUE*, 1751

1739 Fin de la guerre russo-turque ; la Russie renonce à ses vues sur la Crimée, mais obtient un port sur la mer Noire à Azov.

1735 Les Français commencent à établir des plantations de canne à sucre dans les îles de l'océan Indien.

1739
GUERRE DITE DE L'OREILLE DE JENKINS

Cette guerre est déclenchée par l'affaire Robert Jenkins, capitaine anglais dont l'oreille est tranchée par des garde-côtes espagnols qui s'efforcent de juguler la contrebande dans leurs colonies du Nouveau Monde. Les Britanniques attaquent les possessions espagnoles, prenant la base navale de Portobelo au Panama, et poursuivent les combats jusqu'en 1748, date à laquelle le conflit est englobé dans la guerre de Succession d'Autriche.

△ Prise de Portobelo

1735-1796
LA CHINE DE QIANLONG

Au cours de son règne qui dure 60 ans, l'empereur Qianlong (1711-1799) transforme la Chine en un vaste empire multiethnique dont il célèbre la diversité.

1735 L'arrivée sur le trône de Qianlong, qui succède à l'empereur Yongzheng, inaugure un règne marqué par la tolérance et la clémence.

1750 Célèbre pour ses poèmes et ses calligraphies, l'empereur est aussi un mécène qui commande des œuvres à la gloire de la culture et de l'histoire mandchoues.

1755 Qianlong lance la série des Dix Grandes Campagnes, qui repoussent à l'extrême les frontières de l'Empire Qing, mais pour un coût financier extrêmement élevé.

1770 Qianlong rassemble dans son palais d'été une vaste collection d'art qui comprend ses propres écrits, comme en témoigne ce vase (*ci-dessus*).

1740
FRÉDÉRIC LE GRAND DEVIENT ROI DE PRUSSE

Frédéric le Grand (1712-1786) transforme la Prusse en une puissance européenne dont il étend le territoire grâce, notamment, au premier partage de la Pologne (1772). Monarque inspiré par les Lumières, Frédéric publie ses propres écrits et se révèle être un mécène enthousiaste des arts et des sciences, soutenant des musiciens tel Jean-Sébastien Bach ou ordonnant la construction de l'opéra d'État Unter den Linden.

> « [...] alors se mit à briller Frédéric, étoile polaire autour de laquelle l'Allemagne, l'Europe, le monde entier parurent tourner. »
>
> JOHANN WOLFGANG VON GOETHE, ÉCRIVAIN ALLEMAND, À PROPOS DE FRÉDÉRIC LE GRAND, VERS 1833

△ Frédéric le Grand jouant de la flûte au palais de Sanssouci

1740 En Pologne, Baal Shem Tov donne naissance à l'hassidisme, mouvement influent qui s'efforce de renouveler le judaïsme.

1741 Jean-Sébastien Bach publie les *Variations Goldberg*, œuvre fondamentale de la musique baroque.

△ Camp autrichien sur le Danube

1740
DÉBUT DE LA GUERRE DE SUCCESSION D'AUTRICHE

Le décès, en 1740, de Charles VI du Saint-Empire inaugure une série de conflits qui dureront 8 ans, provoqués par la question du droit de sa fille Marie-Thérèse à lui succéder en Autriche, et de celui de son époux à obtenir le titre d'empereur. La guerre s'étend de la Prusse à Hanovre, en passant par la Bavière, la France, l'Espagne, la Suède, la Russie et la Grande-Bretagne. Gouvernant jusqu'en 1780 avec son époux, puis avec son fils devenu empereur, Marie-Thérèse conforte sa légitimité. L'Autriche, toutefois, est affaiblie, et de nombreux problèmes demeurent irrésolus.

1742
ÉCHELLE DE TEMPÉRATURES DE CELSIUS

Le physicien suédois Anders Celsius (1701-1744) propose de mesurer la température sur un thermomètre au mercure, selon une échelle de 100 degrés entre le point de solidification et le point d'ébullition de l'eau, le premier étant situé à 100 et le second à 0. Cette échelle sera cependant inversée par son confrère, Martin Strömer en 1750.

△ Mercure dans un thermomètre Celsius en verre, vers 1790

DE 1740 À 1749 | 181

▷ Tenture murale représentant le conflit européen en Inde

1744
PREMIÈRE GUERRE CARNATIQUE

La rivalité qui oppose le Royaume-Uni à la France durant la guerre de Succession d'Autriche s'inscrit dans le cadre d'un affrontement des Compagnies des Indes orientales britannique et française en vue du contrôle des comptoirs commerciaux de la région. À la suite d'une attaque des Anglais contre leur flotte, les Français envahissent Madras et Fort Saint-Davis, tenus par les Britanniques, cependant que les Anglais assiègent les Français à Pondichéry. Les hostilités prennent fin en 1748, mais la paix sera de courte durée.

1749

1744 Mohammed ibn Saoud, émir de Dariya, et Mohammed ibn Abdelwahhab fondent le premier État saoudien.

1746 Au Pérou, Lima et Callao sont détruits par un tremblement de terre suivi d'un tsunami.

1746 Ahmad Shah Durrani unifie les peuples afghans, créant l'Afghanistan moderne.

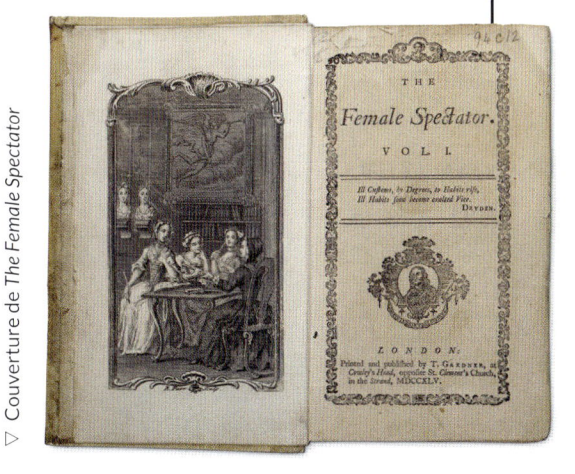

▷ Couverture de The Female Spectator

1745
ELIZA HAYWOOD FONDE « THE FEMALE SPECTATOR »

La première revue destinée aux femmes et écrite par des femmes aborde à chaque numéro un sujet accompagné de commentaires rédigés par la « spectatrice » et ses « assistantes », lesquelles incarnent les différents stades de la vie d'une femme.

1746
BATAILLE DE CULLODEN

Depuis l'exil du roi Jacques II en 1688, ses partisans – les jacobites – s'efforcent de réinstaller un membre de la famille des Stuarts sur le trône d'Angleterre. En 1745, Charles Édouard Stuart, dit Bonnie Prince Charlie, s'empare de l'Écosse grâce à des forces jacobites et avance sur Derby, avant de se retirer. Les rebelles sont massacrés par les Anglais à Culloden, près d'Inverness, au cours du dernier grand affrontement sur le sol britannique.

◁ Charles Édouard Stuart (1720-1788)

DE 1700 À 1789
LES LUMIÈRES

Vaste mouvement culturel et philosophique, les lumières marquent de leur empreinte les projets intellectuels et scientifiques menés en Europe ou en Amérique du Nord au XVIIIe siècle. Enracinées dans la révolution scientifique et les œuvres de théoriciens politiques tels que John Locke – convaincu que les hommes sont libres et égaux par nature –, elles touchent à de nombreux domaines de la vie, de la politique à l'économie en passant par la religion. Contre les « ténèbres » induites par les dogmes, la foi ou la superstition, les penseurs des Lumières prônent la rationalité et la liberté de pensée. Pour des philosophes ou écrivains tels que Voltaire, Jean-Jacques Rousseau, Emmanuel Kant ou Thomas Paine, la raison est la source première de l'autorité et de la légitimité. Ils réfléchissent aux notions de liberté, d'égalité, de progrès, de tolérance, ou à l'instauration d'un gouvernement institutionnel, défiant par là le pouvoir des monarchies européennes ou de l'Église, et ouvrant la voie aux révolutions du XVIIIe siècle. Dénonçant la monarchie absolue et le droit divin à régner, Paine et Rousseau influencent la Révolution française et la déclaration d'indépendance américaine. S'ils sont valorisés, les concepts de liberté et d'égalité ne sont cependant le plus souvent mis en œuvre que de façon sélective. Ainsi l'égalité ne s'appliquera-t-elle que lentement aux femmes et aux personnes de couleur ; de fait, l'approche savante des Lumières légitime une conception pseudo-scientifique des races qui sert à justifier l'esclavage et l'oppression coloniale.

ÉVÉNEMENTS-CLÉS

1763 Diderot publie son *Encyclopédie*
L'*Encyclopédie ou Dictionnaire raisonné des sciences, des arts et des métiers* (*à gauche*) du philosophe français Denis Diderot a pour but de rendre compte de l'ensemble des connaissances humaines dans les domaines de la science, la philosophie, la politique et la religion. Son postulat selon lequel les gens du peuple devraient constituer la préoccupation principale du gouvernement sera le principal ressort de la Révolution française.

1784 L'essai de Kant intitulé *Qu'est-ce que les Lumières ?* définit le mouvement
Dans son essai de 1784, le philosophe allemand Emmanuel Kant (*à gauche*) définit les Lumières comme une « sortie de cet état de minorité dont les hommes sont eux-mêmes responsables ». Selon lui, il est plus facile pour les hommes d'accepter le *statu quo* que de rejeter cet état de minorité, parce qu'ils ne trouvent pas en eux le courage de réfléchir de façon autonome. Cultiver son esprit, ce que Kant résume par la formule « ose penser par toi-même », est au fondement de la réflexion des Lumières.

LES LUMIÈRES | 183

Une expérience sur un oiseau dans la pompe à air, peint par l'artiste anglais Joseph Wright en 1768, met en scène une étude rationnelle du monde qui, littéralement, illumine les observateurs présents dans la pièce. Ce tableau constitue une véritable métaphore des Lumières.

▽ Illustration de la vie des Indiens Guaranis selon le missionnaire jésuite Florian Bauche

1750
TRAITÉ DE MADRID

Annulant et remplaçant le précédent accord de Tordesillas (1524), le traité de Madrid, signé le 14 janvier 1750, s'efforce de délimiter les frontières coloniales entre les territoires espagnols et portugais dans le Nouveau Monde. Dans le but de contenir l'expansion portugaise, l'Espagne cède au Portugal une grande partie de ce qui correspond aujourd'hui au Brésil. Le traité provoque une forte résistance tant de la part des missionnaires jésuites en Amérique du Sud que des peuples indigènes guaranis ; les frontières seront finalement acceptées lors du traité de San Ildefonso en 1777.

1750

1750 Après avoir servi plusieurs années dans l'armée britannique déguisée en homme, **Hannah Snell** est libérée de ses obligations militaires.

1751 **Les forces de la Compagnie britannique des Indes orientales** s'emparent d'Arcate lors de la seconde guerre carnatique contre les Français.

1752 **Unification de la Birmanie sous Alaungpaya** ; la dynastie Konbaung qu'il fonde gouverne jusqu'en 1885.

1751
GIN CRAZE EN GRANDE-BRETAGNE

Au début du XVIIIe siècle, la consommation de gin augmente rapidement en Grande-Bretagne. Facilement disponible et bon marché, l'alcool provoque une crise sociale dont le peintre William Hogarth brosse un portrait satirique au travers de gravures comparant les méfaits du gin aux mérites de la bière. Au terme de plusieurs tentatives infructueuses pour endiguer sa consommation, le Gin Act promulgué en 1751 limite la vente de l'alcool et le Gin Craze s'essouffle.

> *« Gin monstre maudit, avec une fureur lourde, transforme la race humaine en proie. »*
>
> VERS ÉCRITS POUR *GIN LANE*, DE HOGARTH, PAR JAMES TOWNLEY EN 1751

△ *Gin Lane*, vision satirique de William Hogarth de la crise du gin

1754
GUERRE FRANCO-INDIENNE

La guerre de la Conquête (1754-1763) est l'un des affrontements qui opposent la France et le Royaume-Uni en vue de la suprématie en Amérique du Nord. Les Britanniques perdent plusieurs places fortes avant de lancer une offensive en 1758 et d'obtenir la victoire à Québec en septembre de l'année suivante. Le conflit s'achève avec la guerre de Sept Ans en 1763 et aboutit au contrôle de l'Amérique du Nord par les Britanniques, mais alimente un ressentiment chez les colons américains face à l'exploitation anglaise.

▽ Champ de bataille durant la guerre de la Conquête

1706-1790
BENJAMIN FRANKLIN

Écrivain et scientifique reconnu de Philadelphie – il démontre la nature électrique des éclairs et invente les lunettes à double foyer –, Franklin compte également parmi les auteurs de la Constitution américaine.

1753 Le médecin écossais **James Lind** ébauche la théorie selon laquelle les agrumes peuvent guérir les marins du scorbut.

1754
BENJAMIN FRANKLIN PROPOSE L'UNIFICATION DES COLONIES AMÉRICAINES

Lors du congrès d'Albany en juin-juillet 1754, Benjamin Franklin présente son plan d'union qui invite à un rassemblement des colonies à l'intérieur d'une confédération libre, dirigée par un président général ayant le pouvoir de prélever des impôts. S'il n'est pas mis en œuvre, le plan contient cependant en germe l'indépendance américaine.

△ Caricature politique de Benjamin Franklin

1750-1785
L'ART DESTINÉ AU PUBLIC

Nombre de grands musées d'Europe sont fondés au XVIIIe siècle, grâce aux collections royales mises à la disposition du public.

1750 **Le musée du Luxembourg** présente des œuvres issues de la collection de Louis XV, dont ce tableau de Léonard de Vinci (*ci-dessus*).

1753 **Sir John Soane** fait don à le Royaume-Uni de 71 000 objets qui constituent le fonds du British Museum, premier musée national public.

1764 Fondé par **Catherine la Grande** à Saint-Pétersbourg, le musée de l'Ermitage abrite les vastes collections royales de la Russie.

1785 Construction du **musée du Prado,** destiné à accueillir le cabinet de sciences naturelles du roi Charles III (*ci-dessus*) ; le musée sera ouvert au public en 1819.

DE 1755 À 1759

1755
TREMBLEMENT DE TERRE ET TSUNAMI À LISBONNE

Le 1er novembre, un puissant tremblement de terre secoue Lisbonne, détruisant des milliers de foyers et de vastes édifices, en particulier les églises où les croyants se sont rassemblés pour célébrer la fête de la Toussaint. Le tsunami provoqué par le séisme se propage à travers l'Atlantique, frappant la Martinique 10 heures après. Près de 60 000 personnes périssent dans les secousses, noyées ou brûlées vives dans les incendies qui ravagent Lisbonne 6 jours durant.

△ Le tremblement de terre et le tsunami à Lisbonne

1755

1756 Wolfgang Amadeus Mozart, célèbre compositeur, naît à Salzbourg, en Autriche.

1756 La Prusse l'emporte sur l'Autriche à Lobositz, en Bohême, bataille qui marque le début de la guerre de Sept Ans.

« *Je vous assure que cette grande et opulente ville n'est plus aujourd'hui qu'un vaste amoncellement de ruines.* »

LE RÉVÉREND CHARLES DAVY À PROPOS DU TREMBLEMENT DE TERRE ET DU TSUNAMI À LISBONNE, 1755

1755
SAMUEL JOHNSON PUBLIE SON DICTIONNAIRE

Il faut tout juste 9 ans à Samuel Johnson et ses 6 assistants pour compléter les deux volumes de son dictionnaire ; l'équivalent français demandera 40 années de travail. Le *Dictionary* comprend plus de 40 000 définitions et près de 114 000 citations littéraires. Ces définitions sont souvent subjectives, témoignant de l'humeur et des préjugés de Johnson. L'ouvrage ne sera dépassé qu'en 1884, par l'*Oxford English Dictionary*.

△ Le dictionnaire de Samuel Johnson

DE 1755 À 1759 | 187

1756
DÉBUT DE LA GUERRE DE SEPT ANS

Les conflits coloniaux qui opposent la France et le Royaume-Uni, auxquels s'ajoutent des questions laissées en suspens par la guerre de Succession d'Autriche, aboutissent en 1756 à des affrontements terrestres et maritimes dans le monde entier – en Inde, en Amérique du Nord et du Sud, dans les Caraïbes, en Europe et en Afrique de l'Ouest. À la fin de la guerre, en 1763, la Prusse apparaît comme une puissance européenne majeure, cependant que les Britanniques s'imposent en Amérique du Nord et en Inde.

△ L'armée britannique à Québec

1759
« ANNUS MIRABILIS » DU ROYAUME-UNI

En 1759, les Britanniques remportent plusieurs victoires importantes lors de la guerre de Sept Ans. Le 10 septembre à Pondichéry, ils chassent la flotte française hors de l'Inde. Le 12-13 du même mois, le général James Wolfe s'empare de Québec avec seulement 3 000 hommes, assurant la mainmise des Britanniques sur le Canada. Et le 20 novembre, la Royal Navy empêche l'invasion de la Grande-Bretagne en détruisant la flotte française dans la baie de Quiberon.

△ Allégorie de la victoire de la baie de Quiberon

1758 La réapparition de la comète de Halley confirme la théorie d'Edmond Halley selon laquelle elle se déplace en orbite autour du Soleil.

1759

1757 Au terme de 30 années de troubles, Mohammed III stabilise le Maroc et jugule la piraterie berbère.

1758 La dynastie Al-Sabah prend le contrôle du Koweït à la suite de la désignation de Sabah ben Jaber comme émir par les chefs de clan de la confédération Utub.

1759 Considérés avec méfiance en raison de leur pouvoir et de leur fidélité au pape, **les jésuites commencent à être réprimés dans les colonies européennes.**

▽ Les forces du nabab à Plassey

1757
LE NABAB DU BENGALE EST VAINCU À PLASSEY

Le 23 juin, lors de la bataille de Plassey, une troupe de la Compagnie britannique des Indes orientales conduite par Robert Clive écrase la puissante armée du nabab du Bengale. La victoire permet aux Britanniques de prendre le contrôle du Bengale, avant d'élargir les frontières de l'empire à la majeure partie du sous-continent.

1725-1774
ROBERT CLIVE

Général et administrateur anglais, Clive est une figure controversée. S'il assure la domination britannique au Bengale, en revanche, il se laisse corrompre et aggrave la famine dévastatrice qui sévit en 1770.

1762
CATHERINE LA GRANDE PREND LE POUVOIR EN RUSSIE

Princesse allemande, Catherine (1729-1796) épouse l'empereur Pierre III en 1745. Elle tombe profondément amoureuse de son pays d'adoption et, le 28 juin 1762, organise un coup d'État visant à débarrasser la Russie d'un monarque imprévisible et réactionnaire, avant d'être proclamée tsarine. Inspirée par les Lumières, elle réforme l'administration et rehausse en Europe le prestige de la Russie, dont elle étend le territoire.

▷ L'impératrice Catherine II de Russie

1760 Rébellion majeure menée par des esclaves issus de l'Afrique de l'Ouest, la révolte de Tacky est brutalement réprimée en Jamaïque.

◁ Troisième bataille de Panipat, dans le Nord de l'Inde

1763 En permettant de déterminer la longitude, le chronomètre de marine mis au point par **John Harrison transforme la navigation en mer.**

1761
BATAILLE DE PANIPAT

Ahmad Shah Durrani conduit les Afghans à la victoire lors d'un affrontement sanglant avec les Marathes, lesquels dominent la majeure partie de l'Inde. Le combat marque la fin de la guerre (débutée en 1757) entre Afghans et Marathes, et ruine les espoirs de ces derniers de régner sur l'Inde à la place des Moghols, laissant toutefois dans le Nord du pays un vide politique qu'exploiteront les Britanniques.

▷ Couverture de la première édition

1762
JEAN-JACQUES ROUSSEAU PUBLIE SON « CONTRAT SOCIAL »

Estimant que « l'homme est né libre et partout, il est dans les fers », Rousseau soutient qu'il n'est possible de faire l'expérience d'une véritable liberté qu'en vivant dans une société civile qui garantit les droits et assure le bien-être de l'ensemble de ses citoyens – idée alors révolutionnaire.

1769
JAMES COOK PARVIENT EN NOUVELLE-ZÉLANDE

Le 25 août 1768, James Cook embarque avec 96 hommes à bord de l'*Endeavour* dans le but de découvrir la *Terra Australis*, continent imaginaire situé dans l'hémisphère sud. Le 6 octobre 1769, il atteint la Nouvelle-Zélande, où sa première rencontre avec les Maoris, dans la baie de la Pauvreté sur l'île du Nord, se solde par la mort de 4 ou 5 d'entre eux. Après avoir cartographié les deux îles, Cook poursuit sa route vers l'ouest.

◁ Statue de James Cook à Turanganui-a-Kiwa (baie de la Pauvreté), en Nouvelle-Zélande

« *L'ambition m'a guidé [...] aussi loin, je pense, qu'il est possible d'aller pour un homme.* »

JAMES COOK, 1774

1765 **La Chine lance la première des quatre tentatives d'invasion** de la Birmanie, lesquelles se soldent par un échec.

1766-1769 **La première guerre du Mysore** oppose les Britanniques au sultan Haidar Ali qui règne sur ce royaume situé en Inde du Sud.

1766 **La botaniste Jeanne Baret** est la première femme à faire le tour du monde en bateau ; elle voyage déguisée en homme.

▽ Des manifestants enduisent de goudron et de plumes un agent des impôts

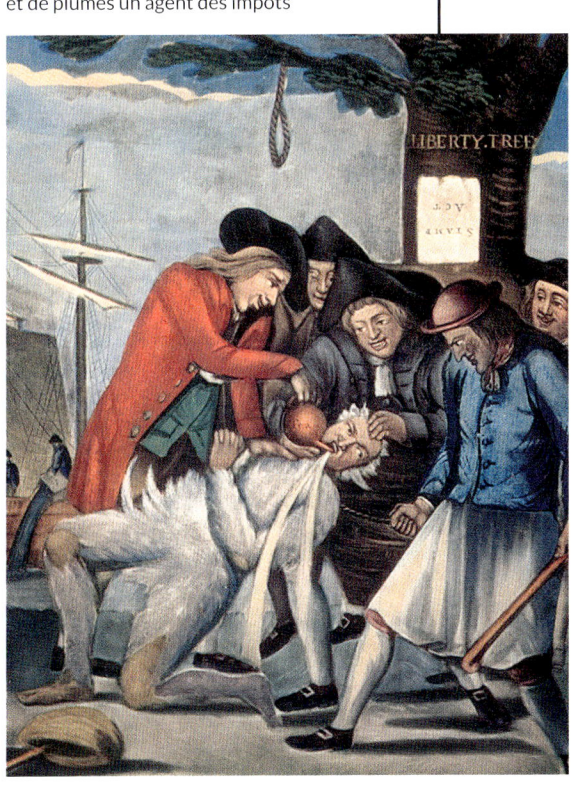

1765
LE « STAMP ACT » DÉCLENCHE DES MANIFESTATIONS EN AMÉRIQUE DU NORD

En 1764-1765, le gouvernement britannique établit une série de taxes destinées à obtenir des fonds en provenance des colonies américaines. Parmi ces taxes, le *Stamp Act* impose aux colons de payer pour chaque document utilisé. Excédés de n'avoir pas leur mot à dire, ces derniers organisent des pétitions et des manifestations. S'ils obtiennent la révocation de l'acte, en revanche, le sentiment antianglais ne cesse de grandir.

1728-1779
JAMES COOK

Habile navigateur et cartographe, James Cook dirige trois expéditions dans le Pacifique entre 1768 et 1779. Il meurt au cours d'une querelle à Hawaï, laissant un héritage contesté.

DE 1770 À 1774

1770
L'EXPÉDITION DE COOK ATTEINT L'AUSTRALIE

Le 29 avril, Cook et l'*Endeavour* parviennent dans la péninsule de Kurnell. Le navigateur baptise l'endroit Botany Bay, à la suite de la découverte par les naturalistes de l'expédition, Joseph Banks et Daniel Solander, de 30 000 espèces de plantes, dont 1 600 sont alors inconnues de la science. L'équipage rencontre pour la première fois les Aborigènes d'Australie.

▷ Joseph Banks, botaniste de l'expédition de Cook

1772
PREMIER PARTAGE DE LA POLOGNE

Au XVIIIe siècle, l'union, autrefois puissante, de Pologne-Lituanie est proche de l'anarchie. En 1772, ses voisins – Autriche, Prusse et Russie – s'accordent sur l'annexion de certaines parties de l'union afin d'éviter une guerre à visée expansionniste. Au cours de cette partition, la Pologne perd la moitié de sa population et presque un tiers de son territoire. En 1793 et 1795, deux autres partages démantèlent entièrement la Pologne.

△ *Division de la Pologne*, gravure

1771 **Le grand tsunami de Yaeyama** frappe le Japon, tuant 12 000 personnes à Okinawa.

1771 **La peste à Moscou** tue 200 000 personnes ; des émeutes éclatent lorsque les autorités imposent une quarantaine.

« *Dès que tu auras confiance en toi, tu sauras vivre.* »

JOHANN WOLFGANG VON GOETHE, FAUST, PARTIE I, 1808

1770-1850
LE MOUVEMENT ROMANTIQUE

Le romantisme est un mouvement artistique et intellectuel européen. Plongeant ses racines dans les Lumières, il explore les émotions et la nature.

1774 **Johann Wolfgang von Goethe** publie *Les Souffrances du jeune Werther*, roman sentimental d'une grande portée.

1781 **Johann Heinrich Füssli** peint *Le Cauchemar*, troublante évocation d'une obsession qui renvoie au surnaturel et à une sexualité sombre.

1790 **William Blake** publie *Le Mariage du Ciel et de l'Enfer* : de tonalité prophétique, l'ouvrage expose les convictions romantiques et révolutionnaires de son auteur.

1801 **Ludwig van Beethoven** achève sa *Sonate au clair de lune*, délaissant les contraintes traditionnelles pour créer une musique qui exprime les émotions.

DE 1770 À 1774 | 191

1774
LOUIS XVI DEVIENT ROI DE FRANCE

À l'âge de tout juste 19 ans, Louis succède à son grand-père, Louis XV, et devient le dernier roi de France avant la Révolution française (1789). Il hérite d'un royaume lourdement endetté et dans lequel ne cesse de croître un ressentiment à l'égard de la monarchie. Homme faible et indécis, Louis se révèle incapable de combattre les forces qui œuvrent à contrecarrer les réformes économiques et sociales nécessaires. Son choix de convoquer les États généraux (qui rassemblent l'Église, la noblesse et le tiers état) met en branle la révolution.

◁ Buste de Louis XVI

1774 L'Empire ottoman cède la Crimée à la Russie, cession qui marque la fin de la guerre russo-turque.

1774

1772 L'empereur Qianlong ordonne la rédaction du *Siku Quanshu*, la plus grande série encyclopédique de l'histoire de Chine.

1773 James Cook explore l'Antarctique lors de son second voyage dans l'hémisphère sud.

△ Gravure représentant la Boston Tea Party

1773
BOSTON TEA PARTY

L'un des principaux griefs des colons américains à l'encontre des Britanniques tient à ce qu'ils doivent payer des impôts alors même qu'ils ne disposent d'aucun représentant au Parlement anglais. En signe de protestation, le 16 décembre, des colons du Massachusetts versent par-dessus bord les cargaisons de thé de navires britanniques mouillant dans le port de Boston. Face aux représailles des Anglais, les colons organisent le Premier Congrès continental (1774) afin de discuter de l'avenir de l'Amérique.

1738-1820
GEORGE III

Roi de Grande-Bretagne et d'Irlande (1760-1820), George III adopte une ligne dure face à la dissidence qui s'instaure dans les colonies à la suite de la Boston Tea Party, précipitant la perte de ces dernières lors de la guerre d'indépendance.

▽ La bataille de Lexington, premier affrontement militaire de la guerre d'indépendance américaine

1775
DÉBUT DE LA GUERRE D'INDÉPENDANCE AMÉRICAINE

Alors que le mécontentement grandit en Amérique, les Britanniques craignent une rébellion armée. Le 19 avril, à la tête d'un groupe de soldats, le général Thomas Gage s'empare de pistolets et de munitions détenus par des « patriotes » américains. À Lexington et Concord, des milices rebelles s'affrontent aux Britanniques. Bientôt, les combats se répandent dans toute la Nouvelle-Angleterre. George Washington est nommé chef d'état-major de l'armée continentale révolutionnaire, qu'il commande jusqu'à la fin de la guerre d'indépendance en 1783.

1775 Déclenchement de **la première guerre anglo-marathe** en Inde.

△ La *Liberty Bell*, Philadelphie, Pennsylvanie

1775
MORT DE FUKUDA CHIYO-NI (KAGA NO CHIYO)

Fille d'un créateur de rouleaux manuscrits ou peints, originaire de la province de Kaga, Chiyo-ni est l'une des plus grandes poétesses japonaises. Elle commence à écrire des haïkus à l'âge de 7 ans, avant d'étudier les poèmes de Matsuo Bashō et d'élaborer son propre style. En 1754, elle devient bonzesse sous le nom de Soen.

◁ Chiyo-ni, gravure sur bois

1776
INDÉPENDANCE DE L'AMÉRIQUE

Le 4 juillet 1776, le Congrès adopte la déclaration d'indépendance, qui célèbre les « vérités évidentes » que sont le droit à la vie, la liberté et la recherche du bonheur, dénonce la « tyrannie » du roi George et dissout « tout lien politique » entre la Grande-Bretagne et ses colonies américaines. Des cloches, dont la *Liberty Bell* (*ci-dessus*), annoncent la nouvelle.

DE 1775 À 1784 | 193

▷ Pistolet à silex

1779
DÉBUT DES GUERRES CAFRES

De 1779 à 1879, les colons européens du Cap-Oriental, en Afrique du Sud, sont impliqués dans une série de neuf guerres liées au royaume Xhosa, provoquées par des tensions entre les chefs xhosa ou entre les colons et les Xhosa. L'accusation de vol de bétail portée par les Boers à l'encontre des Xhosa est à l'origine de la première guerre (1779-1810).

◁ Représentation des guerres cafres du point de vue colonial

1781 William Herschel observe Uranus, première planète découverte depuis l'Antiquité.

1782 Au Siam, Rama Ier fonde la dynastie Chakri, qui règne aujourd'hui encore en Thaïlande.

1784

1776 Adam Smith publie *Recherches sur la nature et les causes de la richesse*, qui pose les bases du capitalisme occidental moderne.

1783
EN ISLANDE, LE LAKI ENTRE EN ÉRUPTION

L'éruption du Laki est la plus importante jamais survenue dans les temps historiques. Durant près d'un an (de juin 1783 à février 1784), le volcan produit de la lave dont les coulées se répandent sur près de 565 kilomètres carrés. Les gaz émis provoquent un brouillard qui s'étend jusqu'à la Syrie, la Sibérie occidentale et l'Afrique du Nord, et déciment l'essentiel du cheptel islandais. Un cinquième de la population périt à la suite de la famine provoquée par la catastrophe.

△ Le cratère du Laki, situé le long de la fissure des Lakagigar en Islande

« *Tout a commencé avec la terre […] qui s'est ouverte, déchirée, écartelée, comme si quelque animal fou était en train de déchiqueter une chose.* »

RÉCIT DE L'ÉRUPTION DU LAKI PAR LE PASTEUR JÓN STEINGRÍMSSON, 1783

1787
REPRISE DE LA GUERRE RUSSO-TURQUE

À la suite des précédents conflits entre la Russie et les Ottomans, Catherine la Grande annexe la péninsule de Crimée. Redoutant qu'elle n'ait décidé une partition de leur empire en accord avec l'Autriche des Habsbourgs, les Ottomans entrent en guerre. Le conflit s'achève en 1791, les Ottomans cédant à la Russie la totalité du littoral ukrainien occidental sur la mer Noire.

△ L'armée russe impériale assiégeant le port turc d'Otchakiv

1787
MULTIPLICATION DES APPELS À L'ABOLITION DE L'ESCLAVAGE

Portées par les questions sur la justification morale de l'esclavage – que soulève notamment la Religious Society of Friends (quakers) –, plusieurs sociétés appelant à son abolition voient le jour en Europe. Parmi celles-ci, la Société des amis des Noirs en France ou la Society for the Abolition of the Slave Trade en Grande-Bretagne.

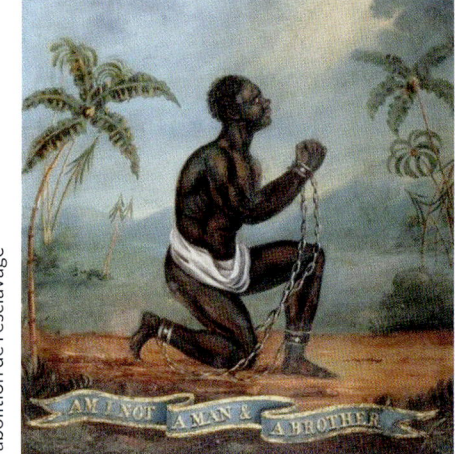

▷ Illustration populaire en faveur de l'abolition de l'esclavage

1785

1785 L'invention du métier à tisser mécanique révolutionne l'industrie du textile.

1785 Le réformateur Jeremy Bentham plaide en faveur d'une dépénalisation de l'homosexualité.

1786 L'effondrement d'un barrage sur la rivière Dadu, en Chine, provoque une inondation qui tue près de 100 000 personnes.

1787 D'anciens esclaves venus d'Angleterre, de la Nouvelle-Écosse et de la Jamaïque colonisent la Sierra Leone.

1732-1799
GEORGE WASHINGTON

Signataire de la Constitution américaine, George Washington est le premier président des États-Unis (1789-1797). Il accomplit deux mandats avant de se retirer dans sa propriété familiale de Mount Vernon, en Virginie.

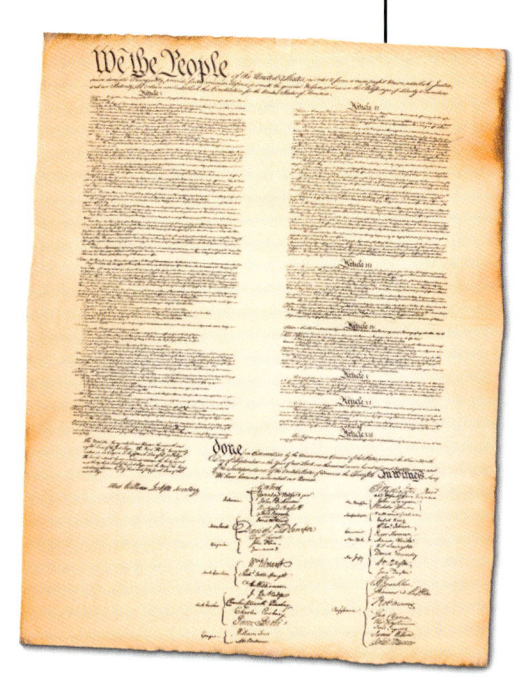

1787
CONSTITUTION DES ÉTATS-UNIS

Le 17 septembre 1787, 39 délégués de la convention constitutionnelle se réunissent dans l'Assembly Room du capitole de la Pennsylvanie pour signer la Constitution américaine. Débutant par ces mots : « Nous, peuple », elle présente les droits des citoyens et définit la structure tripartite du gouvernement fédéral : le pouvoir législatif (Congrès), l'exécutif (le président et les membres du gouvernement) et le pouvoir judiciaire (la Cour suprême et les autres cours fédérales).

◁ Exemplaire original de la Constitution américaine

DE 1785 À 1789 | 195

▷ Le bonnet phrygien, symbole de la Révolution

1789
RÉVOLUTION FRANÇAISE

En juin 1789, les représentants du tiers état se constituent eux-mêmes en Assemblée nationale et, dans la salle du Jeu de Paume à Versailles, font le serment de rédiger une Constitution. Le 14 juillet, une foule envahit la prison de la Bastille (symbole de la tyrannie), contraignant le gouvernement à accepter l'abolition de l'aristocratie. Ce jour marque la fin de l'Ancien Régime, système politique et social en vigueur depuis plusieurs siècles en France.

△ *Le Serment du Jeu de Paume*, 1789, Auguste Couder

1789

1788 La Hongrie se révolte contre le Saint-Empire romain germanique.

1788 Les premiers colons arrivent en Australie ; parmi eux, 736 prisonniers et 22 enfants.

1789 En France, les révolutionnaires publient la *Déclaration des droits de l'homme et du citoyen*.

1787
PREMIER BATEAU À VAPEUR AMÉRICAIN

Le 22 août 1787, l'inventeur et ingénieur américain John Fitch remonte le fleuve Delaware avec le *Perseverance*, réussissant son premier essai de bateau à vapeur. Il crée ensuite la première ligne fluviale régulière de l'histoire des États-Unis, inaugurant la grande époque de la navigation à vapeur sur les cours d'eau américains.

△ Le bateau de John Fitch sur le fleuve Delaware

LA FIN DE L'ESCLAVAGE

DE 1788 À 1807

Entre le XVIᵉ et le XIXᵉ siècle, près de 12 millions d'Africains sont embarqués de force sur l'Atlantique en direction des Amériques, où ils sont vendus comme esclaves. À mesure que le trafic prend de l'ampleur au cours du XVIIIᵉ siècle, atteignant un pic en 1750-1800, les arguments se développent en faveur de l'abolition de la traite, sur la base de considérations morales et économiques. Des Noirs se soulèvent pour combattre le système qui les soumet à une déshumanisation systématique dans le but de réaliser des profits. Au XVIIᵉ siècle, le prince Lourenço da Silva Mendonça quitte l'Angola pour Rome afin de convaincre le pape de mettre un terme à l'esclavage, cependant qu'en 1792, le *York Herald* publie un article sur l'explosion du navire négrier *Le Couleur* provoquée par des Africains sur le littoral guinéen.

Les actions de guérilla – incendies d'origine criminelle ou empoisonnements – constituent une menace pour les propriétaires de plantations, cependant que les révoltes, à l'instar de celle de Saint-Domingue (*voir ci-dessous*), contraignent les institutions à remettre en question la viabilité de l'esclavage. D'anciens esclaves viennent ajouter leur voix au mouvement grandissant qui milite en faveur de l'abolition. En 1807, la Grande-Bretagne interdit la traite négrière, quoique plus d'un million d'Africains continuent à être transférés de force à travers l'Atlantique après cette date.

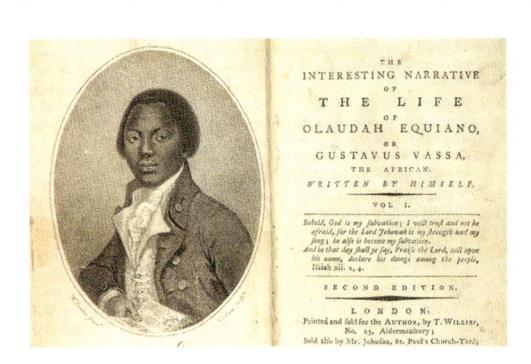

ÉVÉNEMENTS-CLÉS

1788 *Slave Trade Act*
À la suite des pressions exercées par un groupe de douze Noirs, les Sons of Africa, dont fait partie Olaudah Equiano, et par la Society for the Abolition of the Slave Trade, la Grande-Bretagne fait voter une loi régulant la traite atlantique et limitant le nombre de personnes sur les navires anglais.

1791-1804 Révolution haïtienne
Affrontant les armées coloniales européennes, l'affranchi Toussaint Louverture mène à la victoire plusieurs milliers d'esclaves de la colonie de Saint-Domingue (*à gauche*), victoire qui permet d'établir Haïti comme la première République noire indépendante des Amériques.

1807 *Abolition du Slave Trade Act*
En mars 1807, la Grande-Bretagne est la première grande nation européenne à abolir l'esclavage. Toutefois, les négriers trouvent le moyen de contourner la loi en recourant à des intermédiaires (*à gauche*), et l'esclavage en tant que tel reste légal jusqu'en 1833 dans les colonies britanniques.

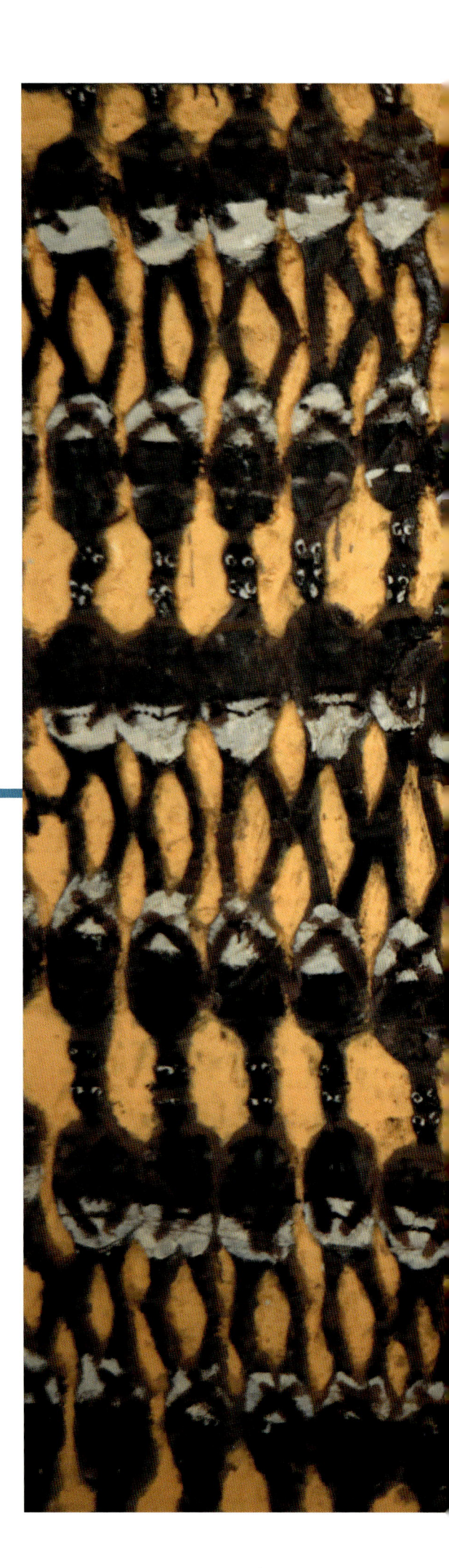

Conservée au musée Da Silva, au Bénin, cette sculpture illustre les conditions que subissent les esclaves victimes de la traite atlantique. Atrocement entassés, enchaînés, soumis à des tortures physiques et psychologiques, nombre d'entre eux meurent avant d'atteindre leur destination.

1791
« LE RÊVE DANS LE PAVILLON ROUGE »

Écrit par Cao Xueqin et publié en 1791, *Le Rêve dans le pavillon rouge* est l'un des grands romans classiques de la Chine. Œuvre semi-autobiographique mettant en scène plusieurs centaines de personnages, il offre une vision détaillée de la société sous la dynastie Qing, au travers de l'histoire d'une famille fortunée, les Jia.

◁ Scène extraite du *Rêve dans le pavillon rouge*

1792 Le Danemark abolit la traite des esclaves ; c'est le premier pays au monde à le faire.

1791 Menée par des esclaves, la **révolution haïtienne** met à bas le système de l'esclavage et aboutit à la constitution de la première République noire des Amériques.

1792 **Mary Wollstonecraft publie** *Défense des droits de la femme*, l'un des tout premiers textes féministes.

> *« Je souhaite que les femmes prennent le pouvoir non pas sur les hommes, mais sur elles-mêmes. »*
>
> MARY WOLLSTONECRAFT, *DÉFENSE DES DROITS DE LA FEMME*, 1792

1792
GUERRE DE LA PREMIÈRE COALITION

De 1792 à 1802, la France est prise dans une série de conflits avec le Royaume-Uni, le Saint-Empire romain germanique, la Prusse et la Russie, qui veulent empêcher l'expansion de la révolution. La guerre de la Première Coalition (1792-1797) débute avec l'invasion de la France par une force austro-prussienne, rapidement repoussée lors de la bataille de Valmy en septembre 1792. Après plusieurs défaites, les Français remportent d'importantes victoires à partir de 1794, en particulier contre les Autrichiens à Fleurus (1794). L'Autriche entame des pourparlers de paix après avoir vu ses troupes décimées par Napoléon en Italie (1796-1797).

△ La bataille de Valmy, le 20 septembre 1792

▽ La prise du palais des Tuileries

1792
PROCLAMATION DE LA RÉPUBLIQUE FRANÇAISE

La Révolution française atteint son apogée en septembre 1792. Le 10 août, à la suite du veto opposé par Louis XVI aux mesures radicales demandées par l'Assemblée législative, des révolutionnaires armés ont pris le palais des Tuileries, avant d'emprisonner le roi et sa famille. La monarchie est officiellement abolie le 21 septembre, et la République proclamée le jour suivant.

1793 **La Chine refuse aux Britanniques** l'ouverture d'un plus grand nombre de ports aux marchands anglais.

1794 **La bataille de Fallen Timbers** marque la fin de la guerre autochtone du Nord-Ouest et entraîne la colonisation de l'Ohio par les Blancs.

▷ L'amiral Arthur Phillip, représenté sur une porcelaine de Wedgwood

1794 **Varsovie se révolte** contre la mainmise russe sur la capitale polonaise.

1794
DÉBUT DES GUERRES DE HAWKESBURY ET NEPEAN

La colonisation par les Britanniques de la région de Sydney, en Australie, est à l'origine des guerres de Hawkesbury et Nepean (qui s'achèvent en 1816). Si le premier gouverneur anglais de Nouvelle-Galles du Sud, Arthur Phillip, s'efforce d'entretenir de bonnes relations avec les autochtones, face aux raids constants sur les colonies britanniques, le troisième gouverneur, Philip Gidley, finit par autoriser les colons à tirer à vue sur les indigènes.

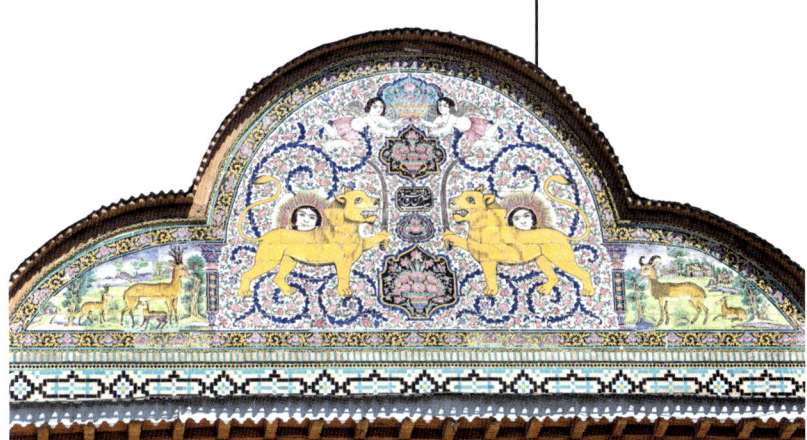

△ Mosaïque datant de l'ère Kadjar

1794
LA DYNASTIE KADJAR PREND LE POUVOIR EN IRAN

En 1794, Aga Mohammad Khan, qui règne de 1789 à 1797, élimine Lotf Ali Khan, dernier shah de la dynastie Zand qui régnait depuis 1751 sur une grande partie de l'Iran, ainsi que sur des territoires arméniens et irakiens. Khan soumet le royaume chrétien de Géorgie, puis conquiert la région du Khorassan, bastion de longue date de la dynastie afcharide fondée par Nader Shah, avant d'unifier l'Iran sous la houlette des Kadjar, qui gouvernent jusqu'en 1925.

DE 1795 À 1799

1796
GEORGES CUVIER PROUVE LA RÉALITÉ DE L'EXTINCTION

Au XVIIIe siècle, les naturalistes se refusent à admettre que des créatures – issues d'un Dieu parfait, selon la croyance de l'époque – puissent s'éteindre. Grâce à la comparaison de squelettes fossilisés avec l'anatomie d'animaux vivants, le zoologiste français démontre que plusieurs espèces ont bel et bien disparu. L'extinction est une réalité.

▷ Statue de Georges Cuvier

1795 **Les Britanniques s'emparent d'un territoire** appartenant aux Néerlandais au cap de Bonne-Espérance, en Afrique du Sud.

1796 **L'abdication de l'empereur Qianlong** entraîne le déclin de l'empire chinois des Qing.

1797 **Au cours de la guerre de la Première Coalition,** des soldats français débarquent à Fishguard, au pays de Galles.

▷ Membres de la Société du lotus blanc

1796
RÉBELLION DU LOTUS BLANC

La Société du lotus blanc est une secte millénariste qui vise au renversement de la dynastie mandchoue Qing. Face à la famine et aux persécutions, elle prend la tête d'un soulèvement qui n'est endigué qu'au prix de 8 ans d'efforts et de dépenses considérables. Près de 100 000 rebelles périssent lors de la rébellion, qui fait voler en éclats le mythe de l'invincibilité militaire des Mandchous.

△ Livre de chirurgie d'Hanaoka Seishu

1796
DÉVELOPPEMENT DE L'ANESTHÉSIE GÉNÉRALE AU JAPON

Chirurgien de l'ère Edo, Hanaoka Seishu développe un composé à base de plantes, appelé *tsusensan*, qui peut plonger les patients dans l'inconscience durant 6 à 24 heures. En 1804, après avoir perfectionné sa formule, il accomplit avec succès la première opération chirurgicale sous anesthésie générale au monde.

1798
NAPOLÉON BONAPARTE ENVAHIT L'ÉGYPTE

En mai 1798, Napoléon embarque pour l'Afrique dans le but d'annexer l'Égypte ottomane et d'affaiblir l'influence britannique dans la région. S'il remporte la victoire lors de la bataille des Pyramides, il échoue en revanche à la bataille navale d'Aboukir (1er-2 août). Après une expédition ratée en Syrie (1799), Napoléon échappe aux Anglais dans la rade d'Aboukir et rentre en France (juillet 1799).

◁ La bataille des Pyramides, 21 juillet 1798

1799 En France, Napoléon Bonaparte renverse la Première République et se proclame Premier consul.

1798 La Société des Irlandais unis se révolte contre le gouvernement anglais afin d'établir une république.

1799 Tipu Sahib, le « Tigre de Mysore », meurt en défendant la capitale de son royaume, Srirangapatna, assiégée par les forces conjointes des Britanniques, des Marathes et d'Hyderabad.

1799
MISE AU JOUR DE LA PIERRE DE ROSETTE

En 1799, dans la ville de Rashid (Rosette), en Égypte, des soldats français découvrent une stèle dont les Britanniques s'emparent en 1801. Datant de 196 av. J.-C. et évoquant un décret promulgué en trois écritures – grec ancien, égyptien démotique et hiéroglyphes –, la pierre de Rosette permet aux scientifiques de déchiffrer les hiéroglyphes.

△ La pierre de Rosette

20 années de travaux seront nécessaires au déchiffrement de la pierre de Rosette.

DE 1800 À 1804

1801
DÉBUT DE LA PREMIÈRE GUERRE BARBARESQUE

Afin d'être protégés des pirates, les pays qui font commerce en Méditerranée sont contraints de payer un tribut aux États barbaresques. Le refus des États-Unis de se soumettre à cette exigence déclenche un conflit avec Tripoli, lequel s'achève avec la prise en 1805 de la ville de Derna par les Américains.

▽ Marins américains à l'abordage d'une canonnière de Tripoli

1802
NGUYEN PHUC ANH UNIFIE LE VIETNAM ET DEVIENT EMPEREUR

Après s'être emparé de Saigon, Nguyen Phuc Anh attaque la dynastie régnante des Tây So'n à partir de sa base dans le Sud. Après des siècles de conflits internes, il unifie progressivement le Vietnam et, sous le nom de Gia Long, monte sur le trône, qu'il occupe jusqu'à sa mort en 1820. La dynastie qu'il fonde est la dernière à gouverner le Vietnam, qui, en 1883, est intégré à l'Indochine française.

◁ L'empereur Gia Long (1762-1820)

1800

1800 **Napoléon franchit les Alpes** pour affronter les Autrichiens, qu'il défait à Marengo.

1801 **L'Acte d'union** crée le Royaume-Uni de la Grande-Bretagne et d'Irlande.

> « *Impossible n'est pas français.* »
>
> NAPOLÉON BONAPARTE, 1813

1800-1991
LA TECHNOLOGIE DE LA PILE

L'invention de la pile, qui convertit l'énergie chimique en énergie électrique, ouvre la voie à l'électricité portative.

1800 **Alessandro Volta**, physicien italien, met au point une pile produisant un courant électrique stable.

1859 Le physicien français **Gaston Planté** invente l'accumulateur électrique. Cette cellule réversible, rechargeable et électrochimique, trouve rapidement de nombreux usages.

1886 **Georges Leclanché** élabore une pile sèche longue durée qui fonctionne grâce à des électrodes zinc-carbone et une pâte de chlorure d'ammonium.

1991 **Les piles au lithium** sont commercialisées. Rechargeables, légères et puissantes, elles sont utilisées dans les systèmes électroniques portatifs.

DE 1800 À 1804 | 203

◁ La bataille de Trafalgar, le 21 octobre 1805

1769-1861
NAPOLÉON BONAPARTE
Chef militaire parmi les plus célèbres au monde, Napoléon sauve la France révolutionnaire de ceux qui la combattent entre 1792 et 1802, avant de se proclamer empereur des Français en 1804.

1803
DÉBUT DES GUERRES NAPOLÉONIENNES
Dans le but d'endiguer la politique expansionniste de Napoléon Bonaparte, le Royaume-Uni déclare la guerre à la France en 1803. L'Autriche, la Russie et la Suède sont impliqués dans le conflit, cependant que différentes coalitions formées par les plus grandes puissances européennes affrontent la France dans le monde entier, de l'Inde à l'Amérique, au cours des 12 années suivantes. Après une première victoire spectaculaire obtenue par les Britanniques à Trafalgar en 1805, il faut attendre 1812 pour que le vent tourne en défaveur de Napoléon.

1804 Haïti devient une république après la dernière bataille menée à Vertières par les révolutionnaires haïtiens.

1804

1803 Le premier État saoudien wahhabite s'empare de La Mecque.

1803
VENTE DE LA LOUISIANE
En 1803, la France, qui se désintéresse de ses possessions dans le Nouveau-Monde, cherche à lever des fonds pour financer la guerre qu'elle mène contre le Royaume-Uni. Napoléon cède donc aux États-Unis la totalité de la Louisiane – 2 144 500 kilomètres carrés de terres situées entre le fleuve Mississippi et les Rocheuses – pour 60 millions de francs. Cette acquisition double le territoire des États-Unis.

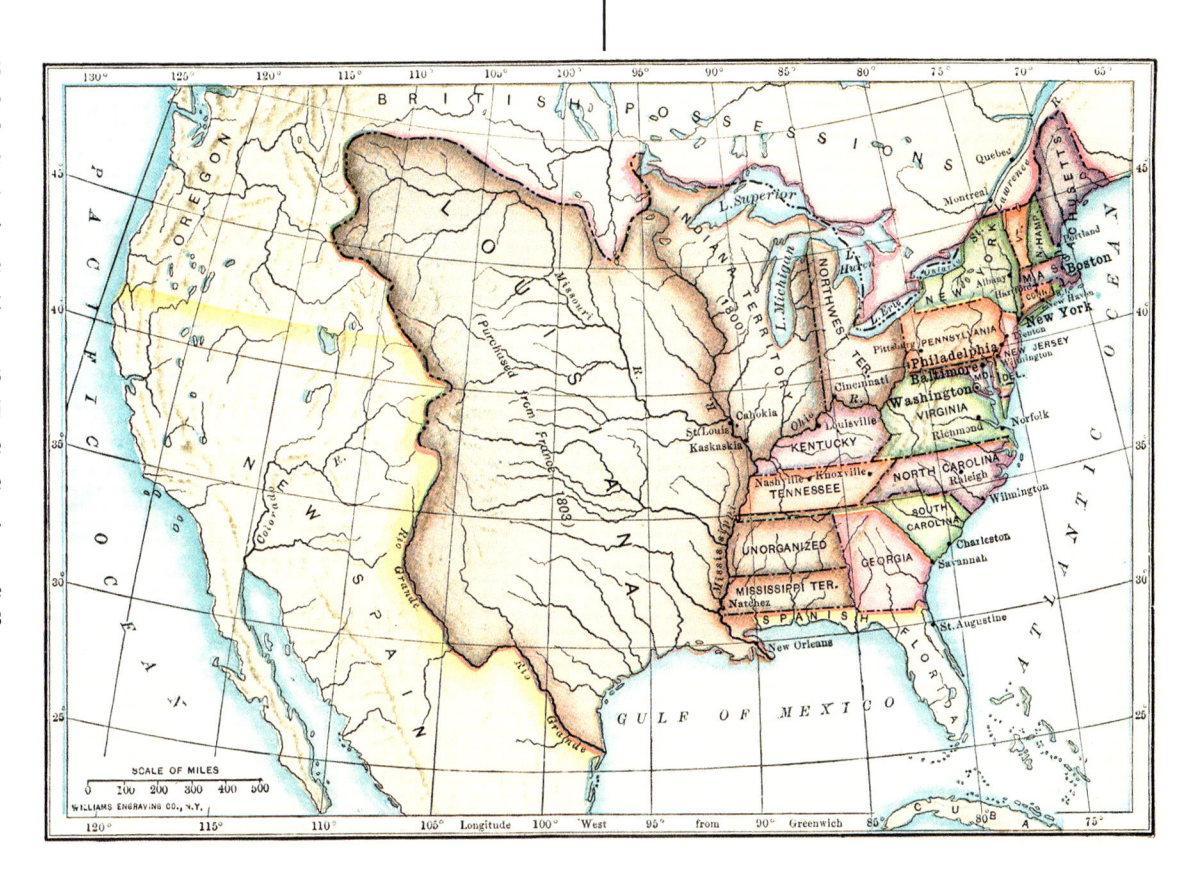

▷ Carte de la vente de la Louisiane en 1803

◁ Napoléon lors de la bataille d'Austerlitz

1805
VICTOIRE DES FRANÇAIS À AUSTERLITZ

Après l'éprouvante défaite contre les Anglais à Trafalgar le 21 octobre, Napoléon remporte l'une de ses plus brillantes victoires contre les Russes et les Autrichiens à Austerlitz, le 2 décembre 1805. Grâce à son génie tactique et au terme de rudes combats, Napoléon parvient à déjouer les plans d'une force ennemie nettement plus nombreuse. L'Autriche est contrainte de signer la paix, cependant que la troisième coalition organisée contre la France est mise à mal.

1810-1826
GUERRES D'INDÉPENDANCE HISPANO-AMÉRICAINES

Après avoir été dominées durant trois siècles par l'Espagne, les colonies espagnoles en Amérique du Sud parviennent toutes à l'indépendance, à l'exception de Cuba et Porto Rico, grâce aux opérations menées par Simón Bolívar dans le Nord et José de San Martín dans le Sud du continent. Ils convergent vers le Pérou et la Bolivie, contraignant les dernières troupes espagnoles à quitter l'Amérique du Sud en 1826.

▷ José de San Martín, à la bataille de Chacabuco au Chili, en 1817

1808-1814 **La guerre d'indépendance espagnole** oppose l'Espagne, le Portugal et le Royaume-Uni à la France.

1805

1807 **La Grande-Bretagne abolit la traite négrière** (l'esclavage demeure toutefois légal), suivie l'année suivante par les États-Unis.

1810
GUERRE D'INDÉPENDANCE DU MEXIQUE

Le 16 septembre 1810, le prêtre Miguel Hidalgo y Costilla lance un appel révolutionnaire, le *Grito de Dolores* (« cri de Dolores »), pour mettre fin à la domination espagnole au Mexique. Se rassemblant autour d'Hidalgo, une armée composée de paysans parvient presque à s'emparer de Mexico, avant d'être vaincue lors de la bataille du pont de Calderón en janvier 1811. D'autres révoltes suivent, qui conduisent à la création d'un empire éphémère, puis à celle de la République du Mexique en 1823.

▷ *Le Cri de Dolores de Miguel Hidalgo*, fresque

DE 1805 À 1814 | 205

1783-1830
SIMÓN BOLÍVAR
Surnommé El Libertador, Simón Bolívar, homme politique et militaire vénézuélien, libère le Venezuela, la Bolivie (baptisée en son honneur), la Colombie, l'Équateur et le Panama de la domination espagnole.

1810
REDDITION DE LA FLOTTE DU DRAPEAU ROUGE
Une vaste confédération de pirates, dirigée à partir de 1808 par Ching Shih, terrorise la mer de Chine méridionale. Composée de centaines de jonques de guerre, la flotte du Drapeau Rouge commandée par la femme pirate est suffisamment puissante pour menacer tout à la fois la Compagnie des Indes orientales, l'Empire portugais et la Chine des Qing. En novembre 1809, une flotte réunie par les Portugais et les Chinois bloque en baie de Tung Chung les bateaux de Ching Shih ; cette dernière finit par se rendre en avril 1810, provoquant la désagrégation de la confédération.

◁ Ching Shih

1812 **Méhémet Ali** lance une campagne pour reprendre La Mecque et Médine aux Wahhabites, et limiter le pouvoir de ces derniers en Arabie.

1814

1812-1814 La capture de navires américains par les Anglais provoque une **guerre entre les États-Unis et le Royaume-Uni.**

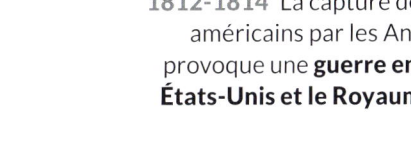

1812
NAPOLÉON ENVAHIT LA RUSSIE
À la tête d'une vaste armée, Napoléon envahit la Russie avec l'espoir de remporter une victoire rapide – invasion qui marque un tournant dans les guerres napoléoniennes. Les Russes, toutefois, entraînent toujours plus avant dans leurs terres l'armée française, qui est décimée par la faim, la soif, une chaleur extrême ou des blizzards redoutables. Après la bataille de Borodino, à l'issue indécise, Napoléon doit battre en retraite au beau milieu de l'hiver russe et revient à Paris avec seulement 50 000 hommes.

◁ Uniforme napoléonien

Environ 85 000 soldats napoléoniens meurent sur le chemin du retour, de Moscou à Paris, en 1812.

1815
WATERLOO

Au terme d'une éprouvante bataille près de Waterloo (Belgique), le 18 juin 1815, les armées des Anglais et leurs alliés et des Prussiens, placées sous le commandement du duc de Wellington et du général Blücher, parviennent à mettre fin aux guerres napoléoniennes. Alors qu'elles subissent un violent assaut mené par les forces françaises, les troupes de Wellington sont secourues par les hommes de Blücher et reprennent l'offensive, chassant les Français hors du champ de bataille. Fait prisonnier, Napoléon est envoyé en exil à Sainte-Hélène.

△ La bataille de Waterloo

1816-1858 Les guerres séminoles qui opposent les États-Unis et la tribu des Séminoles en Floride sont les plus sanglantes des guerres indiennes en Amérique.

> « Croyez-moi, rien, si ce n'est une bataille perdue, n'est aussi mélancolique qu'une bataille gagnée. »
>
> LETTRE D'ARTHUR WELLESLEY, DUC DE WELLINGTON, DEPUIS LE CHAMP DE BATAILLE DE WATERLOO, EN JUIN 1815

1769-1852
LE DUC DE WELLINGTON

Vétéran de la guerre d'indépendance espagnole et principal rival de Napoléon, Arthur Wellesley, duc de Wellington, est profondément affecté par les horreurs de Waterloo ; ce sera sa dernière campagne.

1816
CHAKA ENTREPREND DE BÂTIR LE ROYAUME ZOULOU

Fils de Senzangakhona, Chaka transforme l'État zoulou au travers d'une série de réformes militaires, sociales et politiques. Il quadruple la taille de l'armée et introduit un système de promotion fondé sur le mérite plutôt que sur la naissance, créant une force hautement qualifiée et disciplinée, capable de conquérir de vastes territoires du Sud de l'Afrique et de défier les troupes britanniques.

▷ Chaka, roi zoulou

DE 1815 À 1819 | 207

1817
PREMIÈRE PANDÉMIE DE CHOLÉRA

En 1817, une épidémie de choléra se répand en Inde à partir du Bengale. Tuant des centaines de milliers d'Indiens et près de 10 000 soldats britanniques, elle attire l'attention de l'Occident. Première des pandémies de choléra à ravager le monde au XIXe siècle, elle touche la Chine, l'Indonésie et la mer Caspienne, avant de régresser.

◁ La « soupe du monstre », dessin humoristique de l'époque évoquant la piètre qualité de l'eau à Londres

1819 Invention de la bicyclette ; le vélocipède de Karl Drais lance la mode du cyclisme, qui connaîtra de nombreux épisodes.

1819

1819 Sir Stamford Raffles transforme Singapour en un comptoir commercial britannique.

1819 L'Espagne cède aux États-Unis la côte Nord-Ouest et la Floride ; de nouvelles frontières espagnoles (mexicaines) sont établies.

1817
LA RUSSIE ANNEXE LE NORD DU CAUCASE

L'invasion du Caucase par la Russie tsariste provoque une série de conflits avec les peuples circassiens autochtones, conflits qui perdurent jusqu'en 1864. Nombreux sont les musulmans du Caucase massacrés ou déportés, pour la plupart en Anatolie.

◁ Poignard circassien ou khanjali

1818
FIN DE LA CONFÉDÉRATION MARATHE

Après avoir dominé une vaste partie du sous-continent indien durant la presque totalité du XVIIIe siècle, la confédération marathe hindoue subit la pression des Britanniques au cours du siècle suivant. En 1803, elle perd le contrôle de Delhi, avant de se dissoudre à la suite de la reddition du Peshwa Baji Rao II lors de la troisième guerre anglo-marathe qui l'oppose à la Compagnie britannique des Indes orientales, ouvrant la voie à la domination anglaise en Inde.

△ Tête de massue cérémonielle marathe

DE 1820 À 1824

1820
NAUFRAGE DU BALEINIER « ESSEX »

Le baleinier *Essex* est heurté dans l'océan Pacifique par un grand cachalot qui enfonce la proue du bateau. Abandonnant le navire, l'équipage tente de rallier la terre à bord de 3 petits canots. Après avoir erré trois mois en mer, enduré plusieurs tempêtes et été forcés de se livrer au cannibalisme, seuls 5 hommes survivent. L'histoire inspirera le roman américain *Moby Dick*.

△ Cachalot heurtant l'Essex

1820
FONDATION DE LA COLONIE DU LIBERIA

En 1820, l'American Colonization Society, créée par des Américains blancs, commence à envoyer des volontaires choisis parmi d'anciens esclaves afro-américains sur la Côte du Poivre, en Afrique de l'Ouest, pour y établir une colonie. Près de la moitié des premiers colons meurent ; d'autres arrivent et en 1847, la colonie déclare son indépendance.

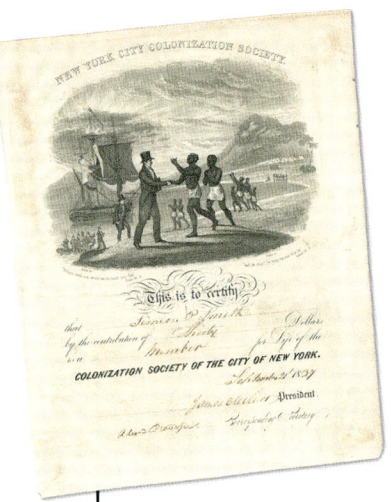

△ Carte de membre de l'American Colonization Society

1820

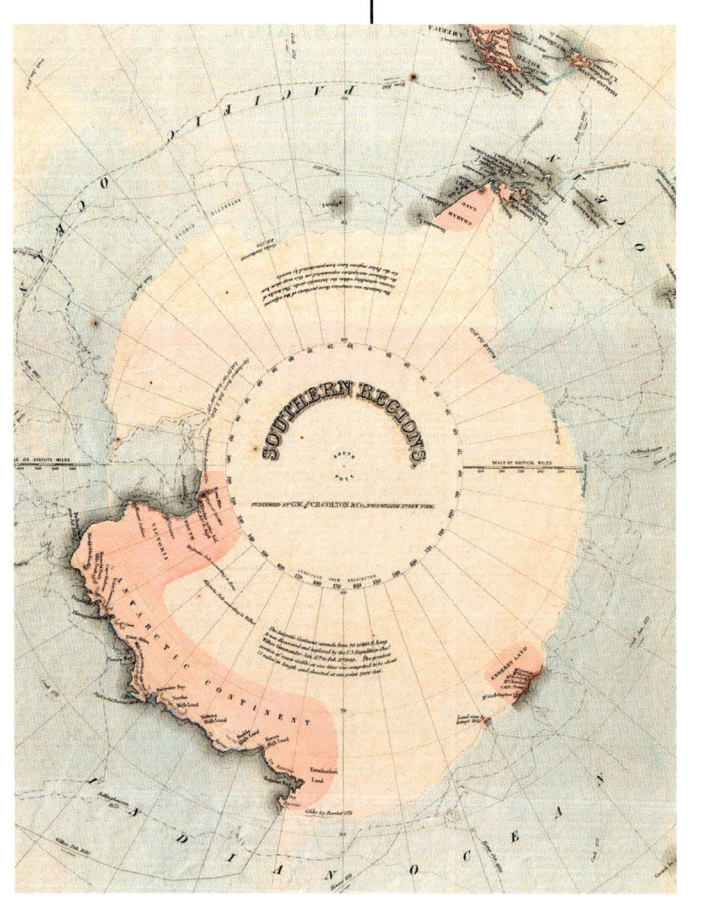

1821 Le Mexique devient un État souverain, dont l'Espagne ne reconnaît toutefois l'indépendance qu'en 1836.

PREMIER APERÇU DE L'ANTARCTIQUE

Dans l'Antiquité, les Grecs émettent l'hypothèse de l'existence d'une masse continentale australe, et en 1773, le capitaine James Cook franchit, sans le savoir, le cercle polaire. Cependant, la toute première observation de l'Antarctique est due à l'explorateur russe Thaddeus von Bellingshausen qui, le 28 juin 1820, aperçoit la banquise bordant le continent. Deux jours plus tard, l'Irlandais Edward Bransfield observe la pointe septentrionale de l'Antarctique.

△ La carte du pôle Sud de Colton, 1872

1822-1943
LES PREMIERS ORDINATEURS

Au XIXe siècle, le développement des systèmes de programmation permet de concevoir les machines à calculer mécaniques qui ouvrent la voie aux premiers ordinateurs du XXe siècle.

1822 Inventeur anglais, **Charles Babbage** élabore une « machine à différences », machine à calculer via la vapeur qui constitue sans doute le premier ordinateur.

DE 1820 À 1824 | 209

1821
DÉBUT DE LA GUERRE D'INDÉPENDANCE GRECQUE

Dominée par les Ottomans depuis le XVe siècle, la Grèce se lance dans une guerre d'indépendance le 21 février 1821. Le conflit tourne à son avantage lorsque le Royaume-Uni, la France et la Russie se joignent à ses côtés et détruisent la flotte ottomane égyptienne à Navarin, en octobre 1827. Envahi par les Russes, l'Empire ottoman est contraint de reconnaître l'indépendance grecque lors de la conférence de Londres en février 1830.

◁ Lazaros Koundouriotis, héros de la guerre d'indépendance grecque

1822 Le Brésil proclame son indépendance et devient l'Empire du Brésil, dirigé par Pierre Ier.

1823 Début des guerres anglo-ashantis entre le Royaume-Uni et l'Empire ashanti d'Afrique de l'Ouest.

1824 La Nouvelle-Hollande est rebaptisée Australie par les autorités coloniales anglaises.

1824

> « La machine analytique tisse des motifs algébriques, tout comme le métier Jacquard tisse des fleurs et des feuilles. »
>
> LUIGI MENABREA, MATHÉMATICIEN ITALIEN, À PROPOS DE LA MACHINE ANALYTIQUE DE BABBAGE, 1843

1843 La mathématicienne anglaise **Ada Lovelace** écrit le premier programme destiné à la machine analytique de Babbage, plus élaborée que la précédente.

1854 **George Boole**, mathématicien et philosophe anglais, développe le calcul booléen qui sous-tend la programmation informatique.

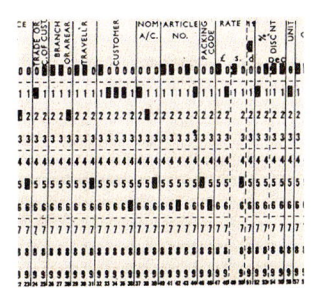

1890 Le système de cartes perforées d'Herman Hollerith traite les résultats du recensement américain et donne naissance au domaine de l'analyse des données.

1936 **Alan Turing** décrit sa « machine universelle », système de règles et d'états testant les limites de ce qui peut être informatisé.

1943 **Colossus**, le premier ordinateur numérique électronique programmable, aide les décrypteurs britanniques pendant la Seconde Guerre mondiale.

DE 1825 À 1900
LA RÉVOLUTION DANS LES TRANSPORTS

Les progrès que connaissent la machine à vapeur, la production de fer et d'acier, mais aussi l'ingénierie, aboutissent à une révolution dans le domaine des transports au XIXe siècle. Des ouvrages tels que le canal Érié, qui relie New York et le Midwest, ou le canal de Suez, entre la mer Méditerranée et la mer Rouge, favorisent le développement du commerce américain et intercontinental. Alors que les bateaux à vapeur parcourent les rivières et les grands lacs américains, les navires transocéaniques transportent des passagers à travers le monde entier, renforçant les visées de l'impérialisme. Toutefois, l'impact majeur sur la mobilité au XIXe siècle est dû au chemin de fer.

Pionnier, l'ingénieur britannique George Stephenson met au point la première locomotive pour le transport de passagers sur une ligne de chemin de fer publique, la Stockton and Darlington Railway, en 1825. En quelques décennies, les lignes ferroviaires sillonnent les continents, provoquant une révolution dans la vitesse de déplacement des marchandises et des personnes. Ces avancées génèrent plusieurs vagues d'émigration : des milliers d'ouvriers sous contrat, venus du Japon ou de Chine, viennent construire le chemin de fer américain ; poussés par la famine et la misère, des Irlandais embarquent sur les bateaux à vapeur transatlantiques ; nombreux sont ceux qui partent faire fortune en Inde ou en Afrique du Sud.

ÉVÉNEMENTS-CLÉS

1838 Le SS *Great Western* traverse l'Atlantique
Premier navire à vapeur construit pour franchir l'Atlantique, conçu par Isambard Kingdom Brunel, le SS Great Western (à gauche) rallie New York en deux semaines et demie, inaugurant la première liaison transatlantique régulière.

1859 Début de la construction du canal de Suez
Sous la supervision de l'ingénieur français Ferdinand de Lesseps, des milliers d'ouvriers travaillant sous la contrainte creusent les 193 kilomètres (*à gauche*) qui relient Port-Saïd, sur la mer Méditerranée, à Suez, sur la mer Rouge. Achevé en 1869, le canal permet d'éviter le contournement du cap de Bonne-Espérance.

1869 Liaison transcontinentale entre l'Atlantique et le Pacifique aux États-Unis
Associant deux compagnies de chemin de fer – la Central Pacifique (au départ de San Francisco) et l'Union Pacific (au départ d'Omaha, dans le Nebraska) –, la Transcontinental Railway (*à gauche*) relie les côtes Est et Ouest des États-Unis. Cette liaison commerciale permet d'accroître le volume des exportations sur les océans Pacifique et Atlantique.

LA RÉVOLUTION DANS LES TRANSPORTS

Datant de 1841, ces plans techniques représentent la locomotive dite « long boiler » conçue par Robert Stephenson, fils de George Stephenson, le « père du chemin de fer ». Puissant et efficace en dépit de sa relative lenteur, ce type de machine reste en service plusieurs décennies durant.

1829
LOUIS BRAILLE PUBLIE SON SYSTÈME D'ÉCRITURE À POINTS EN RELIEF

Ayant perdu la vue à la suite d'un accident alors qu'il avait 3 ans, l'inventeur français Louis Braille est tout juste âgé de 15 ans lorsqu'il développe son système de « cellules » à 6 points qui permet aux aveugles de lire grâce à leurs doigts. Il élabore ensuite le décapoint, composé de 100 points, grâce auquel un aveugle peut écrire à des personnes voyantes.

▷ Le raphigraphe de Foucault, mécanisme d'impression fondé sur le décapoint

1830
PARUTION DU « LIVRE DE MORMON »

Alors âgé de 24 ans, le religieux Joseph Smith fait paraître l'histoire d'une antique civilisation américaine, qu'un ange lui aurait révélée – le Livre de Mormon. Le mormonisme, religion nouvelle créée par Smith, attire des milliers de disciples, dont un grand nombre se rend en Utah pour y fonder en 1847 une société basée sur leurs croyances.

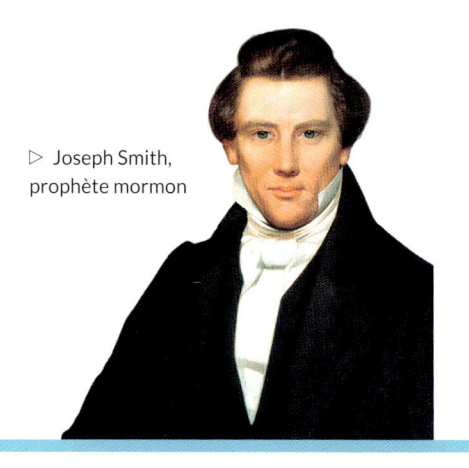

▷ Joseph Smith, prophète mormon

1825

1825 La guerre de Java prend la forme d'une guérilla visant l'empire colonial hollandais. Elle coûte la vie à 200 000 personnes en 5 ans.

1830 Les Français envahissent la Régence ottomane d'Alger ; les combats se poursuivent jusqu'en 1847.

1828 Reine de Madagascar, Ranavalona Ire inaugure un règne brutal (1828-1861) qui verra périr la moitié de la population.

1826
PREMIÈRES PHOTOGRAPHIES

L'inventeur français Nicéphore Niépce prend les toutes premières photographies qui nous soient parvenues, grâce à sa technique héliographique (qui « écrit avec le soleil »), dans laquelle une plaque recouverte de bitume et sensible à la lumière est placée dans une chambre noire durant plusieurs jours afin d'obtenir une image. Améliorant le procédé, Louis Daguerre est considéré comme l'inventeur de la photographie jusqu'à la redécouverte, en 1952, du cliché intitulé *Point de vue du Gras* pris par Niépce.

◁ Point de vue du Gras, photographie représentant une scène du monde réel la plus ancienne retrouvée à ce jour

◁ Appareil de Niépce

DE 1825 À 1834 | 213

1830
LES RÉVOLUTIONS DE 1830

En 1830, une vague de révolutions balaie l'Europe, touchant la Pologne, les États italiens, le Portugal, la Suisse, et de façon plus spectaculaire la Belgique et la France. Alors que la Belgique s'affranchit de la tutelle du Royaume-Uni des Pays-Bas, devenant une nation indépendante gouvernée par Léopold Ier, la France renverse Charles X, issu de la maison des Bourbons, et installe sur le trône son cousin, le duc d'Orléans, au cours de la révolution de Juillet.

◁ *La Liberté guidant le peuple*, d'Eugène Delacroix, commémore la révolution de Juillet

1831 Pierre Ier, roi du Brésil, abdique en faveur de son fils Pierre II, âgé de 5 ans, dont le règne durera près de 59 ans.

1833 Début des guerres carlistes espagnoles, qui opposent les fidèles de la reine Isabelle II aux partisans du prétendant, l'infant Charles d'Espagne.

1834

1830 L'Indian Removal Act déporte les Autochtones dans des réserves.

1831 Après avoir combattu l'Empire ottoman, Méhémet Ali fonde une dynastie qui régnera en Égypte jusqu'en 1952.

> *« Je laisse mon pinceau à l'Est et me mets en route. »*
>
> UTAGAWA HIROSHIGE, POÈME AVANT SA MORT, EN 1858

1833-1834
UTAGAWA HIROSHIGE PUBLIE
« LES CINQUANTE-TROIS STATIONS DU TŌKAIDŌ »

Dernier grand maître du mouvement artistique de l'*ukiyo-e* (« images du monde flottant ») au Japon, Hiroshige réalise une série d'estampes sur bois qui rendent compte de son voyage le long de la route du Tōkaidō, qui relie Edo (aujourd'hui Tokyo) à Kyoto. Son œuvre inspire le courant du japonisme auprès d'artistes occidentaux tels que Van Gogh, Degas ou Whistler, vers le milieu du XIXe siècle.

▷ *Averse soudaine à Shono*, estampe d'Hiroshige

DE 1835 À 1839

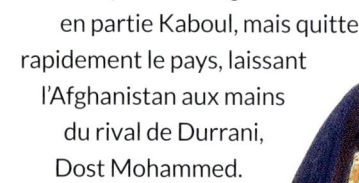

1836
CHARLES DICKENS PUBLIE SON PREMIER ROMAN

Écrivain déjà apprécié, Dickens publie son premier roman, *Les Aventures de M. Pickwick*, sous la forme d'un feuilleton étalé sur 20 mois. Le vaste succès de la série établit la réputation de l'auteur, considéré comme l'un des plus grands écrivains anglais, et lui vaut une reconnaissance internationale.

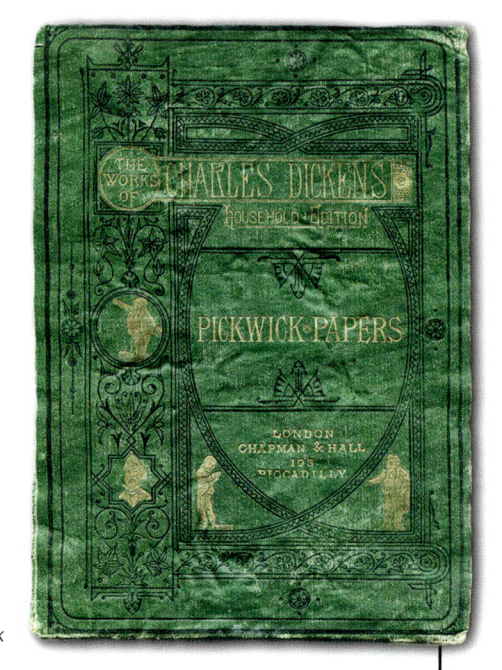

▷ Couverture des *Aventures de M. Pickwick*

1839-1842
PREMIÈRE GUERRE ANGLO-AFGHANE

Lors du premier conflit majeur qui oppose le Royaume-Uni et la Russie en Asie centrale, dans le contexte de la lutte d'influence dite du Grand Jeu, les Anglais envahissent l'Afghanistan et installent sur le trône Shuja Shah Durrani. En 1842, l'armée britannique est totalement anéantie lors de son retrait de Kaboul. Une seconde expédition anglaise détruit en partie Kaboul, mais quitte rapidement le pays, laissant l'Afghanistan aux mains du rival de Durrani, Dost Mohammed.

▷ Shujah Shah Durrani

1835 En Tasmanie, **la Guerre noire** entre les colons britanniques et les Aborigènes australiens prend fin.

1835 Lors du Grand Trek, **les colons néerlandais quittent la colonie du Cap** et se déplacent vers le Nord de l'Afrique du Sud.

1835

1837 Au Royaume-Uni, **la reine Victoria** entame un règne de 63 ans.

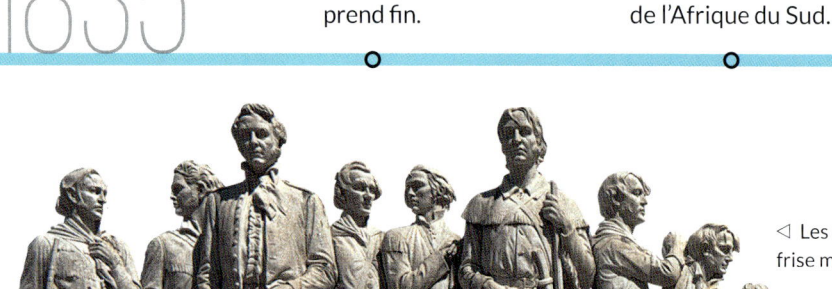

◁ Les défenseurs d'Alamo, frise mémorielle

1836
FIN DE LA RÉVOLUTION TEXANE

Des combats éclatent en octobre 1835 entre la république du Mexique et les colons américains et hispaniques du Texas. En mars, les troupes mexicaines massacrent les défenseurs de la mission Alamo, avant d'être écrasées par l'armée texane lors de la bataille de San Jacinto, qui ouvre la voie à la création de la république du Texas.

1838-1953
LES PROGRÈS EN BIOLOGIE

Au XIXe siècle, plusieurs découvertes fondamentales dans les domaines de la biologie cellulaire et de l'hérédité permettent de mieux comprendre le mystère de la vie et ouvrent la voie au décodage de l'ADN au cours du siècle suivant.

1838 En postulant que la cellule est l'unité de base de la vie et qu'elle constitue chaque organisme vivant, les biologistes **Matthias Schleiden et Theodor Schwann** posent le premier axiome de la théorie cellulaire.

DE 1835 À 1839 | 215

◁ La flotte britannique attaquant des jonques chinoises, 1841

1839-1842
PREMIÈRE GUERRE DE L'OPIUM

De nombreuses années durant, le Royaume-Uni alimente la Chine en opium, provoquant et intensifiant les pratiques addictives. Chargé d'éradiquer le trafic, le fonctionnaire Lin Zexu confisque 20 000 caisses d'opium à Canton en 1839. L'armée britannique s'empare de Canton et en juillet 1842, avance sur Nankin.

1819-1901
VICTORIA
Reine du Royaume-Uni de 1837 à 1901 et impératrice des Indes à partir de 1877, Victoria a avec le prince Albert 9 enfants, qui se marient dans les familles royales européennes, ce qui lui vaut le surnom de « grand-mère de l'Europe ».

1839 **Charles Goodyear** vulcanise le caoutchouc, créant un matériau flexible et imperméable qui sera utilisé pour les pneus.

1839 **Pour la seconde fois, un cyclone dévaste le port de Coringa** en Inde, tuant 300 000 personnes ; la ville ne sera pas reconstruite.

1839

« *Comment pouvez-vous aller jusqu'à vendre des produits qui font du mal à autrui [...] afin de satisfaire votre insatiable désir ?* »

LETTRE DE LIN ZEXU À LA REINE VICTORIA À PROPOS DU TRAFIC D'OPIUM, 1839

1859 **La diversité des becs des oiseaux** issus de la famille des fringillidés aux Galapagos permet à Charles Darwin de proposer sa théorie de l'évolution fondée sur la sélection naturelle.

1866 **Étudiant l'hérédité chez les pois, le moine augustin Gregor Mendel** découvre que leurs caractéristiques se transmettent grâce à des « facteurs » invisibles.

1869 **Le biologiste suisse Friedrich Miescher** identifie dans les cellules sanguines la « nucléine », aujourd'hui connue sous le nom d'acide désoxyribonucléique (ADN), dont il avance le rôle dans l'hérédité.

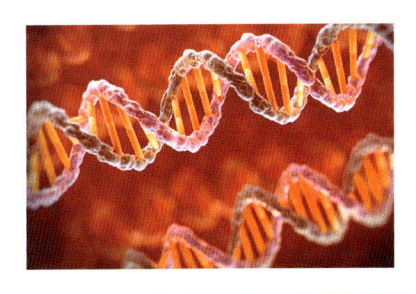

1953 **Les scientifiques Rosalind Franklin, Francis Crick et James Watson** décrivent la structure en double hélice de la molécule d'ADN, qui suggère la façon dont les données biologiques peuvent être transmises.

1840

1842
TRAITÉ DE NANKIN

La première guerre de l'opium s'achève par la défaite de la Chine en 1842. En représailles, le traité de Nankin – premier des « traités inégaux » – contraint la Chine à ouvrir un plus grand nombre de ports aux marchands britanniques, à payer une indemnité de 21 millions de dollars et à céder l'île de Hong Kong aux Anglais, que ces derniers agrandiront par la suite pour y inclure une partie de la péninsule de Kowloon.

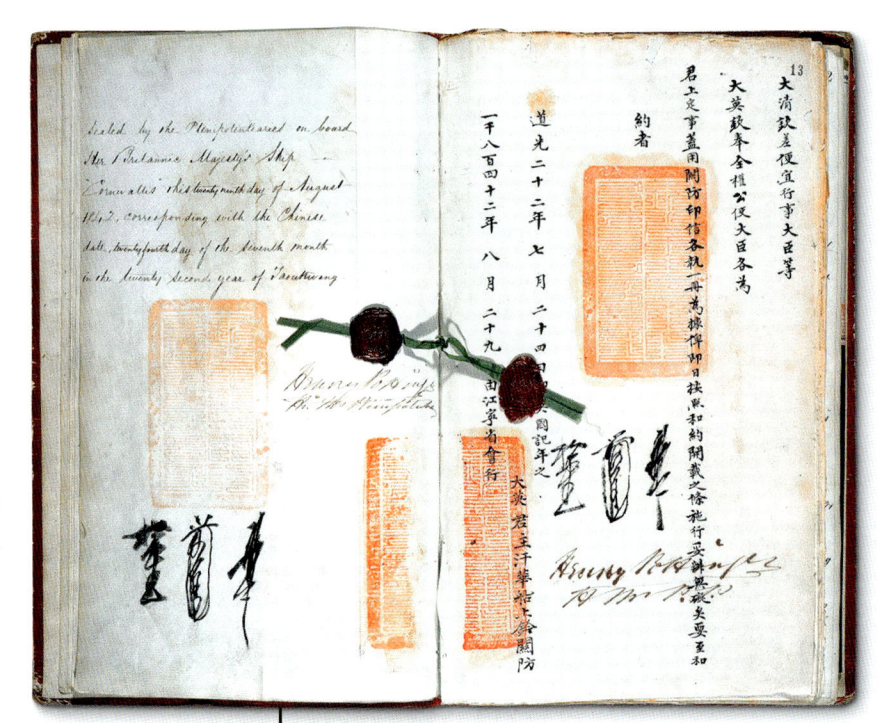

▷ Le traité de Nankin, août 1842

1841 La guerre éclate entre le Siam et le Vietnam au Cambodge, à la suite de l'annexion de ce pays par les Vietnamiens qui en évincent les souverains khmers.

1845-1852 La Grande Famine, provoquée par le mildiou de la pomme de terre qui dévaste les récoltes et exacerbée par la politique du gouvernement britannique, coûte la vie à un million de personnes en Irlande.

1844 Samuel Morse envoie le tout premier message télégraphique, de Washington à Baltimore, dans le Maryland.

1840
TRAITÉ DE WAITANGI

Texte fondateur de la Nouvelle-Zélande, le traité de Waitangi constitue un accord entre la Couronne britannique et 540 *rangatira* (chefs) maoris, aux termes duquel le pays est cédé aux Anglais. En 1845, l'emprise croissante du gouvernement colonial sur les affaires maories provoque les guerres néo-zélandaises, qui se prolongent jusqu'en 1872.

▷ L'une des 9 copies du traité de Waitangi

1848
UNE ANNÉE DE RÉVOLUTIONS

L'Europe est touchée par une série de révolutions qui se produisent notamment en France, en Italie, en Hongrie, en Autriche et en Prusse. Provoquées par différents facteurs, tels que le nationalisme ou le refus des structures monarchiques, la plupart d'entre elles sont réprimées. Elles aboutissent toutefois à l'abolition du servage en Autriche et en Hongrie, à la fin de la monarchie absolue au Danemark, ou encore à la création d'une Seconde République en France.

1848
KARL MARX ET FRIEDRICH ENGELS PUBLIENT LE MANIFESTE DU PARTI COMMUNISTE

Dans le *Manifeste du parti communiste*, Marx et Engels exposent leur théorie de l'Histoire, appréhendée comme une succession de luttes des classes qui voient immanquablement les ouvriers (prolétariat) renverser la classe dirigeante (bourgeoisie). Bientôt les débats font rage en Europe sur la forme que prendra cette révolution et sur ce que doit être le rôle de l'État, contribuant au développement du socialisme, du communisme et de l'anarchisme.

▷ Monument à Marx et Engels

1818-1883
KARL MARX

Philosophe, sociologue et économiste allemand, Marx compte parmi les penseurs les plus influents au monde ; ses théories ont façonné l'histoire intellectuelle, économique et politique.

1848 Organisée à Seneca Falls, la **première convention sur les droits de la femme** aux États-Unis lance le mouvement en faveur du vote des femmes.

1849

1847 **Le Liberia déclare son indépendance** des États-Unis et devient la première république moderne d'Afrique.

1848 **La découverte de filons à Sutter's Mill,** à Coloma, provoque la première ruée vers l'or en Californie.

◁ Champ de bataille pendant la révolution hongroise

1849
FIN DE L'EMPIRE SIKH

Fondé en 1799 par Ranjit Singh, l'Empire sikh tombe aux mains des Britanniques après sa mort en 1839. S'étant débarrassés de la redoutable régente, Jind Kaur, à l'occasion de la première guerre anglo-sikhe (1845-1846), les Anglais disloquent l'empire lors de la seconde guerre (1848-1849), en créant plusieurs États princiers ainsi que la province britannique du Pendjab.

▷ La maharani Jind Kaur

1850-1864
RÉVOLTE DES TAIPING

Dirigés par Hong Xiuquan et déterminés à faire tomber la dynastie Qing, les rebelles Taiping déferlent sur 16 provinces chinoises. En 1853, Nankin devient la capitale du Royaume céleste, fondé sur une utopie sociale qui promeut l'égalité des hommes et des femmes. À partir de 1856, l'armée Qing commandée par Zeng Guofan entreprend de reprendre les régions dominées par les Taiping, avant de s'emparer de Nankin en 1864 et de mettre fin à un conflit qui coûte la vie à plus de 20 millions de personnes.

◁ La révolte des Taiping

1850

1851 Le Congrès américain fait voter l'Indian Appropriations Act, qui confine les Autochtones dans des réserves.

▽ Le Crystal Palace d'Hyde Park, à Londres

1851
EXPOSITION UNIVERSELLE DE LONDRES

Le Royaume-Uni organise la Grande Exposition universelle des travaux de l'industrie de toutes les nations au Crystal Palace, vaste structure de verre et d'acier installée à Hyde Park, à Londres. Y sont présentés 100 000 objets proposés par 15 000 exposants, dont la moitié sont issus de l'Empire britannique. Près de 6 millions de personnes viennent admirer ces objets, en particulier le diamant Koh-i-Noor, les pistolets de Samuel Colt, les tapis Axminster ou encore les mécanismes de précision.

Le Crystal Palace à Londres comporte 293 655 panneaux de verre.

1851
RUÉE VERS L'OR EN AUSTRALIE

En février 1851, Edward Hargraves, vétéran de la ruée vers l'or californienne, découvre des traces d'or dans un point d'eau près de Bathurst, en Nouvelle-Galles du Sud. Des pépites de plus grande taille sont bientôt découvertes à Victoria, provoquant une arrivée massive de chercheurs d'or venus de Grande-Bretagne, d'Amérique, d'Allemagne, de Pologne et de Chine, et quadruplant la population locale en tout juste 20 ans.

△ Chercheurs d'or avec leur batée

1814-1864
HONG XIUQUAN

Dirigeant religieux et révolutionnaire, Hong défie la Chine des Qing en créant le Royaume céleste des Taiping et en se proclamant tout à la fois « Empereur du Ciel » et frère cadet de Jésus-Christ.

1854 Le médecin John Snow, installé à Londres, découvre que le choléra est une maladie transmise par l'eau ; cette découverte transforme l'hygiène publique.

1854

1854
DÉBUT DE LA GUERRE DE CRIMÉE

À la suite de l'occupation de territoires turques par la Russie en 1853, et déterminés à ériger l'Empire ottoman en rempart contre l'expansion de cette dernière, la France et le Royaume-Uni envahissent la Crimée et assiègent la base navale russe de Sébastopol en 1854. Victimes de commandements incompétents, les deux camps s'affrontent dans de terribles conditions. Sébastopol tombe en 1855 et l'année suivante, la Russie renonce à ses prétentions en terre ottomane.

▷ Vétéran britannique de la guerre de Crimée

▽ Navire de l'expédition Perry, peinture japonaise

1854
LE JAPON MET FIN À SA POLITIQUE ISOLATIONNISTE

En 1853-1854, à la tête d'une flotte de navires de guerre américains, le commodore Matthew Perry envahit la baie de Tokyo et contraint le Japon à s'ouvrir au commerce étranger, mettant fin à deux siècles de politique d'isolement menée par le shogunat Tokugawa. Cette diplomatie de la canonnière démontre au Japon qu'il n'est pas équipé pour affronter les armes et navires modernes de l'Occident industrialisé.

1857-1900
L'IMPÉRIALISME

À la fin du XIXᵉ siècle, une ruée sans précédent des pays occidentaux vers les territoires d'outre-mer refaçonne le monde. La rivalité qui anime les nations joue un rôle dans cette quête de contrôle : après avoir perdu ses colonies américaines, le Royaume-Uni espère retrouver le statut qui était le sien ; la France entend reconstruire son pouvoir à la suite des guerres napoléoniennes ; la Russie poursuit sa progression vers l'est à l'intérieur d'un Empire chinois Qing affaibli ; cependant qu'à partir des années 1860, les jeunes nations que sont l'Allemagne, l'Italie et les États-Unis s'efforcent de devenir des puissances mondiales. Au terme de plusieurs siècles d'isolement, le Japon se modernise rapidement et cherche également à accéder à des territoires ou des ressources dont il est dépourvu. Un prétendu devoir moral vient justifier la conquête de terres en Asie, en Afrique, aux Caraïbes ou en Australasie, aussi bien que l'emprise croissante dont celles-ci font l'objet.

Parce qu'elle requiert un accès aux matières brutes, à la main-d'œuvre, à de nouveaux marchés, l'industrialisation est une force essentielle à l'œuvre derrière l'impérialisme, qu'elle rend également possible. Les armes modernes, les transports rapides facilitent la répression des résistances locales, répression qui aboutit parfois à des génocides, cependant que les communications télégraphiques permettent de contrôler aisément de vastes régions. La médecine moderne, en particulier la découverte de la quinine dans le traitement de la malaria, favorise l'expansion de l'impérialisme en améliorant l'immunité des colonisateurs face aux maladies.

ÉVÉNEMENTS-CLÉS

1857-1858 Les Britanniques contrôlent l'Inde
Après avoir réprimé une révolte majeure en 1857-1858 (*à gauche*), le gouvernement britannique place l'Inde anglaise, et ses États princiers, sous le contrôle direct de la Couronne – c'est le Raj. En 1877, la reine Victoria devient impératrice des Indes.

1876 Partage de l'Afrique
En 1876, le roi Léopold II de Belgique entreprend de coloniser le Congo, incitant les puissances européennes à se rassembler lors de la conférence de Berlin (1884-1885) afin de décider du partage de l'Afrique. En 1900, les Européens contrôlent plus de 90 % du continent africain (*à gauche*) et de ses précieuses ressources naturelles.

Années 1870 Objectifs sociaux
Aux racines de l'impérialisme se trouve une croyance pseudo-scientifique en la supériorité de l'homme blanc, et le sentiment d'un devoir moral à accomplir pour guider, civiliser, éduquer (*à gauche*) et christianiser les peuples « indigènes ». Les politiques mises en œuvre provoquent d'inévitables dégâts sur les cultures autochtones à travers le monde.

L'IMPÉRIALISME | 221

Cette carte nationaliste réalisée en 1886 montre les territoires de l'Empire britannique à l'époque (en rose). Au bas de la carte, Britannia, symboliquement assise sur le globe terrestre, domine ses colonies, cependant que les peuples colonisés sont évoqués sous la forme de stéréotypes réducteurs.

1855
TÉWODROS II COURONNÉ EMPEREUR D'ÉTHIOPIE

Architecte de l'Éthiopie moderne, Téwodros II unifie les royaumes éthiopiens sous son règne, marquant la fin du Zemene Mesafent (ère des Princes), durant lequel l'empereur n'était guère plus qu'un prête-nom. Déterminé à moderniser le pays, il doit régulièrement faire face à des oppositions. En avril 1868, il se suicide lors de l'assaut donné par les forces britanniques sur la forteresse de Meqdela.

▷ L'empereur Téwodros II

1855 **David Livingstone** est le premier Européen à observer les chutes de Mosi-oa-Tunya, sur le fleuve Zambèze, qu'il rebaptise « chutes Victoria ».

1855

> « [...] des lieux aussi charmants ont dû réjouir le regard des anges durant leur vol. »

DAVID LIVINGSTONE À PROPOS DES CHUTES DE MOSI-OA-TUNYA, 1855

1855
SÉISME D'EDO

Dernier des trois puissants tremblements de terre à frapper le Japon en 1854-1855, le séisme d'Edo se produit le 11 novembre. Son épicentre est près de l'embouchure du fleuve Ara-kawa, à côté de la capitale. La majeure partie de la ville est ravagée par des incendies ; plus de 600 personnes perdent la vie, et 2 700 sont blessées. Des estampes illustrant le séisme paraissent rapidement, certaines d'entre elles représentant le namazu, poisson-chat géant, qui en serait à l'origine.

▷ Plan des zones détruites par le tremblement de terre

DE 1855 À 1859 | 223

1856-1860
SECONDE GUERRE DE L'OPIUM

De 1856 à 1860, la Chine s'affronte aux Empires britannique et français à propos du trafic de l'opium. Quoique largement supérieure en nombre, l'armée Qing échoue face aux forces européennes qui s'emparent de Pékin et détruisent le palais d'Été. Battus, les Qing sont contraints de légaliser le commerce de l'opium, d'ouvrir plus de ports aux marchands étrangers et de céder la péninsule de Kowloon aux Britanniques.

◁ Forces anglo-françaises débarquant à Beitang, en Chine

1856 Des ossements découverts dans la vallée de Néander, en Allemagne, sont attribués à une espèce du genre *Homo*, plus tard désignée sous le nom d'*Homo neanderthalensis*.

1859 L'Espagne déclare la guerre au Maroc en raison des attaques contre l'enclave espagnole dans ce pays.

1859

1858 La guerre de Réforme au Mexique voit s'affronter les libéraux et les conservateurs ; elle prend fin en 1860.

1859 Les Français s'emparent de Saigon, au Vietnam, durant la campagne de Cochinchine.

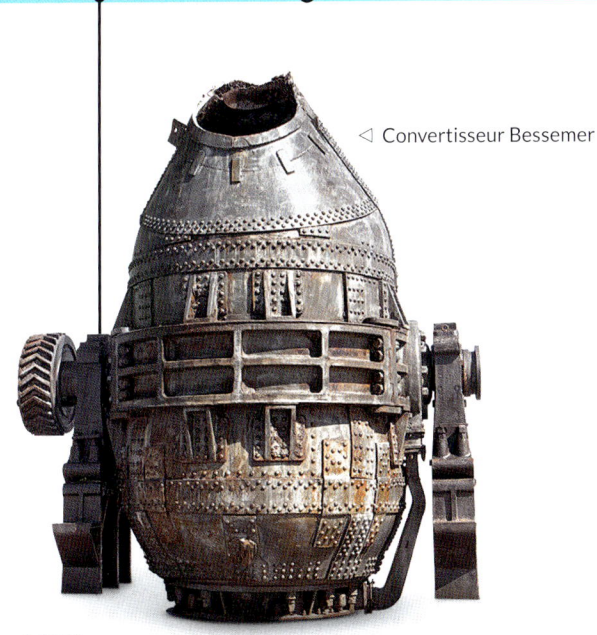

◁ Convertisseur Bessemer

1855
BESSEMER TRANSFORME LA PRODUCTION DE L'ACIER

L'inventeur anglais Henry Bessemer dépose le brevet de son convertisseur qui permet d'affiner l'acier. De la fonte brute en fusion est déversée dans un four, avant que ses impuretés soient brûlées par soufflage d'air. Particulièrement efficace, le procédé marque le début de la production de masse de l'acier.

△ La rébellion des cipayes

1857-1858
RÉBELLION INDIENNE

Le 10 mai 1857, dans la garnison de Meerut, les cipayes (soldats) indiens se révoltent contre l'utilisation des cartouches destinées aux nouveaux fusils Enfield, déclenchant un soulèvement contre les Anglais dans la région située au cœur de la plaine indo-gangétique. À la suite de la révolte, le Raj (régime colonial organisé par la Couronne britannique) est imposé sur l'ensemble de l'Inde.

DE 1860 À 1864

1861
L'IMPÉRATRICE DOUAIRIÈRE CIXI PREND LE CONTRÔLE DE LA CHINE

Lorsque son jeune fils succède à l'empereur chinois Xianfeng sous le nom de Tongzhi, l'impératrice douairière opère un coup d'État sans effusion de sang afin de s'emparer du pouvoir. Adoptant le nom de Cixi (« mère vénérable »), elle consacre sa vie à la survie du fragile empire Qing. Contrôlant sans pitié les événements, elle contrôle l'accession au pouvoir de deux autres empereurs avant sa mort en 1908.

◁ L'impératrice douairière Cixi

1861 Victor-Emmanuel II, qui règne sur le Piémont-Sardaigne, devient roi d'Italie et entreprend l'unification du pays.

1862 Oumar Tall, fondateur de l'Empire toucouleur, s'empare de la capitale du Macina au Mali.

1860
FLORENCE NIGHTINGALE FONDE LA PREMIÈRE ÉCOLE D'INFIRMIÈRES

Célèbre pour avoir organisé les soins infirmiers des soldats durant la guerre de Crimée, Florence Nightingale fonde à Londres la Nightingale Training School, qui crée le métier d'infirmière et participe à l'inclusion des femmes dans la force de travail.

◁ Florence Nightingale, bas-relief

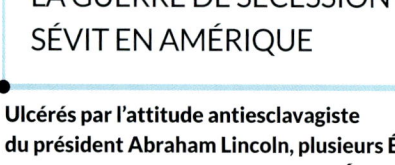

1861-1865
LA GUERRE DE SÉCESSION SÉVIT EN AMÉRIQUE

Ulcérés par l'attitude antiesclavagiste du président Abraham Lincoln, plusieurs États se retirent de l'Union et forment les États confédérés d'Amérique en 1860. La volonté de l'Union de réunifier les États-Unis déclenche la guerre civile américaine.

12-13 avril 1861 L'attaque de la garnison de Fort Sumter, près de Charleston, par une milice de Caroline du Sud marque les premiers combats de la guerre de Sécession.

17 décembre 1862 Lors de la bataille d'Antietam, les forces unionistes repoussent l'invasion du Maryland par des troupes confédérées ; c'est la journée de combat la plus sanglante de l'histoire américaine.

1863 Avec la proclamation d'émancipation, Lincoln modifie le statut légal des esclaves au sein de la Confédération ; 3,5 millions d'Afro-Américains obtiennent la liberté.

DE 1860 À 1864 | 225

▽ Mitrailleuse Gatling

1864-1870
GUERRE DE LA TRIPLE-ALLIANCE
Conflit interétatique le plus sanglant de l'histoire de l'Amérique latine, la guerre de la Triple-Alliance met aux prises le Paraguay, qui entend affirmer sa puissance dans la région, et la coalition formée par l'Argentine, le Brésil et l'Uruguay. Environ 270 000 personnes auraient péri du côté paraguayen, (soit près de 60 % de la population), et quelque 56 000 du côté de la coalition, avant que la guerre ne prenne fin en 1870.

▷ La guerre de la Triple-Alliance

1862
LE BREVET DE LA MITRAILLEUSE GATLING EST DÉPOSÉ
Conçue par Richard Gatling, cette mitrailleuse à manivelle se compose de 10 canons rotatifs capables de tirer 400 cartouches par minute. En dépit du souhait de son inventeur, qui espère que sa puissance découragera les velléités guerrières, l'arme est utilisée au cours du processus de colonisation contre les populations autochtones des États-Unis, d'Afrique ou d'Asie, avec des effets dévastateurs.

1864

1863 **Création de la Fédération d'Angleterre de football (FA),** première organisation de ce genre au monde, qui uniformise les règles du jeu.

1863 **Fondation du Second Empire mexicain,** dont la gouvernance est confiée à l'empereur Maximilien.

La guerre de Sécession américaine coûte 6,2 milliards de dollars à l'Union, et 4 milliards aux États confédérés.

1839-1915
ROBERT SMALLS
Ancien esclave afro-américain, Smalls détourne le navire confédéré *Planter* en baie de Charleston et, franchissant les lignes sudistes, parvient à le guider vers le blocus de l'Union – et la liberté.

1864 **Le général nordiste Sherman** s'empare d'Atlanta, centre confédéré majeur, et poursuit sa marche vers la mer, détruisant sur son passage les propriétés sudistes.

1865 **L'encerclement de l'armée confédérée** par les forces unionistes en Virginie marque la fin de la guerre de Sécession ; le général Lee se rend à Appomattox le 9 avril 1865.

1866
FIODOR DOSTOÏEVSKI PUBLIE « CRIME ET CHÂTIMENT »

Œuvre majeure de la littérature russe, qui s'inspire de l'expérience personnelle de l'auteur dans un camp de prisonniers en Sibérie, *Crime et châtiment* analyse la psychologie du meurtre, de la culpabilité et de la rédemption au travers de l'histoire d'un assassin réduit à la misère, Raskolnikov.

◁ Couverture de la première édition de *Crime et châtiment*

▽ La prestation de serment de François-Joseph à Budapest

1867
L'EMPIRE AUSTRO-HONGROIS

Au terme d'une série d'échecs en politique étrangère et après avoir subi une défaite militaire face aux Prussiens, l'Autriche de François-Joseph cherche à renforcer son empire. Dans le but de pacifier les Hongrois rebelles, l'empereur réunit deux États considérés comme autonomes, l'Autriche et la Hongrie, en une « monarchie double » – l'Empire austro-hongrois. Ignorant les revendications des minorités nationalistes de l'empire, notamment celles des Croates, des Serbes et des Slovaques, ce système alimente toutefois des tensions en Europe.

1865

15 avril 1865
Le président américain Abraham Lincoln meurt peu après avoir été abattu d'une balle.

1867 **Les États-Unis** achètent l'Alaska à la Russie.

1866-1871
UNIFICATION DE L'ALLEMAGNE

En 1866, le chancelier prussien Otto von Bismarck prépare la voie à l'unification des différents États allemands sous la gouvernance de la Prusse. Dans un premier temps, il déclenche la « guerre de Sept Semaines » (juin-juillet 1866) contre l'Autriche, qui sort isolée et affaiblie du conflit, et crée la confédération de l'Allemagne du Nord, dont il prend le contrôle. Puis la victoire obtenue dans la guerre franco-allemande de 1870-1871 lui permet de neutraliser la France, ultime adversaire de l'unification allemande. Le 18 janvier 1871, Guillaume Ier devient le premier empereur d'Allemagne.

◁ Proclamation de l'Empire allemand

1868
LA RESTAURATION DE MEIJI

En 1868, un groupe de jeunes samouraïs ambitieux se rassemble à la cour impériale de Kyoto dans le but de renverser le shogunat Tokugawa et de restaurer l'autorité de l'empereur. À la suite de sa victoire dans la guerre de Boshin, qui oppose l'armée impériale aux forces réactionnaires, le jeune empereur Meiji (dont le nom signifie « gouvernement éclairé ») lance des réformes qui transforment son pays isolationniste et féodal en une nation industrielle et moderne.

△ Meiji Mutsuhito, empereur de 1867 à 1912

1869
MENDELEÏEV CRÉE LE TABLEAU PÉRIODIQUE

Cherchant à organiser les éléments chimiques connus, Mendeleïev fait paraître son tableau périodique. Le chimiste russe classe ces éléments selon un ordre croissant, en fonction de leur masse atomique relative, et regroupe ceux dont les propriétés sont similaires. Relevant des tendances parmi ces propriétés, il prévoit des espaces destinés à des éléments encore inconnus, mais dont il prédit les caractéristiques.

△ Dmitri Mendeleïev

1867 Création du dominion du **Canada**, qui comprend les provinces du Canada-Uni, de la Nouvelle-Écosse et du Nouveau-Brunswick.

1868 **Cuba se lance dans la guerre des Dix Ans** (1868-1878) afin de se libérer de l'Espagne et d'obtenir l'indépendance.

1815-1898
OTTO VON BISMARCK

Architecte de l'Empire allemand, Bismarck (surnommé le « chancelier de fer ») dirige l'Allemagne dans une période d'industrialisation, de réforme sociale et de colonisation, avant d'être contraint à la démission en 1890.

△ Cérémonie d'inauguration du canal de Suez

1869
INAUGURATION DU CANAL DE SUEZ

Le 17 novembre 1869, soit 4 ans après la date prévue, le canal de Suez, qui relie la Méditerranée à la mer Rouge, est ouvert à la navigation. Une fois les bénédictions musulmanes et chrétiennes accomplies à Port-Saïd, le navire impérial français *L'Aigle* s'élance, suivi d'une procession de bateaux dont le *Péluse*, qui s'échoue la nuit suivante à l'entrée du lac Timsah, où les célébrations devaient se poursuivre.

1870
DÉBUT DE LA CONSTRUCTION DU PONT DE BROOKLYN À NEW YORK

Reliant New York et Brooklyn, au-dessus de l'East River, le pont de Brooklyn est la plus longue structure suspendue jamais réalisée à l'époque. La construction est supervisée par Emily Roebling, épouse de Washington Roebling – dont le père John Augustus Roebling, le concepteur, décède à la suite d'un accident en 1869. Lors de l'inauguration, le 24 mai 1883, Emily est la première à franchir le pont, un coq dans les bras.

◁ Ouvriers travaillant sur le pont en cours de construction

Le pont de Brooklyn mesure 1 834 mètres de long et 83 mètres de haut.

1871 **À la découverte des premiers diamants** en 1867 succède celle de gisements d'or en Afrique du Sud.

1872 **La suffragette américaine** Susan B. Anthony est arrêtée après avoir tenté de voter lors des élections américaines.

1872 **Le physicien français Louis Ducos du Hauron** inaugure la photographie couleur moderne.

1871 **L'intégration de Rome au royaume d'Italie** marque la fin du processus d'unification.

1872
OUVERTURE DE YELLOWSTONE, PREMIER PARC NATIONAL

Photographies et peintures attirent l'attention sur Yellowstone et ses merveilles naturelles uniques, incitant le président Ulysses S. Grant à signer le 1ᵉʳ mars 1872 une loi de protection qui transforme la région en un parc national. Interdisant toute « colonisation, occupation ou vente » des terrains situés près des « chutes supérieures de la rivière Yellowstone », cette loi définit la zone comme un « parc public ou un espace de loisirs dédié au plaisir et à la curiosité des visiteurs ».

▷ Chutes du Grand Canyon de Yellowstone

1841-1895
BERTHE MORISOT

En France, Berthe Morisot est l'une des quelques femmes peintres à participer aux débuts de l'impressionnisme. Si l'Académie des beaux-arts accepte son œuvre, elle expose cependant également aux côtés des impressionnistes.

1874
PREMIÈRE EXPOSITION IMPRESSIONNISTE

Après avoir vu leurs œuvres rejetées des années durant par l'Académie des beaux-arts, des peintres impressionnistes se rassemblent pour organiser à Paris leur propre exposition, laquelle présente 30 artistes et 165 toiles, dont *Impression, soleil levant* de Claude Monet. Les critiques moquent les touches de peinture approximatives et juxtaposées, ou les couleurs vives qui caractérisent l'impressionnisme ; certains considèrent que ces toiles sont le fait de déments ou de pitres.

△ *Impression, soleil levant,* 1872, Claude Monet

1873 L'Espagne devient une **république** à la suite de l'abdication du roi Amédée Ier durant la troisième guerre carliste.

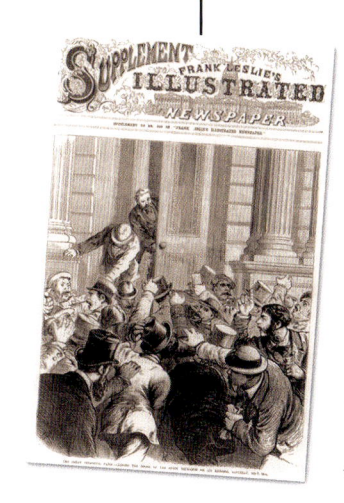

1873-1896
DÉPRESSION MONDIALE

Durant plus de deux décennies, le monde subit une crise financière provoquée par la panique qui frappe les bourses de Vienne, New York et Paris, la guerre sur les droits de douane que se livrent la France et l'Italie, et un renforcement du protectionnisme. Redéfinissant l'équilibre économique mondial, cette crise voit les États-Unis émerger en premier de la récession et remplacer la Grande-Bretagne dans le rôle de puissance industrielle dominante dans le monde.

◁ Panique à la bourse de New York

1874
KUMASI, CAPITALE ASHANTI, EST DÉTRUITE

Entre 1824 et 1900, cinq guerres opposent en Afrique de l'Ouest l'Empire ashanti et le Royaume-Uni. En 1874, une force britannique détruit le palais fait de terre et de pierre de l'Asantehene (roi) à Kumasi et impose le paiement de 50 000 onces d'or, que les Ashanti règlent en partie sous la forme de masques, bijoux et autres biens précieux.

▷ Tête en or massif de Kumasi

1876
PREMIER APPEL TÉLÉPHONIQUE

Le 10 mars, l'inventeur écossais Alexander Graham Bell réalise le premier appel avec son « télégraphe parlant » qui convertit les ondes sonores en courant électrique ondulatoire, à nouveau transformé en ondes sonores à l'autre extrémité de la ligne. Appelant son assistant installé dans une autre pièce, il lui déclare : « M. Watson, venez ici, je veux vous voir. »

▷ Le téléphone de Bell

1879-1884
GUERRE DU PACIFIQUE

Le Chili entre en conflit avec la Bolivie et le Pérou à propos du contrôle du désert d'Atacama, riche en minéraux, sur la côte pacifique. En février 1879, il occupe le port bolivien d'Antofagasta, déclenchant une guerre qui s'étend du Pacifique aux déserts péruviens et aux Andes. La guerre prend fin en 1883-1884 et permet au Chili d'annexer des territoires péruviens et boliviens le long du littoral pacifique.

1876-1878 La grande famine qui se répand dans le centre et le Sud de l'Inde touche 58 millions de personnes et en tue 8,2 millions.

1875

1875 L'Éthiopie repousse une invasion égyptienne, assurant son indépendance face aux ingérences étrangères.

1876 Porfirio Díaz accède à la présidence du Mexique et gouverne durant 31 ans, accompagnant la modernisation du pays.

1876
BATAILLE DE LITTLE BIGHORN

Les 25 et 26 juin, le général américain Custer et 600 cavaliers attaquent sans aucune préparation le camp de Sitting Bull, chef des Indiens des Plaines du Nord, près de la rivière Little Bighorn. Les soldats sont rapidement soumis au tir nourri des 2 000 guerriers conduits par le chef sioux Crazy Horse. Custer livre son dernier combat sur un promontoire situé au-dessus du village et meurt avec 210 de ses hommes.

▷ George Custer avec des éclaireurs

1831-1890
SITTING BULL

Guerrier Sioux Lakota, Sitting Bull unifie les peuples indiens des Grandes Plaines contre les colons blancs. La victoire qu'il obtient à Little Bighorn renforce la détermination du gouvernement à réprimer les Indiens.

DE 1875 À 1879

1879
LES ZOULOUS L'EMPORTENT SUR LES BRITANNIQUES À ISANDHLWANA

En janvier 1879, les Britanniques envahissent le Zoulouland après que le roi Cetshwayo kaMpande a refusé de dissoudre son armée et rejoint une fédération de colonies britanniques en Afrique du Sud. Le 22 du même mois, 20 000 Zoulous envahissent le camp anglais installé près d'Isandhlwana et tuent plus de 1 300 hommes. Marqués par la discipline et l'habileté au combat dont font preuve les Zoulous, les Britanniques optent pour une campagne militaire plus agressive.

◁ La bataille d'Angamos, lors de la guerre du Pacifique

◁ Le roi zoulou Cetshwayo kaMpande

1877 **L'Empire Qing réprime la révolte des Dounganes** lancée par la communauté musulmane des Hui et d'autres groupes ethniques.

1878 **Le traité de San Stefano** met fin à la guerre russo-turque ; l'Empire ottoman accorde la liberté à la Serbie, la Roumanie et le Monténégro.

« On ne vend pas la terre sur laquelle le peuple marche. »

CRAZY HORSE, CITÉ PAR DEE BROWN DANS *ENTERRE MON CŒUR À WOUNDED KNEE*, 1970

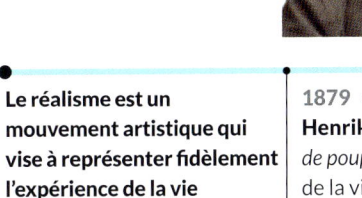

1879-1898
LE RÉALISME

Le réalisme est un mouvement artistique qui vise à représenter fidèlement l'expérience de la vie quotidienne.

1879 « **Père du réalisme** », **Henrik Ibsen** publie *Une maison de poupée*, portrait controversé de la vie des femmes dans une société dominée par les hommes.

1880 **Émile Zola** expose les caractéristiques du roman naturaliste, fondé sur le déterminisme, l'objectivité scientifique et le commentaire social.

1896 **Création de *La Bohème*, opéra de Giacomo Puccini** relevant du *verismo* (ou vérisme, issu du réalisme) et dont l'intrigue met en scène des personnages ordinaires.

1898 **Constantin Stanislavski** crée une méthode de jeu qui incite les acteurs à s'identifier aux émotions et motivations intérieures du personnage.

DE 1880 À 1884

▷ Les soldats britanniques affrontent les forces boers

1880
PREMIÈRE GUERRE DES BOERS

À la suite de l'annexion par les Britanniques de la République du Transvaal, fondée par les Boers en Afrique du Sud, les tensions s'accroissent. Descendant pour la plupart de colons hollandais, les Boers déclarent leur indépendance et, recourant à des tactiques de guérilla, affrontent à plusieurs reprises les troupes anglaises. En 1881, la convention de Pretoria reconnaît l'indépendance du Transvaal.

1882
L'ALLEMAGNE, L'AUTRICHE-HONGRIE ET L'ITALIE FORMENT UNE ALLIANCE SECRÈTE

Dans le cadre de ce qu'on appellera la Triple-Alliance, l'Allemagne et l'Autriche-Hongrie (alliés proches depuis 1879) s'accordent pour soutenir l'Italie dans le cas d'une attaque injustifiée de la part de la France. Cependant que de son côté, l'Italie s'engage à demeurer neutre dans le cas d'une guerre entre l'Autriche-Hongrie et la Russie.

▷ Bouclier de paix représentant les chefs d'État de la Triple-Alliance

1880

1881 L'assemblée législative du **Tennessee** vote en faveur de la ségrégation dans les compartiments des trains. C'est l'une des premières lois dites « Jim Crow ».

1881 Clara Barton, **infirmière** visionnaire, crée la Croix-Rouge américaine.

1881 En Afrique du Nord, la France envahit la Tunisie, dont elle prend le contrôle.

▷ Booker T. Washington

1881
OUVERTURE D'UN INSTITUT DE FORMATION AFRO-AMÉRICAIN À TUSKEGEE, EN ALABAMA

Ancien esclave, Booker T. Washington se bat pour suivre des études et entre au Hampton Institute, en Virginie, en 1872. Convaincu que l'éducation est essentielle à la libération des Noirs aux États-Unis, il ouvre dans un petit local la Tuskegee Normal School, qui deviendra plus tard le Tuskegee Institute, dans le but de former des enseignants afro-américains.

▷ Le Krakatoa avant l'éruption, gravure sur bois

L'éruption du Krakatoa a projeté des gaz et des débris à 24 kilomètres dans l'atmosphère.

DE 1880 À 1884 | 233

◁ Jibbeh (tunique) portée par les mahdistes, vers 1880

1883
LES MAHDISTES ATTAQUENT UNE ARMÉE ANGLO-ÉGYPTIENNE

Après s'être proclamé « Mahdi », le chef musulman Muhammad Ahmad prend la tête d'une révolte contre l'Égypte, laquelle contrôle le Soudan depuis 1819. En 1883, à El-Obeid, les mahdistes anéantissent une troupe égyptienne sous commandement britannique, et deux ans plus tard, s'emparent de Khartoum.

△ Affrontement entre les mahdistes et les forces britanniques

1884

1882 Des pogroms antisémites se produisent en Russie, après l'assassinat du tsar Alexandre, dont les Juifs sont rendus responsables.

△ Délégués lors de la conférence de Berlin

1883
ÉRUPTION DU KRAKATOA EN INDONÉSIE

Le 20 mai 1883, l'île volcanique de Krakatoa, située entre Java et Sumatra, entre en éruption pour la première fois depuis deux siècles. En août, elle est presque entièrement détruite par une série de quatre explosions. Projetant dans l'air d'impressionnantes quantités de terre, les éruptions créent de vastes tsunamis et tuent près de 36 000 personnes.

1884
LES PUISSANCES EUROPÉENNES SE PARTAGENT L'AFRIQUE

En novembre 1884, les puissances européennes se rencontrent à Berlin pour partager l'Afrique en différentes colonies ; cela marque une nouvelle étape dans leurs ambitions impérialistes. Organisée par le chancelier allemand Otto von Bismarck, la conférence se poursuit jusqu'en février 1885. Quelque 14 nations y participent, dont la France, la Belgique, le Portugal et le Royaume-Uni. Nul chef africain n'est consulté ni invité, de même qu'aucune considération n'est accordée à la question des frontières culturelles, sociales, ethniques ou linguistiques existantes. En quelques années, les puissances européennes contrôlent plus de 80 % du continent africain.

DE 1885 À 1889

1885
CRÉATION DU CONGRÈS NATIONAL INDIEN

Le Congrès national indien est le premier parti nationaliste moderne à émerger dans les pays colonisés par le Royaume-Uni, en Afrique et en Asie. Réuni pour la première fois à Bombay (Mumbai), il a pour objectif de parvenir à une meilleure représentation institutionnelle des Indiens éduqués et à un plus grand contrôle politique dans le cadre du Raj. Après 1920, avec le Mahatma Gandhi, le parti fait campagne pour une réforme politique d'envergure avant de prendre la tête du mouvement en faveur de l'indépendance de l'Inde.

◁ Première réunion du Congrès national indien

1887 Le spectacle de Buffalo Bill, le Wild West Show, est présenté en Grande-Bretagne dans le cadre du jubilé de la reine Victoria.

1885 Le Chemin de fer Canadien Pacifique est achevé : il atteint la Colombie-Britannique.

1888 L'esclavage est aboli au Brésil après plus de trois siècles.

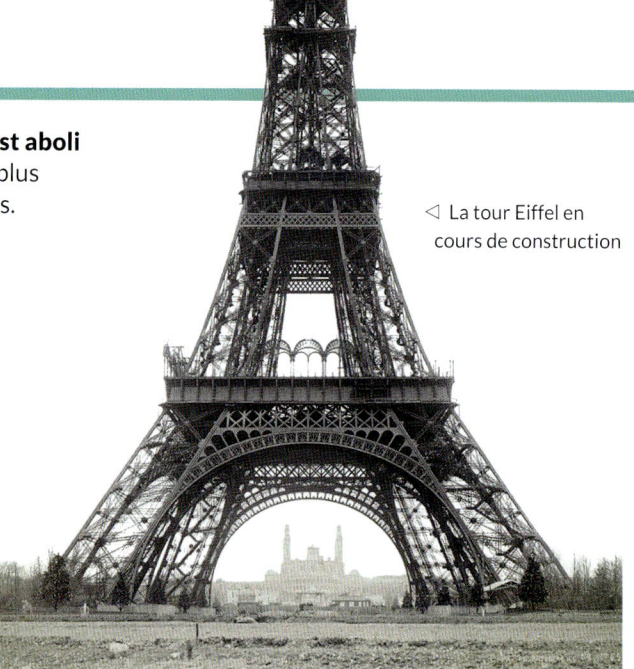

◁ La tour Eiffel en cours de construction

1885
LÉOPOLD II RÉCLAME LE CONGO

À la suite de la conférence de Berlin, le roi Léopold II de Belgique s'approprie le Congo, riche en caoutchouc, qui devient alors l'État indépendant du Congo. À la différence des autres colonisateurs européens, Léopold II considère le pays comme une possession personnelle et privée qu'il gouverne pour son propre bénéfice. Son administration deviendra tristement célèbre pour sa brutalité excessive, son travail forcé, ainsi que le recours à la torture et au meurtre de Congolais.

▷ Léopold II

1889
INAUGURATION DE LA TOUR EIFFEL

Dominant Paris avec ses 312 mètres de hauteur, la tour Eiffel est dévoilée lors de l'Exposition universelle qui célèbre le centenaire de la Révolution française. Conçue par l'ingénieur Gustave Eiffel et construite en 22 mois par sa société, c'est, à l'époque, la plus haute structure jamais édifiée par l'homme. Critiquée par le public et les artistes, la gigantesque structure de fer puddlé remporte un succès immédiat et, dès son ouverture, attire près de 12 000 visiteurs par jour.

DE 1885 À 1889 | 235

▷ Cecil Rhodes, symbole de l'avidité impérialiste, dans la revue *Punch*

1889
EXPANSION IMPÉRIALE EN AFRIQUE

Avec la colonisation de l'Érythrée par l'Italie et la mainmise croissante du Royaume-Uni sur l'Afrique du Sud, le contrôle de l'Europe sur le continent africain s'intensifie rapidement. Cette politique d'expansion est conduite par des spéculateurs tels que Cecil Rhodes, partisan controversé de l'impérialisme. Après avoir obtenu un privilège pour la British South Africa Company qu'il a fondée, ce dernier agrandit un territoire contrôlé par l'Angleterre qui deviendra la Rhodésie (d'après son nom), avant d'extorquer à des chefs africains, tel le roi ndébélé Lobengula, des droits de prospection exclusifs.

1889 Des socialistes venus de 20 pays se rencontrent à Paris pour la Seconde Internationale.

1889

1889 Le Japon adopte la Constitution Meiji (ou Constitution de l'Empire du Japon), qui introduit des réformes politiques.

1889 La journaliste américaine Nellie Bly fait le tour du monde en 72 jours.

Entre 1913 et 1927, les usines Ford produisent plus de 15 millions de Model T.

1886-1908
PREMIÈRES VOITURES

Les premières voitures motorisées coûtent cher, mais l'introduction de la production de masse en 1908 abaisse les prix et ouvre la voie à l'ère de l'automobile.

1886 L'ingénieur allemand Karl Benz fait breveter la première automobile fonctionnant au pétrole. Avec son moteur à quatre temps et ses trois roues à rayons métalliques, c'est le premier véhicule pratique.

1890 Les Français René Panhard et Émile Levassor produisent la première voiture dotée d'un moteur à l'avant. Elle est à traction arrière et est équipée d'une transmission à engrenages.

1908 Conçue et fabriquée par l'Américain Henry Ford, la première Model T sort de sa chaîne de production. Surnommée « Tin Lizzie », c'est la première voiture à prix abordable et produite en masse.

1891
DÉBUT DE LA CONSTRUCTION DU TRANSSIBÉRIEN

Née d'une idée du tsar Alexandre III, la ligne du Transsibérien est conçue pour couvrir 9 198 kilomètres entre Moscou et le port oriental de Vladivostok. Des dizaines de milliers de personnes travaillent à sa construction, parmi lesquelles des ouvriers qualifiés, des paysans ou encore des prisonniers. Les trains doivent être transportés sur un brise-glace pour traverser le lac Baïkal, mais en 1904, tous les tronçons sont achevés, permettant de relier la Sibérie.

▷ Ingénieurs sur la ligne du Transsibérien

1892
OUVERTURE D'ELLIS ISLAND

Face à l'afflux croissant d'immigrants venus d'Europe centrale, de l'Est ou du Sud, un bureau fédéral d'immigration est ouvert sur Ellis Island, dans le port de New York, près de la statue de la Liberté. Sept cents immigrants y défilent le premier jour, suivis par quelque 450 000 autres au cours de l'année. Parmi eux se trouvent des Juifs qui fuient les pogroms en Russie ou des Italiens chassés par la pauvreté. Entre 1900 et 1914, près de 190 immigrants arriveront chaque jour.

▷ Immigrants arrivant à New York

1891 Le paléoanthropologue néerlandais **Eugène Dubois découvre à Java** des fragments d'os qu'il attribue à *Pithecanthropus erectus*, plus tard appelé « homme de Java ».

1890
MASSACRE À WOUNDED KNEE

Accablé par la perte de ses terres et de ses moyens de subsistance, le peuple sioux adhère à la Danse des esprits, un mouvement qui promet la restitution de ses biens et de sa culture. Y voyant une provocation, le gouvernement américain envoie des troupes à Wounded Knee dans le but de désarmer les Sioux Lakota – 150 à 300 d'entre eux sont tués.

◁ Le chef They-Fear-His-Horse, négociateur après Wounded Knee

> « Les soldats ont coupé mon bois [...] tué mon buffle [...] mon cœur est sur le point d'éclater. »

SANTANA, CHEF KIOWA, 1867, EXTRAIT D'*ENTERRE MON CŒUR À WOUNDED KNEE*, DE DEE BROWN

1893
APPARITION DE L'ART NOUVEAU

Réagissant au caractère strict de la décoration victorienne, des architectes et artistes européens élaborent le style dit Art Nouveau, que caractérisent des lignes fluides et organiques, des formes naturelles et des matériaux modernes. Popularisé par des architectes tels que le Belge Victor Horta, qui conçoit l'hôtel Tassel, l'Art Nouveau est présent lors de l'Exposition universelle de 1900 à Paris.

▷ L'hôtel Tassel à Bruxelles, en Belgique

1893 La France étend sa **domination coloniale** sur une grande partie de l'Afrique occidentale.

1894

1892 **Créole de Louisiane, Homère Plessy** défie les lois discriminatoires américaines dites « Jim Crow » en prenant place dans un compartiment réservé aux Blancs.

1894 **Les Arméniens de religion chrétienne** sont massacrés après avoir réclamé des réformes dans l'Empire ottoman.

◁ Mémorial représentant Kate Sheppard, Meri Te Tai Mangakahia, ainsi que d'autres militantes

1848-1943
KATE SHEPPARD

Âgée d'une vingtaine d'années, Kate Sheppard quitte Liverpool pour la Nouvelle-Zélande. Défendant les droits de la femme, elle milite énergiquement en faveur du droit de vote, parcourt le pays en tous sens, fait du lobbying et organise des pétitions.

1893
LES FEMMES DE NOUVELLE-ZÉLANDE OBTIENNENT LE DROIT DE VOTE

En septembre 1893, les Néo-Zélandaises sont les premières à obtenir le droit de vote aux élections parlementaires. Ce succès est l'aboutissement d'une longue campagne menée par des femmes telles que Kate Sheppard qui présentent des pétitions au Parlement jusqu'à ce que la loi autorise les femmes blanches et maories à voter. Il leur faudra, en revanche, attendre 1919 pour pouvoir se présenter à une élection.

LES ANNÉES 1840 À 2021
LE VOTE DES FEMMES

Les femmes mènent un long combat pour obtenir le droit de vote, combat particulièrement intense en Grande-Bretagne et aux États-Unis où les mouvements en faveur du suffrage féminin, qu'accompagnent des exigences croissantes en matière d'égalité, se développent à partir des années 1860. Les militantes recourent à des méthodes respectueuses de la loi, telles que des pétitions, le lobbying auprès des parlementaires, l'organisation de meetings et de marches, ou encore des textes envoyés à la presse. À mesure que le temps passe, toutefois, et pour parvenir à leurs fins, certaines d'entre elles – les suffragettes – se tournent vers l'action directe ou la désobéissance civile.

Le mouvement s'essouffle vers la fin du XIXe siècle, avant de connaître un nouvel élan avec la reconnaissance du droit de vote des femmes en 1893 par la Nouvelle-Zélande, suivie en 1902 par l'Australie, puis par la Finlande 4 ans plus tard – les Finlandaises sont les premières Européennes à voter. Dans les années d'entre-deux-guerres, la plupart des femmes obtiennent à leur tour ce droit, acquis dans certains cas à la suite de changements constitutionnels ou révolutionnaires – c'est le cas en Russie avec la révolution de 1917.

Entre 1893 et 2021, les femmes obtiennent le droit de vote dans la plupart des régions du monde, quoique de façon parfois inégale. L'âge, les biens détenus, l'alphabétisation ou l'origine ethnique peuvent en restreindre l'accès. Ainsi en Grande-Bretagne, seules les femmes propriétaires et âgées de plus de 30 ans obtiennent de voter en 1918 ; l'égalité en la matière n'interviendra que 10 ans plus tard. En Afrique du Sud ou en Australie, les femmes blanches obtiennent ce droit avant les femmes autochtones ou de couleur.

ÉVÉNEMENTS-CLÉS

1893 Voter
Les Néo-Zélandaises sont les premières à obtenir le droit de vote, en 1893 ; les autres femmes, en particulier au Moyen-Orient, devront attendre plus longtemps. Les Koweïtiennes peuvent voter à partir de 2005, les Saoudiennes (*à gauche*) à partir de 2015 (uniquement lors des élections municipales).

1903 Amplification du militantisme
À partir de 1903 au Royaume-Uni, les suffragettes – membres de la Women's Social and Political Union (WSPU) fondée par Emmeline Pankhurst (*à gauche*) – se tournent vers l'action militante. Elles envahissent le Parlement, s'enchaînent aux grilles ou brisent des fenêtres. Près de 1 000 suffragettes sont emprisonnées.

1917 Participation politique
L'accès des femmes aux charges politiques intervient après l'obtention du droit de vote. Première femme élue au Parlement d'une nation indépendante, Jeannette Rankin (*à gauche*) entre à la Chambre des représentants des États-Unis en 1917. Bien qu'aujourd'hui les femmes ont accès au domaine de la politique, les hommes y occupent la majorité des postes.

Aux États-Unis, la lutte pour la reconnaissance du droit de vote des femmes débute en 1848. En 1890, la National American Woman Suffrage Association, principale organisation militante, organise des défilés et exerce un lobbying auprès de la Cour Suprême. Si le droit de vote est acquis en 1920, la plupart des Afro-Américaines ou des Autochtones en sont en revanche, exclues.

1895
VICTOIRE JAPONAISE À WEIHAIWEI

La dynastie chinoise des Qing et le Japon s'affrontent en vue d'obtenir la suprématie sur les eaux coréennes. Remportant coup sur coup plusieurs victoires, les Japonais détruisent la flotte chinoise à Weihaiwei en février 1895. La guerre prend fin en avril avec la signature du traité de Shimonoseki. Le Japon étend son influence sur la Corée, annexe Taïwan et devient la puissance dominante en Asie de l'Est.

▷ La bataille de Weihaiwei

1895 Des insurgés cubains se soulèvent contre le gouvernement colonial espagnol.

1895 Dirigée par Starr Jameson, l'expédition britannique organisée pour renverser le gouvernement boer du Transvaal échoue.

1895 L'ingénieur italien Guglielmo Marconi invente le télégraphe sans fil.

◁ Les rayons X de Röntgen

1895
DÉCOUVERTE DES RAYONS X

Alors qu'il travaille sur les rayons cathodiques, le physicien allemand Wilhelm Röntgen découvre un type de radiations que seuls des matériaux compacts peuvent bloquer. Projetés au travers d'un objet sur une plaque photographique, ces rayons permettent d'obtenir une image révélant les zones denses sous forme d'ombres. En expérimentant le procédé sur certaines parties du corps, Röntgen se rend compte que ces rayons (auxquels il donne le nom de l'inconnue mathématique X) traversent la chair, mais sont arrêtés par les os, qui forment une ombre nettement visible.

1896
L'ÉTHIOPIE L'EMPORTE SUR L'ITALIE

À partir de 1885, l'intérêt de l'Italie pour l'Afrique ne cesse de grandir. Après avoir colonisé l'Érythrée, le royaume italien entend s'emparer de l'Éthiopie, dévastée par la famine. La signature du traité de Wouchalé, qui transforme l'empire éthiopien en protectorat, est dénoncée par l'empereur Menelik II qui, mobilisant ses troupes, l'emporte à Adoua sur les forces italiennes. L'Éthiopie est la seule grande nation africaine à échapper à la colonisation européenne.

△ L'empereur Menelik II observant le champ de bataille à Adoua

DE 1895 À 1899 | **241**

1896
PREMIERS JEUX OLYMPIQUES MODERNES

Sous la houlette du Comité international olympique (CIO), les jeux antiques sont repris et modernisés, avant d'être présentés à Athènes. Des athlètes masculins venus du monde entier (principalement d'Europe, du Chili, d'Australie et des États-Unis) s'y affrontent dans des disciplines telles que l'athlétisme, le tir, la gymnastique, le cyclisme ou encore l'escrime.

▽ Le stade olympique en 1896

241 athlètes prennent part aux premiers Jeux olympiques modernes.

1896 Avec l'arrêt Plessy vs Ferguson, la Cour Suprême des États-Unis confirme la légalité de la ségrégation raciale dans les lieux publics.

1897 La Grèce et l'Empire ottoman s'affrontent à propos du statut de la Crète.

1899 Sigmund Freud, psychanalyste autrichien, publie *L'Interprétation des rêves*.

1899

1898 La physicienne Marie Curie isole deux éléments radioactifs, le polonium et le radium.

1867-1934
MARIE CURIE

Née en Pologne, la physicienne Marie Curie est célèbre pour ses travaux novateurs sur la radioactivité. À l'origine de la découverte du radium et du polonium, elle reçoit le prix Nobel de physique en 1903, conjointement avec son mari.

1898
LES ÉTATS-UNIS DÉCLARENT LA GUERRE À L'ESPAGNE

L'explosion de l'USS *Maine* en rade de La Havane accroît les tensions entre les États-Unis et l'Espagne à propos de Cuba. Accusant les Espagnols, les Américains envoient des troupes pour soutenir la guerre d'indépendance cubaine. Dix semaines plus tard, l'Espagne capitule. Cuba obtient son indépendance, mais les forces américaines, demeurées sur place, prennent finalement le contrôle du pays en 1902.

△ Cavalerie américaine à Cuba

« L'interprétation des rêves est la voie royale qui mène à la connaissance de l'inconscient dans la vie psychique. »

SIGMUND FREUD, *L'INTERPRÉTATION DES RÊVES*, 1899

1900
RÉVOLTE DES BOXERS

En 1900, les grandes puissances européennes exercent leur influence sur l'ensemble de la Chine. Rejetant cette emprise, une société secrète chinoise – dite des Poings de la justice et de la concorde, connue sous le nom de Boxers en Occident – lance un mouvement de révolte dans le Nord du pays, marqué par l'assassinat de diplomates, civils ou missionnaires chrétiens, et la destruction de biens appartenant à des étrangers. Les Boxers assiègent Pékin, capitale de la Chine, avant d'être écrasés par une coalition internationale qui met fin à la rébellion.

▷ Les armées alliées envahissent Pékin, par Torajiro Kasai

1900

1900 En Afrique de l'Ouest, les **Ashantis** se révoltent contre l'occupant britannique, avant d'être écrasés.

1901 L'inventeur italien **Guglielmo Marconi** réalise la première transmission radio transatlantique.

1900
DÉCOLLAGE DU PREMIER ZEPPELIN

Après plusieurs années de préparation, le LZ-1, premier dirigeable conçu par l'inventeur allemand Ferdinand von Zeppelin, décolle à partir d'un hangar flottant installé sur le lac de Constance. Composé d'un squelette rigide de forme cylindrique contenant 17 cellules de gaz et alimenté par deux moteurs internes à combustion, le zeppelin mesure 128 mètres de long. Des gouvernails situés à l'avant et à l'arrière permettent de le diriger. Le vol inaugural dure 17 minutes. En 1909, Zeppelin met au point le LZ-6, capable de transporter 20 passagers et destiné au voyage d'agrément.

◁ Le premier zeppelin

1904
GUERRE RUSSO-JAPONAISE

Les tensions montent entre le Japon et la Russie à propos de la Corée et de la Mandchourie. Le Japon lance une attaque surprise sur les navires russes en rade de Port-Arthur, en Mandchourie, avant de déclarer la guerre à la Russie. Au terme d'une série d'affrontements sur terre et sur mer qu'elles remportent, les forces japonaises détruisent la flotte russe dans le détroit de Tsushima en 1905, mettant fin à la guerre. Le Japon obtient Port-Arthur et prend le contrôle de la Corée en 1910.

▷ La bataille navale dans le détroit de Tsushima, illustration d'un journal italien

1904 Dans le Sud-Ouest africain (Namibie), **les Herero et les Nama** se rebellent contre l'administration impériale allemande ; la rébellion est réprimée avec une grande brutalité.

1904 **Les États-Unis lancent la construction du canal de Panama,** inauguré en 1914.

1902
FIN DE LA SECONDE GUERRE DES BOERS

Les combats qui, plus de deux ans durant, mettent aux prises les Britanniques et les Boers pour le contrôle du Transvaal et de l'État libre d'Orange s'achèvent par une victoire anglaise. Dans un premier temps, les Boers l'emportent en assiégeant Ladysmith, Kimberley et Mafeking en 1900. Puis les Britanniques brisent le siège et pratiquent une politique de la « terre brûlée », détruisant des fermes boers et emprisonnant les familles dépossédées dans des camps de concentration.

△ Ordre de démobilisation de l'armée boer

1903-1958
LES VOLS À MOTEUR

Jusqu'au début du XXe siècle, les inventeurs de machines volantes rencontrent peu de succès. Les premiers transports de passagers débutent dans les années 1920.

1903 **Les inventeurs américains Orville et Wilbur Wright** réalisent leur premier vol « plus lourd que l'air », d'une durée de 12 secondes.

1915 Conçu par l'ingénieur allemand Hugo Junkers, le premier aéroplane entièrement métallique atteint une vitesse de 170 kilomètres-heure.

1939 L'ingénieur allemand Hans von Ohain installe un moteur à réaction dans le prototype du Heinkel He 178, créant le premier avion à réaction au monde.

1958 **Le Boeing 707** devient le modèle des avions de ligne destinés au transport intercontinental des passagers. Doté de quatre moteurs à réaction, il peut embarquer 190 personnes.

1905
SOULÈVEMENT EN AFRIQUE DE L'EST

Après de nombreuses années d'oppression et de travail forcé, les autochtones de l'Afrique orientale allemande (Tanzanie) se soulèvent. Armés de flèches et de lances, des guerriers attaquent les garnisons et détruisent les récoltes. La rébellion s'étend et rassemble 20 groupes ethniques, avant d'atteindre son apogée avec l'attaque d'une place forte allemande à Mahenga par plusieurs milliers de guerriers Maji-Maji. Écrasée en 1907, la révolte coûte la vie à près de 75 000 Africains.

◁ Combats à Mahenga

1879-1955
ALBERT EINSTEIN

Einstein, l'un des plus grands physiciens de tous les temps, élabore deux théories de la relativité – l'une dite restreinte, l'autre générale – qui révolutionnent la compréhension de l'espace, du temps, du mouvement et de l'Univers.

1906 La ville de San Francisco est frappée par un tremblement de terre dévastateur qui tue plus de 2 000 personnes.

1905 Le physicien d'origine allemande Albert Einstein publie sa théorie de la relativité restreinte.

1906 *La Jungle* d'Upton Sinclair décrit les effroyables conditions de travail dans les abattoirs américains.

1905
RÉVOLUTION EN RUSSIE

La gouvernance autocratique du tsar, les difficultés économiques et l'humiliation subie lors de la guerre russo-japonaise provoquent des manifestations et des grèves en Russie. Lorsque les troupes tirent sur les manifestants désarmés, une partie des soldats se joint au mouvement, cependant que les marins du cuirassé *Potemkine* se mutinent. Les révolutionnaires instituent des soviets (conseils), avant que le tsar Nicolas II n'accepte d'entreprendre des réformes et d'instituer une douma (chambre basse élue).

◁ Affiche représentant la révolution russe de 1905

Plus de 225 000 personnes se retrouvent sans foyer après le tremblement de terre de San Francisco en 1906.

1907
ÉMERGENCE DU CUBISME

L'Espagnol Pablo Picasso et le Français Georges Braque élaborent une nouvelle approche artistique appelée cubisme. Influencés par l'œuvre de Paul Cézanne, ils abandonnent l'idée traditionnelle du point de vue unique en faveur d'une perspective multiple, présentée en une seule et même image – à l'exemple des *Demoiselles d'Avignon* – qui aboutit à une forme abstraite. L'impact du cubisme sur l'art du XXe siècle est immense.

▷ *Les Demoiselles d'Avignon*, 1907, Pablo Picasso : une œuvre cubiste fondatrice

1906 L'anarchiste américaine **Emma Goldman** lance le journal *Mother Earth*.

1909

1909 Au Royaume-Uni, des suffragettes emprisonnées commencent une grève de la faim et sont nourries de force.

1906
COURSE AUX ARMEMENTS NAVALS

À partir de 1898, désireux de faire de l'Allemagne une grande force militaire, le kaiser Guillaume II ordonne à l'amiral Tirpitz de créer une flotte rivalisant avec celle du Royaume-Uni, la plus puissante au monde à l'époque. Tirpitz concentre ses efforts sur la construction de navires de guerre capables de concurrencer les *dreadnoughts* anglais, vastes cuirassés dotés d'une artillerie à calibre unique. Face à ce qu'ils perçoivent comme une menace, les Britanniques augmentent leur marine militaire. Cette escalade à l'armement naval provoque des tensions en Europe.

◁ L'amiral Tirpitz

◁ Le drapeau des Jeunes-Turcs

1908
LES TURCS EXIGENT DES RÉFORMES

Composé de libéraux, d'étudiants et de révolutionnaires, le mouvement des Jeunes-Turcs réclame la fin de l'absolutisme dans l'Empire ottoman et se révolte contre le sultan Abdülhamid II qui a dissous le Parlement et réprimé les dissidents. Attirant des fonctionnaires et des officiers de l'armée, le mouvement s'étend et organise une marche sur Istanbul, contraignant Abdülhamid à rétablir le Parlement.

DE 1910 À 1914

1910
RÉVOLUTION MEXICAINE

Sous la dictature de Porfirio Díaz, la pauvreté s'accroît, l'opposition est écrasée. Le réformateur Francisco I. Madero se présente aux élections contre Díaz, qui le fait jeter en prison. Parvenant à s'échapper, Madero appelle à une insurrection. Des troupes de guérilleros recrutés parmi les paysans et conduites par Emiliano Zapata et Pancho Villa attaquent de riches propriétaires, s'emparent de villes et parviennent à battre les forces présidentielles. Díaz est chassé du pouvoir et Madero élu président en 1911.

△ Pancho Villa et ses guérilleros

1912
NAUFRAGE DU « TITANIC »

Achevé en 1911, le RMS *Titanic* est le plus grand et le plus luxueux paquebot transatlantique au monde. Avec ses 16 compartiments étanches installés dans la coque, il est considéré comme insubmersible. Toutefois, 4 jours après avoir quitté Southampton pour son voyage inaugural à destination de New York, il entre en collision avec un grand iceberg qui déchire son flanc à tribord. Le paquebot coule en moins de 3 heures et 1 500 personnes perdent la vie.

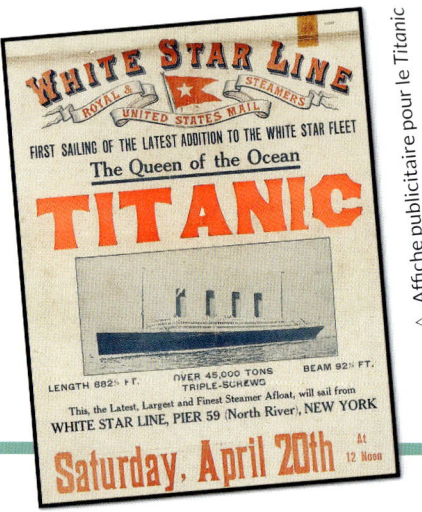

△ Affiche publicitaire pour le Titanic

1910

1910 Le militant noir américain **William Edward Burghardt Du Bois** participe à la création de la National Association for the Advancement of Colored People.

1911 Le Norvégien **Roald Amundsen** est le premier à atteindre le pôle Sud, juste avant le Britannique Robert Scott.

1911 L'archéologue américain **Hiram Bingham** met au jour la cité inca de Machu Picchu.

1911
LA DYNASTIE QING EST RENVERSÉE

Après plus de 2 000 ans de règne, le régime impérial chinois disparaît avec le renversement de la dynastie mandchoue des Qing, affaiblie par des troubles croissants et la montée de mouvements révolutionnaires ou nationalistes qui dénoncent la corruption, le conservatisme et l'incapacité du système à contrer les interventions étrangères. Mené par Sun Yat-sen, le parti nationaliste du Kuomintang provoque une insurrection qui entraîne d'autres révoltes. La République de Chine est proclamée par les nationalistes, l'empereur Qing abdique et Sun Yat-sen devient provisoirement président.

◁ Carte postale représentant des chefs et des scènes de la révolution

1914
DÉBUT DE LA PREMIÈRE GUERRE MONDIALE

Le 28 juin 1914, Gavrilo Princip, nationaliste serbe, assassine l'archiduc François-Ferdinand, héritier du trône d'Autriche. En représailles, l'Autriche déclare la guerre à la Serbie. Un jeu d'alliances entraîne d'autres nations dans le conflit. La Russie mobilise ses troupes pour soutenir la Serbie. L'Allemagne déclare la guerre à la Russie et à son alliée, la France. L'armée allemande envahit la Belgique. Le Royaume-Uni, garant de la neutralité belge, déclare la guerre à l'Autriche et à l'Allemagne le 4 août. La Première Guerre mondiale a débuté. Les colonies britanniques, françaises et allemandes à travers le monde y prennent également part.

▷ L'archiduc François-Ferdinand

1912 **Création du Congrès national indigène sud-africain,** précurseur du Congrès national africain (African National Congress ou ANC).

1913 **Le 8 mars,** les femmes russes célèbrent la Journée internationale de la femme, qui deviendra un événement annuel.

1913 **Un conflit éclate entre la Ligue balkanique** (Grèce, Serbie, Monténégro et Bulgarie) et l'Empire ottoman.

1914

1914
LES ALLIÉS STOPPENT L'AVANCÉE ALLEMANDE

Dans le but d'écarter rapidement les Français du conflit, les troupes allemandes envahissent la Belgique et entrent en France par le Nord-Est. Au lieu d'encercler Paris, elles poursuivent l'armée française qui bat en retraite vers la Marne, où une force franco-britannique organise une contre-offensive : marquant le premier grand affrontement de la guerre, celle-ci permet de repousser les Allemands. Les deux camps en présence entreprennent de creuser des tranchées, créant une situation qui, à Noël, aboutit à une impasse le long du front de l'Ouest qui s'étire du littoral belge à la frontière suisse.

△ Soldats allemands dans une tranchée

Près de 65 millions de soldats combattent durant la Première Guerre mondiale ; environ 8,5 millions d'entre eux sont tués, et 21,2 millions blessés.

1917
ÉCHEC DE L'OFFENSIVE À YPRES

Le 31 juillet, les troupes alliées lancent un assaut contre le front allemand, près du saillant d'Ypres, dans le but d'atteindre les ports belges et de s'emparer des U-Boots allemands. L'offensive est un désastre. Les bombardements et la pluie transforment le sol en un bourbier où l'eau est parfois si profonde qu'on peut s'y noyer. En novembre, les forces alliées s'emparent de Passchendaele, à 7 kilomètres de là, avant que l'offensive ne soit arrêtée. Quelque 580 000 soldats perdent la vie.

▷ Soldats australiens traversant un paysage dévasté à Ypres

« *Je suis mort en enfer, on l'appelait Passchendaele.* »

LE POÈTE SIEGFRIED SASSOON, OCTOBRE 1918

1915

1915 **Six millions de Noirs américains migrent** vers le nord afin de travailler dans l'industrie de la guerre.

1915 **Le Congrès des femmes pour la paix** se tient à La Haye, aux Pays-Bas.

1915 **L'Italie déclare la guerre à l'Autriche-Hongrie** et entre dans la Première Guerre mondiale aux côtés des Alliés.

1916 **Les républicains irlandais** se révoltent contre la domination anglaise – révolte brutalement réprimée.

◁ La bataille de Verdun

1916
FRANÇAIS ET ALLEMANDS S'AFFRONTENT À VERDUN

La bataille la plus longue de la Première Guerre mondiale débute le 21 février avec le bombardement de la place fortifiée de Verdun par les Allemands. Quoique contraintes de reculer, les forces françaises ripostent : les combats se poursuivent 10 mois durant, sous un déluge de bombes et de tirs de mitrailleuse. En décembre, les Français prennent Verdun, marquant la fin de la bataille. Plus de 700 000 hommes meurent au combat.

◁ Mitrailleuse Maxim 303 Mk II utilisée pendant la Première Guerre mondiale

DE 1915 À 1919 | 249

1917
RENVERSEMENT DU RÉGIME TSARISTE

La révolution éclate en février lorsque des manifestants envahissent les rues de Petrograd pour réclamer du pain et la paix. L'armée russe, qui a subi d'effroyables pertes au cours de la guerre, soutient les ouvriers. Nicolas II abdique et les mencheviks, qui constituent le parti ouvrier modéré, forment un gouvernement provisoire. En octobre, les bolchéviques, communistes révolutionnaires, envahissent le palais d'Hiver et s'emparent du pouvoir. Sous Vladimir Lénine, la Russie devient l'Union soviétique, premier État communiste au monde.

△ Affiche de propagande soviétique

1919
MASSACRE D'AMRITSAR

À Jallianwala Bagh, un parc de la ville sacrée d'Amritsar, située dans le Pendjab, près de 379 Indiens non armés sont tués par des soldats sous commandement britannique. Inquiètes de la montée du nationalisme, les autorités anglaises ont interdit les réunions publiques. Ignorant l'interdiction, des milliers de Pendjabis convergent vers le parc pour y célébrer des festivités. Sur ordre de l'adjudant-général Dyer, la troupe britannique ouvre le feu. Le massacre provoque l'indignation et renforce le mouvement nationaliste en faveur de l'indépendance.

◁ Monument aux morts et aux blessés, à Jallianwala Bagh, en Inde

1917 Les États-Unis entrent dans la Première Guerre mondiale : ils déclarent la guerre à l'Allemagne et envoient des troupes en France.

1919 Journaliste et homme politique italien, Benito Mussolini crée le Parti national fasciste.

1917 Le gouvernement britannique se déclare en faveur d'un foyer national pour le peuple juif en Palestine.

1919 Au cours de l'« été rouge », plus de 30 émeutes raciales éclatent dans des villes américaines, en réaction aux lynchages et aux lois ségrégationnistes.

1918
ARMISTICE

Le 11 novembre 1918 à 11 heures du matin, après plus de 4 années de guerre et des millions de victimes, les canons se taisent à travers le monde. La Bulgarie, l'Autriche-Hongrie et la Turquie ont capitulé en octobre. L'Allemagne poursuit les combats en dépit d'une opinion nationale farouchement opposée à la guerre. Le kaiser abdique, l'Allemagne reconnaît sa défaite et le 11 novembre, les délégations allemande et alliées signent un armistice à Compiègne, en France. En quelques minutes, la nouvelle se répand dans le monde entier.

△ Les Américains célèbrent l'armistice

1919
UN TRAITÉ DE PAIX MET FIN À LA PREMIÈRE GUERRE MONDIALE

La guerre s'achève officiellement le 28 juin 1919, avec la signature du traité de Versailles, qui entre en vigueur en janvier 1920. Controversé, le traité est conçu par les « Quatre Grands » : Royaume-Uni, France, Italie et États-Unis. Rendue responsable de la guerre, l'Allemagne doit verser de lourdes indemnités aux Alliés. L'ensemble de ses colonies d'outre-mer est mis sous contrôle et son armée drastiquement réduite.

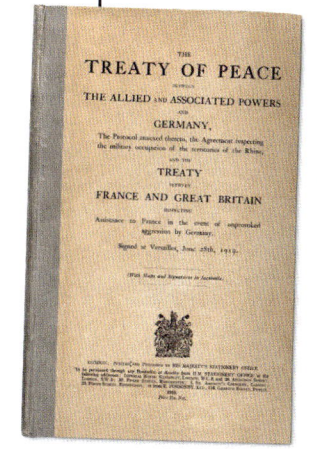

▷ Traité de Versailles

DE 1920 À 1924

1920
INSTAURATION DE LA PROHIBITION AUX ÉTATS-UNIS

À la suite des pressions exercées par les ligues de tempérance chrétiennes et l'Anti-Saloon League, les États-Unis interdisent la production, la vente et le transport de boissons alcoolisées. La prohibition s'accompagne d'un développement du crime organisé, dont les bandes s'affrontent autour de la fabrication et du commerce d'alcool de contrebande ou encore l'ouverture de speakeasies, bars clandestins où l'on peut boire.

◁ Élimination d'alcool sous surveillance policière

1920 Marcus Garvey, militant jamaïcain, fonde l'Association universelle pour l'amélioration de la condition noire (Universal Negro Improvement Association).

1921 À Londres, la militante **Marie Stopes** ouvre la première clinique consacrée au contrôle des naissances.

1922 Le fasciste **Benito Mussolini** marche sur Rome et devient Premier ministre d'Italie.

1920

1920 **La Société des Nations** organise son premier conseil à Paris.

1921 Présentation aux États-Unis du premier **long-métrage de Charlie Chaplin**, *The Kid*.

1921
FAMINE EN RUSSIE

Coûtant la vie à 5 millions de personnes, une famine frappe la Russie soviétique. Une période de sécheresse sévère entraîne des pénuries de vivres, exacerbées par les conséquences de la révolution de 1917 et la guerre civile qui s'ensuit. Face aux révoltes bolchéviques qui éclatent à Kronstadt et ailleurs, Vladimir Lénine est contraint de faire appel à l'aide étrangère. Revenant sur les stricts principes communistes, il met en place une Nouvelle politique économique (NEP) qui reprend certains éléments du libre marché.

▷ Affiche soviétique exhortant le peuple à se souvenir de ceux qui ont faim

1870-1924
VLADIMIR ILITCH LÉNINE

Marxiste révolutionnaire, Lénine fonde le parti bolchevique. S'emparant du pouvoir en 1917, il impose un régime de type dictatorial, réprimant l'opposition, nationalisant les banques et l'industrie, et redistribuant les terres.

> « Nous voulons réaliser un ordre social nouveau et meilleur [...]. Il ne doit y avoir ni riches ni pauvres. »
>
> LÉNINE, *AUX PAYSANS PAUVRES*, 1903

1923
EFFONDREMENT DU MARK ALLEMAND
Après la Première Guerre mondiale, l'Allemagne se voit imposer le paiement de lourdes réparations. En 1922, face à l'incapacité du pays à régler les indemnités, des forces françaises et belges occupent la Ruhr, cœur de l'industrie allemande. L'économie s'effondre, le gouvernement imprime en masse de la monnaie et le cours du mark chute, perdant quasiment toute valeur.

▷ Billet de 100 000 marks imprimé en 1923

En 1922, en Allemagne, une miche de pain coûte 163 marks ; en 1923, elle en vaut 200 000 000.

1922 L'archéologue **Howard Carter** découvre le tombeau du pharaon Toutankhamon en Égypte.

1923 **Le général Primo de Rivera** renverse le gouvernement espagnol et impose sa dictature.

1924 Le compositeur **américain George Gershwin** crée *Rhapsody in Blue*.

1924

◁ Signature du Traité anglo-irlandais

◁ Mustafa Kemal Atatürk, premier président de la Turquie

1923
LA TURQUIE DEVIENT UNE RÉPUBLIQUE
À la fin de la Première Guerre mondiale, le traité de Sèvres démantèle, de fait, l'Empire ottoman qui cède de vastes régions à la France, la Grèce, l'Italie et le Royaume-Uni. Sous la houlette de Mustafa Kemal Atatürk, les nationalistes turcs se lancent dans une série de combats contre les occupants, les Grecs en particulier. Le dernier sultan ottoman abdique et, victorieux, Kemal proclame la République turque, dont il prend la présidence.

1922
CRÉATION DE L'ÉTAT LIBRE D'IRLANDE
Au terme de plusieurs années de combat entre l'Irish Republican Army (IRA) et les forces britanniques, le Traité anglo-irlandais crée l'État libre d'Irlande, dominion autonome au sein de l'Empire britannique. Les six comtés de l'Irlande du Nord continuent de faire partie du Royaume-Uni. Le traité divise le mouvement républicain et débouche sur une guerre civile.

1925
LE KLAN MARCHE SUR WASHINGTON

Fondé à la fin des années 1860, le Ku Klux Klan (KKK) entend imposer la suprématie blanche aux États-Unis en instaurant la terreur parmi les esclaves noirs libérés. Officiellement interdit en 1871, le Klan retrouve un élan à partir de 1915. En août, quelque 40 000 membres vêtus du costume blanc caractéristique marchent sur Washington, exigeant une Amérique protestante et entièrement blanche.

◁ Marche du KKK sur Washington.

1926 En Grande-Bretagne, le Trades Union Congress (TUC) appelle à la première grève générale de l'histoire du Royaume-Uni, afin de soutenir les mineurs. Neuf jours plus tard, le gouvernement brise la grève.

1926
PREMIÈRE TÉLÉVISION

En janvier 1926, dans son laboratoire londonien, l'inventeur écossais John Logie Baird diffuse les premières images télévisuelles identifiables devant un journaliste du *Times* et des membres de la Royal Institution. Son système mécanique à balayage pourvu d'un disque tournant constitue la première télévision fonctionnelle au monde.

△ John Logie Baird

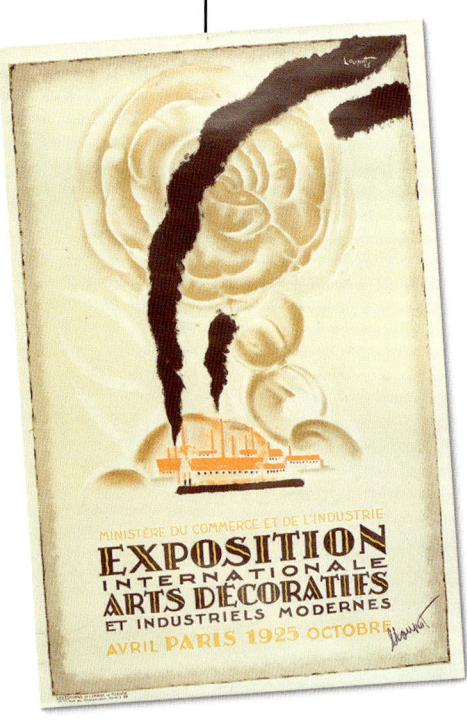

1925
L'EXPOSITION INTERNATIONALE DES ARTS DÉCORATIFS ATTIRE DES MILLIONS DE VISITEURS

Présentant des artistes et artisans venus de 20 pays, l'Exposition internationale des arts décoratifs et industriels modernes ouvre à Paris. Seize millions de personnes viennent y découvrir un style nouveau, dit Art déco. Tissus, céramiques, architecture et architecture d'intérieur ou encore ouvrages en verre présentent les couleurs vives et les formes géométriques caractéristiques de ce nouveau style.

◁ Affiche publicitaire pour l'exposition de 1925

DE 1925 À 1929 | 253

▽ L'avion de Charles Lindbergh, le *Spirit of St. Louis*

1927
LINDBERGH TRAVERSE L'ATLANTIQUE EN SOLITAIRE

En mai, l'aviateur américain Charles Lindbergh décolle de New York pour rejoindre Paris. Il est le premier à effectuer un vol transatlantique en solitaire et sans escale. Avec son avion le *Spirit of St. Louis*, secoué par la pluie et de forts vents, Lindbergh parcourt 5 793 kilomètres en 33 heures et 30 minutes. Plus de 100 000 personnes l'attendent à l'atterrissage.

1928 L'Américaine **Amelia Earhart** devient la première femme à effectuer un vol transatlantique.

1928 Le physicien écossais **Alexander Fleming** découvre la pénicilline.

1928 Dirigé par Tchang Kaï-chek, le Kuomintang (Parti nationaliste chinois) s'empare de Pékin et instaure un gouvernement national.

1929

1928 Dans l'Union soviétique, Joseph **Staline** ordonne la collectivisation de l'agriculture, dans le cadre d'un programme de transformation économique radicale.

▷ Affiche publicitaire pour *Le Chanteur de jazz*

▷ Un agent de change vend sa voiture

1927
ARRIVÉE DU « PARLANT »

La possibilité d'entendre le son synchronisé avec l'image change à jamais le cinéma. Le tout premier film sonore réalisé montre le départ de Charles Lindbergh pour son célèbre vol (*ci-dessus*). Mais c'est *Le Chanteur de jazz*, fiction mettant en scène Al Jolson, qui assure le succès du parlant.

1929
KRACH À WALL STREET

Après la période de spéculation qui suit la Première Guerre mondiale, le cours des actions s'effondre. Le 24 octobre, resté dans les mémoires sous le nom de « jeudi noir », le marché plonge. Cinq jours plus tard, 16 millions de titres sont échangés, faisant chuter les cours. Des milliers d'investisseurs sont ruinés et le krach marque le début d'une dépression économique mondiale.

DE 1916 À 1929
L'ÈRE DU JAZZ

Appelée parfois « ère du jazz » ou « Années folles », la décennie qui suit la Première Guerre mondiale correspond à une période de changements sociaux et culturels profonds : libérée de la tourmente provoquée par le conflit, la jeunesse se tourne vers les loisirs et le divertissement, adoptant de nouvelles modes, danses ou musiques – notamment le jazz. Originaire de La Nouvelle-Orléans, la culture du jazz gagne en popularité aux États-Unis et bientôt à Londres, Paris, Singapour et d'autres villes encore. Un joyeux sentiment de liberté se répand à mesure que les restrictions s'assouplissent. Les femmes, en particulier, s'insèrent dans cette nouvelle période et profitent des libertés sociales acquises durant la guerre, soutenues par le mouvement en faveur du droit de vote féminin. Se débarrassant des anciens stéréotypes fondés sur la dépendance et la fragilité, elles optent pour l'indépendance, l'engagement public, la liberté sexuelle. Une « nouvelle femme » apparaît ; portant des jupes courtes, arborant une coupe au carré et fumant des cigarettes, elle rejette les conventions.

Aux États-Unis, cette ère coïncide avec celle de la prohibition – interdiction de l'alcool sur le territoire –, qui entraîne massivement les jeunes vers les *speakeasies* ou les salles de danse pour y consommer les boissons interdites, permettant à des gangsters tels qu'Al Capone de réaliser d'immenses bénéfices sur l'alcool de contrebande. Favorisés par les progrès technologiques en matière d'enregistrement, de cinéma ou de radio, les divertissements populaires explosent. L'ère du jazz connaît un coup d'arrêt au moment du krach de Wall Street en 1929, prélude à une décennie de dépression économique.

ÉVÉNEMENTS-CLÉS

1916-1917 Le jazz se déplace vers le nord
La discrimination et de rudes conditions économiques provoquent la migration de millions d'Afro-Américains qui fuient le Sud rural. Au cours des années suivantes, des musiciens tels que Louis Armstrong (*à gauche*) introduisent le jazz à Chicago et New York, puis à Paris et Londres.

1918 Renaissance de Harlem
À partir de 1918-1919, Harlem, à Manhattan, devient le centre de la culture noire américaine. La littérature, la musique, le théâtre et la danse, incarnés notamment par le poète Langston Hughes ou la chanteuse-danseuse Joséphine Baker (*à gauche*), font connaître cette culture au grand public.

1925 Gatsby le Magnifique
Par leur trépidant style de vie, Scott Fitzgerald et sa femme Zelda (*à gauche*) incarnent l'esprit de l'époque. Le roman de Fitzgerald *Gatsby le Magnifique* (1925) brosse le portrait de l'ère du jazz, aussi flamboyante que fragile.

L'ÈRE DU JAZZ | 255

Le charleston devient la danse la plus populaire des Années folles aux États-Unis. Il implique de lancer les bras et remuer les jambes de façon extrêmement rapide. Parmi les autres danses appréciées se trouvent le lindy hop ou le black bottom ; toutes s'enracinent dans la musique venue des communautés afro-américaines.

DE 1930 À 1934

> « *La victoire atteinte par la violence équivaut à une défaite, car elle est momentanée.* »
>
> MOHANDAS GANDHI, *SATYAGRAHA LEAFLET*, N° 30, 1919

1930
MARCHE DU SEL DE GANDHI

Mû par le principe du *satyagraha* ou désobéissance civile non violente, Mohandas Gandhi entraîne des milliers d'Indiens à manifester contre la domination britannique en Inde. L'une de ses actions porte sur les « lois du sel » qui taxent cette denrée et en interdisent la récolte par les Indiens. Partant de son ashram de Sabarmati, dans le Gujarat, Gandhi entame sa « marche du sel », parcourant 390 kilomètres jusqu'au littoral où – défiant la loi – les marcheurs récoltent du sel marin.

▽ Mohandas Gandhi lors de la marche du sel

1931 Le roi Alphonse XIII part en exil et la Seconde République d'Espagne est proclamée.

1931
LES TROUPES JAPONAISES ENVAHISSENT LA MANDCHOURIE

En septembre, inquiet de voir son influence menacée par la Chine, le Japon envahit la Mandchourie, prenant pour prétexte la destruction, attribuée à des nationalistes chinois, d'une partie du chemin de fer sous son contrôle. La prise de la ville de Mukden, puis l'occupation de la Mandchourie sont condamnées par la Société des Nations, condamnation ignorée par le Japon qui instaure un gouvernement fantoche dirigé par Pu Yi, dernier empereur de Chine.

△ Les forces d'occupation japonaises en Mandchourie

1931
INAUGURATION DE L'EMPIRE STATE BUILDING

Haut de 443 mètres, l'Empire State Building est l'édifice le plus élevé jamais construit à l'époque. Plus de 3 500 ouvriers, dont un grand nombre d'origine irlandaise ou italienne, et 18 mois de travaux sont nécessaires à sa construction. Le gratte-ciel est inauguré le 1er mai 1931 par le président Herbert Hoover qui en déclenche l'éclairage.

△ L'Empire State Building à Manhattan, New York

1933
ADOLF HITLER EST NOMMÉ CHANCELIER ALLEMAND

Promettant de restaurer la fierté nationale allemande, les membres du Parti national-socialiste (nazi) dirigé par Hitler obtiennent des postes dans le gouvernement, cependant que ce dernier est nommé chancelier. L'incendie du Reichstag qui se produit peu après permet à Hitler d'accuser les communistes et d'instaurer un état d'urgence, avant d'établir une dictature à parti unique. Croyant en la pureté d'une race aryenne, les nazis boycottent les commerces juifs, brûlent publiquement des livres considérés comme « anti-allemands » et répriment brutalement l'opposition.

▷ Adolf Hitler accueilli par une foule de partisans

1932 Provoquée par un conflit territorial, **la guerre du Chaco éclate entre la Bolivie et le Paraguay.**

1933 Protestant contre des conditions de vie misérables, **les anarcho-syndicalistes s'organisent à Madrid.**

1933 Nouvellement élu président des États-Unis, **Franklin D. Roosevelt** lance le programme d'aide du New Deal.

1934

1932
LA GRANDE DÉPRESSION S'INTENSIFIE

Au début des années 1930, la crise économique touche le monde entier. Aux États-Unis, 15 millions de personnes sont au chômage ; en Allemagne, ce nombre atteint 5 millions. La pauvreté est généralisée, les soupes populaires sont partout. Aux États-Unis, en raison de l'absence d'État-providence, des milliers de personnes se retrouvent sans logement. Chassés par une série de sécheresses et de tempêtes de poussière, des fermiers du Midwest quittent leurs terres, exacerbant la situation.

△ La région du « Dust Bowl », frappée par la sécheresse dans le Midwest américain

1934
MAO EN TÊTE DE LA LONGUE MARCHE

Repoussée par le Kuomintang (Parti nationaliste chinois) qui entend chasser les communistes hors de la province du Jiangxi, l'Armée rouge dirigée par Mao Zedong entame une retraite vers l'ouest afin d'y trouver refuge. Près de 100 000 hommes parcourent 9 700 kilomètres en direction de la province du Shaanxi, où Mao établit une base communiste. Seuls quelque 7 000 soldats parviendront à Yan'an.

△ La Longue Marche

1935
L'ALLEMAGNE INTRODUIT LES LOIS DE NUREMBERG

À l'occasion d'un rassemblement dans la ville de Nuremberg, le parti nazi établit les lois raciales qui restreignent le statut de citoyen aux « Allemands de sang ou apparentés » et interdisent le mariage ou les relations sexuelles avec des Juifs, restrictions par la suite appliquées aux Roms et aux Noirs. Ceux qui ne sont pas considérés comme étant de « sang allemand » sont privés de leurs droits. Ces lois engendrent une persécution accrue des groupes minoritaires, de la part de l'État aussi bien que de la population dans son ensemble, dissuadée d'entretenir des contacts avec ces groupes.

◁ Tableau définissant les catégories raciales qui tombent sous le coup de la loi

1935 À la demande de son souverain, la **Perse devient officiellement l'Iran.**

1936 En Palestine, les **Arabes se révoltent** contre les forces d'occupation britanniques.

1935
L'ITALIE ENVAHIT L'ABYSSINIE (ÉTHIOPIE)

Mussolini, dirigeant fasciste de l'Italie, entreprend une guerre d'agression et envoie 200 000 soldats dans la région qui correspond à l'Éthiopie actuelle. Au terme de 16 mois de combats, le roi Haïlé Sélassié est contraint à l'exil et l'Abyssinie devient une colonie italienne. Plusieurs centaines de milliers de civils abyssiniens sont tués.

△ Guerrier abyssinien

1936
DÉBUT DE LA GUERRE CIVILE ESPAGNOLE

Après la victoire du Front populaire aux élections générales en Espagne, le général Francisco Franco, soutenu par les forces nationalistes, opère un coup d'État. Composées de communistes et d'anarchistes décidés à résister, les troupes républicaines prennent les armes. Les combats durent près de 3 ans, avant que l'alliance passée avec l'Allemagne nazie et l'Italie fasciste ne permette aux nationalistes d'obtenir une victoire décisive, à la suite de laquelle Franco restera au pouvoir jusqu'à sa mort, en 1975.

△ Affiche républicaine réclamant un effort de guerre conjoint

DE 1935 À 1938 | 259

△ Infanterie japonaise combattant en Chine

1937
GUERRE SINO-JAPONAISE

Après s'être établi dans le Nord de la Chine en 1931, le Japon s'efforce d'étendre sa domination en lançant une invasion de grande ampleur. Pékin, Shanghai et Nankin tombent aux mains des Japonais qui commettent de véritables atrocités, contraignant le gouvernement chinois à se déplacer dans le Sud et à résister en organisant une guérilla qui ne prendra fin qu'avec la défaite du Japon lors de la Seconde Guerre mondiale.

1938
L'ALLEMAGNE MENACE LA TCHÉCOSLOVAQUIE

Réclamant pour son pays le territoire des Sudètes en Tchécoslovaquie, où vivent de nombreux Allemands, Hitler menace de prendre la région par la force. En quête de soutien, le gouvernement tchèque se tourne vers la France et la Grande-Bretagne. En vain. Il lance alors une mobilisation générale qui attire plus d'un million de volontaires, mais ne décourage en rien les projets d'Hitler.

△ Distinction nazie pour les Sudètes

△ Adolf Hitler saluant les Allemands des Sudètes

1938

1937 **Le parti du Congrès national indien** remporte les premières élections provinciales en Inde.

1937 **L'ingénieur anglais Frank Whittle** construit le premier avion de ligne à réaction.

> « Je crois que c'est la paix pour notre temps. »
>
> NEVILLE CHAMBERLAIN, 1938

1938
ACCORDS DE MUNICH

Dans le but de tempérer les revendications d'Hitler sur la Tchécoslovaquie, le Premier ministre britannique Neville Chamberlain et le président du Conseil français Édouard Daladier se rendent à Munich afin d'y signer un accord qui entérine l'occupation des Sudètes par l'Allemagne et établit une commission qui examinera l'avenir des autres régions revendiquées. Cet accord aboutit au démantèlement de la Tchécoslovaquie, qui cesse d'être un État indépendant.

▽ Neville Chamberlain à son retour de Munich

DE 1939 À 1940

23 août 1939
PACTE DE NON-AGRESSION GERMANO-SOVIÉTIQUE
Cet accord inattendu entre deux puissances ennemies permet à l'une et à l'autre, temporairement du moins, de rassembler leurs forces sans craindre d'être attaquées. Un protocole secret attaché au traité détermine leurs sphères d'influence respectives en Pologne, dans les États de la Baltique et en Finlande.

◁ Signature du pacte

1889-1945
ADOLF HITLER
Après avoir rejoint le parti nazi en 1919 et réclamé une révolution nationale, Hitler devient chancelier d'Allemagne en 1933. Il impose un régime dictatorial fondé sur un programme raciste et entraîne le monde entier dans la guerre.

1939

Septembre 1939 Face à la guerre, **le président Roosevelt** opte pour la neutralité des États-Unis, tout en favorisant les puissances alliées.

30 novembre 1939 L'armée soviétique envahit la Finlande, pays neutre, **provoquant la guerre d'Hiver.**

▷ Troupes allemandes à Varsovie

1er septembre 1939
INVASION DE LA POLOGNE PAR L'ALLEMAGNE
Alléguant des provocations inexistantes, Hitler envoie l'armée allemande sur plusieurs fronts en Pologne, dont les forces sont repoussées vers l'est. Seize jours plus tard, les troupes soviétiques se joignent à l'invasion et attaquent à partir de l'est, prenant la défense polonaise en tenaille. Début octobre, toute résistance officielle est anéantie et la Pologne, jusque-là nation libre, est divisée entre les agresseurs conformément au protocole secret du Pacte germano-soviétique.

◁ Neville Chamberlain s'adressant à la nation

3 septembre 1939
DÉCLARATION DE GUERRE À L'ALLEMAGNE
L'invasion de la Pologne par les Allemands discrédite la politique par laquelle les dirigeants anglais et français espéraient garantir « la paix pour notre temps ». Neville Chamberlain, Premier ministre britannique, et Édouard Daladier, président du Conseil français, lancent un ultimatum exigeant le retrait immédiat des troupes allemandes. Les forces hitlériennes poursuivant leur avancée, la guerre est déclarée. La Seconde Guerre mondiale vient de commencer.

Avril-mai 1940
L'ALLEMAGNE LANCE UNE SÉRIE DE BLITZKRIEGS EN EUROPE DE L'OUEST

Après 7 mois de relative activité (qu'on appelle la « drôle de guerre »), Hitler donne l'ordre d'envahir le Danemark et la Norvège, vaincus en quelques mois, puis la Belgique et les Pays-Bas. De là, les troupes allemandes se dirigent vers le sud en direction de la France et s'emparent de Paris à la mi-juin. L'armistice signée peu après laisse la majeure partie du pays aux mains des Allemands.

▷ Troupes allemandes à Paris

▽ Avion de chasse britannique Supermarine Spitfire

23 mars 1940 La Ligue musulmane se prononce pour la création d'un État indépendant, le Pakistan.

30 mars 1940 Les envahisseurs japonais établissent un gouvernement fantoche à Nankin.

27 septembre 1940 Le Japon, l'Allemagne et l'Italie forment une coalition militaire, connue sous le nom d'Axe Rome-Berlin-Tokyo.

1940

10 juillet 1940
DÉBUT DE LA BATAILLE D'ANGLETERRE POUR LE CONTRÔLE DE L'ESPACE AÉRIEN

Au sol, les troupes britanniques qui combattent la progression des Allemands aux Pays-Bas sont contraintes de retourner en Grande-Bretagne, à partir de Dunkerque. Hitler lance alors une campagne militaire destinée à contrôler l'espace aérien anglais, prélude à une invasion terrestre. Baptisés « bataille d'Angleterre » par le nouveau Premier ministre Winston Churchill, les affrontements durent quasiment une année, durant laquelle Londres et plusieurs autres villes sont la cible d'une campagne de bombardements massifs – le Blitz.

> *« Jamais dans le champ des conflits humains, tant de gens n'ont dû autant à si peu. »*
>
> WINSTON CHURCHILL, 1940

DE 1941 À 1942

1941

22 juin 1941
L'ALLEMAGNE ENVAHIT LA RUSSIE
Rompant le Pacte germano-soviétique signé en 1939, Hitler lance une attaque massive sur l'Union soviétique, à partir d'un front de 2 900 kilomètres qui mobilise près de 3 millions de soldats. En dépit des premiers succès, l'invasion tourne à la guerre d'usure ; l'ouverture d'un second front par Hitler contraint l'URSS à rejoindre les puissances alliées et place les forces allemandes sous une pression extrême.

◁ Affiche de propagande soviétique

6 avril 1941 L'Allemagne envahit la Yougoslavie, contrainte de se rendre au bout de 10 jours.

9 octobre 1941 Lancement du projet Manhattan, programme de recherche atomique aux États-Unis.

7 décembre 1941
LE JAPON BOMBARDE PEARL HARBOR
Le commandement militaire japonais lance une attaque aérienne surprise sur la base navale américaine de Pearl Harbor, à Hawaï, quartier général de la flotte du Pacifique des États-Unis. Une douzaine de navires de guerre sont détruits et plus de 2 400 soldats tués. L'attaque provoque l'entrée en guerre des Américains aux côtés des Alliés.

▷ Attaque sur les navires américains de la base navale de Pearl Harbor

1941-1945 GUERRE DU PACIFIQUE

En 1941, les Japonais lancent leur campagne expansionniste dans le Pacifique et s'emparent de Singapour, de Rangoun, capitale de la Birmanie, et des Indes orientales néerlandaises.

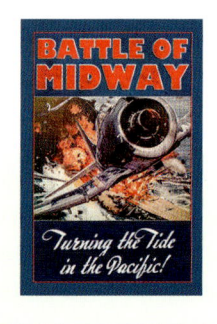

Avril 1942 Dans la péninsule de Bataan, les troupes américaines qui défendent les Philippines se rendent aux Japonais.

Mai-juin 1942 En anéantissant la flotte japonaise lors des batailles de la mer de Corail et de Midway, les forces navales américaines inversent le cours du conflit dans le Pacifique.

7 août 1942 Les forces américaines débarquent à Guadalcanal, dans les îles Salomon, et lancent une offensive qui remonte d'île en île vers le nord, en direction du Japon.

21 juin 1945 Les troupes américaines s'emparent d'Okinawa, au terme d'un long affrontement, à l'extrême sud de l'archipel nippon.

« *Hier, 7 décembre 1941, date qui restera à jamais marquée dans l'Histoire par l'infamie.* »

FRANKLIN D. ROOSEVELT, À PROPOS DE L'ATTAQUE DE PEARL HARBOR PAR LE JAPON,
DANS UN DISCOURS TENU DEVANT LE CONGRÈS AMÉRICAIN EN 1941

◁ Le général britannique Bernard Montgomery à El-Alamein

Octobre-novembre 1942
BATAILLE D'EL-ALAMEIN

L'entrée en guerre de l'Italie marque le début des combats en Afrique du Nord. Les premiers succès obtenus par les Alliés provoquent l'arrivée de l'Afrikakorps allemand. Le rapport de force oscille jusqu'à ce que les troupes alliées remportent une victoire décisive à El-Alamein, en Égypte. Les forces de l'Axe sont ensuite contraintes de battre en retraite, cependant que les dernières unités restées sur place se rendent, en Tunisie, en mai 1943.

20 janvier 1942 **Le parti nazi** met au point la « solution finale », génocide planifié du peuple juif.

1942

8 août 1942 **Le parti du Congrès national indien** lance le mouvement Quit India contre la domination britannique ; de nombreuses arrestations s'ensuivent.

1942 **La famine frappe la province du Henan,** tuant 2 à 5 millions de personnes.

Janvier 1942
LA BATAILLE DE L'ATLANTIQUE ENTRE DANS UNE NOUVELLE PHASE

Depuis le début de la guerre, les U-Boots allemands attaquent les voies d'approvisionnement en Atlantique, dans le but d'affamer la Grande-Bretagne et de l'obliger à se rendre. La bataille entre dans une nouvelle phase avec l'entrée en guerre des États-Unis. Elle ne prendra fin qu'avec la reddition de l'Allemagne en 1945, même si dès 1943, l'extension de la couverture aérienne, l'amélioration des radars et l'escorte des convois font pencher la balance en faveur des Alliés.

△ Convoi de navires de guerre alliés dans l'Atlantique Nord

1943

2 février 1943
DÉFAITE À STALINGRAD

Les forces d'invasion nazies se lancent dans l'une des batailles les plus destructrices de l'Histoire, dans le but de conquérir Stalingrad, qui constitue un centre de communication important dans le Sud de l'URSS. Elles sont contraintes à la reddition au bout de 5 mois de combats qui épuisent les effectifs des autres fronts allemands, envoyés en renfort, et marquent un tournant dans la guerre.

▷ Médaille de laiton décernée par l'URSS pour la défense de Stalingrad

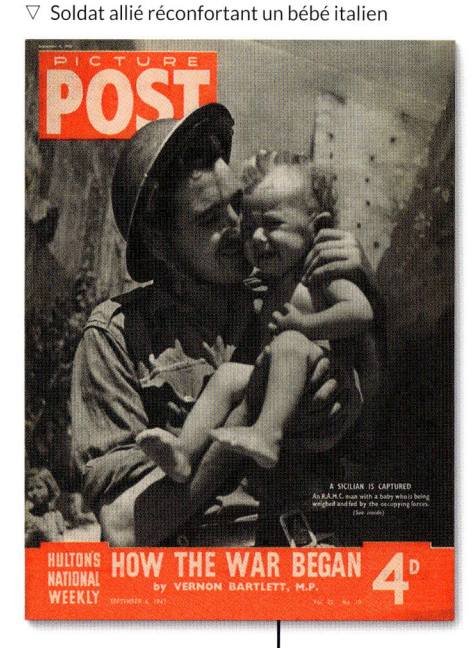

▽ Soldat allié réconfortant un bébé italien

Juillet 1943
LES FORCES ALLIÉES ENVAHISSENT L'ITALIE

Fortes de leur récente victoire en Afrique du Nord, les forces alliées s'emparent de la Sicile après une campagne de 6 semaines, puis débarquent en Italie continentale dans le but de porter la guerre au cœur de l'Axe. Début octobre, elles contrôlent le Sud du pays. Leur remontée vers le nord rencontre une farouche opposition et il faut attendre le 2 mai 1945 pour que les Allemands se rendent définitivement.

8 février 1943 En Birmanie, des forces spéciales indiennes et britanniques se lancent dans une guérilla contre les Japonais.

12 juillet 1943 Après la plus grande bataille de chars de l'Histoire, les troupes allemandes évacuent Koursk.

Août-septembre 1944 Les forces alliées progressent, libérant Paris et Bruxelles.

6 juin 1944
BATAILLE DE NORMANDIE

Alors que la guerre tourne en leur faveur, les Alliés organisent le débarquement en Normandie, en prélude à une vaste offensive destinée à reprendre l'Europe de l'Ouest aux Allemands. Ayant réussi à prendre pied sur le rivage, les troupes alliées – fortes de quelques 3 millions d'hommes – progressent vers l'est et, franchissant le Rhin, pénètrent en Allemagne en mars 1945.

◁ Forces alliées établissant une tête de pont en Normandie

Avril-mai 1945
CHUTE DE L'ALLEMAGNE
Après l'échec de l'offensive finale dans le massif des Ardennes, entre la Belgique et la France, les forces de l'Axe sont en retrait sur tous les fronts. Mussolini, chef fasciste italien, est tué le 28 avril, date à laquelle les forces soviétiques encerclent Berlin. Pour éviter d'être capturé, Hitler se suicide le 30 avril, et 8 jours plus tard, l'Allemagne capitule sans conditions.

◁ Soldats hissant le drapeau soviétique sur le Reichstag, à Berlin

12 avril 1945 Le président américain **Roosevelt** décède ; Harry Truman lui succède.

24 octobre 1945 **Création des Nations unies,** avec le soutien de 50 pays.

27 janvier 1945 **Les troupes soviétiques libèrent Auschwitz,** le plus grand camp de concentration et d'extermination nazi.

> « Nous n'accepterons que la victoire totale. Bonne chance ! »
>
> LE GÉNÉRAL AMÉRICAIN DWIGHT EISENHOWER S'ADRESSANT AUX SOLDATS QUI PARTENT POUR LE DÉBARQUEMENT EN NORMANDIE, EN 1944

△ Cérémonie de reddition des Japonais, à bord de l'USS *Missouri*

Août 1945
DÉFAITE DU JAPON
La guerre achevée à l'Ouest, l'attention se reporte sur le front Pacifique, où le Japon continue à mener un combat d'arrière-garde contre les forces alliées qui occupent progressivement les îles du Pacifique. Dans le but de briser les dernières résistances, les Alliés se résolvent à lancer une attaque aérienne massive au cœur du Japon, qui culmine avec le largage de bombes atomiques sur Hiroshima et Nagasaki. La reddition officielle du Japon intervient 4 semaines plus tard.

266 | DE 1946 À 1948

15 août 1947
L'INDE OBTIENT L'INDÉPENDANCE

En juin 1947, le vice-roi et gouverneur général des Indes annonce la fin de la domination britannique et la création de deux entités distinctes, l'Inde et le Pakistan. Une fois l'indépendance entérinée par le Parlement britannique, les deux nations obtiennent la pleine souveraineté. Des violences sectaires coûtent toutefois la vie à plus d'un million de personnes.

△ Dirigeants indiens acceptant le transfert de pouvoir

1869-1948
LE MAHATMA GANDHI

Leader le plus charismatique de l'indépendance indienne, Gandhi est emprisonné à de multiples reprises pour ses actions militantes contre les lois coloniales. Avocat de la résistance non violente, il s'engage également tout au long de sa vie pour la justice sociale.

1946

5 mars 1946 Le discours du « rideau de fer » de Winston Churchill annonce la guerre froide.

16 août 1946 Des émeutes éclatent en Inde à la suite de l'appel de la Ligue musulmane en faveur d'un État pakistanais indépendant.

Juin 1946
GUERRE CIVILE CHINOISE

Durant la Seconde Guerre mondiale, les forces nationalistes dirigées par Tchang Kaï-chek s'affrontent aux communistes de Mao Zedong pour obtenir la suprématie. Après la défaite du Japon, Tchang Kaï-chek lance une vaste offensive contre les positions communistes dans le Nord de la Chine. En dépit des premières victoires, nulle percée décisive ne se dessine dans cette lutte pour le pouvoir.

△ Troupes nationalistes chinoises quittant Canton

14 mai 1948
PROCLAMATION DE L'ÉTAT D'ISRAËL

Après la Première Guerre mondiale, le territoire palestinien est placé sous mandat britannique. Depuis les années 1880, les sionistes veulent en faire un État hébreu, cependant qu'à la suite de la Seconde Guerre mondiale, l'immigration des Juifs ne cesse de croître. Le dernier jour du mandat britannique, des responsables sionistes proclament l'État d'Israël, avant de déplacer plus de 750 000 Palestiniens. Cinq pays arabes envahissent le pays, provoquant la première guerre israélo-arabe.

◁ Jérusalem lors de la première guerre israélo-arabe

30 janvier 1948 Mohandas Gandhi est assassiné par un nationaliste hindou.

3 avril 1948 Le Congrès américain vote le plan Marshall, destiné à la reconstruction de l'économie européenne.

1948

▽ Facsimilé d'un fragment de rouleau de la mer Morte

1947
DÉCOUVERTE DES MANUSCRITS DE LA MER MORTE

Cachés des siècles durant dans le désert de Judée, les premiers rouleaux sont découverts par hasard par des bergers bédouins. Lorsqu'ils prennent conscience de l'importance de ces textes qui constituent des manuscrits parmi les plus anciens de la Bible, les scientifiques organisent des fouilles pour retrouver et préserver d'autres documents.

◁ Daniel Malan représenté sur un timbre sud-africain

26 mai 1948
LE PARTI NATIONALISTE DE DANIEL MALAN OBTIENT LE POUVOIR EN AFRIQUE DU SUD

Soutenu par la communauté des colons afrikaners en Afrique du Sud, le Parti national développe et met en place une politique de ségrégation raciale, l'apartheid. Les mariages interraciaux sont interdits, et les non-Blancs, qui se voient refuser le droit de vote, ne sont pas autorisés à pénétrer dans les zones réservées aux Blancs, à moins de détenir un laissez-passer.

DE 1941 À 1952

LA COURSE AUX ARMEMENTS NUCLÉAIRES

Le développement technologique des armes nucléaires débute en 1941, avec le projet Manhattan mis en place par les Américains. Ce projet aboutit à la création d'une bombe à fission testée au Nouveau-Mexique et lancée, avec des effets dévastateurs, sur les villes japonaises d'Hiroshima et de Nagasaki en août 1945. En dépit du secret maintenu par les autorités américaines, notamment vis-à-vis de leur allié de guerre, l'URSS, des informations parviennent aux Soviétiques par l'entremise d'un réseau d'espionnage. Ces derniers œuvrent clandestinement à l'élaboration d'une bombe atomique, surprenant les experts occidentaux par les tests couronnés de succès qu'ils effectuent avant la fin de la décennie. Parallèlement, d'autres pays élaborent leur propre arsenal : la Grande-Bretagne réalise ses premiers essais nucléaires en 1952, la France en 1960 et la Chine en 1964.

Les deux superpuissances se lancent dans la course, élaborant des bombes à fusion nettement plus puissantes. Les scientifiques américains ouvrent la voie avec la bombe H lancée sur l'atoll d'Enewetak en 1952, suivis 9 mois plus tard par les Soviétiques qui testent une ogive nucléaire légèrement moins sophistiquée. Leur rivalité transforme la planète en un espace particulièrement dangereux pour les générations futures.

ÉVÉNEMENTS-CLÉS

29 août 1949 **L'URSS teste sa première bombe atomique**

Lorsqu'un avion de reconnaissance détecte des traces de radioactivité lors d'une mission météorologique dans le Pacifique Nord, au large de la péninsule du Kamtchatka, les autorités américaines sont prises de court. Inquiètes, elles découvrent que leur principal adversaire dans la guerre froide vient de tester avec succès une bombe baptisée « Premier éclair » (*à gauche*). Les Soviétiques consacrent toutes leurs ressources – y compris le recours aux prisonniers des goulags – à l'extraction d'uranium nécessaire à la production de leur arsenal.

Janvier 1950 **Arrestation d'un espion soviétique**
Outre la découverte de sources nouvelles d'uranium en Europe de l'Est, le succès soviétique tient aux données techniques clandestinement transmises par Klaus Fuchs (*à gauche*), physicien allemand chargé de recherches nucléaires aux États-Unis de 1944 à 1946, puis en Grande-Bretagne. Communiste secrètement engagé, il avoue, avant d'être condamné à 14 ans de prison.

LA COURSE AUX ARMEMENTS NUCLÉAIRES

Nuage en forme de champignon au-dessus de l'atoll d'Enewetak, dans les îles Marshall, après l'explosion de la première bombe à hydrogène au monde. D'une puissance 450 fois supérieure à celle de la bombe lancée sur la ville de Nagasaki, elle pulvérise l'îlot d'Elugelab, ne laissant qu'un vaste cratère rempli d'eau de mer.

1949

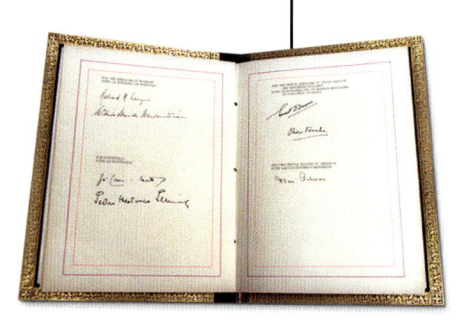

△ Traité de l'OTAN, exemplaire original

Février 1950 Aux États-Unis, **la persécution de supposés communistes** pour leurs « activités anti-américaines » atteint son apogée sous l'influence du sénateur Joe McCarthy.

◁ Médaille des Nations unies pour le service lors de la guerre de Corée

4 avril 1949
SIGNATURE DU TRAITÉ DE L'ATLANTIQUE NORD

Destiné à protéger l'Europe occidentale d'une intervention soviétique, le texte qui fonde l'Organisation du traité de l'Atlantique Nord (OTAN) est signé par les États-Unis, le Canada et 10 pays européens comprenant le Royaume-Uni, la France ou encore les Pays-Bas, nations qui seront ensuite rejointes par 18 autres pays. Les attentats terroristes du 11 septembre 2001 contre les États-Unis sont l'unique occasion où le traité est activé.

25 juin 1950
DÉBUT DE LA GUERRE DE CORÉE

À la suite de la Seconde Guerre mondiale, la péninsule coréenne est divisée entre le Nord, communiste, et le Sud, capitaliste, chaque région affirmant représenter le gouvernement légitime de la Corée unie. En 1950, des troupes nord-coréennes envahissent le Sud, avant d'être repoussées par les forces de l'ONU. L'intervention des Nations unies provoque une contre-attaque de la part de la Chine. La guerre s'achève par la signature d'un cessez-le-feu en 1953.

▷ Tract de propagande de l'ONU

1er octobre 1949
PROCLAMATION DE LA RÉPUBLIQUE POPULAIRE DE CHINE

Au cours des 4 années qui suivent la Seconde Guerre mondiale, le long conflit qui oppose les nationalistes aux communistes pour le contrôle de la Chine bascule en faveur de Mao Zedong et ses partisans. À la fin de l'année 1948, le dirigeant nationaliste Tchang Kaï-chek opère le repli de ses forces vers l'île de Taiwan, laissant le continent aux mains des communistes. Après plusieurs victoires décisives, dont la prise de Nankin, capitale nationaliste, Mao proclame officiellement la fondation de la République populaire de Chine sur la place Tian'anmen, à Pékin.

◁ Affiche de propagande représentant Mao Zedong

1893-1976
MAO ZEDONG

Marxiste-léniniste, Mao participe à la création de l'Armée rouge et devient le chef du Parti communiste. Il prend la tête du combat contre les nationalistes pour le contrôle du pays et, après avoir institué la République populaire, dirige la Chine jusqu'à sa mort.

1er septembre 1951 L'Australie, la Nouvelle-Zélande et les États-Unis signent le pacte militaire de l'ANZUS.

8 septembre 1951 Le traité de paix de San Francisco marque la fin de l'occupation militaire par les Alliés du Japon, lequel recouvre sa souveraineté.

4 novembre 1952 Dwight D. Eisenhower est élu 34e président des États-Unis.

1952

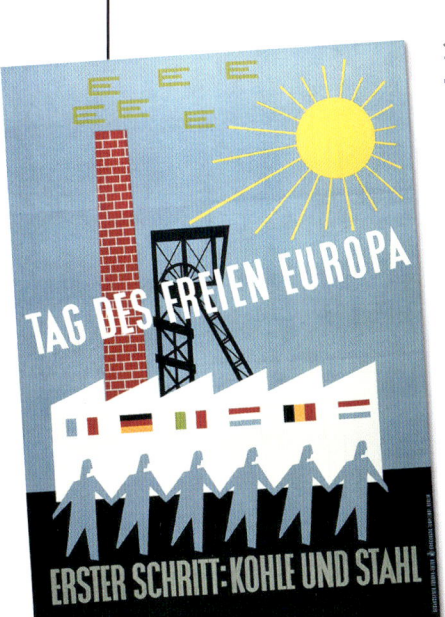

18 avril 1951
TRAITÉ DE PARIS

Effrayés par les horreurs de la guerre, les dirigeants de la France, de l'Allemagne, de l'Italie et du Benelux entendent établir une coopération à un plan supranational. Le diplomate français Jean Monnet propose un traité qui fonde la Communauté européenne du charbon et de l'acier, laquelle deviendra plus tard la Communauté économique européenne, avant de se transformer en Union européenne.

◁ Affiche de la Communauté européenne du charbon et de l'acier

▷ Rebelles suspects surveillés par des gardes

3 octobre 1952
RÉVOLTE DES MAU MAU

S'insurgeant contre la domination britannique au Kenya, les membres de l'armée clandestine des Mau Mau déclenchent une rébellion contre les colons blancs et les autorités coloniales. La révolte est réprimée avec une grande brutalité, mais le mouvement en faveur d'un système politique fondé sur la règle de la majorité est lancé et aboutit en décembre 1963 à l'indépendance du Kenya.

« Il n'y a pas, pour les peuples d'Europe, d'autre avenir que dans l'union. »

JEAN MONNET, 1950

5 mars 1953
MORT DE STALINE

Le tyrannique dirigeant de l'Union soviétique meurt 4 jours après avoir été victime d'une attaque cérébrale. Son décès provoque parmi ses subordonnés du Comité central du Parti communiste de l'Union soviétique une lutte de pouvoir dont Nikita Khrouchtchev sort victorieux. En 1956, ce dernier dénonce les crimes commis par Staline et le culte de la personnalité qui a, jusque-là, entouré le dictateur, notamment pour avoir su mener l'URSS à la victoire pendant la Seconde Guerre mondiale.

◁ Rassemblement au mémorial de Staline à Bucarest

1953

27 juillet 1953 Un cessez-le-feu marque la **fin de la guerre de Corée**.

19 août 1953 **Premier ministre d'Iran**, Mohammad Mossadegh est renversé par un coup d'État soutenu par les Américains.

7 mai 1954 **À Diên Biên Phu**, les forces françaises se rendent aux troupes insurgées ; c'est la fin de l'Indochine française.

◁ Mohammed Naguib, premier président de l'Égypte

18 juin 1953
L'ÉGYPTE DEVIENT UNE RÉPUBLIQUE

À la suite du coup d'État militaire qui renverse le roi Farouk en août 1952, les meneurs révolutionnaires du Mouvement des officiers libres abolissent la monarchie et font de l'Égypte une république, dont Mohammed Naguib est le président et Gamal Abdel Nasser le vice-président.

△ Foule en liesse au Caire

1er novembre 1954
DÉBUT DE LA GUERRE D'ALGÉRIE

Parmi les luttes pour l'indépendance qui marquent la fin de l'ère coloniale, c'est l'une des guerres les plus longues et les plus meurtrières. Elle est déclenchée par une série d'attaques lancées par le FLN (Front de libération nationale) contre des cibles françaises et par l'appel au peuple algérien à se révolter contre les autorités coloniales. Provoquant également des troubles politiques majeurs en France, le conflit ne s'achève qu'en juillet 1962, avec la reconnaissance de l'indépendance algérienne.

△ Soldats français à cheval en Algérie

DE 1953 À 1955 | 273

1878-1953
JOSEPH STALINE

Staline dirige l'Union soviétique durant 30 ans, d'abord avec les membres du Parti, puis en tant que dictateur. La brutalité de son règne éclipse le rôle qu'il a joué dans la défaite de l'Allemagne nazie pendant la Seconde Guerre mondiale.

1955
LA TÉLÉVISION ENTRE DANS LES FOYERS

Si les postes de télévision en noir et blanc apparaissent dans les années 1920, ce n'est qu'après la Seconde Guerre mondiale qu'ils se répandent dans les foyers des classes moyennes. En 1950, 9 % des ménages en possèdent un, contre plus de 80 % en 1959 ; la télévision en couleurs s'impose dans les années 1960.

△ Poste de télévision Graetz, 1953

14 mai 1955 **Le pacte de Varsovie** rassemble, dans une alliance militaire, les pays communistes de l'Europe de l'Est.

21 septembre 1955
Le président argentin Juan Perón est renversé par les militaires.

1955

« *L'ennemi nous a encerclés. Nous faisons tout sauter. Vive la France !* »

DERNIÈRE COMMUNICATION RADIO DES TROUPES FRANÇAISES DEPUIS DIÊN BIÊN PHU, 7 MAI 1954

1954-1968
LE MOUVEMENT AMÉRICAIN DES DROITS CIVIQUES

Aux États-Unis, le combat pour la justice sociale et l'égalité raciale connaît un vaste élan dans les années 1950. Des citoyens se rassemblent pour combattre les inégalités et obtiennent des modifications législatives tant au plan étatique que fédéral.

1955 **En Alabama, Rosa Parks** refuse de céder son siège à un homme blanc dans un bus, provoquant le boycott de la compagnie.

1962 **James Meredith** est le premier étudiant noir à fréquenter l'université du Mississippi, en dépit de tous les obstacles dressés devant lui.

1963 **Martin Luther King** tient son discours intitulé « I Have a Dream » ; Medgar Evers, militant des droits civiques, est assassiné.

1964 **Le Civil Rights Act** est voté par le Congrès américain ; cette loi interdit la discrimination à l'embauche. Une deuxième loi suivra en 1968.

29 octobre 1956
DÉBUT DE LA CRISE DU CANAL DE SUEZ

Après l'annonce par Nasser de la nationalisation du canal de Suez, la Grande-Bretagne et la France planifient une invasion de l'Égypte conjointement avec Israël. Face à l'hostilité affichée par les États-Unis, les nations européennes sont contraintes de faire marche arrière et de retirer leurs forces.

▽ Navires bloquant le canal de Suez

4 octobre 1957
LANCEMENT DE « SPOUTNIK 1 »

Lancé par les scientifiques soviétiques en orbite terrestre basse, *Spoutnik* est le premier satellite artificiel à tourner autour de notre planète au-delà des limites atmosphériques. La réussite du vol surprend les Américains et déclenche la course à l'espace entre les deux superpuissances. Se déplaçant à une vitesse de 29 000 kilomètres-heure, *Spoutnik* envoie des signaux durant 3 semaines avant l'épuisement de ses batteries, et rentre finalement dans l'atmosphère début 1958.

▷ Monument célébrant *Spoutnik 1*, près de la station de métro Rizhskaya à Moscou

6 mars 1957 Dirigé par Kwame Nkrumah, **le Ghana** est la première colonie d'Afrique subsaharienne à obtenir l'indépendance.

1956

Juin 1956 **Le président égyptien Nasser** accepte l'aide soviétique et fait construire le barrage d'Assouan.

25 mars 1957
TRAITÉ DE ROME

Forts du succès de la Communauté européenne du charbon et de l'acier (1951), ses six membres fondateurs – France, Allemagne de l'Ouest, Italie, Belgique, Pays-Bas et Luxembourg – élargissent leur alliance et créent un marché unique pour les biens et les services : c'est la Communauté économique européenne (CEE), qui constitue la base de la future Union européenne (UE).

△ Des ministres signent le traité qui instaure la CEE

Janvier 1958
LE GRAND BOND EN AVANT

En Chine, Mao Zedong lance le programme de réformes dit du Grand Bond en avant, lequel doit faire du pays une puissance industrielle capable de rivaliser avec le Royaume-Uni et les États-Unis. De vastes communes populaires sont instituées dans les zones rurales, où le travail fonctionne selon le système de la coopérative, alors que nombre de biens et services deviennent gratuits. Combinée à des sécheresses et des inondations, cette politique déséquilibrée génère une famine massive. Initialement prévu pour de 5 ans, le programme est abandonné au bout de 3 ans.

2 janvier 1959
FIDEL CASTRO PREND LE POUVOIR À CUBA

Portés par le mécontentement du peuple face à la corruption qui marque la présidence de Fulgencio Batista, des guérilleros conduits par Fidel Castro et Che Guevara prennent les armes en 1953 et obtiennent un soutien croissant en dépit des revers subis – défaite, emprisonnement ou encore exil. À partir de leur base située dans les montagnes de la Sierra Maestra, ils harcèlent les troupes gouvernementales avant de lancer l'offensive et de faire une entrée triomphale à La Havane, la capitale du pays.

> « *Une révolution est une lutte à mort entre le futur et le passé.* »
>
> DISCOURS DE FIDEL CASTRO, 1961

△ Billet cubain célébrant la révolution de 1959

29 juillet 1958 Création de la **National Aeronautics and Space Administration** (NASA) aux États-Unis.

4 octobre 1958 Proclamation **de la Cinquième République en France,** dont Charles de Gaulle est le premier président.

1959

1926-2016
FIDEL CASTRO

Après avoir mené ses guérilleros à la victoire, Castro occupe la fonction de Premier ministre jusqu'en 1976, puis celle de président jusqu'en 2008. Il fait de Cuba un État communiste à parti unique.

△ Affiche promotionnelle pour le Grand Bond en avant

LES ANNÉES 1960-1970
LA CONTRE-CULTURE

Vers le milieu des années 1960, la croissance économique et le plein emploi au Royaume-Uni et aux États-Unis favorisent le développement d'une contre-culture parmi les jeunes issus des classes moyennes. Ils interrogent les valeurs des couches sociales dominantes et se rassemblent dans un mouvement anti-institutionnel qui vise à créer une société alternative, fondée sur des idéaux de paix et d'amour, ainsi que sur des valeurs communes. Qualifiés de « hippies », nombre d'entre eux tentent de repousser les limites de la conscience humaine et de briser les frontières sociétales en faisant l'expérience de drogues psychédéliques, comme le LSD, et de religions alternatives, ou en prônant la liberté sexuelle. Cette culture expérimentale se retrouve dans la musique, la littérature et le cinéma. Des écrivains tels que Jack Kerouac, Tom Wolfe ou Hunter S. Thomas explorent des libertés nouvelles au travers du sexe, de la drogue ou de la vie *on the road*, cependant que, mêlant folk, rock et styles psychédéliques, les musiciens composent la bande-son de cette nouvelle culture.

La contre-culture génère quelques-unes des plus grandes manifestations jamais organisées en Amérique, avec des centaines de milliers de personnes qui envahissent l'espace public au cri de « faites l'amour, pas la guerre », dans l'espoir d'inciter au désarmement nucléaire ou de mettre fin à la guerre du Vietnam (1955-1975). Ces libertés nouvelles des années 1960 alimentent également le mouvement des droits civiques américains, qui obtient la promulgation de lois importantes interdisant certaines formes de discrimination contre les femmes ou les Afro-Américains.

ÉVÉNEMENTS-CLÉS

1966 *Turn in, Tune in, Drop out*
Le psychologue américain Timothy Leary (*à gauche*) produit un album dans le style *spoken word* (mise en scène de la parole) où il évoque sa vision de la vie intérieure, du LSD et de la paix, entre autres thèmes. L'album déclenche le *Summer of Love* (« été de l'amour ») à San Francisco.

1967 *Sgt. Pepper's Lonely Hearts Club Band*
S'engageant dans la contre-culture, les Beatles sortent un album évoquant les drogues qui ouvrent l'esprit et permettent de planer. Ce groupe d'origine britannique est à l'époque le plus populaire au monde, aussi *Sgt. Pepper* (*à gauche*) fait-il découvrir la culture hippie à des millions d'auditeurs.

1969 Manifestations contre la guerre
Le 15 novembre 1969, plus de 500 000 personnes se rassemblent à Washington (*à gauche*) pour exiger le retrait des forces américaines du Vietnam. Quoique la manifestation soit essentiellement pacifique, la police fait usage de gaz lacrymogènes ; le président Nixon refuse de fléchir face aux manifestants.

Le festival de Woodstock, organisé du 15 au 18 août 1969 sur une exploitation laitière à Bethel, dans l'État de New York, attire 400 000 personnes qui viennent vivre « 3 jours de paix et de musique » et assister aux concerts de 32 groupes et artistes solo. Un documentaire réalisé en 1970 ainsi que l'album tiré du film assurent au festival un statut légendaire.

DE 1960 À 1963

1ᵉʳ mai 1960
INCIDENT DU U-2

Piloté par Gary Powers, un avion espion américain U-2 est abattu par un missile sol-air russe en plein territoire soviétique. Au vu du succès des missions précédentes, les autorités américaines étaient persuadées qu'une altitude de vol élevée plaçait les U-2 hors de portée de l'ennemi. Powers survit et est capturé. L'incident exacerbe les tensions liées à la guerre froide et fait échouer le sommet entre les Quatre Grands prévus à Paris 15 jours plus tard.

▷ Gary Powers, pilote du U-2

1960

8 novembre 1960 John F. Kennedy devient le 35ᵉ président des États-Unis.

5 juillet 1962 L'Algérie obtient l'indépendance au bout de 8 années de guerre acharnée contre la France.

1917-1963
JOHN F. KENNEDY

Plus jeune candidat jamais élu à la présidence des États-Unis, Kennedy apporte son charme et sa prestance à la fonction. Son assassinat met un terme brutal aux espoirs soulevés par son arrivée au pouvoir.

12 avril 1961
PREMIER HOMME DANS L'ESPACE

Unique cosmonaute du vol inaugural du *Vostok 3KA* soviétique lancé depuis le cosmodrome de Baïkonour dans le Sud du Kazakhstan, Youri Gagarine est le premier homme à pénétrer dans l'espace. Après la séparation des propulseurs auxiliaires, la capsule qu'il occupe effectue une révolution complète autour de la Terre. À son retour, Gagarine s'éjecte de la capsule et descend en parachute. L'événement est considéré comme une réussite supplémentaire du programme spatial soviétique.

△ La capsule *Vostok*

« Je vois la Terre ! C'est tellement beau ! »

YOURI GAGARINE DEPUIS LE VAISSEAU *VOSTOK*, 1961

DE 1960 À 1963 | 279

16-29 octobre 1962
CRISE DES MISSILES CUBAINS
En réponse aux déploiements américains en Turquie et en Italie, le dirigeant soviétique Nikita Khrouchtchev installe des missiles à Cuba, près des États-Unis. Menaçant d'exercer des représailles militaires, ces derniers exigent le retrait des armes. Le retrait est finalement effectué, éloignant le spectre d'un affrontement nucléaire.

▽ Rencontre de navires russe et américain au large de Porto Rico

25 mai 1963
FORMATION DE L'ORGANISATION DE L'UNITÉ AFRICAINE (OUA)
Lors d'un rassemblement à Addis-Abeba en Éthiopie, les représentants de 32 nations africaines s'accordent pour créer une organisation interétatique dédiée à l'amélioration de la coopération politique et économique, et à la lutte contre le colonialisme. Dépourvue de moyens militaires, l'organisation peine à faire appliquer ses décisions et est remplacée en 2002 par l'Union africaine, qui compte 55 membres.

◁ Délégués participant à la première réunion de l'OUA

5 août 1963 L'Union soviétique, les États-Unis et le Royaume-Uni signent un **traité d'interdiction partielle des essais nucléaires.**

1963

1962 Les **États-Unis envoient des soldats au Vietnam** pour soutenir les forces sud-vietnamiennes dans leur lutte contre les insurgés nord-vietnamiens.

20 octobre 1962
La Chine et l'Inde se déclarent la guerre.

Juillet 1963
Rupture officielle des liens entre le Parti communiste chinois et le Parti communiste russe.

22 novembre 1963
ASSASSINAT DE JOHN F. KENNEDY
Président des États-Unis depuis presque trois ans, Kennedy se rend à Dallas, au Texas, pour une visite préélectorale. Alors qu'il défile dans un cortège de voitures, un homme placé au sixième étage d'un immeuble près de la route tire à deux reprises sur lui. L'assassinat bouleverse profondément le pays, et plusieurs années durant, les théories conspirationnistes à propos des raisons de ce meurtre ne cessent de se développer. Le vice-président Lyndon B. Johnson succède à Kennedy et devient le 36e président des États-Unis.

△ John F. Kennedy défilant dans la voiture présidentielle juste avant son assassinat

DE 1964 À 1967

> « *La révolution n'est pas un crime !*
> *La rébellion est justifiée !* »
>
> SLOGAN DE LA RÉVOLUTION CULTURELLE CHINOISE, 1966-1976

△ Le « Petit Livre rouge » de Mao

1964

▽ Affiche chinoise soutenant le Vietnam du Nord

14 octobre 1964 **En Union soviétique, Léonid Brejnev** succède à Nikita Khrouchtchev.

21 février 1965 **Malcolm X** prédicateur musulman noir, militant des droits de l'homme et membre éminent de la Nation of Islam, est assassiné à New York, aux États-Unis.

2 août 1964
INCIDENT DU GOLFE DU TONKIN

Les tirs de torpilleurs sur un navire américain au large du Vietnam du Nord, ajoutés à une seconde attaque montée de toutes pièces, servent de prétexte au Département d'État américain pour faire passer devant le Congrès la résolution dite du « golfe de Tonkin », qui donne les pleins pouvoirs au président pour répondre aux agressions communistes et légitime l'engagement des États-Unis dans la guerre du Vietnam.

Août 1965
CONFLIT DU CACHEMIRE

Partagée de force entre l'Inde et le Pakistan lors de la partition de 1947, la région du Cachemire continue d'être réclamée par les deux pays. Avec les forces spéciales de l'armée, le Pakistan lance l'opération Gibraltar dans le but de provoquer une insurrection chez les Cachemiris, laquelle échoue et entraîne des combats avec les troupes indiennes, avant que les deux parties en présence n'en reviennent à leurs frontières antérieures.

△ Combattants du Waziristan luttant contre l'Inde

DE 1964 À 1967 | 281

16 mai 1966
RÉVOLUTION CULTURELLE EN CHINE

Après l'échec de son Grand Bond en avant, le dirigeant chinois Mao Zedong reprend le contrôle en instituant une purge des éléments révisionnistes et un retour à la ligne dure de la doctrine communiste, prônée par le « Petit Livre rouge » qui résume la pensée maoïste. Les artefacts culturels ou intellectuels sont vilipendés, l'activité économique ralentie, et des centaines de milliers d'opposants supposés sont tués par les jeunes partisans de la Garde rouge. Nombre de structures ou coutumes anciennes sont détruites, la culture traditionnelle étant vue comme un obstacle à la véritable révolution communiste.

◁ Partisans du président Mao affirmant leur soutien lors d'un rassemblement massif

24 novembre 1965 Le général **Mobutu** réalise un coup d'État qui met fin à 5 ans de guerre civile dans l'ancien Congo belge.

21 avril 1967 Une junte militaire s'empare du pouvoir en Grèce, mettant un terme à 23 années de gouvernement démocratique.

1967

◁ Ian Smith, Premier ministre de Rhodésie

▽ Chars israéliens entrant dans la bande de Gaza

11 novembre 1965
DÉCLARATION UNILATÉRALE DE L'INDÉPENDANCE DE LA RHODÉSIE

Le Royaume-Uni refusant de transférer les pouvoirs à sa colonie si celle-ci n'introduit pas la règle de la majorité, le gouvernement de la Rhodésie adopte la déclaration unilatérale d'indépendance et s'autoproclame État souverain. S'ensuivent 15 années de conflit avant que ne cesse la domination blanche et que le Zimbabwe soit créé en 1980.

5-10 juin 1967
GUERRE DES SIX JOURS

Les tensions s'accroissent entre Israël et l'Égypte, incitant les militaires israéliens à lancer des frappes préventives contre les terrains d'aviation égyptiens. Israël domine les combats au sol contre l'Égypte et ses alliés, la Jordanie et la Syrie. Avant que n'intervienne la signature du cessez-le-feu, l'État hébreu prend le contrôle de Jérusalem-Est, du plateau du Golan, du Sinaï et de la bande de Gaza.

1968

▷ Manifestants entourant les chars soviétiques qui pénètrent dans Prague

Août 1968
RÉPRESSION DU PRINTEMPS DE PRAGUE EN TCHÉCOSLOVAQUIE

L'élection d'Alexandre Dubček à la tête du Parti communiste tchèque, en janvier 1968, inaugure une ère de libéralisation qui provoque bientôt l'hostilité de l'URSS. Au terme de 7 mois de frustration croissante, l'Union soviétique entre en action et envoie un demi-million de soldats en Tchécoslovaquie pour restaurer le *statu quo*. L'intervention suscite les critiques du monde entier et génère une opposition farouche à l'intérieur du pays.

△ Funérailles de Martin Luther King

2 mars 1969 Des combats opposent Chinois et Soviétiques près de la rivière Oussouri.

▷ Écusson de la mission *Apollo 11*

4 avril 1968
ASSASSINAT DE MARTIN LUTHER KING

En tant que membre éminent du mouvement pour les droits civiques aux États-Unis, le prédicateur baptiste Martin Luther King est la cible d'attaques racistes. En visite à Memphis pour soutenir une grève locale, il est tué d'une seule balle tirée par James Earl Ray, criminel notoire déjà condamné pour cambriolage et vol à main armée. Sa mort provoque un choc général et déclenche des émeutes dans de nombreuses villes.

1930-2012
NEIL ARMSTRONG

Pilote d'essai, Armstrong rejoint le programme de formation des astronautes de la NASA en 1962. Quatre ans plus tard, il réalise son premier vol dans l'espace dans le cadre du programme *Gemini*, qui précède *Apollo*. Il quitte la NASA en 1971 pour enseigner dans le domaine aérospatial.

▷ Neil Armstrong marche sur la Lune

DE 1968 À 1970 | **283**

Août 1969
CONFLIT NORD-IRLANDAIS
La division de l'Irlande en 1921 met les catholiques du Nord du pays en minorité. Lorsque la Northern Ireland Civil Rights Association proteste contre les traitements inégaux imposés par un gouvernement majoritairement protestant, les partisans du loyalisme d'Ulster s'opposent aux revendications. S'ensuivent des violences qui provoquent le déploiement de troupes britanniques. Le conflit ne s'achève qu'avec l'accord de paix du Vendredi saint signé en 1998.

△ Police de l'Ulster lançant des gaz lacrymogènes

△ Manifestation biafraise

14 janvier 1970
FIN DE LA GUERRE AU BIAFRA
La province nigériane du Biafra proclame son indépendance en 1967. Le gouvernement du Nigéria réagit en imposant un blocus qui provoque une famine massive. Au moment de la reddition des dirigeants du Biafra, après une ultime offensive en décembre 1969, près de 2 millions de civils auraient péri au cours du conflit.

Octobre 1969 Willy Brandt, chancelier d'Allemagne de l'Ouest, adopte l'Ostpolitik, nouvelle politique de détente vis-à-vis des pays du bloc soviétique.

28 septembre 1970 En Égypte, le président Nasser meurt ; Anouar el-Sadate lui succède.

1970

1er mai 1970 L'armée américaine envahit le Cambodge.

10 octobre 1970 Colonie britannique du Pacifique, les îles Fidji obtiennent leur indépendance.

« *C'est un petit pas pour l'homme, mais un bond de géant pour l'humanité.* »

NEIL ARMSTRONG VENANT DE POSER LES PIEDS SUR LA SURFACE DE LA LUNE, 1969

20 juillet 1969
ALUNISSAGE
Marqué par les progrès soviétiques en matière d'exploration spatiale, le président américain John F. Kennedy annonce en 1961 qu'un homme marchera sur la Lune avant la fin de la décennie. Ambition réalisée lorsque les astronautes Neil Armstrong et Buzz Aldrin réussissent à alunir avec leur module et mettent le pied sur la Lune. Cet exploit marque l'apogée de la mission *Apollo 11* mise en œuvre par la NASA.

DE 1971 À 1975

16 décembre 1971
NAISSANCE DU BANGLADESH

Lorsqu'il obtient son indépendance, le Pakistan est divisé en deux parties, situées à l'ouest et à l'est, que séparent quelque 1 600 kilomètres. Au Pakistan occidental, les nationalistes bengalis supportent de moins en moins la domination exercée par le Pakistan oriental. Les tensions s'amplifient et aboutissent à une guerre qui s'achève par la victoire des Bengalis, soutenus militairement par l'Inde, et l'indépendance du Bangladesh.

△ Premier journal du Bangladesh

Octobre 1973
PREMIER CHOC PÉTROLIER

Après la guerre du Kippour et sous la houlette de l'Arabie saoudite, l'Organisation des pays exportateurs de pétrole (OPEP) impose un embargo sur les nations qui soutiennent Israël. Le prix du pétrole triple dans le monde et contraint les pays visés à instaurer des mesures de protection extrêmes, qui incluent notamment le rationnement. L'augmentation du prix du arburant provoque de longues queues dans les stations-services et augmente l'inflation.

▷ Les prix à la pompe doublent

1971

26 mai 1972 Le président Nixon et le dirigeant soviétique Léonid Brejnev signent les traités Salt sur la limitation des armements stratégiques.

21 février 1972 Le président américain Nixon visite la Chine et inaugure ainsi des relations plus amicales.

1ᵉʳ janvier 1973 Le Royaume-Uno, l'Irlande et le Danemark rejoignent la Communauté économique européenne.

> « Aujourd'hui, le Bangladesh est un pays souverain et indépendant. »
>
> DÉCLARATION DE SHEIKH MUJIBUR RAHMAN, 1971

6-25 octobre 1973
GUERRE DU KIPPOUR

S'inspirant de l'attaque surprise lancée par Israël au début de la guerre des Six Jours en 1967, le président égyptien Sadate et ses alliés syriens choisissent la date de la fête religieuse du Yom Kippour pour envoyer des troupes au-delà des lignes de cessez-le-feu, dans les territoires occupés par les Israéliens. Après une série de victoires, les alliés sont repoussés et les combats s'arrêtent sans qu'aucun des adversaires n'ait obtenu de gain majeur. En revanche, la confiance d'Israël en sa sécurité est fortement ébranlée.

▷ Blindés israéliens dans le Sinaï

30 avril 1975
PAIX AU VIETNAM

Lorsque les États-Unis se retirent du conflit en 1973, l'armée du Vietnam du Sud continue seule à résister à l'armée populaire du Vietnam du Nord (APVN). Après l'échec d'un premier accord de paix, la guerre se poursuit encore 2 ans, avant qu'une offensive lancée au printemps par l'APVN ne brise la résistance du Sud en s'emparant de Saigon. Les deux parties du pays sont finalement réunies en juillet 1976.

▷ Citoyens agitant des drapeaux du Viet Cong pour célébrer la chute de Saigon

13 avril 1975 Une guerre civile se déclenche **au Liban** et voit s'affronter les musulmans propalestiniens et les forces chrétiennes soutenues par Israël.

1975

11 novembre 1975 Six mois après le Mozambique, **l'Angola s'affranchit du Portugal et obtient l'indépendance.**

20 novembre 1975 **La mort du général Franco,** dictateur espagnol, ouvre la voie à la restauration de la démocratie.

△ Nixon annonçant sa démission

9 août 1974
SCANDALE DU WATERGATE

Après l'arrestation par la police américaine de cinq hommes en train de voler des informations au QG du Parti démocrate, dans le complexe du Watergate à Washington, le gouvernement républicain nie toute implication. Lorsque sa tentative de dissimulation est finalement avérée, le président Richard Nixon, sous le coup d'une procédure d'*impeachment*, démissionne.

1892-1975
LE GÉNÉRAL FRANCISCO FRANCO

Après avoir conduit les forces nationalistes à la victoire dans la guerre civile espagnole, Franco dirige l'Espagne jusqu'à sa mort. Dans ses derniers jours, il rétablit la monarchie, et le roi Juan Carlos Ier lui succède à la tête de l'État.

286 | DE 1976 À 1979

8 mars 1978
CHANGEMENTS EN CHINE

À la suite de la mort de Mao Zedong, le modéré Deng Xiaoping s'impose comme le dirigeant de la Chine. Se servant de son pouvoir, il introduit des réformes limitées inspirées du marché libre et autorise de plus grandes libertés individuelles. Ces changements marquent le début de la réforme économique chinoise, dite « réforme et ouverture », qui génère une croissance rapide.

▷ Fresque représentant les « Quatre Modernisations » de la Chine

9 septembre 1976 **Mao Zedong meurt ;** sa femme et plusieurs hauts fonctionnaires (la Bande des Quatre) sont arrêtés.

13 juillet 1977 **Début de la guerre de l'Ogaden** avec l'invasion de l'Éthiopie par les troupes somaliennes.

1976

17 septembre 1978
ACCORDS DE CAMP DAVID

Après la guerre du Kippour, le président américain Jimmy Carter s'efforce de relancer le processus de paix au Moyen-Orient. Il parvient à organiser une rencontre entre le Premier ministre israélien Menahem Begin et le président égyptien Anouar el-Sadate à Camp David, dans le Maryland. Les deux hommes signent un accord-cadre qui aboutit 6 mois plus tard à un traité de paix entre les deux nations.

△ Sadate et Begin s'embrassent, applaudis par Carter

1976-2007
LA RÉVOLUTION INFORMATIQUE

Jusque-là réservés aux grandes compagnies, aux institutions ou aux universités, les ordinateurs sont désormais accessibles aux consommateurs à partir des années 1970.

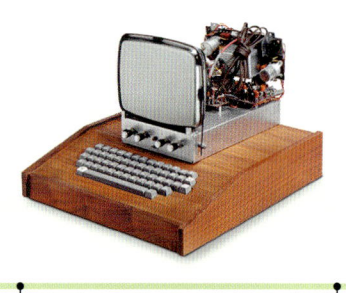

1976 **Steve Jobs et Steve Wozniak** fondent l'Apple Computer Company et présentent Apple 1, uniquement constitué d'une carte assemblée.

1981 **IBM dévoile l'Acorn**, premier ordinateur personnel (PC ou *Personal Computer*) à utiliser le système MS-DOS développé par Microsoft.

1990 **Tim Berners-Lee** développe le Hypertext Markup Language (HTML), ouvrant la voie au *World Wide Web*.

2007 **Avec l'iPhone** et autres smartphones, la puissance informatique se glisse dans la poche des consommateurs.

11 février 1979
RÉVOLUTION IRANIENNE

Les mécontentements générés par son régime contraignent le shah d'Iran à partir. Seize jours plus tard, l'ayatollah Khomeini, leader de l'opposition, revient d'exil pour être reçu en héros à Téhéran. À la suite de vastes manifestations et de quelques combats, le Premier ministre du shah fuit l'Iran, laissant le pays aux mains des révolutionnaires.

▷ L'ayatollah Khomeini

« *Nous avons pour objectif d'étendre l'influence de l'islam dans le monde entier.* »

L'AYATOLLAH KHOMEINI, *TAHRIR AL-WASILAH* (*EXÉGÈSE DES MOYENS DE SALUT OU COMMENTAIRES SUR LA LIBÉRATION DE L'INTERCESSION*), 1986

1er janvier 1979 **Les États-Unis et la République populaire de Chine** établissent de véritables relations diplomatiques.

1979

4 mai 1979 **Margaret Thatcher** devient Première ministre du Royaume-Uni et impose le libéralisme économique.

17 juillet 1979
RÉVOLUTION NICARAGUAYENNE

Portés par une opposition croissante à la famille Somoza qui règne sur le Nicaragua depuis 42 ans, les rebelles sandinistes se lancent dans une campagne de guérilla. À la suite des mesures répressives prises contre le soulèvement, le gouvernement perd le soutien des États-Unis. L'assassinat du rédacteur en chef d'un journal réputé intensifie le conflit et les sandinistes prennent le contrôle de la majeure partie du pays, avant d'entrer dans la capitale, Managua, le 17 juillet. Le président Somoza démissionne et part en exil, laissant le Nicaragua aux mains des sandinistes.

△ Affiche de propagande du Front sandiniste de libération nationale

31 août 1980
CRÉATION DU SYNDICAT SOLIDARNOŚĆ EN POLOGNE

Issu des chantiers navals de Gdansk, Solidarność devient le centre des revendications pour une amélioration du droit des travailleurs, et de l'opposition au gouvernement soutenu par les Soviétiques. En l'espace d'un an, le syndicat emporte l'adhésion d'un tiers des travailleurs en Pologne. Résistant à diverses tentatives de répression, y compris l'instauration de la loi martiale, il joue un rôle décisif dans la fin du régime communiste.

▷ Cofondateur de Solidarność, Lech Walesa s'adresse à la foule

1980
POLITIQUE DE L'ENFANT UNIQUE EN CHINE

Désireuse de maîtriser la croissance de sa population, la Chine instaure à partir de 1970 un maximum de deux enfants par famille. Maximum porté à un seul enfant 10 ans plus tard, cette politique étant mise en œuvre au moyen d'incitations financières pour ceux qui s'y conforment, ou de lourdes amendes pour ceux qui s'y refusent. En pratique, la population continue à croître, quoique à un rythme plus réduit.

▷ Affiche promotionnelle pour la politique de l'enfant unique

1980

4 novembre 1980 Ronald Reagan devient le 40ᵉ président des États-Unis.

19 avril 1980 Robert Mugabe devient le premier Premier ministre du Zimbabwe indépendant.

« Pour la révolution, pratiquez le contrôle des naissances. »

SLOGAN DESTINÉ À LA PROMOTION DE LA POLITIQUE DE L'ENFANT UNIQUE EN CHINE, 1980

22 septembre 1980
GUERRE IRAN-IRAK

Dans le but d'établir sa suprématie dans la région du golfe Persique, riche en pétrole, le dirigeant irakien Saddam Hussein envoie des troupes dans l'Iran voisin, encore perturbé par la révolution islamique de 1979. Au bout de 3 mois, l'invasion s'enlise dans une impasse meurtrière qui dure 8 ans et décime plus d'un demi-million de soldats et de civils.

▷ Soldats irakiens célébrant une victoire

DE 1980 À 1983 | 289

Décollage de la navette Columbia au Centre spatial Kennedy

12 avril 1981
LANCEMENT DE LA PREMIÈRE NAVETTE SPATIALE AMÉRICAINE

Lancée depuis le centre spatial Kennedy, en Floride, la navette *Columbia* décolle avec deux hommes à son bord. Elle inaugure un programme d'engins spatiaux réutilisables et capables de revenir sur Terre une fois la mission accomplie. Au cours des 3 décennies suivantes, 5 navettes de ce type effectuent un total de 135 missions, dont deux s'achèvent par un désastre.

◁ Badge de la mission *Columbia*

1983

6 octobre 1981
Le président égyptien Sadate est assassiné lors d'un défilé militaire.

6 juin 1982
Israël envahit le Liban et assiège sa capitale, Beyrouth.

23 mars 1983 **Ronald Reagan** rend publique l'Initiative de défense stratégique, également appelée « guerre des étoiles ».

1911-2004
RONALD REAGAN

Connu pour ses rôles au cinéma, Reagan devient gouverneur de Californie avant d'accéder à la présidence des États-Unis. Conservateur convaincu, il joue un rôle majeur dans l'effondrement de l'Union soviétique.

△ *Soldats britanniques se dirigeant vers Port Stanley, lors du plus célèbre des « yomp »*

Avril-juin 1982
GUERRE DES MALOUINES

À la suite de l'invasion des îles Malouines par l'Argentine, le gouvernement conservateur dirigé par Margaret Thatcher envoie une force opérationnelle navale dans le but de réaffirmer le contrôle britannique sur cet archipel de l'Atlantique Sud occupé depuis 1833. Le conflit s'achève 10 semaines plus tard avec la reddition de l'Argentine et le rétablissement de la souveraineté britannique.

DE 1984 À 1989

> « *Le peuple soviétique veut une démocratie pure et inconditionnelle.* »
>
> DISCOURS DE MIKHAÏL GORBATCHEV, JUILLET 1988

1984

11 mars 1985
MIKHAÏL GORBATCHEV DIRIGE L'URSS

À la mort de Konstantin Chernenko, le Politburo choisit comme secrétaire général du Parti communiste de l'Union soviétique le réformateur Mikhaïl Gorbatchev. Ce choix a des conséquences déterminantes, la politique d'ouverture, ou glasnost, prônée par ce dernier favorisant les débats et affaiblissant le pouvoir du Parti, ce qui accélère l'effondrement de l'Union soviétique.

◁ Mikhaïl Gorbatchev

31 octobre 1984 **Indira Gandhi** est la première femme à occuper un poste de Premier ministre en Inde. Elle est assassinée par ses propres gardes du corps.

◁ Réfugiés fuyant l'Éthiopie

1984
FAMINE EN ÉTHIOPIE

Les trois quarts de sa population dépendant d'une agriculture de subsistance, l'Éthiopie est sans cesse menacée par la famine. Au début des années 1980, une guerre civile acharnée et la politique répressive menée par la junte militaire au pouvoir accroissent la précarité. En 1984, l'absence de pluies printanières génère une vaste famine, particulièrement dans la province rebelle du Tigré, dans le Nord. Malgré l'aide internationale, notamment la levée de fonds organisée par Live Aid, près d'un demi-million de personnes auraient péri.

◁ Corazon Aquino lors d'un rassemblement

25 février 1986
RENVERSEMENT DU PRÉSIDENT AUX PHILIPPINES

Aux Philippines, l'effondrement de l'économie à partir de 1983 met en lumière la corruption du régime de Ferdinand Marcos, qui règne sur l'archipel depuis 20 ans. Après l'assassinat de l'opposant Begnino Aquino cette même année, sa veuve Corazon se retrouve au centre d'un mouvement de résistance qui aboutit à la révolution philippine. Marcos est exilé et Corazon devient présidente.

DE 1984 À 1989

26 avril 1986
CATASTROPHE DE TCHERNOBYL

Un test de sécurité qui tourne mal, générant une série incontrôlée de réactions en chaîne, provoque la catastrophe nucléaire la plus grave jamais survenue dans le monde. L'explosion et l'incendie de la centrale de Tchernobyl, en Ukraine (qui fait alors partie de l'URSS), libèrent des nuages de radioactivité qui se répandent sur une grande partie de l'Europe de l'Ouest. En dépit de la zone de sécurité de 10 kilomètres établie autour du site, quelque 60 personnes meurent directement à la suite de l'accident, alors que, selon les estimations, des milliers d'autres décèdent à plus long terme.

◁ Tchernobyl après l'explosion

9 novembre 1989 Chute du mur de Berlin, première étape de la réunification allemande.

1989

15 avril 1986 En Libye, les États-Unis bombardent des cibles « liées au terrorisme », frappant les ports de Tripoli et de Benghazi.

20 août 1988 Fin de la guerre entre l'Iran et l'Irak, après 8 ans d'affrontements.

8 décembre 1987
TRAITÉ SUR LES FORCES NUCLÉAIRES À PORTÉE INTERMÉDIAIRE

Négocié entre les États-Unis et l'URSS, le Traité sur les forces nucléaires à portée intermédiaire (FNI) est signé par les présidents Reagan et Gorbatchev, puis ratifié au mois de juin suivant. Il interdit les missiles terrestres de courte et moyenne portée, entraînant la destruction de 2 500 armes et l'établissement sur 10 ans d'un programme de vérification sur site. En 2019, le président américain Donald Trump suspend le traité, avant de s'en retirer au prétexte que la Russie n'est pas en conformité.

◁ Missile Pershing II

L'EFFONDREMENT DE L'EMPIRE SOVIÉTIQUE

DE 1980 À 1991

Barrière idéologique et militaire érigée par l'Union soviétique, le « rideau de fer » sépare en Europe les États communistes et non communistes depuis la fin de la Seconde Guerre mondiale. Toutefois, au début des années 1980, l'économie soviétique est en déclin, et le besoin urgent de réformes conduit le Politburo à installer Mikhaïl Gorbatchev au pouvoir en 1985. La politique de glasnost, ou ouverture, que ce dernier met en place expose au grand jour les ramifications profondes de l'hostilité à l'égard du système et de ses défaillances. Dans les pays satellites de l'URSS, les progressistes, libérés du bâillon de la censure, commencent à revendiquer une plus grande liberté. En Pologne, le syndicat Solidarność obtient le soutien de la population, cependant que dans les pays baltes, des mouvements réclament l'autonomie politique, et qu'en Hongrie, le Parlement autorise la formation de partis d'opposition en janvier 1989.

En novembre de cette même année, le mur de Berlin tombe, chute suivie de celle des régimes communistes en Roumanie et en République tchèque. Fin 1989, la Lituanie, la Pologne et l'Allemagne de l'Est empruntent le même chemin. En 1991, le nationaliste progressiste Boris Eltsine devient président de Russie, et en décembre, l'Union soviétique est officiellement dissoute.

ÉVÉNEMENTS-CLÉS

22 décembre 1989 Chute de Ceaușescu
Président de la Roumanie pendant deux décennies et soutenu par les Soviétiques, Nicolae Ceaușescu impose un régime de plus en plus répressif, dont la politique ne cesse d'aggraver l'état économique du pays. Le 17 décembre 1989, il donne l'ordre à la police de tirer sur des manifestants dans l'Ouest de la Roumanie ; l'événement déclenche des manifestations et des émeutes (*à gauche*) à Bucarest, la capitale. Ceausescu tente de fuir, avant d'être arrêté et exécuté.

29 décembre 1989 Révolution de Velours
En République tchèque, un mouvement de protestation non violent, appelé la révolution de Velours, renverse un régime depuis longtemps soutenu par les Soviétiques. Figure de proue du mouvement, le dramaturge Václav Havel a passé de longues périodes en prison sous le régime communiste. Devenu président, il négocie le retrait des troupes soviétiques et organise des élections libres en 1990.

L'ÉFFONDREMENT DE L'EMPIRE SOVIÉTIQUE | 293

L'édification du mur de Berlin a pour but d'empêcher les citoyens d'Allemagne de l'Est de passer à l'Ouest. Le 9 novembre 1989, une information non confirmée selon laquelle les restrictions frontalières seraient levées provoque l'afflux de manifestants vers le mur, symbole d'oppression, qu'ils commencent à détruire.

DE 1990 À 1994

> *« Notre lutte a atteint un stade décisif.*
> *Notre marche vers la liberté est irréversible. »*
>
> NELSON MANDELA À SA SORTIE DE PRISON, EN 1990

2 février 1990
LE GOUVERNEMENT SUD-AFRICAIN ANNONCE LA FIN DE L'APARTHEID

Après des années de pression internationale, le nouveau président de l'Afrique du Sud, Frederik de Klerk, annonce la fin des lois discriminatoires et légalise le Congrès national africain (ANC), ainsi que d'autres groupes ayant combattu l'apartheid. Neuf jours plus tard, Nelson Mandela, leader du mouvement anti-apartheid et chef de l'ANC, est libéré après avoir passé 27 ans en prison. Les négociations qui débutent entre le gouvernement et l'ANC conduisent le pays vers les premières élections au suffrage universel, organisées 4 ans plus tard.

◁ Nelson Mandela

4 octobre 1991 Signature du protocole de Madrid sur la préservation de l'Antarctique.

1ᵉʳ octobre 1990 Lancement du **Projet génome humain**, destiné à établir le séquençage complet de l'ADN du génome humain.

3 octobre 1990 **Réunification de l'Allemagne**, après 45 ans de division.

3 novembre 1992 **Bill Clinton** devient le 42ᵉ président des États-Unis.

2 août 1990
INVASION DU KOWEÏT PAR L'IRAK ET GUERRE DU GOLFE

Prenant prétexte d'un conflit à propos de la production de pétrole, le dirigeant irakien Saddam Hussein donne l'ordre à ses troupes d'envahir le Koweït voisin. Le président américain George Bush rassemble une force multinationale dans le but de libérer le pays. Finalement, Trente-cinq nations rejoignent la coalition, l'essentiel du soutien militaire provenant des États-Unis, de l'Arabie saoudite, du Royaume-Uni et de l'Égypte. L'indépendance du Koweït est rétablie début 1991, au terme de 6 semaines de combats.

△ Soldats irakiens confiants en la victoire

DE 1990 À 1994

1er novembre 1993

LA COMMUNAUTÉ EUROPÉENNE DEVIENT L'UNION EUROPÉENNE

Signé par 12 États membres en février 1992, le traité de Maastricht qui transforme la Communauté économique européenne (CEE) en Union européenne (UE) entre en vigueur. L'accord structure l'Europe autour de plusieurs piliers, notamment la sécurité et les affaires intérieures, et permet aux citoyens de chacun de ses pays de vivre et voyager librement dans l'espace européen. Au cours des années suivantes, la possibilité de se déplacer sans passeport et l'institution d'une monnaie commune seront établies par les États signataires.

◁ Drapeaux de l'UE et de ses États membres

1er janvier 1994 L'**Accord de libre-échange nord-américain (ALENA)** entre en vigueur, créant une zone de libre-échange entre les États-Unis, le Canada et le Mexique.

11 décembre 1994 Les **forces armées russes** pénètrent dans la région tchétchène séparatiste, déclenchant la première guerre de Tchétchénie.

13 septembre 1993 **Israël et l'Organisation de libération de la Palestine** signent les accords d'Oslo.

1994

MASSACRE DE MILLIERS DE PERSONNES AU RWANDA

L'agression de la minorité tutsie, qui a longtemps dominé le pays, par les milices de la majorité hutu au Rwanda constitue le pire génocide jamais perpétré depuis la Shoah. Le massacre est déclenché par l'assassinat du président hutu, qui vient de négocier une trêve avec les rebelles tutsis. Selon les estimations, près d'un million de personnes auraient péri.

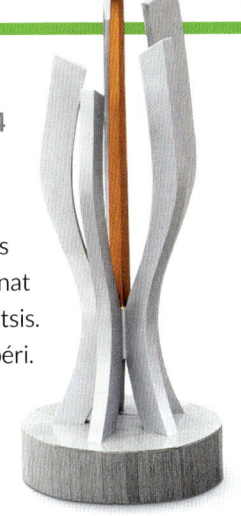

▷ Mémorial du génocide des Tutsis au Rwanda

1991-1998 GUERRES DE YOUGOSLAVIE

Créée après la Seconde Guerre mondiale, la fédération socialiste de Yougoslavie rassemble 6 républiques. Les tensions au sein de cette fédération aboutissent à la guerre.

25 juin 1991 La **proclamation d'indépendance de la Croatie** provoque la guerre avec la Serbie, qui fera 20 000 victimes en 4 ans.

2 avril 1992 À la suite d'**affrontements interethniques**, Sarajevo subit un siège qui durera près de 4 ans.

14 décembre 1995 Les **accords de Dayton** prévoient une partition de la Bosnie-Herzégovine entre une entité serbe et une entité croato-bosniaque.

28 février 1998 Au **Kosovo, la guerre éclate** entre les séparatistes albanais et la république fédérale de Yougoslavie dominée par les Serbes.

DE 1995 À 1999

> « *La Cour a compétence pour juger [...] les crimes suivants : (a) génocides ; (b) crimes contre l'humanité ; (c) crimes de guerre ; (d) crimes d'agression.* »
>
> TRAITÉ INSTITUANT LA COUR PÉNALE INTERNATIONALE, 1998

27 septembre 1996
LES TALIBANS PRENNENT LE CONTRÔLE DE L'AFGHANISTAN

Le renversement du dernier roi en 1973 engendre une instabilité politique en Afghanistan. Les 10 années d'occupation soviétique se caractérisent par la montée en puissance de milices islamiques opposées au programme antireligieux communiste et soutenues par les États-Unis. Après le retrait des Soviétiques en 1989, différents seigneurs de guerre s'affrontent pour obtenir le pouvoir, avant que le mouvement fondamentaliste islamiste des talibans ne s'empare de la capitale, Kaboul, ainsi que d'une grande partie du pays.

◁ Combattant taliban

10 avril 1998 L'accord du **Vendredi saint** met fin à 30 ans de guerre civile en Irlande du Nord.

1995

26 mars 1995 **Entrée en vigueur de la convention de Schengen,** qui prévoit la libre circulation des personnes dans la plupart des États européens.

10 septembre 1996 **Signature du Traité d'interdiction complète des essais nucléaires** (TICEN), qui sera par la suite ratifié par 170 États.

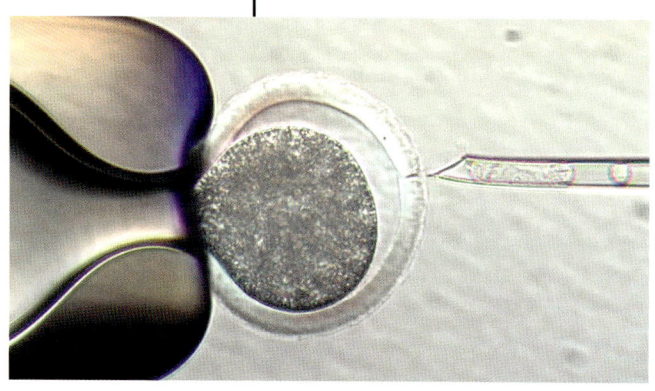

△ Processus de clonage

5 Juillet 1996
LA BREBIS DOLLY EST CLONÉE

La brebis Dolly est le premier mammifère cloné avec succès. Les scientifiques britanniques du Roslin Institute, à l'université d'Édimbourg, parviennent à transférer un noyau cellulaire dans l'ovule énucléé d'une autre brebis destinée à porter l'embryon. Dolly vivra jusqu'à l'âge de 6 ans et donnera naissance à 6 agneaux.

31 décembre 1999
VLADIMIR POUTINE DEVIENT PRÉSIDENT PAR INTÉRIM DE LA FÉDÉRATION DE RUSSIE

Prenant le relais de Boris Eltsine sur fond de grave crise économique, Poutine assure son pouvoir au cours de l'année suivante en remportant l'élection présidentielle avec plus de 50 % des suffrages. Soutenues par un prix élevé du pétrole, les premières années de sa présidence correspondent à une période de croissance économique continue, et les revenus réels font plus que doubler. À l'élection de 2004, Poutine obtient 71 % des suffrages.

◁ Vladimir Poutine (à gauche) serre la main de Boris Eltsine

17 juillet 1998 Création de la Cour pénale internationale destinée à poursuivre les crimes contre l'humanité.

24 mars 1999 Les raids aériens menés par l'OTAN contraignent le gouvernement yougoslave à renoncer à ses prétentions sur le Kosovo.

26 août 1999 Seconde guerre de Tchétchénie, qui s'achève par une victoire russe.

1999

1er juillet 1997
RÉTROCESSION DE HONG KONG À LA CHINE

En 1841, l'Empire chinois cède l'île de Hong Kong aux Britanniques et en 1898, leur donne à bail pour une durée de 99 ans une grande partie du territoire hongkongais. À l'expiration de ce bail, le Royaume-Uni rétrocède la souveraineté sur la totalité de Hong Kong à la République populaire de Chine, à la condition que les structures politiques et économiques existantes soient conservées pour une durée de 50 ans. À l'époque du transfert, le territoire est devenu un centre financier mondial.

◁ Hong Kong célèbre le retrait britannique

DE 1972 À 2021
LA CRISE CLIMATIQUE

L'idée que des pratiques telles que l'agriculture, l'irrigation ou le déboisement puissent affecter les caractéristiques locales en matière de température ou de précipitations remonte à l'Antiquité. En revanche, le fait que le climat global puisse être modifié par l'activité humaine n'est envisagé qu'à partir du XIXe siècle. Des scientifiques tels que Joseph Fourier ou John Tyndall observent que certains gaz – en particuliers, le dioxyde de carbone et le méthane – absorbent la chaleur du Soleil et réchauffent l'atmosphère terrestre, provoquant un phénomène plus tard connu sous le nom d'« effet de serre ». Vers le milieu du XXe siècle, les recherches montrent qu'il existe un lien entre la quantité croissante de dioxyde de carbone dans l'atmosphère – produite par la combustion d'énergies fossiles – et l'élévation des températures globales.

Ces découvertes conduisent l'océanographe américain Roger Revelle à écrire : « Les êtres humains sont en train de réaliser une expérience géophysique à grande échelle. »

Dans les années 1950, les données sur l'atmosphère collectées par le géochimiste Charles Keeling montrent clairement une concentration croissante de dioxyde de carbone et sont utilisées par la science nouvelle qu'est la simulation informatique pour prédire des scénarios climatiques futurs, qui se caractérisent par des températures globales plus élevées, des sécheresses, la fonte des glaciers et des calottes glaciaires, et l'augmentation du niveau de la mer. Le changement climatique apparaît en politique en 1965, date à laquelle un conseil consultatif auprès du président des États-Unis évoque une « réelle inquiétude » causée par l'effet de serre.

ÉVÉNEMENTS-CLÉS

1972 Conférence des Nations unies sur l'environnement
Stockholm, en Suède, accueille la première conférence mondiale sur les problèmes environnementaux de la planète. Promesse est faite d'étudier le lien entre croissance et dégâts sur l'environnement, à l'exemple de la déforestation (*à gauche*).

1989 Évaluations du Groupe d'experts intergouvernemental sur l'évolution du climat (GIEC)
Le premier rapport du GIEC montre que les températures ont augmenté de 0,3 à 0,6 °C ces 100 dernières années. Son cinquième rapport affirme avec 95 % de certitude que les êtres humains sont la « cause dominante » du réchauffement global et du changement climatique (*à gauche*) depuis les années 1950.

1997-2021 Accords et désaccords
Des traités internationaux tels que le protocole de Kyoto (1997) ou l'accord de Paris (2015) s'engagent dans la réduction des émissions de gaz à effet de serre. Nombre de pays échouent à remplir leurs objectifs ; certains, comme les États-Unis, se retirent pour des raisons politiques.

LA CRISE CLIMATIQUE | 299

Des millions de jeunes exigent de leurs dirigeants politiques que des actions soient entreprises en faveur du climat. Des manifestations, à l'exemple de celles d'Extinction Rebellion ou des grèves de lycéens et d'étudiants, montrent que la question du changement climatique reste l'une des préoccupations majeures du XXIe siècle.

11 septembre 2001
ATTAQUE TERRORISTE SUR LES ÉTATS-UNIS

Quatre avions de ligne en provenance d'aéroports américains sont détournés par des terroristes dissimulés sous l'apparence de passagers ordinaires, dans le cadre d'une attaque coordonnée contre les États-Unis. Responsable de l'attentat, le groupe islamiste radical Al-Qaïda a été fondé par Oussama ben Laden, originaire d'Arabie saoudite, qui a combattu aux côtés des moudjahidines contre les Soviétiques en Afghanistan. Deux avions détruisent les Twin Towers du World Trade Center, à New York. Un troisième frappe le Pentagone, cependant qu'un quatrième s'écrase en Pennsylvanie, après que les passagers se sont battus avec les pirates de l'air. L'ensemble de ces attentats constitue l'attaque terroriste la plus meurtrière à ce jour, avec près de 3 000 morts.

△ Effondrement des Twin Towers après l'attaque

13 décembre 2001 Un groupe d'insurgés cachemiris lance une attaque-suicide sur le Parlement indien.

8 février 2002 En Algérie, les combattants islamistes se rendent aux forces gouvernementales, marquant **la fin d'une décennie de guerre civile**.

7 octobre 2001
DÉBUT DE LA « GUERRE CONTRE LE TERRORISME » MENÉE PAR LES ÉTATS-UNIS

En réponse aux attentats du 11 septembre, les États-Unis lancent leur « guerre contre la terreur » en bombardant plusieurs places fortes détenues par les talibans – fondamentalistes afghans. S'ensuit l'invasion de l'Afghanistan par les Américains et leurs alliés, appelée « Operation Enduring Freedom », qui durera 20 ans.

◁ Soldats américains montant à bord d'un hélicoptère Chinook en Afghanistan

> « Les États-Unis d'Amérique ne permettront pas aux régimes les plus dangereux de la planète de nous menacer avec les armes les plus destructrices du monde. »
>
> DISCOURS DU PRÉSIDENT GEORGE W. BUSH SUR L'ÉTAT DE L'UNION, 29 JANVIER 2002

DE 2000 À 2004 | 301

4 janvier 2004
LES ASTROMOBILES DE LA NASA ARRIVENT SUR MARS

La National Aeronautics and Space Administration américaine (NASA) réussit à déposer sur Mars l'astromobile *Spirit*, laquelle est suivie 3 semaines plus tard par son compagnon *Opportunity* qui atterrit sur l'autre face de la planète. Au cours des années suivantes (*Opportunity* restera actif jusqu'en 2018), les astromobiles rassemblent des données sur les roches et les sols martiens, et recherchent des traces d'eau.

▷ L'astromobile de la NASA *Spirit*

26 février 2003
La guerre éclate au Darfour, dans l'Ouest du Soudan.

2004

◁ Chars américains en Irak

20 mars 2003
INVASION DE L'IRAK PAR LES ÉTATS-UNIS

Accusant Saddam Hussein de détenir des armes de destruction massives qui menacent l'Occident, le président américain George W. Bush réunit des puissances alliées dans le but d'obtenir un changement de régime. Couronnée de succès, la campagne militaire aboutit au renversement de Saddam Hussein. La vacance du pouvoir en Irak provoque toutefois des troubles civils, cependant que des dissidents se lancent dans une longue insurrection contre les forces occupantes.

◁ Banda Aceh, à Sumatra, après le tsunami

26 décembre 2004
TSUNAMI DANS L'OCÉAN INDIEN

Provoqué par un tremblement de terre sous-marin, ce tsunami est le troisième séisme le plus important jamais enregistré, avec des vagues de plus de 30 mètres de haut qui frappent les côtes d'Indonésie, de Thaïlande, du Sri Lanka et du Sud de l'Inde, ainsi qu'une dizaine d'autres pays. Quelque 227 000 personnes auraient péri, ce qui en fait le tsunami le plus meurtrier à ce jour.

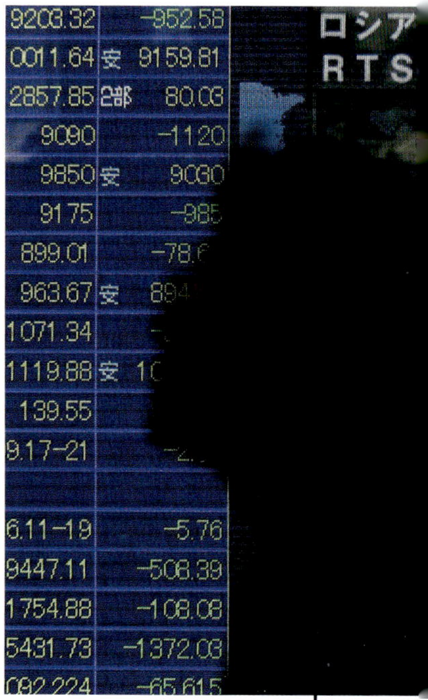

« *Ce que nous savons de la crise financière mondiale, c'est que nous ne savons pas grand-chose.* »

L'ÉCONOMISTE PAUL SAMUELSON, 2008

25 août 2005
L'OURAGAN KATRINA

L'ouragan aborde dans un premier temps le Sud de la Floride, avant de se renforcer durant sa traversée du golfe du Mexique en direction de l'ouest. Lorsqu'il touche à nouveau le continent, dans le Sud de la Louisiane et du Mississippi, il détruit tout sur son passage, notamment à La Nouvelle-Orléans, qui restera en grande partie inondée durant plusieurs semaines. Au total, Katrina tue 1 800 personnes et provoque 125 milliards de dollars de dégâts.

△ Après le passage de Katrina

2005

12 juillet 2006 Les forces israéliennes et les paramilitaires du Hezbollah **s'affrontent au Liban.**

30 janvier 2005 En dépit des élections organisées en Irak, des violences continuent à agiter le pays.

▷ Centrale à charbon émettant de la vapeur et des gaz polluants

△ Couronnes mortuaires en hommage à Benazir Bhutto

27 décembre 2007
ASSASSINAT DE BENAZIR BHUTTO

Benazir Bhutto effectue deux mandats comme Première ministre du Pakistan (en 1988-1990, puis en 1993-1996), avant d'être démise de ses fonctions pour corruption. Après 9 ans d'exil, elle revient au Pakistan pour participer à une élection générale, avant d'être assassinée à la sortie d'un rassemblement politique. Si les responsables de l'attentat ne sont pas clairement identifiés, au Pakistan en revanche, la responsabilité en est attribuée au président Musharraf, qui s'est depuis exilé.

16 février 2005
LE PROTOCOLE DE KYOTO ENTRE EN VIGUEUR

Adopté en 1997 et initialement signé par 84 pays, le protocole entre en vigueur après qu'un nombre requis de grands pollueurs ont ratifié ses conditions. L'accord engage les signataires à accepter des objectifs déterminés afin de réduire les émissions de gaz à effet de serre. Aujourd'hui, le protocole a été accepté par 192 pays.

2008
CRISE ÉCONOMIQUE MONDIALE

À la suite de l'effondrement du marché immobilier aux États-Unis, les banques et institutions financières des pays développés se retrouvent dans l'incapacité d'honorer leurs engagements. Débutant fin 2007, la panique ne cesse de croître jusqu'à atteindre son apogée avec la faillite de la banque d'investissement Lehman Brothers au mois de septembre suivant, avant de se propager sur presque toute l'Amérique du Nord et en Europe, générant l'une des récessions économiques les plus graves depuis la Grande Dépression des années 1930.

△ Traders assistant à l'effondrement des marchés

1961-
BARACK OBAMA
Né à Hawaï, Obama est élu au Sénat fédéral, où il passe presque 4 ans, avant de devenir le candidat du Parti démocrate et de remporter l'élection présidentielle en 2008. Il effectuera deux mandats.

1er août 2008
La deuxième guerre d'Ossétie du Sud éclate entre la Russie et la Géorgie.

8 août 2008
La Chine accueille ses premiers Jeux olympiques à Pékin.

4 novembre 2008 **Barack Obama** remporte l'élection présidentielle, devenant le premier président afro-américain des États-Unis.

18 mai 2009 **Au Sri Lanka,** la défaite des guérilleros des Tigres tamouls marque la fin de 26 années de guerre civile.

2009

10 septembre 2008
LE GRAND COLLISIONNEUR DE HADRONS EST MIS EN FONCTION

Le collisionneur de hadrons du CERN est le plus grand accélérateur de particules au monde. Mis en fonction le 10 septembre 2008, il occupe un tunnel de 27 kilomètres de long sous la frontière franco-suisse et permet aux scientifiques d'accélérer des particules quasiment à la vitesse de la lumière. L'étude des effets produits par les collisions fournit des renseignements sur le comportement des composants de base de l'Univers.

▷ Le Grand collisionneur de hadrons

DE 2010 À 2014

4 janvier 2011
DÉBUT DU PRINTEMPS ARABE
Des mouvements de contestation face aux conditions de vie difficiles et aux régimes répressifs se propagent en Afrique du Nord et jusqu'au Moyen-Orient. Ils s'intensifient avec l'immolation d'un vendeur ambulant qui provoque des émeutes en Tunisie. Au cours des luttes de pouvoir qui s'ensuivent, plusieurs régimes sont renversés en Libye, en Égypte et au Yémen, ainsi qu'en Tunisie même, cependant que de vastes manifestations secouent l'Algérie, le Maroc, la Syrie, l'Irak, le Liban, la Jordanie et Oman, entre autres pays.

△ Manifestants tunisiens

25 août 2012
« VOYAGER 1 » PÉNÈTRE DANS L'ESPACE INTERSTELLAIRE
Lancée en 1977, la sonde spatiale *Voyager* effectue avec succès plusieurs vols de reconnaissance autour de Jupiter, Saturne et Titan, la plus grande lune de Saturne, avant de pénétrer plus avant dans le Système solaire. Lorsqu'elle franchit l'héliosphère – frontière au-delà de laquelle notre Soleil n'exerce plus d'influence –, la sonde devient le premier engin spatial à entrer dans le milieu interstellaire. Elle continue à collecter des données transmises au Deep Space Network de la NASA.

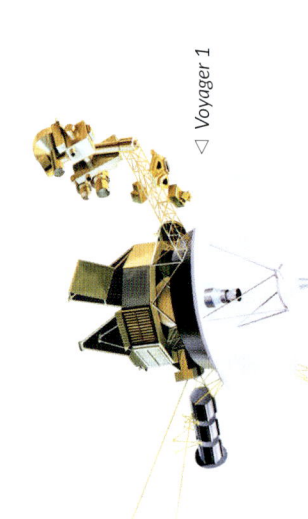

▽ Voyager 1

31 octobre 2011 Les Nations unies annoncent officiellement que la population mondiale a franchi la barre des 7 milliards de personnes.

2013 La Chine lance la Nouvelle Route de la soie, projet mondial de développement d'infrastructures.

2010

Mars 2010 Le volcan islandais Eyjafjallajökull entre en éruption, perturbant les transports aériens en Europe du Nord.

5 mars 2013 Président du Venezuela depuis 2002, Hugo Chávez décède au début de son quatrième mandat.

1954-2013
HUGO CHÁVEZ
Élu président du Venezuela en 1998, Chávez remporte trois autres élections. La hausse du prix du pétrole lui permet d'établir un programme de réformes sociales destinées aux plus démunis.

3 juillet 2013
LE PRÉSIDENT ÉGYPTIEN MORSI EST CHASSÉ DU POUVOIR
Mohamed Morsi succède à Hosni Moubarak, contraint de démissionner à la suite des manifestations du Printemps arabe. Ancien dirigeant du Parti de la liberté et de la justice, issu des Frères musulmans, il est à son tour la cible de manifestations organisées par les anti-islamistes. Face aux mouvements de protestation, les militaires organisent un coup d'État qui écarte Morsi du pouvoir et le remplace par le général Abdel Fattah al-Sissi.

△ Manifestants rassemblés sur la place Tahrir au Caire

2014-2015
L'UNION EUROPÉENNE AFFRONTE UNE CRISE DES MIGRANTS D'UNE AMPLEUR SANS PRÉCÉDENT

Depuis longtemps, l'Union européenne est une destination de choix pour celles et ceux qui fuient la guerre et les persécutions. En 2014-2015 cependant, leur nombre s'accroît de façon spectaculaire. Chassés par les conflits en Syrie et en Afghanistan, des réfugiés cherchent à passer la frontière de l'Union européenne en Turquie, cependant que des milliers d'autres, partant de l'Afrique du Nord, risquent leur vie en traversant la mer Méditerranée à bord de petites embarcations. À la fin de l'année, près d'un million de personnes ont demandé asile en Allemagne, pays d'accueil le plus hospitalier.

▷ Réfugiés débarquant sur l'île grecque de Lesbos, en 2015

16 septembre 2014 La guerre civile éclate au Yémen entre le gouvernement et les rebelles houthi.

2014

△ Graffiti proclamant que « la Crimée est l'Ukraine »

27 février 2014
LA RUSSIE ANNEXE LA CRIMÉE

Réagissant à la destitution du président prorusse de l'Ukraine, Viktor Ianoukovytch, Vladimir Poutine réaffirme les exigences de la Russie sur la Crimée, dont le territoire a été transféré aux Criméens en 1954. Il envoie des troupes dans le but d'instaurer un gouvernement prorusse qui, à la suite d'un référendum et d'une déclaration d'indépendance, accepte le statut de république de la Fédération de Russie.

△ Partisans de l'État islamique fêtant la victoire

10 juin 2014
LES JIHADISTES DE L'ÉTAT ISLAMIQUE S'EMPARENT DE LA VILLE DE MOSSOUL EN IRAK

Dans le chaos qui suit la guerre d'Irak, les partisans de l'État islamique (groupe insurrectionnel sunnite également connu sous le nom de Daech) s'emparent de Mossoul, ville la plus importante du Nord du pays, que les troupes gouvernementales ont désertée. Les islamistes l'occupent 3 ans, durant lesquels les groupes minoritaires subissent une répression brutale et plus de 2 000 personnes sont sommairement exécutées. Soutenue par des forces internationales, l'armée irakienne reprend le contrôle de la ville au terme d'une campagne militaire de 9 mois.

DE 2015 À 2021

1924-2019
ROBERT MUGABE
Encensé comme l'un des « pères de l'indépendance » du Zimbabwe au moment de sa nomination au poste de Premier ministre en 1980, Mugabe s'accroche au pouvoir 37 ans durant, malgré des accusations de corruption et de violation des droits de l'homme.

4 novembre 2016
L'ACCORD DE PARIS SUR LE CLIMAT RENTRE EN VIGUEUR

Ouvert à la signature en avril 2016, l'accord entre en vigueur dès lors que 55 pays produisant au moins 55 % des émissions de gaz à effet de serre ont ratifié le traité. Il a pour objectif de maintenir la température moyenne de la planète en dessous de 2 °C de plus que les niveaux préindustriels, et exige des signataires qu'ils fournissent régulièrement des informations sur leur contribution. À ce jour, 191 États, ainsi que l'Union européenne, ont ratifié à l'accord.

▷ Patients atteints de la COVID-19

△ Signataires célébrant l'accord

21 novembre 2017 **Robert Mugabe**, après avoir occupé le pouvoir durant près de quatre décennies, est chassé de la présidence du Zimbabwe.

2015

23 juin 2016 **À la suite du référendum sur le « Brexit »**, le Royaume-Uni sort de l'Union européenne après 43 ans de participation.

8 novembre 2016
Donald Trump devient le 45ᵉ président des États-Unis.

> « Se sera l'Amérique d'abord, et seulement l'Amérique »
>
> DONALD TRUMP, DISCOURS D'INVESTITURE, JANVIER 2017

▷ Musulmans rohingya fuyant les persécutions

9 octobre 2016
LES FORCES ARMÉES BIRMANES ATTAQUENT LES MUSULMANS ROHINGYA

À la suite d'affrontements qui opposent musulmans rohingya et bouddhistes, ainsi que d'attaques lancées sur les postes frontaliers du pays, les militaires birmans répriment avec brutalité les villages rohingya du Nord de l'État de Rakhine, près de la frontière avec le Bangladesh. L'intervention coûte la vie à plus de 20 000 civils et provoque le déplacement d'un million d'entre eux.

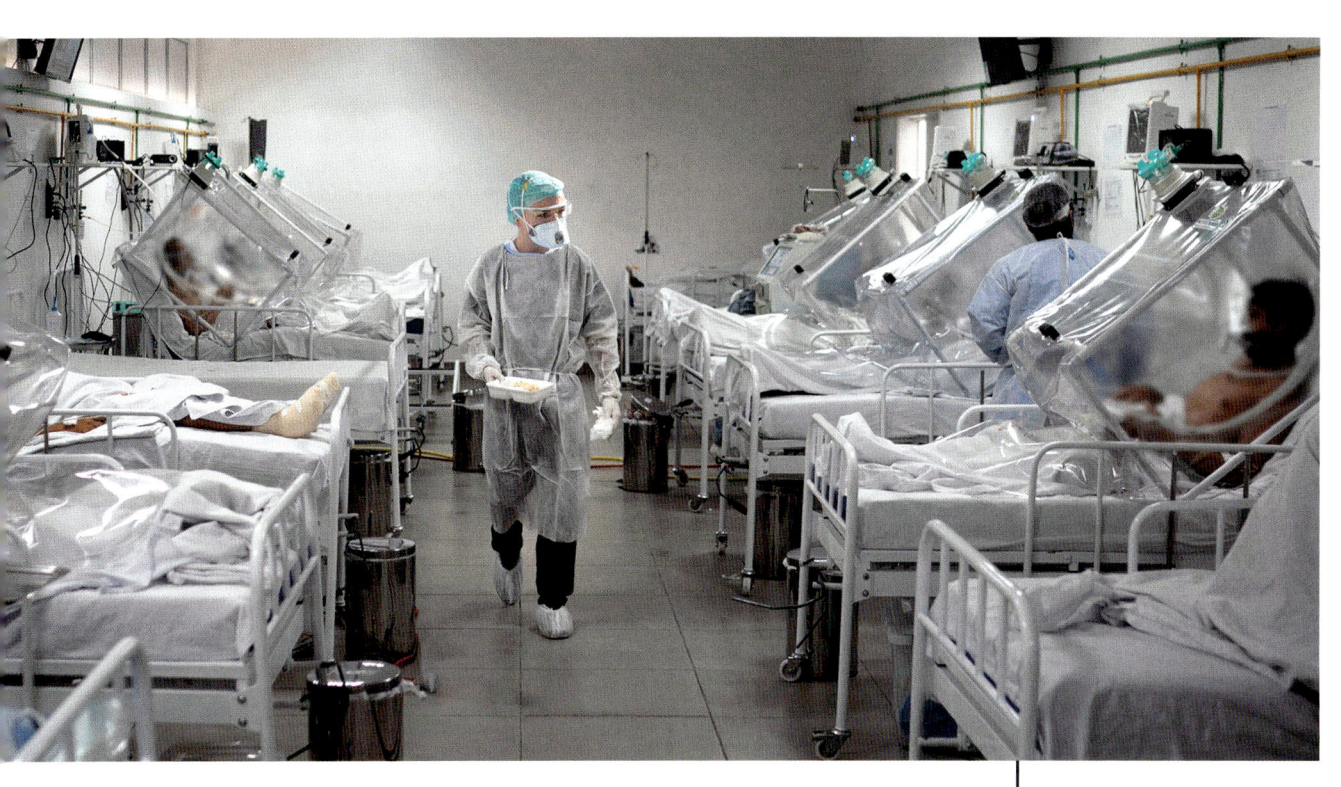

DE 2015 À 2021 | 307

Mars 2020
PANDÉMIE DE COVID-19

Apparue fin 2019 dans le Wuhan, en Chine, l'épidémie de maladie à coronavirus 2019 est considérée comme une pandémie par l'Organisation mondiale de la santé en mars 2020. Au cours des mois suivants, la COVID-19 se répand dans le monde entier, affectant plus de 200 millions de personnes et provoquant plus de 4,25 millions de décès à l'automne 2021.

22 mars 2018 Le président Trump annonce une hausse des droits de douane qui déclenche une guerre commerciale entre les États-Unis et la Chine.

25 mai 2020 Aux États-Unis, le Noir américain George Floyd est tué par un policier blanc, ce qui provoque des mouvements de protestation dans de nombreux pays.

15 mars 2019 De vastes manifestations prodémocratiques éclatent dans la région administrative spéciale de Hong Kong, en Chine.

2021

▷ Gilet jaune

▷ Partisans de Trump assiégeant le Capitole des États-Unis

Novembre 2018
MANIFESTATION DES GILETS JAUNES EN FRANCE

Dénonçant au départ les taxes carbone et l'augmentation du prix des carburants, les Gilets jaunes – ainsi appelés en raison de la veste de sécurité fluorescente qu'ils arborent – en viennent à protester plus largement contre les inégalités économiques croissantes et l'inadaptation des services publics dans les zones rurales. Rassemblant au total près de 3 millions de personnes, les manifestations ne connaissent un coup d'arrêt qu'avec la pandémie de COVID-19.

6 janvier 2021
LES PARTISANS DE TRUMP PRENNENT D'ASSAUT LE CAPITOLE

Réagissant aux allégations de Donald Trump selon lesquelles l'élection présidentielle de 2020 aurait été truquée par les démocrates, ses partisans font irruption dans le Capitole, à Washington. Les actes de violence qui s'ensuivent coûtent la vie à 5 personnes. Le lendemain, Joe Biden devient le 46ᵉ président des États-Unis.

INDEX

Les numéros de page en **gras** indiquent que le thème fait l'objet d'une entrée principale.

A

Afghanistan
    bataille de Panipat **188**
    contrôle taliban **296**
    dynastie des Khaldji **109**
    dynastie Hotaki **171**, 175, 177
    « guerre contre le terrorisme » **300**
    guerre afghano-marathe **188**
    invasion de l'Inde **102**
    première guerre anglo-afghane **214**, 215
    réfugiés 305
    unification 181
Afrique du Sud
    apartheid **267**, **294**
    British South Africa Company **235**
    cap de Bonne-Espérance **200**
    congrès national africain 247
    découverte d'or 228
    droit de vote des femmes 238
    guerre des Boers **232**, **243**
    guerres cafres **193**
Afrique, partage de l' **233**
âge du fer 15, **20**
agriculture, évolution de l' **13**
Akbar, empereur **135**
Al-Biruni, Abul-Rayhan **80**
Al-Qaïda **300**
Alexandre le Grand, roi 34, 35
Alfred le Grand, roi 84
Algérie 212, 300, 304
    guerre d'indépendance **272**, 278
Allemagne
    accords de Munich **259**
    avion à réaction 243
    Bible de Gutenberg **125**
    course aux armements navals **245**
    découverte de l'homme de Néandertal 223
    détente (guerre froide) 283
    dirigeable Zeppelin 242
    Grande Dépression **257**
    guerre des Sept Semaines 226
    guerre de Trente Ans 147, **148**, **153**
    guerres mondiales, *voir sous* Première Guerre mondiale ; Seconde Guerre mondiale
    lois de Nuremberg **258**
    mur de Berlin 270, 291, 292, **293**
    Néandertal **10**
    peste noire **114**
    porcelaine de Meissen **171**
    réunification **294**
    Sudètes **259**
    traité de Verdun **83**
    Triple-Alliance **232**
    unification (1866-1871) **226**
    voir aussi Prusse
Alphonse Ier, roi **100**
Amérique du Nord
    bâtisseurs de tumulus **100**
    Boston Tea Party **191**
    civilisation Adena 22, **40-41**
    culture Chaco **89**
    Déclaration d'indépendance **192**
    exportation de tabac **142**
    Floride 207
    fort de San Antonio 174
    Géorgie **177**
    Grande-Bretagne et Stamp Act **189**
    Hohokams 76
    Jamestown 141
    Manhattan, île de 147
    Massachusetts 148, 152
    New York **157**
    Pennsylvanie **160-161**
    Pères pèlerins **144**
    plan d'union d'Albany **185**
    procès des sorcières de Salem **164**
    Pueblos **160**, 164
    revendication de la Louisiane **161**, **203**
    Watson Brake **13**
Amérique du Nord, batailles et guerres
    bataille de Fallen Timbers **199**
    guerre de l'Indépendance américaine **192-193**
    guerre de la Conquête **185**
    guerre de Sept Ans 185, 186, **187**
    guerre des Yamasee **174**
Amérique du Nord, Canada 158, 227
    ALENA (accord) **295**
    Canadien Pacifique **234**
    guerre de Sept Ans 185, 186, **187**
    migration des Inuits **97**
    OTAN (traité) **270**
Amérique du Nord, États-Unis
    abolition du commerce des esclaves **204**
    accords de Camp David **286**
    ALENA (accord) **295**
    alunissage **283**
    ANZUS (pacte) **271**
    armes nucléaires **268-269**, **279**, **291**
    assaut du Capitole **307**
    Boeing (avions de ligne) **243**
    Brooklyn, pont de **228**
    canal Érié **210**
    Constitution **194**
    contre-culture **276-277**
    crise économique **303**
    et Cuba **241**
    Croix-Rouge **232**
    droit de vote des femmes 217, 228, **238-239**
    Ellis Island **236-237**
    Empire State Building **256**
    ère du Jazz **254-255**
    Grande Dépression **257**
    Hooker (télescope) **141**
    Indian Appropriations Act **218**
    Indian Removal Act **213**
    Initiative de défense stratégique 289
    krach de Wall Street **253**, 254
    Ku Klux Klan (KKK) **252**
    lois dites « Jim Crow » **237**
    maccarthysme **270**
    manifestations contre la guerre **276**
    mouvement des droits civiques **272-273**, 276
    NASA 275, **289**, **301**, **304**
    naufrage de l'Essex **208**
    ouragan Katrina **302**
    plan Marshall **267**
    premier Congrès des États-Unis **87**
    proclamation d'émancipation **224**, **199**
    prohibition **250**, 254
    Projet Manhattan **262**, **268**
    relations avec la Chine **287**
    Renaissance de Harlem **254**
    ruée vers l'or en Californie **217**
    Salt (accords) **284**
    ségrégation raciale 232, 241, 246, 249, 273
    Transcontinental **210**
    tremblement de terre de San Francisco **244**
    Tuskegee Institute **232**
    U-2 (avion espion) **278**
    Watergate (scandale) **285**
    Yellowstone (parc national) **228**
Amérique du Nord, États-Unis, batailles et guerres
    11 septembre 270, **300**
    bataille d'Antietam **224**
    bataille de Little Bighorn **230**
    crise des missiles cubains **279**
    guerre anglo-américaine de 1812 **205**
    guerre commerciale avec la Chine **307**
    « guerre contre le terrorisme » **300**
    guerre d'Irak **301**
    guerre de Sécession **224-225**
    guerre du Vietnam 276, **280**
    guerres séminoles **206**
    Libye **202**, 291
    massacre à Wounded Knee **236**
    révolution texane **214**
    Seconde Guerre mondiale, *voir sous* Seconde Guerre mondiale
Anatolie, *voir* Turquie
Angola 158, 196, 285
Antarctique 191, **208**, 294
Apple **286**
Arabie saoudite
    droit de vote des femmes **238**
    Mahomet, prêche à La Mecque **74**
    OPEP, choc pétrolier **284**
    premier État saoudien 181
    et wahhabisme 203, 205
Argentine 225, 273
    guerre des Malouines **289**
Aristote **31**

Arménie 25, 63, 117, 199, 237
Armstrong, Neil **282**, 283
arts
    Art déco **252**
    Art nouveau **237**
    charleston (danse) **255**
    cinéma sonore **253**
    cubisme **245**
    ère du Jazz **254-255**
    Exposition internationale de 1925 **252**
    haïku **144**, 192
    impressionnisme **229**
    Japon, monde flottant **144-145**
    japonisme **213**
    livres enluminés **77**
    Lumières 149, 180, **182-183**
    philosophie grecque **30**
    réalisme **231**
    Renaissance **120-121**, 139
    romantisme **190**
    Stradivarius (violons) **176**
    théâtre kabuki **144**
    théâtre nô **116**
Ashantis, *voir* Empire ashanti
Assyrie
    Assurbanipal, roi **29**
    Empire néo-assyrien **23**, 24, 27, 29
    indépendance **20**
    Nimroud **25**
    Ninive **28**, 29
    voir aussi Irak
Attila le Hun, roi **64**, 69
Auguste (Octave), empereur 45, **46**
Augustin, saint **68**, 73
Australie
    ANZUS (pacte) **271**
    guerre noire **214**
    Botany Bay **190**
    et colonialisme **209**
    découverte **141**
    découverte d'or **219**
    droit de vote des femmes **238**
    guerres de Hawkesbury et Nepean **199**
    premiers colons **195**
australopithèques **10**
Autriche
    assassinat de l'archiduc François-Ferdinand **247**
    congrès de Vienne (traité) **176**
    guerre de la Première Coalition **198**
    guerre de Sept Ans 185, 186, **187**
    guerre de Sept Semaines **226**
    guerre de Succession d'Autriche 179, **180**, 181, 187
    guerre de Succession de Pologne **178**
    guerres napoléoniennes 202, 203, **204**
    Habsbourg 109, **131**, 178, 194
    ligue d'Augsbourg 163, 170
    partage de la Pologne **190**
    révolution **216-217**
    siège de Vienne 133, **161**, 167
Autriche-Hongrie 216, 248, 249
    formation de l'Empire **226**
    Triple Alliance **232**
aviation, *voir sous* transport
Avicenne (Ibn Sina) **80**
Aztèques, *voir* Mexique, Aztèques

B

Babbage, Charles **208-209**
Babyloniens 18, **19**, 23, 28, 29, **30**, 31
Baird, John Logie **252**
Balkans 64, 66
    et Empire ottoman 124, 247
    guerres des Balkans **295**
    voir aussi les différents pays
Bangladesh **284**
Barbade, code des esclaves de la 156
batailles et guerres, *voir sous les différents pays* ; Première Guerre mondiale ; Seconde Guerre mondiale
bateau, *voir sous* transport
Beatles **276**
Belgique
    bataille de Courtrai **110**
    bataille de Waterloo **206**
    et CEE **274**
    guerres mondiales, *voir sous* Première Guerre mondiale ; Seconde Guerre mondiale
    hôtel Tassel **237**
    indépendance **213**
Bell, Alexandre Graham **230**
Bénin **124**, 197
Berlin, conférence de **233**
Berlin, mur de 270, 291, 292, **293**
Berners-Lee, Tim **286**
Bessemer, Henry **223**
Birmanie, *voir* Myanmar
Bismarck, Otto von 226, **227**, 233
Bohême, *voir* Tchécoslovaquie
Boleslas le Vaillant (Boleslas Ier), roi **90**
Bolívar, Simón 204, **205**
Bolivie
    guerre du Chaco **257**
    guerre du Pacifique **230-231**
    indépendance **205**
    mine d'argent de Potosí **135**
    Tiahuanaco **60**, 86
Bosnie 117, **295**
    guerre de Yougoslavie **295**
Botticelli, Sandro **120**
bouddhisme
    Cambodge **105**
    Chine 51, 67
    Inde **32**, 38, 46
    Japon **71**, 73, 102, 106
    Java **78-79**
    Sutra du diamant **53**
Braille, Louis **212**
Braque, Georges **245**
Brésil
    colons portugais **129**, 154
    commerce des esclaves 196, 234
    guerre de la Triple Alliance **225**
    indépendance 209, 213
    ruée vers l'or **165**
    traité de Madrid **184**
Brunel, Isambard Kingdom **210**
Brunelleschi, Filippo **123**
Bulgarie 247, 249
    et Empire byzantin 82, 84, **89**, 103
Byzance, *voir* Empire byzantin

C

Cachemire **280**
calendriers 44, **45**, 138
Cambodge 55, 283
    Angkor Vat (temple) 79, **98**
    Empire khmer 79, **105**, 216
Canada, *voir* Amérique du Nord, Canada
Carter, Jimmy **286**
Catherine la Grande (Catherine II), tsarine **188**, 194
Ceausescu, Nicolae **292**
Celse, Aulus Cornelius **50**
Celsius, Anders **180**
Celtes 31, 35
Cervantès, Miguel de **142**
César, Jules **44-45**
Chamberlain, Neville 259, **260**
champs d'urnes, culture des 20
Charlemagne **78-79**
Charles Ier, roi 150, **152-153**
Charles II, roi **157**, 160
Charles Quint (Charles V), empereur **131**, 132
Chaucer, Geoffrey **117**
Chávez, Hugo **304**
chemins de fer **210**, 211, 234, **236**
Chikamatsu Monzaemon **174**
Chili, guerre du Pacifique **230-231**
Chine
    adhésion à l'OMC **300**
    âge de fer **20**
    armée de terre cuite **36-37**
    barrage de la rivière Dadu **194**
    bouddhisme 51, 67
    Cent écoles de pensée **29**, 36
    Cité interdite **122**
    clan Sima 59
    commerce 109, **114**, 131, 199, 286, 307
    confucianisme 29, 116, 166
    course aux armements nucléaires **268-269**
    culture de Yangshao **13**
    développement de la peinture **67**
    dictionnaires et encyclopédies 52, 176
    Empire mongol, *voir* Empire mongol
    eunuques 55, 85, 118, 146
    famine **263**
    Grand Bond en avant (réformes) **274-275**, 281
    Grand Canal **73**
    Grande Muraille 36, **126**
    Hong Kong **296-297**, 307
    horloge à eau **96**
    imprimerie et livres 53, **91**, 92, **133**, 191
    Nouvelle Route de la soie **304**
    Jeux olympiques **303**
    Jürchen **92**, 97, **99**
    Longue Marche **257**
    monnaie de papier 82, 92
    pandémie de choléra **207**

peste noire **114**
politique de l'enfant unique **288**
politiques économiques **92**
poudre à canon **83**, 92, **108**
« Quatre livres extraordinaires » **133**
relations avec la Russie 163, 278, 279
relations avec les États-Unis 284, 287, 307
république populaire **270-271**
réunification 73
révolution culturelle **280-281**
route de la soie 109, **114**
Chine, batailles et guerres
  bataille de Caishi 101
  bataille de la Falaise rouge **58**
  bataille de la forteresse de Tumu 124
  bataille de la rivière de Talas 77
  bataille de Weihaiwei **240**
  guerre civile **266**
  guerre de l'Opium **215**, 216, **223**
  guerre sino-indienne 279
  guerre sino-japonaise **259**
  invasion de la Birmanie 189
  Qing, *voir sous* Chine, dynasties, Qing
  révolte d'An Lushan 77
  révolte des Boxers **242**
  révolte des sœurs Trung 50
  révolte des Turbans jaunes 55
  révolte des Turbans rouges 113
  Russie, fleuve Oussouri 282
  traité de Nankin **216**
Chine, dynasties
  Chen 73
  Han **39**, 41, 42, 44, **47**, 50, 55
  Jin 99, 101, 105
  Jin de l'Ouest **61**, 62
  Ming 67, **116**, 118, 122, 126, 142, 146, 148, **151**, 156
  période des Cinq Dynasties et des Dix Royaumes 85, 87
  période des Royaumes combattants **32-33**, 36, 39
  période des Seize Royaumes **62**, 67
  période des Trois Royaumes **58**
  Qin 32, 34, **36-37**, 39
  Shang **19**

Song **86-87**, **92-93**, 96, 99, 101, **108**
Song du Nord **92-93**
Song du Sud 92, 99, 101, 108
Tang **74**, 75, 77, 84
Wei du Nord 62, **67**, 68
Xia **15**, 19
Xin **47**
Yuan, *voir sous* Empire mongol
Zhou de l'Est **26**, 29, 36
Zhou de l'Ouest 21
Zhou du Nord 73
Zhou postérieurs 87
Chine, dynasties, Qing 67, 179, 231, 240
  armées de Nurhachi 142
  bataille de la passe de Shanhai 150
  bataille de Weihaiwei **240**
  Cixi, impératrice **224**
  essor **148**, 151
  flotte du Drapeau Rouge **205**
  invasion de la Mongolie **166**
  natte chinoise **152**
  renversement **246**
  Le Rêve dans le pavillon rouge **198**
  révolte de la secte du Lotus Blanc **200**
  révolte des Taiping **218**, 219
  révolte des trois feudataires **159**
  Yongzheng, empereur **175**
Chiyo-ni **192**
christianisme
  albigeois **106**
  basilique Saint-Pierre 79, 130, **146**
  bataille de Sagrajas 86
  Bible de Gutenberg **125**
  cisterciens 97
  concordat de Worms **99**
  conversion des Wisigoths au catholicisme 73
  croisades **97**, **100**, 103, **104**, 107, 109
  diffusion 63
  Église d'Angleterre **133**
  Empire byzantin, *voir* Empire byzantin
  franciscains **104**
  Grand Schisme **94**
  Inquisition espagnole **127**
  invasions de Soliman le

Magnifique **133**
jésuites 133, 134, 152, 184, 187
Jésus **47**, **50**
  et manichéisme **59**
massacres des Arméniens 237
missionnaires en Chine 175, 242
papauté d'Avignon 110, **116-117**, 119
prise de Grenade **129**
et prohibition aux États-Unis 250
« quakers » 160, **194**
Réforme protestante 130, 131, 132, 133
  et Renaissance 120, **130**
répression au Japon 134, 149
royaume d'Aksoum 63, **68**
Vulgate 67
Churchill, Winston 261, 266
Cixi, impératrice **224**
Cléopâtre **45**, 61
Clive, Robert **187**
Colomb, Christophe **128-129**
Colossus (ordinateur) 209
Communauté économique européenne (CEE) 284, 291
  traité de Paris **271**
  traité de Rome **274**
Compagnie des Indes orientales
  britannique **140**, 164, 181, 184, 187, 207
    et Chine, flotte du Drapeau Rouge **205**
  néerlandaise **140**, 150
confucianisme 29, 116, 166
Congo belge 220, **234**, 281
Constantin Ier, empereur **62-63**
Cook, James **189**, **190**, 191
Copernic, Nicolas **134**
Corée
  bateaux tortues **139**
  dynastie Joseon **118**
  guerre de Corée **270**, 272
  guerre russo-japonaise **243**
  invasion mandchoue 148
  invasions japonaises 67, **139**
  traité de Shimonoseki **240**
  unification **75**, **86**
Cortés, Hernán **131**, **132**
course aux armements nucléaires **268-269**, 279, 296
COVID-19, pandémie de **306-307**

crise climatique **298-299**, 302
Croatie, guerres de Yougoslavie **295**
croisades **97**, **100**, **104**, 107, 109
Crompton, Samuel **172**
Cromwell, Oliver 153, **154**
Cuba
  Castro, Fidel **275**
  commerce des esclaves 196
  crise des missiles cubains **279**
  indépendance **241**
  Curie, Marie **241**
  Cuvier, Georges **200**

D

Daguerre, Louis **212**
Dahomey, royaume du 140, **152**, 177
Dalaï-Lama **150**
Danemark 87, 90
  adhésion à la CEE 284
  commerce des esclaves 198
  invasion nazie 259
  révolution de 1848 **216-217**
Dante 110
Darwin, Charles **215**
Deng Xiaoping **286**
Descartes, René **149**
Dickens, Charles **214**
Diderot, Denis **182**
Dioclétien, empereur 48, **61**, 63
Dolly (brebis) **296**
Domesday Book 96
Dostoïevski, Fedor **226**
droit de vote des femmes **238-239**

E

économie
  crise économique mondiale **303**
  dépression (1873-1896) **229**
  Grande Dépression **257**
  Japon, monde flottant **144-145**
  krach de Wall Street **253**, 254
Égypte
  accords de Camp David **286**
  canal de Suez **210**, **227**, 274
  culte d'Akhenaton 20
  dynastie de Méhémet Ali 205, 213
  mamelouks **107**, 109, 130
  momification **14**
  Moyen Empire **15**

Narmer, pharaon 13
Nouvel Empire **19**, 22
phare d'Alexandrie **38**
pierre de Rosette **201**
Ptolémées **35**, 38
pyramides 14, **16-17**
république **272**
royaume de Nubie, *voir* Nubie, royaume de
temple de Louxor 25
tremblements de terre 38
Égypte, batailles et guerres
  et Fatimides 87
  guerre civile (836 avant J.-C.) 25
  guerre des Six Jours **281**, 284
  invasion de l'Éthiopie 230
  invasions napoléoniennes **200-201**
  Printemps arabe 304
  prise de Memphis 28
  prise du Caire **130**
  bataille d'El Alamein **263**
  soulèvement des mahdistes **233**
Einstein, Albert **244**
Empire ashanti **168-169**, 170, **209**, 229, 242
Empire byzantin 77, 98
  et Bulgarie 82, 84, **89**, 103
  Constantinople **104**, **124**
  iconoclasme 76
  peste 72
  voir aussi Turquie
Empire inca 123, 133, 135, 137
Empire mongol 99, 105
  Bagdad 106
  chute de la dynastie Song du Sud 108
  dynastie Yuan 107, 108, 113, 116
  Empire timouride 117
  et Gengis Khan 104
  Horde d'or 116, 117, 127
  invasion du Japon 109
  invasion par les Qing **166**
  et Kubilai Khan **107**, 108, 109
  Oïrats 124
  voir aussi Chine
Empire ottoman 152
  et Balkans 124, 247
  bataille de Lépante **136**
  bataille de Nicopolis 118
  campagnes en Europe **133**
  cession de la Crimée à la Russie 191, 194
  chute de Constantinople **124**
  défaite en Europe **167**
  ère des Tulipes **174**
  expédition d'Alger 212
  guerre ottomano-persane 140
  et indépendance de la Grèce **209**
  invasion par Tamerlan 117
  Istanbul, mosquée bleue **143**
  Jeunes-Turcs **245**
  Köprülü, vizirs 155
  massacres des Arméniens 237
  prise du Caire **130**
  reconquête de l'Irak **149**
  siège d'Asov **166**
  siège de Vienne **161**, 167
  traité de San Stefano **231**
  traité de Sèvres **251**
  voir aussi Turquie
Empire romain, *voir* Romains et Empire romain
Engels, Friedrich **217**
ère du Jazz **254-255**
ère glaciaire **11**, **161**
éruptions volcaniques
  Eyjafjallajökull, Islande **304**
  Huaynaputina, Pérou **140**
  Krakatoa, Indonésie **232-233**
  Laki, Islande **193**
  Vésuve, Italie **51**
esclavage 158, 170, **171**
  abolition **194**, **196-197**, 198, 204, 234
  code des esclaves de la Barbade 156
  début de l'esclavage **124**
  Rome, révolte des esclaves **43**
espace, exploration de l' **278**, **283**
Espagne
  anarcho-syndicalistes 257
  conquistadors 133, **135**
  Cordoue **86**, 91
  Cortes de León **87**
  et Cuba 240, **241**
  Grande Armada **138**
  fort de San Antonio **174**
  Inquisition **127**
  musée du Prado 185
  Pueblos **160**
  république 229, 256
  traité de Madrid 184
  traité de San Ildefonso **184**
  traité de Tordesillas **128**
  traité de Vienne 176
  Wisigoths **73**
Espagne, batailles et guerres
  bataille de Rocroi 151
  bataille de Sagrajas **96**
  bataille des Downs 149
  guerre civile **258**
  guerre d'indépendance espagnole 204
  guerre de l'oreille de Jenkins 179
  guerre de Quatre-Vingts Ans 153
  guerre de Succession d'Espagne **170**
  guerres carlistes 213, 229
  invasion almohade 100, 105
  invasion arabo-berbère **76**
  prise de Grenade **129**
  révolte des Gueux **136**
États-Unis, *voir* Amérique du Nord, États-Unis
Éthiopie
  dynastie salomonide 108
  famine **290**
  guerre de l'Ogaden 286
  invasion égyptienne 230
  invasion italienne 258
  royaume d'Aksoum 63, 68
  Téwodros II, roi **222**
  traité de Wouchalé **240**

F

famines
  China 263
  Éthiopie **290**
  Inde 147, 230
  Irelande 216
  Russie **250**
Fédération des Indes occidentales 274
Fidji, îles 283
Finlande 238, 260
Fitch, John 195
Fitzgerald, Francis Scott 254
Ford, Henry 235
France
  abolition de l'esclavage **194**
  canal du Midi 160
  Capétiens 88
  château de Versailles **156**
  Cinquième République 275
  colonialisme 237
  course aux armements nucléaires **268-269**
  crise du canal de Suez **274**
  évangéliaire de Godescalc **77**
  Exposition internationale de 1925 **252**
  fin de la dynastie mérovingienne **77**
  livre d'heures de Jean sans Peur **77**
  manifestations des Gilets jaunes **307**
  papauté d'Avignon 110, **116-117**, 119
  plantations de sucre 179
  pont du Gard **49**
  revendication de la Louisiane **161**, 203
  tour Eiffel **234**
  traité de Verdun **83**
  traités de Nimègue 159
France, batailles et guerres
  bataille de Nancy 127
  bataille de Pavie 132
  bataille de Poitiers (732) 76
  bataille de Poitiers (1356) 113
  bataille de Rocroi 151
  bataille de Valmy 198
  bataille du cap Béveziers 164
  conflits gallo-romains 35
  coup d'État en Thaïlande 163
  croisade des albigeois (cathares) 104, **106**
  expédition d'Alger 212
  édit de Nantes, l' 139, **162**
  Grande Jacquerie 113, **114**
  guerre de Cent Ans 11, **112**, **122**, 124
  guerre de Crimée **219**
  guerre de l'Opium **223**
  guerre de la Conquête **185**
  guerre de la Première Coalition **198**
  guerre de Sept Ans 185, 186, **187**
  guerre de Succession d'Espagne **170**
  guerre franco-prussienne 226
  guerres carnatiques **181**, 184
  guerres d'Italie **129**
  guerres mondiales, *voir sous* Première Guerre mondiale ;

Seconde Guerre mondiale
Huguenots **136**, **139**
invasion de la Tunisie 232
révolution de 1789 182, 191, 195, 199, 234
révolution de 1830 **213**
révolution de 1848 **216-217**
Tours 76
Vietnam, campagne de Cochinchine 223
France, batailles et guerres, Napoléon Bonaparte 198, 201, 202, 203
bataille d'Austerlitz **204**
bataille de Marengo 202
bataille de Waterloo **206**
expédition d'Égypte **200-201**
guerre d'indépendance espagnole 204
invasion de la Russie **205**
Franco, général 258, **285**
François d'Assise, saint **104**
François-Ferdinand, archiduc **247**
Franklin, Benjamin **185**
Frédéric Barberousse (Frédéric Ier) **102**
Frédéric le Grand (Frédéric II), roi **180**
Freud, Sigmund 241

G

Gagarine, Youri **278**
Gandhi, Mahatma 234, **266**, 267
Gatling, Richard **225**
Gengis Khan **104**
George III, roi **191**, 192
Géorgie 101, 303
Ghana 72, 274
Empire ashanti **168-169**, 170, 209, 229, 242
Gia Long, empereur **202**
GIEC (Groupe d'experts intergouvernemental sur l'évolution du climat) 298
Giotto **110**
Gorbatchev, Mikhaïl **290**, 291, 292
grand collisionneur de hadrons **303**
Grande-Bretagne
bataille d'Angleterre **259**
Boston Tea Party **191**
commerce des esclaves 156, **158**, **171**, **194**, 196, 204

course aux armements nucléaires **268-269**, 279, 296
crise du canal de Suez **274**
droit de vote des femmes **238**, 245
Inde et Raj britannique **220**, 223, 234
Indian Independence Act 263, **266**
invasions romaines **44**, **50**
ligue d'Augsbourg 163, 170
mur d'Antonin **54**
mur d'Hadrien **53**
Trades Union Congress (TUC) 252
voir aussi première grève générale 252
Grèce
âge d'or 31
bataille d'Actium **45**
colosse de Rhodes 38
Crète 87, 157, 241
destruction de Corinthe 41
éruption de Santorin 19
expansion coloniale 27
guerre d'indépendance **209**
guerre du Péloponnèse 33
guerres médiques **32**, 33
Jeux olympiques **26**, **241**
junte militaire 281
Minoens **18**, 19
Parthénon 33, **162**
philosophie 30
« siècles obscurs » 21
Spartiates **28**
tyrannie 29, **31**
Groenland
migration des Inuits **97**
Vikings **88**
Guatemala **66**, 75
Mayas, *voir* Mayas
« guerre contre le terrorisme » **300**
guerres et batailles, *voir sous* les différents pays ; Première Guerre mondiale ; Seconde Guerre mondiale
Guillaume d'Orange (Guillaume III), roi 159, **163**, 164
Gustave II Adolphe, roi 142, **148**

H

Haïti **196**, 199, 203
Hannibal **39**
Harappa 12, **15**
Harvey, William **147**
Haywood, Eliza **181**
Henri IV, empereur du Saint-Empire romain germanique **95**
Henri IV, roi de France **139**
Henri le Navigateur, prince **123**
Henri V, roi **119**
Henri VIII, roi **133**
Hérodote **33**
Herschel, William 141
hindouisme 40, 113, **159**, 174, 179, 207
Hitler, Adolf **257**, **260**, 265
Hokusai, Katsushika **144**
Homère **27**
Homo erectus **10**
Homo neanderthalensis 223
Hong Kong **296-297**, 307
Hong Xiuquan **219**
Hongrie
Autriche-Hongrie, *voir* Autriche-Hongrie
Étienne, premier roi 89
Habsbourg **167**
invasion de l'Italie par les Lombards **72**
invasion ottomane 125, 133
partis d'opposition 292
révolution de 1848 **216-217**
et Saint-Empire romain germanique 195
horloge
à eau **96**
pendule **155**
Huygens, Christian 155

I

impérialisme **220-221**
voir aussi les différents pays
imprimerie et livres, Chine 53, **91**, 92, **133**, 191
Incas, *voir* Empire inca
Inde
Ashoka et ses « édits » **38**
bouddhisme **32**, 38, 46
Compagnie britannique des Indes orientales, *voir* Compagnie des Indes orientales

comptoir portugais de Goa 130
conflit du Cachemire **280**, 300
Congrès national indien **234**, 259, 263
cyclone de Coringa 215
dynastie Gurjara-Pratihâra 79
dynastie Shunga **40**
empire de Vijayanagar **112-113**, 122
Empire ghaznévide **89**, 91
Empire gupta **62**, 69
Empire magadha 32, 62
Empire marathe 157, **159**, 170, 174, 188, **207**
empire Maurya **35**, **38**, 40
Empire de pandya 83, 85
Empire timouride **117**
famines 147, 230
fort d'Agra 137
hindouisme 40, 113, **159**, 174, 179, 207
indépendance **266**
Kuchans 42, **51**
manuscrit de Bakshali 58
pandémie de choléra **207**
Raj britannique **220**, 223, 234
sanskrit védique 20, **26**
sikhisme **167**, 171, 179, **217**
sultanat de Delhi 104, 109
tsunami **301**
voir aussi Pakistan
Inde, batailles et guerres
bataille de Panipat **188**
bataille de Plassey **187**
conquête du Gandhara **42**
guerre afghano-marathe **188**
guerre anglo-marathe 192
guerre de Mysore **189**
guerre de Sept Ans 187
guerre sino-indienne 279
invasion ghuride **102**
invasion timouride **117**
massacre d'Amritsar **249**
révolte des cipayes **223**
Inde, Empire moghol 132, 175
architecture **137**
invasion par Nader Shah 171, 177, **178-179**
Kandahar 153
règne d'Aurangzeb 155, 159, 162,

167, **170**
règne de Shah Jahan 135, 137, **147**, 170
traité de Purandar 157
Indonésie
choléra **207**
éruption du Krakatoa **232-233**
et Pays-Bas 143, 146, 267
peintures pariétales **11**
tsunami **301**
Indus, vallée de l' 12, **15**
industrialisation **170**, **172-173**, 177, 220
informatique **208-209**, **286**
Irak (Mésopotamie)
Amorrites 18
armes de destruction massive **301**
Assyrie, *voir* Assyrie
Babyloniens 18, **19**, 23, 28, 29, **30**, 31
bibliothèque de Bagdad 80, **82**
califat abbasside **78**, 80
cités-États **12**, 18
écriture cunéiforme **14**
élections **302**
empire akkadien **14**, 15, 18
et État islamique **305**
guerre du Golfe **294**
guerre Iran-Irak **288**, 291
premiers véhicules à roues **13**
prise de Bagdad 86, **106**
reconquête par les Ottomans **149**
royaume d'Hatra **54**
Ur, ziggourat **15**
Iran (Perse)
bataille de Damghan **177**
coup d'État soutenu par les États-Unis **272**
dynastie Hotaki 171, 175, 179
dynastie Qadjar **199**
Empire perse achéménide **30**, 31, 34
Empire timouride **117**
guerre Iran-Irak **288**, 291
guerres médiques **32**, 33
Khomeini, ayatollah **287**
manichéisme **59**
médecine islamique **80**
Nader Shah **177**, **178-179**
et Ottomans **140**
Parthes 44, **59**
Persépolis **31**

Sassanides **59**, 60, **70**, **74**
Séfévides **130**, **138**, 149, 157, 171, 175
Seldjoukides **91**
Shahnameh (*Livre des Rois*) **112**
unification **177**
Irlande
adhésion à la CEE **284**
bataille de la Boyne **164**
famine **216**
invasion anglo-normande **101**
et Oliver Cromwell **153**
Républicains **248**
souveraineté **102**
traité anglo-irlandais **251**
Vikings **83**, 90
voir aussi Royaume-Uni
Islam
Almohades **98**, 100, 105
Almoravides **94**, 96, 98, 100
cartographie **80-81**
chiisme **130**
Cora **75**
hégire **74**
La Mecque et Médine **130**
médecine **80**
musulmans rohingya **306**
peuls **178**
Prophète Mahomet **73**, 74, 75
science **80-81**
voir aussi les différents pays
Islande
Althing (parlement) 84, **87**
éruption de l'Eyjafjallajökull **304**
éruption du Laki **193**
installation des Vikings **84**
Israël
accords d'Oslo **295**
accords de Camp David **286**
en tant qu'État juif indépendant **267**
guerre des Six Jours **281**, **284**
invasion du Liban **289**
manuscrits de la mer Morte **266-267**
premier temple de Jérusalem **23**
rois 22, 23
voir aussi Palestine
Italie
bataille de Civitate **94**
bataille de Legnano **102**

éruption du Vésuve **51**
et Éthiopie **240**, **258**
Étrusques **24**
Florence **123**
guerres avec la France **129**
guerres mondiales, *voir* Première Guerre mondiale ; Seconde Guerre mondiale
et Lombards **72**, 77
Ostrogoths **64**, 71
peste **72**
Renaissance **120-121**
révolution de 1830 **213**
révolution de 1848 **216-217**
Romains, *voir* Romains et Empire romain
Rome 130, 133, 146, 228
Sicile **82**, **165**
tremblement de terre **165**
université de Bologne **96**
Ivan le Grand (Ivan III) **127**

J
Jahan Shah 135, 137, **147**, 170
Jamaïque, révolte de Tacky **188**
Japon
anthologie Kokinshu **85**
bouddhisme **71**, **73**, 102, 106
christianisme 134, **149**
commerce portugais **134-135**
Constitution en 17 articles **73**
développement de l'anesthésie générale **200**
ère Genroku **162**
ère Jomon 11, 12
fermeture à l'influence étrangère **149**
Fujiwara, régents **83**, **90-91**
grand incendie de Meireki **155**
haïku **144**, **192**
Heian (Kyoto) 78
japonisme **213**
Jimmu, premier empereur **28**
monde flottant (*Ukiyo-e*) **144-145**
politique isolationniste **219**
réforme de Taika **75**
restauration de Meiji **227**
royaume de Yamato **60**
shintoïsme **177**
shogunat Ashikaga **112**
shogunat de Kamakura **103**, 105

shogunat Tokugawa 142, **144**, 219, 227
théâtre kabuki **144**
théâtre nô **116**
traité de Shimonoseki **240**
tremblement de terre d'Edo **222**
tsunami **190**
Japon, batailles et guerres
bataille de Nagashino **137**
bataille de Sekigahara **140-141**
bataille de Weihaiwei **240**
Corée, *voir sous* Corée
Empire mongol **109**
guerre d'Onin **126**
guerre de Genpei **103**
guerre de Jokyu **105**
guerre russo-japonaise **243**, 244
guerre sino-japonaise **259**
invasion de la Mandchourie **256**
Seconde Guerre mondiale, *voir sous* Seconde Guerre mondiale
siège d'Osaka **142**
Java 212, 236
temple de Borobudur **78-79**
Jeanne d'Arc **122**
Jérusalem, *voir sous* Israël ; Judée ; Palestine
Jésus **47**, **50**
Jeux olympiques **26**, **241**, 303
Jimmu, empereur **28**
Johnson, Samuel **186**
Judée
annexion par Rome **43**
diffusion du christianisme **63**
Jérusalem, mont du Temple **23**, 43, 47, 51
Judas Maccabée et Hasmonéens **40**
reconstruction du Temple de Jérusalem par Hérode **47**
Jules II, pape **130**
Justinien Ier, empereur **71**, 72

K
Kangxi, empereur **166**
Kant, Emmanuel **182**
Kennedy, John F. **278**, **279**, 283
Kenya
Mombasa **167**
révolte des Mau Mau **271**
Khomeini, ayatollah **287**
Khrouchtchev, Nikita 272, 279

King, Martin Luther 273, **278**
Kosovo 117, **295**
Koweït 187, 238, **294**
Ku Klux Klan (KKK) **252**
Kubilai Khan **107**, 108, 109
Kyoto, protocole de 298, **302**

L

Leary, Timothy **276**
Lénine, Vladimir Ilitch **250**
Léonard de Vinci **120**, 185
Liban
  guerre civile 285
  Hezbollah 302
  Hiram Iᵉʳ, roi **22**, 23
  invasion israélienne 289
  Phéniciens 21, **22**, 24, 25
  Printemps arabe **304**
  Tyr **22**
Libéria **208**, 217
Libye 291
  première guerre barbaresque **202**
  Printemps arabe **304**
Lincoln, Abraham **224**
Lindbergh, Charles **253**
Linné, Carl von **178**, 179
Lituanie 117, 136, 292
  bataille de Grunwald **119**
Live Aid 290
Louis IX (saint Louis), roi 107, **108**
Louis XIV, roi 150, 153, 154, **156, 159, 162**, 163
Louis XVI, roi **191**
Luther, Martin **131**, 132
Luxembourg 274
Luxembourg, musée du 185
Ly Thai To, empereur **90**

M

Madagascar 212
Madero, Francisco **246**
Magna Carta **105**
Malcolm X **280**
Maldives 90
Mali 105, 126, 139, 224
  pèlerinage de Mansa Moussa **111**
Malouines, îles **289**
Mandchourie
  guerre russo-japonaise **243**
  invasion japonaise **256**
Mandela, Nelson **294**

manifestations contre la guerre **276**
manuscrits de la mer Morte **266-267**
Mao Zedong **257**, 266, **271, 274-275, 280-281**, 286
Marco Polo **109**
Marius, général **41**
Maroc
  Almoravides 94, 96, 98, 100
  bataille de Tondibi 139
  conquêtes almohades **98**
  Ibn Battûta, voyageur arabe **113**
  stabilisation 187
Marshall, îles, bombe H **269**
Marx, Karl **217**
Maurice, île, extinction du dodo **157**
Mayas
  écriture **56**
  effondrement **56**
  Palenque, temple des Inscriptions **56-57**
  période classique **56-57**
  système calendaire du compte long **45**, 56
  Tikal 56, **66**, 75
  voir aussi Mexique
Mazarin, cardinal **153**, 154
médecine, *voir* santé et médecine
Mehmed II, sultan **124**
Mendeleïev, Dmitri **227**
Mésopotamie, *voir* Irak
Mexique 223, 225, 230, 295
  guerre d'indépendance **204-205**
  Mayas, *voir* Mayas
  Monte Albán **32**, **42**
  Olmèques **21**, 24, **25**, 34
  révolution **246**
  révolution texane **214**
  Teotihuacán, pyramide du Soleil **52**
  Toltèques **85**, 88
  Zapotèques **32**, 42
Mexique, Aztèques
  guerre fleurie **125**
  et Hernán Cortés **131, 132**
  Tenochtitlán 85, **111, 128**
  Triple Alliance **122, 125**
Michel-Ange 120, 130, 134, 146
Miescher, Friedrich **215**
Mongols, *voir* Empire mongol
Monténégro 231, 247
Morisot, Berthe **229**

Morse, Samuel 216
Morsi, Mohamed **304**
Moyen Âge, histoire des parlements **87**
Mozambique, indépendance 285
Mugabe, Robert 288, **306**
Mussolini, Benito 249, 250, 258, 265
Myanmar (Birmanie)
  campagne de Birmanie 264
  invasion chinoise 189
  Rohingyas **306**
  royaume de Pagan 98
  unification **91**, 184

N

Nader Shah 171, 177, **178-179**
Nasser, Gamal Abdel 272, 274, 283
Nations unies 265, 270, **298**, 304
Néandertal **10**
Newcomen, Thomas **165**, 173
Newton, Isaac **162**
Nicaragua, révolution sandiniste **287**
Niépce, Joseph Nicéphore **212**
Nigéria
  culture Nok **20**, **54**
  culture Yoruba **94**
  Edos **124**
  guerre du Biafra **283**
Nightingale, Florence **224**
Nixon, Richard M. 276, 284, **285**
Norvège 231, 259
Nouvelle-Zélande
  ANZUS (pacte) 271
  découverte **150**, **189**
  droit de vote des femmes **237**, 238
  installation des Maoris **111**
  traité de Waitangi **216**
Nubie, royaume de 15, 19, 21, 71
  Méroé **27**, 30, 46
  royaume de Koush **22**, 26, 30
  voir aussi Égypte

O

Obama, Barack **303**
Oman 154, **167**
OPEP et choc pétrolier **284**
or, extraction d' **165**, 217, **219**, 228
Organisation de l'unité africaine (OUA) **279**
OTAN **270**

Ottomans, *voir* Empire ottoman
Otton Iᵉʳ, empereur **87**
Ouzbékistan, Samarcande 122

P

Pakistan 261, 266
  et Bangladesh **284**
  dynastie Hotaki **171**
  Mohenjo-daro **15**
    conflit du Cachemire **280**
  voir aussi Inde
Palestine
  accords d'Oslo **295**
  conquête de Jérusalem par Saladin **103**
  et Royaume-Uni 249, 258
  et Israël **267**, 295
  voir aussi Israël
Panama, guerre de l'oreille de Jenkins **179**
pandémies, *voir sous* santé et médecine
Papin, Denis **165**
Paraguay
  guerre du Chaco **257**
  guerre de la Triple Alliance **225**
Paris, accord de 298, **306**
Parks, Rosa 273
Pays-Bas
  bataille des Downs **149**
  bataille du cap Béveziers 164
  colonialisme 212
  Compagnie néerlandaise des Indes orientales **140**, 150
  guerre de Java 212
  guerre de Trente Ans **153**
  guerres anglo-néerlandaises **154**
  île de Manhattan 147
  et Indonésie 143, 146, 267
  invasion nazie 259
  ligue d'Augsbourg 163, 170
  « rampjaar » **159**
peintures pariétales 11
Pépin le Bref (Pépin III), roi 77
Pères pèlerins **144**
Pérou
  culture Chavín 21, **24**, 34
  culture de Norte Chico 13, 14
  culture Huari **70**
  culture Moche **58**
  culture Sicán 97

Empire inca **123**, 133, **135**, **137**
éruption du Huaynaputina 140
géoglyphes de Nazca **69**
guerre du Pacifique **230-231**
Machu Picchu 123, 246
tsunami et tremblement de terre 181
Perse, *voir* Iran
peste noire 54, **72**, **157**, 190, 112, **114-115**
Philippines 262
    Révolution du pouvoir populaire **290**
photographie 212, 228
Picasso, Pablo **245**
Pierre le Grand (Pierre Ier), tsar 160, **174-175**
Pologne
    bataille de Grunwald **119**
    bataille de Legnica 106
    et Cosaques 154
    Déluge 155
    guerre de Succession de Pologne **178**
    partage 180, **190**
    révolution **213**
    Seconde Guerre mondiale, *voir sous* Seconde Guerre mondiale
    Solidarność **288**, 292
    union avec la Lituanie 117, 136
Pompée, général **43**, 44
population mondiale 304
Portugal
    et Açores 122
    et Angola 158
    bataille d'Alcácer-Quibir **137**
    Chine, flotte du Drapeau Rouge **205**
    commerce des esclaves 124, 170
    dynastie d'Aviz 117
    explorateurs **129**, 130
    guerre d'indépendance espagnole 204
    indépendance **100**, 150
    révolution **213**
    traité de Madrid **184**
    traité de San Ildefonso 184
    traité de Tordesillas **128**
    traité de Zamora **100**
    tremblement de terre de Lisbonne **186**
    et Zimbabwe 161
poudre à canon **83**, 92, **108**, 141
Poutine, Vladimir **297**, 305
Première Guerre mondiale
    armistice 249
    arrêt de l'avancée allemande **247**
    assassinat de l'archiduc François-Ferdinand **247**
    Autriche-Hongrie **248**
    bataille de Passchendaele **248**
    bataille de Verdun **248**
    effondrement du mark allemand **251**
Printemps arabe 304
Prusse
    bataille de Waterloo **206**
    chevaliers Teutoniques **106**, **119**
    guerre de Sept Ans 185, 186, **187**
    guerre franco-prussienne 226
    invasion de la France **198**
    Lumières **180**
    révolution **216-217**
    voir aussi Allemagne
pyramides
    Égypte 14, **16-17**
    Mexique **52**

Q
Qianlong, empereur **179**, 191, 200

R
Ramsès II, pharaon **21**
Raphaël **120-121**, 130
Reagan, Ronald **288**, **289**, 291
réchauffement climatique **298-299**, **302**
religions, *voir* bouddhisme ; christianisme ; hindouisme ; islam ; shintoïsme ; sikhisme
Rhodes, Cecil **235**
Rhodésie, *voir* Zimbabwe
Richelieu, cardinal de **147**
Robert Bruce (Robert Ier), roi **111**
Romains et Empire romain
    Anarchie militaire 59, 61
    « année des quatre empereurs » 51
    Colisée 49, **52**
    connaissances médicales **50**
    et Constantinople 63
    déclin et chute **64-65**
    constitution Antonine (édit de Caracalla) 58
    empire des Gaulles 60
    épidémie de peste 54
    fondation de Rome **27**
    ingénierie et architecture **48-49**
    littérature **45**
    Loi des Douze Tables 33
    mur d'Antonin 54
    mur d'Hadrien 53
    réforme du calendrier 44
    réseau routier **48**
    révolte des esclaves **43**
    royaumes germaniques **64**
    Tétrarchie 61, 63
    triumvirat 43, **44**, 45
    villes à plan orthogonal **48**
    voir aussi Saint-Empire romain germanique
Romains et Empire romain, batailles et guerres
    annexion de la Judée **43**
    Attila le Hun, roi **64**, 69
    bataille d'Actium **45**
    bataille du pont Milvius **62-63**
    campagnes de Trajan **52-53**
    conflits gallo-romains **35**
    destruction de Carthage **41**
    Empire de palmyre **61**
    guerre sociale **42**
    guerres de Mithridate **42**, 43
    guerres marcomanes **54-55**
    guerres puniques **38-39**
    invasion de la Dacie **52-53**
    invasion par les Goths 66, **67**
    invasion par les Ostrogoths **70**, 71
    invasions de la Grande-Bretagne 44, **50**
    prise de Massada 51
    sac de Rome par les Vandales 68, **69**
    siège de Syracuse **39**
    troisième guerre macédonienne **40**
Röntgen, Wilhelm **240**
Roosevelt, Franklin D. 257, 260, 263, 265
Roumanie
    régime communiste **292**
    royaume de Dacie **52-53**
    traité de San Stefano 231
Rousseau, Jean Jacques **188**
Royaume-Uni
    Actes d'union 171, 202
    Anglo-Saxons 69, 73, 78, 84, 94
    Boston Tea Party **191**
    Brexit **306**
    British Museum 185
    et CEE 284
    commerce des esclaves 156, **158**, **171**, **194**, **196**, 204
    Compagnie des Indes orientales **140**, 164, 181, 184, 187, 207
    conspiration des Poudres **141**
    contre-culture **276-277**
    course aux armements navals **245**
    course aux armements nucléaires **268-269**, 279, 296
    déclaration d'indépendance américaine **192**
    Dolly (brebis) **296**
    Domesday Book **96**
    droit de vote des femmes **238**, 245
    Empire britannique 165, **220-221**, 267
    Évangiles de Lindisfarne **77**
    Exposition universelle de 1851 **218**
    Fédération d'Angleterre de football (FA) **225**
    fondation de la Banque d'Angleterre 165
    Gin Act **184**
    importation de tabac 142
    Inde et Raj britannique **220**, 223, 234
    Iron Bridge **173**
    Londres, grand incendie et grande peste 157
    Magna Carta **105**
    mur d'Antonin 54
    mur d'Hadrien 53
    observatoire royal de Greenwich **157**
    Parlement **87**
    parti du Congrès national indien 263, **266**
    Pères pèlerins **144**
    peste noire 112, **114-115**
    première grève générale 252

Renaissance anglaise **139**
Restauration **157**
révolution industrielle **170**, **172-173**
Stamp Act **189**
Stonehenge 14, **18**
traité anglo-irlandais **251**
Tudors **128**
voir aussi Irlande
Royaume-Uni, batailles et guerres
  bataille d'Azincourt **119**
  bataille d'Hastings **94**
  bataille de Bannockburn **111**
  bataille de Bosworth 128
  bataille de Culloden **181**
  bataille de la Boyne **164**
  bataille de Marston Moor 151
  bataille de Naseby 152
  bataille du cap Béveziers 164
  conflit nord-irlandais (« les Troubles ») **283**, 296
  conquêtes normandes **94**
  crise du canal de Suez **274**
  guerre anglo-afghane **214**
  guerre anglo-américaine de 1812 205
  guerre anglo-marathe 192
  guerre civile anglaise (1139) **99**
  guerre civile anglaise (1642) **150-151**, 52, 154
  guerre de Cent Ans 11, **112**, **122**, 124
  guerre de Crimée **219**, 224
  guerre de l'Indépendance américaine **191**, 192
  guerre de l'Opium **215**, 216, 223
  guerre de l'oreille de Jenkins **179**
  guerre de la Conquête **185**
  guerre du Mysore 189
  guerre de Sept Ans 185, 186, 187
  guerre des Boers **232**
  guerre des Deux-Roses **125**, 128
  guerre des Malouines 289
  guerres anglo-néerlandaises 154
  guerres carnatiques **181**, 184
  guerres de Hawkesbury et Nepean **199**
  guerres mondiales, *voir sous* Première Guerre mondiale ; Seconde Guerre mondiale

guerres napoléoniennes, *voir aussi* France, batailles et guerres, Napoléon Bonaparte
  invasion de l'Irlande **101**
  invasion du Zoulouland **231**
  invasions romaines 44, **50**
  invasions vikings **78**
    et la Grande Armada **138**
  massacre d'Amritsar **249**
  révolte des paysans 117
  soulèvement ashanti **168**, 242
Russie (Union soviétique)
  Avars 72
  Bolcheviks 249, **250**
  cession de la Crimée 191, 194
  Chronique des temps passés 77
  course aux armements nucléaires **268-269**, 279, **291**
  détente (guerre froide) 283
  droit de vote des femmes 238
  effondrement de l'Union soviétique **292-293**
  famine 250
  grande expédition nordique **176**
  Journée internationale des femmes 247
  musée de l'Ermitage 185
  Novgorod 98, **106**
  peste 190
  pogroms antisémites 233
  relations avec la Chine 163, 278, 279
  Romanov **142**
  Salt (accords) 284
  Seconde Guerre mondiale, *voir sous* Seconde Guerre mondiale
  Spoutnik I **274**
  Tchernobyl **290-291**
  temps des troubles 141, 142
  traité de Nertchinsk 163
  traité de Nystad **170**
  traité de San Stefano 231
  Transsibérien **236**
  U-2 (avion espion) **278**
Russie (Union soviétique), batailles et guerres
  annexion de la Ciscaucasie **207**
  annexion de la Crimée **305**
  bataille d'Austerlitz **204**
  Chine, fleuve Oussouri 282
  crise des missiles de Cuba **279**

  défaite des Tatars **127**
  grande guerre du Nord **170**, 175
  guerre d'Hiver 260
  guerre d'Ossétie du Sud 303
  guerre de Crimée **219**
  guerre russo-japonaise **243**, 244
  guerre russo-turque 179, 191, **194**
  invasions de la Tchétchénie 295, 297
  et Napoléon Bonaparte **204**, **205**
  Printemps de Prague **282**
  révolte des Cosaques **158**
  révolte des strelsty 167
  révolution **244**, **249**, 250
  siège d'Asov **166**
Rwanda, génocide des Tutsi 295

S

Saddam Hussein 288, 294, 301
Saint-Empire romain germanique, empereurs 99, 113, 146, 180
  Charlemagne 78, **79**
  Charles Quint (Charles V) **131**
  Frédéric Barberousse (Frédéric Ier) 102
  Henri IV **95**
  Otton Ier **87**
  voir aussi Romains et Empire romain
Saladin, sultan **103**
Salem, procès des sorcières de **164**
Salmanazar III, roi **24**, 25
Salomon, îles 262
santé et médecine
  ADN **215**
  Celse, *De Medicina* 50
  contrôle des naissances 250
  développement de l'anesthésie générale **200**
  épidémies de peste 54, **72**, **157**, 190
  études anatomiques **147**
  médecine dans la Rome antique **50**
  médecine islamique **80**
  pandémie de choléra **207**, 219
  pandémie de COVID-19 **306-307**
  pénicilline 253
  peste noire 112, **114-115**
  progrès de la biologie **214-215**

Projet Génome Humain 294
rayons X **240**
scorbut 185
syphilis 129
théorie cellulaire **214**
variolisation **174**
Savery, Thomas **165**
Seconde Guerre mondiale
  accords de Munich **259**
  Afrikakorps 263
  bataille d'Angleterre 261
  bataille de Koursk 264
  bataille de l'Atlantique **263**
  Belgique 259, **261**, 264
  Blitzkriegs **261**
  bombardements d'Hiroshima et de Nagasaki **265**, 268
  chute de l'Allemagne **265**
  Colossus (ordinateur) 209
  débarquement de Normandie **264**, 265
  entrée en guerre de l'Italie 263
  fin de l'occupation militaire du Japon 271
  France, libération de Paris 264
  guerre du Pacifique **262**
  invasion de l'Italie 264
  invasions allemandes 259, **260**, **262**
  pacte de non agression germano-soviétique 260, 262
  Pearl Harbor **262-263**
  prise d'Okinawa 262
  Russie et Stalingrad **264**
  seconde bataille d'El Alamein **263**
  Shoah, génocide juif 263, 265
ségrégation raciale
  Afrique du Sud **267**, **294**
  États-Unis 232, 241, 246, 249, 273
Seldjoukides **91**, 95, 96
Septime Sévère, empereur **55**
Serbie
  coalition serbo-bosniaque 117
  guerres de Yougoslavie **295**
  traité de San Stefano **231**
Sévère Alexandre, empereur **59**
Shakespeare, William **139**
shintoïsme **177**
Sierra Leone 194
sikhisme **167**, 171, 179, **217**

Singapour 207, 262
Smalls, Robert **225**
smartphones 286
Smith, Joseph **212**
Société des Nations 250, 256
Soliman le Magnifique (Soliman Ier), sultan **133**
Soto, Hernando de **134**
Soudan
  guerre du Darfour 301
  mahdistes **233**
Spartacus **43**
Spoutnik 1 **274**
Sri Lanka 90, 303
  canon bouddhique **46**
  tsunami **301**
Staline, Joseph **272-273**
Stephenson, George et Robert 210, 211
Suède
  Banque royale 157
  Déluge (Pologne) 155
  guerre de Trente Ans **148**
  traité de Nystad **170**
Suisse
  grand collisionneur de hadrons **303**
  guerre de Trente Ans **153**
  révolution **213**
Syrie
  croisades **100**, 109
  Damas 88, **100**
  réfugiés 305
  renversement des Omeyyades par les Abbassides **77**
  Zénobie, reine de Palmyre **60-61**

T

tabac, importation en Angleterre 142
tableau périodique des éléments **227**
Tacite **45**
Taïwan **156**, 161
talibans **296**
Tanzanie **244**
Tasman, Abel **150**
Tchang Kaï-chek 253, 266, 271
Tchécoslovaquie
  bataille de Kutná Hora 122
  bataille de la Montagne Blanche **146**
  défenestration de Prague **143**
  guerre de Trente Ans 143, 146
  hussites **119**
  Printemps de Prague **282**
  révolution de Velours **292**
  Sudètes **259**
Tchétchénie 295, 297
technologie
  Colossus (ordinateur) 209
  et crise climatique **298-299**, **302**
  grand collisionneur de hadrons **303**
  informatique **208-209**, **286**
  machines à vapeur **165**
  pile électrique **202**
  sciences islamiques **80-81**
  smartphones 286
  téléphone **230**
  télescope **141**
  télévision **273**
Téwodros II, roi **222**
Thaïlande
  coup d'État **163**
  Dvâravatî **70**
  dynastie Chakri 193
  tsunami **301**
Thomas Becket, saint 102
Thomas d'Aquin, saint **107**
Tibet, unification **150**
Toutankhamon 20, 251
transport
  bateau à vapeur **195**, **210**
  bateaux tortues **139**
  bicyclette 207
  chemins de fer **210**, **211**, 234, **236**
  exploration spatiale **278**, **283**
  naufrage du Titanic **246**
  pneus en caoutchouc 215
  premiers véhicules à roues **13**
  premiers véhicules motorisés **235**
  vol en dirigeable Zeppelin **242**
  vol motorisé **243**, 259
  vol transatlantique en solitaire **253**
  voir aussi technologie
tremblements de terre
  Edo, Japon **222**
  Égypte 38
  Lisbonne **186**
  Pérou 181

San Francisco 244
Sicile **165**
Trump, Donald 291, 306, **307**
tsunamis
  Japon 190
  Lisbonne **186**
  océan Indien **301**
  Pérou 181
Tunisie
  Aghlabides 79, 85
  Carthage **25**, **41**
  guerres puniques **38-39**, 41
  invasion française 232
  Printemps arabe **304**
Turing, Alan 209
Turkménistan, Seldjoukides **91**
Turquie
  bataille de Manzikert **95**
  Constantinople **63**
  Empire byzantin, *voir* Empire byzantin
  Göbekli Tepe, mégalithes **12**
  guerre russo-turque 179, 191, **194**, 231
  Hittites 18, 20
  royaume de Lydie 21, 29
  traité de San Stefano 231
  traité de Sèvres **251**
  voir aussi Empire ottoman

U

U-2 (avion espion) 278
Ukraine
  Cosaques 154
  grecque orthodoxe 88
  peste noire 112, **114**
  et Vikings 84
Union européenne 296, 306
  crise migratoire **305**
  traité de Maastricht **295**
Union soviétique, *voir* Russie

V

Varsovie, pacte de 273
Venezuela
  indépendance 204, **205**
  réformes sociales **304**
Vésale, André **120**
Victoria, reine 214, **215**
Vietnam
  campagne de Cochinchine 223
  conquête du royaume de Champa 126
  domination coloniale 272
  dynastie Ly 90
  entrée de troupes américaines 279
  guerre du Cambodge 216
  guerre du Vietnam **280**
  paix **284-285**
  révolte contre la dynastie Ming 122
  révolte des sœurs Trung 50
  royaume de Champa **55**, 88, 100, 126
  royaume du Dai Viet 88
  unification **202**
Vikings
  Angleterre **78**
  Groenland **88**
  Islande **84**
  Irlande **83**, 90
  Ukraine **84**
Virgile **45**

W

Wang Anshi **92**
Washington, George **192**, **194**
Watt, James **165**
Wellington, duc de **206**
Wright, Joseph **182-183**

Y

Yémen, guerre civile **305**
Yongle, empereur **118**, 122
Yongzheng, empereur **175**, 179
Yougoslavie
  guerre de Yougoslavie **295**
  invasion allemande 262

Z

Zambie, chutes Victoria **222**
Zheng He **118**
Zimbabwe (Rhodésie)
  expansion de l'Empire britannique **235**
  Grand Zimbabwe **97**
  indépendance **281**, 288, **306**
  Portugais expulsés 161
Zoulous **206**
  invasion britannique 231

CRÉDITS

L'éditeur tient à remercier les personnes suivantes pour leur aimable autorisation de reproduction :
(a : au-dessus ; b : bas ; c : centre ; g : gauche ; d : droite ; h : haut)

1 Alamy Stock Photo : blickwinkel (c). **2 Alamy Stock Photo :** Historic Images (c). **4-5 Shutterstock :** Dima Moroz (c). **6 Alamy Stock Photo :** The Picture Art Collection (cg) ; IanDagnall Computing (c1) ; CPA Media Pte Ltd (c2) ; Pictorial Press Ltd (c3) ; De Luan (cr). **7 Alamy Stock Photo :** Nick Higham (cg). **Getty Images :** Photo Josse/Leemage (c1). **Alamy Stock Photo :** Heritage Image Partnership (c2). **NASA :** (c3). **Alamy Stock Photo :** REUTERS (cd). **8-9 Alamy Stock Photo :** Michele Falzone (c). **10-11 Alamy Stock Photo :** Andia (h). **10 Alamy Stock Photo :** blickwinkel (hg); HeritagePics (c). **Dorling Kindersley :** Harry Taylor / Natural History Museum, London (bg). **11 Dorling Kindersley :** Colorado Plateau Geosystems Inc / NASA (cg). **British Museum :** Trustees of the British Museum (bd). **12-13 akg-images :** Balage Balogh (h). **12 Shutterstock :** omurbilgili (bg). **13 Getty Images :** Heritage Images (hd). **Alamy Stock Photo :** www.BibleLandPictures.com (cd). **Dorling Kindersley :** Geoff Brightling / Butser Ancient Farm, Hampshire (bg). **Shutterstock :** Lubo Ivanko (bc1) ; Xidong Luo (bc2). **Wikimedia Commons :** Osado (bd). **14 Alamy Stock Photo :** Granger Historical Picture Archive (hg); Elitsa Lambova (bc). **Getty Images :** DEA PICTURE LIBRARY (bd). **15 Shutterstock :** Simon Edge (h). **Alamy Stock Photo :** Suzuki Kaku (bg); Granger Historical Picture Archive (bd). **16-17 Getty Images :** Roland Birke (d). **16 Getty Images :** Giampaolo Cianella (cg). **Shutterstock:** Gurgen Bakhshetyan (cgb); Benvenuto Cellini (bg). **18 Dorling Kindersley :** Dreamstime.com (hg). **Alamy Stock Photo :** Adam Eastland Art + Architecture (hd). **Shutterstock :** iuliia_n (bd). **19 Getty Images :** DEA / G. DAGLI ORTI (hc) ; Photo 12 (bg). **Alamy Stock Photo :** CPA Media Pte Ltd (bd). **20-21 Alamy Stock Photo :** Artokoloro (bd). **20 Alamy Stock Photo :** CPA Media Pte Ltd (hg). **Metropolitan Museum of Art :** don de Nanette B. Kelekian, à la mémoire de Charles Dikran et Beatrice Kelekian, 1999 (ch). **Alamy Stock Photo :** INTERFOTO (bg). **Shutterstock :** Donna Carpenter (bc). **21 Getty Images :** Universal History Archive (h). **Alamy Stock Photo:** Richard Ellis (b). **22 Alamy Stock Photo :** CPA Media Pte Ltd (hg) ; Peter Horree (cd). **Getty Images :** DEA / M. SEEMULLER (bg). **Shutterstock :** Only Fabrizio (br). **23 Shutterstock :** Dima Moroz (hg). **Getty Images :** Buyenlarge (bd). **24-25 Alamy Stock Photo :** Danita Delimont (ca). **24 Getty Images :** Heritage Images (hg). **Alamy Stock Photo :** funkyfood London - Paul Williams (hd). **Metropolitan Museum of Art :** Jan Mitchell and Sons Collection, don de Jan Mitchell, 1999 (bd). **25 Alamy Stock Photo :** World History Archive (h) ; Album (bd). **26 Alamy Stock Photo :** The Picture Art Collection (hg). **Metropolitan Museum of Art :** Rogers Fund, 1914 (bc). **Getty Images :** Zhang Peng (bd). **27 Shutterstock :** maratr (hg) ; Kamira (bg). **Alamy Stock Photo :** AGF Srl (bd). **28-29 Alamy Stock Photo :** MeijiShowa (h). **28 Bridgeman Images :** Boltin Picture Library (c). **Getty Images :** Heritage Images (bg). **29 Getty Images :** Heritage Images (hd). **Alamy Stock Photo :** www.BibleLandPictures.com (bg). **30 Alamy Stock Photo :** HeritagePics (hg) ; www.BibleLandPictures.com (cd) ; Science History Images (bg); Lanmas (bc1). **30 Getty Images :** UniversalImagesGroup (bc2) ; Heritage Images (bd). **31 Alamy Stock Photo :** Giannis Katsaros (ca); CPA Media Pte Ltd (cda). **Getty Images :** DEA PICTURE LIBRARY (bg). **Alamy Stock Photo :** robertharding (bd). **32-33 Metropolitan Museum of Art :** don de Mrs. Heyward Cutting, 1942 (h). **32 Shutterstock :** wayak (hg). **Alamy Stock Photo :** Nick Bobroff (cd) ; Gina Rodgers (bc). **33 Alamy Stock Photo :** adam eastland (hd). **Getty Images :** extravagantni (bc). **34 Getty Images :** Heritage Images (hd). **Alamy Stock Photo :** www.BibleLandPictures.com (bg) ; Reciprocity Images Editorial (bd). **35 Alamy Stock Photo :** Chronicle (hd) ; Heritage Image Partnership Ltd (c) ; Heritage Image Partnership Ltd (bg) ; INTERFOTO (bc1). **35 Getty Images :** DEA / G. DAGLI ORTI (bc2). **Shutterstock :** Gilmanshin (br). **36-37 Shutterstock :** Hung Chung Chih (d). **36 Alamy Stock Photo :** incamerastock (cg) ; Science History Images (bg). **38-39 Getty Images :** Sepia Times (cb). **38 Alamy Stock Photo :** Dinodia Photos (hc) ; agefotostock (bg). **39 Alamy Stock Photo :** colaimages (hg). **Getty Images :** ullstein bild Dtl. (ca). **Alamy Stock Photo :** Leonardo Lazo (bd). **40-41 Alamy Stock Photo :** Granger Historical Picture Archive (b). **40 Alamy Stock Photo :** Historic Images (hg) ; www.BibleLandPictures.com (hc) ; The Artchives (hd). **41 Getty Images :** Richard I'Anson (hd). **Alamy Stock Photo :** Erin Babnik (cd). **42-43 Alamy Stock Photo :** PRISMA ARCHIVO (ca). **42 Alamy Stock Photo :** Album (hg). **Bridgeman Images :** Ashmolean Museum (cd). **Alamy Stock Photo :** Peter Horree (bc). **43 Getty Images :** PHAS (hd). **Alamy Stock Photo :** Artefact (bd). **44-45 Alamy Stock Photo :** IanDagnall Computing (h). **44 Alamy Stock Photo :** Cristiano Fronteddu (bg). **45 Alamy Stock Photo :** Jon G. Fuller, Jr. (hc); Jose Lucas (cd). **Getty Images :** Fototeca Storica Nazionale (bg). **Alamy Stock Photo :** Russell Mountford (bc1); Album (bc2) ; imageBROKER (bd). **46 Alamy Stock Photo :** Erin Babnik (hc); World Religions Photo Library (bd). **47 Alamy Stock Photo :** Adam Ján Figel' (hd). **Getty Images :** flik47 (bg). **Alamy Stock Photo :** Heritage Image Partnership Ltd (bd). **48-49 Shutterstock :** kavram (d). **48 Alamy Stock Photo :** Granger Historical Picture Archive (cg) ; Ivan Vdovin (bg). **50 Alamy Stock Photo :** Science History Images (hg) ; GL Archive (bg). Heritage Image Partnership Ltd (bd) ; **51 Alamy Stock Photo :** IanDagnall Computing (hd). **Metropolitan Museum of Art :** don de J. Pierpont Morgan, 1917 (bg). **52-53 Alamy Stock Photo :** Independent Picture Service (h). **52 Getty Images :** AGF (hg) ; Dreamframer (b). **53 Shutterstock :** Gilmanshin (hd). **Alamy Stock Photo :** Anita Nicholson (cg) ; CPA Media Pte Ltd (bg) ; The Picture Art Collection (bc1) ; World History Archive (bc2). **54-55 Alamy Stock Photo :** Lanmas (h). **54 Alamy Stock Photo :** Artokoloro (bg). **Getty Images :** DE AGOSTINI PICTURE LIBRARY (bd). **55 Alamy Stock Photo :** INTERFOTO (hd). **Bridgeman Images :** Stefano Baldini (bc). **56-57 Alamy Stock Photo :** Brian Overcast (c). **56 Alamy Stock Photo :** Kevin Schafer (bg1); Design Pics Inc (bg2) ; Juan Vilata (bg3). **58 Getty Images :** Sepia Times (hg). **Metropolitan Museum of Art :** Rogers Fund, 1923 (hd). **Alamy Stock Photo :** Kevin Archive (bc) ; David Lyons (bd). **59 Alamy Stock Photo :** CPA Media Pte Ltd (hc) ; Richard Slater (cg) ; adam eastland (bc). **60-61 Getty Images :** Heritage Images (h). **60 Getty Images :** Sepia Times (hg). **Shutterstock :** Alexandre Laprise (bg). **61 Alamy Stock Photo :** CPA Media Pte Ltd (bg). **Shutterstock :** ansharphoto (bd). **62-63 Getty Images :** Godong (hg). **62 Alamy Stock Photo :** Heritage Image Partnership Ltd (c) ; Peter Horree (bd). **63 akg-images :** Cameraphoto (gc). **Alamy Stock Photo :** imageBROKER (bg). **Shutterstock :** Lefteris Papaulakis (bc1). **Alamy Stock Photo :** Granger Historical Picture Archive (bc2) ; GL Archive (bd). **64-65 Alamy Stock Photo :** Azoor Photo (d). **64 Alamy Stock Photo :** Peter Cripps (cg); North Wind Picture Archives (cgb) ; Peter Horree (bg). **66 Alamy Stock Photo :** Science History Images (hgl) ; THP Creative (bd). **67 Alamy Stock Photo :** Heritage Image Partnership Ltd (hg). **Getty Images :** UniversalImagesGroup (cd). **Alamy Stock Photo :** Imaginechina Limited (bg) ; CPA Media Pte Ltd (bc1); Album (bc2) ; Niday Picture Library (bd). **68-69 Alamy Stock Photo :** Album (h). **68 Alamy Stock Photo :** Panther Media GmbH (hc). **Getty Images :** Heritage Images (bg). **69 akg-images :** Eric Vandeville (c). **Alamy Stock Photo :** Stefano Ravera (bg). **70 Alamy Stock Photo :** INTERFOTO (hg) ; The Print Collector (cg) ; Suzuki Kaku (bd). **71 Alamy Stock Photo :** Album (hg) ; Chronicle (hd) ; World Discovery (bd). **72 Alamy Stock Photo :** Matteo Omied (hg) ; Granger Historical Picture Archive (bd). **73 Alamy Stock Photo :** Granger Historical Picture Archive (cg) ; agefotostock (cd) ; Granger Historical Picture Archive (bd). **74 Bridgeman Images :** Leonard de Selva (hg). **Alamy Stock Photo :** Album (b). **75 Alamy Stock Photo :** Maidun Collection (hg) ; Jonathan Orourke (c) ; Rapp Halour (b). **76-77 Alamy Stock Photo :** Album (hc). **76 Alamy Stock Photo :** Granger Historical Picture Archive (bg). **77 Bridgeman Images :** Photo Josse (h). **Alamy Stock Photo :** The Print Collector (cg) ; Album (bg). **77 Getty Images :** The Print Collector (bc1). **Alamy Stock Photo :** Heritage Image Partnership Ltd (bc2) ; Peter Righteous (bd). **78-79 Alamy Stock Photo :** Fedor Selivanov (c). **78 Bridgeman Images :** Photo Josse (hg). **Alamy Stock Photo :** The Print Collector (bg). **Dorling Kindersley :** iStock: duncan1890 (bd). **79 Alamy Stock Photo :** Stephen Coyne (hd); Granger Historical Picture Archive (b). **80-81 Alamy Stock Photo :** Album (c). **80 Alamy Stock Photo :** Science History Images (bh1). **Getty Images :** Universal History Archive (bg2). **Alamy Stock Photo :** Science History Images (bg3). **82-83 Alamy Stock Photo :** PRISMA ARCHIVO (c). **82 Alamy Stock Photo :** Science History Images (hg) ; The Picture Art Collection (b). **83 Alamy Stock Photo :** Historic Collection (hd) ; HeritagePics (bg) ; CPA Media Pte Ltd (bd). **84 Alamy Stock Photo :** Heritage Image Partnership Ltd (hg) ; Heritage Image Partnership Ltd (hd) ; MichaelGrant (bg). **85 Alamy Stock Photo :** Peter Horree (hg) ; Wolfgang Kaehler (bd). **86-87 Alamy Stock Photo :** CPA Media Pte Ltd (c). **86 Alamy Stock Photo :** Scott Hortop Images (hg) ; CPA Media Pte Ltd (b). **87 Alamy Stock Photo :** Ancient Art and Architecture (c); History and Art Collection (bg) ; Stefano Politi Markovina (bc1) ; Michael Foley (bc2) ; Everett Collection Inc (bd). **88 Getty Images :** Heritage Images (hd). **Alamy Stock Photo :** Chronicle (cg) ; Natalia Lukiianova (bd). **89 Alamy Stock Photo :** Heritage Image Partnership Ltd (hd) ; CPA Media Pte Ltd (bd). **90-91 Getty Images :** Sepia Times (hc). **90 Shutterstock :** Fotowan (bg). **Alamy Stock Photo :** Album (bd). **91 Alamy Stock Photo :** Shelly Rivoli (c) ; Yogi Black (bg) ; Konstantin Kalishko (bd). **92-93 Alamy Stock Photo :** The Picture Art Collection (c). **92 Alamy Stock Photo :** CPA Media Pte Ltd (bg1). **akg-images :** Pictures from History (bg2) ; Ronald and Sabrina Michaud (bg3). **94-95 Alamy Stock Photo :** funkyfood London - Paul Williams (d).**94 Alamy Stock Photo :** Granger Historical Picture Archive (hg) ; Album (cd). **95 Alamy Stock Photo :** The Picture Art Collection (hg) ; Artokoloro (bd). **96 Alamy Stock Photo :** The Picture Art Collection (hg). **akg-images :** ROLAND & SABRINA MICHAUD (cg). **Alamy Stock Photo :** PA Images (bg). **97 Alamy Stock Photo :** Science History Images (h). **Getty Images :** Werner Forman (cd). **Alamy Stock Photo :** Nature Picture Library (bg). **98 Alamy Stock Photo :** Science History Images (h) ; imageBROKER (b). **99 Alamy Stock Photo :** Joris Van Ostaeyen (hg) ; PRISMA ARCHIVO (hd). **Metropolitan Museum of Art :** Edward Elliott Family Collection, Purchase, The Dillon Fund Gift, 1982 (bd). **100 Shutterstock :** Uwe Aranas (hg). **Alamy Stock Photo :** World History Archive (c). **Bridgeman Images:** St. Louis Museum of Science & Natural History, Missouri, US (bd). **101 Alamy Stock Photo :** World History Archive (hg) ; The Picture Art Collection (bd). **102 Alamy Stock Photo :** World History Archive (hg) ; Dinodia Photos (hd) ; The Picture Art Collection (b). **103 Alamy Stock Photo :** Album (hg). **Getty Images :** The Print Collector (bd). **104 Getty Images :** Heritage Images (hd) ; DEA / A. DAGLI ORTI (c); Heritage Images (bd). **105 Dorling Kindersley :** Richard Leeney / Faversham Town Council (hg). **Alamy Stock Photo:** Peter Horree (hc). **Getty Images:**

UniversalImagesGroup (bd). **106 Alamy Stock Photo :** The Picture Art Collection (hd). **Shutterstock:** ppl (bg). **107 akg-images :** (bd). **Alamy Stock Photo :** The Picture Art Collection (hg); Science History Images (hd). **akg-images :** (bc). **Getty Images :** Universal History Archive (bd). **108-109 Alamy Stock Photo :** CPA Media Pte Ltd (b). **108 Alamy Stock Photo :** HeritagePics (hg) ; CPA Media Pte Ltd (hd). **Wikimedia Commons :** Gary Todd (bc). **109 Alamy Stock Photo :** Heritage Image Partnership Ltd (hd). **110 Alamy Stock Photo :** Dietmar Rauscher (hg). **Getty Images :** Heritage Images (bd). **111 Shutterstock :** Rachelle Burnside (hg). **Alamy Stock Photo :** Science History Images (hd). **Getty Images :** Werner Forman (cg). **Alamy Stock Photo :** The Granger Collection (bd). **112-113 Alamy Stock Photo :** Aliaksandr Mazurkevich (b). **112 Alamy Stock Photo :** Heritage Image Partnership Ltd (hd). **Dorling Kindersley :** Gary Ombler / University of Aberdeen (cga). **Shutterstock :** Everett Collection (cg). **Getty Images :** Heritage Images (cgb). **113 Alamy Stock Photo :** Niday Picture Library (hc). **114 Getty Images :** Photo Josse/Leemage (cg). **Alamy Stock Photo :** Pictorial Press Ltd (cgb). **Getty Images :** Heritage Images (bg). **115 Alamy Stock Photo :** Pictorial Press Ltd (d). **116-117 Getty Images :** Angelo Hornak (h). **116 Getty Images :** Sepia Times (hg). **Alamy Stock Photo :** CPA Media Pte Ltd (bg) ; Robert Kawka (c). **117 Getty Images :** UniversalImagesGroup (hd). **Alamy Stock Photo :** Album (bg) ; PRISMA ARCHIVO (bc1) ; The History Collection (bc2); Album (br). **118-119 Getty Images :** Photo 12 (h). **118 Metropolitan Museum of Art :** don de Florence et Herbert Irving, 2015 (hg). **Alamy Stock Photo :** CPA Media Pte Ltd (bc). **119 Shutterstock :** neftali (hd). **Getty Images :** Carl Court / Staff (bg). **Alamy Stock Photo :** Niday Picture Library (bd). **120 Getty Images :** Print Collector (cg). **Alamy Stock Photo :** Historical Images Archive (cgb) ; Granger Historical Picture Archive (bg). **121 Alamy Stock Photo :** Science History Images (d). **122 Alamy Stock Photo :** CPA Media Pte Ltd (hg) ; Joaquin Ossorio-Castillo (bd). **123 Alamy Stock Photo :** AF Fotografie (cga) ; Benjamin Phelan (hd). **123 Getty Images :** Leemage (bc). **Alamy Stock Photo :** World History Archive (bd). **124 Getty Images :** DEA PICTURE LIBRARY (hc) ; Print Collector (bg). **124 Getty Images :** ullstein bild Dtl. (cd). **125 Alamy Stock Photo :** Tim Brown (hg) ; Science History Images (cg). **Getty Images :** Heritage Images (bd). **126 Alamy Stock Photo :** UtCon Collection (hg) ; REUTERS (hd). **Dorling Kindersley :** Dreamstime. com: Daniel Prudek / Prudek (bd). **127 akg-images :** (hg). **Alamy Stock Photo :** Artokoloro (cdb) ; Granger Historical Picture Archive (bd). **128-129 Alamy Stock Photo :** GL Archive (h). **128 Alamy Stock Photo :** Leonardo Emiliozzi (hg). **Getty Images :** Print Collector (bg). **129 Dorling Kindersley :** Dreamstime.com: Javarman (cgb). **Alamy Stock Photo :** PjrStatues (bg) ; Science History Images (bc1) ; CPA Media Pte Ltd (bc2). **Getty Images :** Culture Club (bd). **130 Alamy Stock Photo :** Ivan Vdovin (hg) ; Granger Historical Picture Archive (hd) ; Matteo Omied (bg). **131 Alamy Stock Photo :** Science History Images (hg). **Getty Images :** Stock Montage (cgb). **Alamy Stock Photo :** Heritage Image Partnership Ltd (bd). **132 Getty Images :** Print Collector (hg). **Alamy Stock Photo :** World History Archive (bd). **133 Getty Images :** Heritage Images (h). **Alamy Stock Photo :** PRISMA ARCHIVO (ca). **Getty Images :** Heritage Images (bg). **Alamy Stock Photo :** World History Archive (bc1) ; CPA Media Pte Ltd (bc2) ; zhang jiahan (bd). **134-135 Getty Images :** Heritage Images (b). **134 Alamy Stock Photo :** Rosemarie Mosteller (hg). **Getty Images :** Buyenlarge (h). **135 Alamy Stock Photo:** Album (hg). **Getty Images :** Universal History Archive (cdb). **Alamy Stock Photo :** IanDagnall Computing (bd). **136 Alamy Stock Photo :** Album (hg). **Getty Images :** Heritage Images (hd). **Alamy Stock Photo :** Granger Historical Picture Archive (bg). **137 Alamy Stock Photo :** Science History Images (hg) ; Album (cg). **Dorling Kindersley :** Dreamstime.com : Takepicsforfun (bg). **Shutterstock :** marryframestudio (bc1). **Alamy Stock Photo :** dbtravel (bd). **138 Shutterstock:** GTW (hd). **Getty Images :** Print Collector (bd). **139 Getty Images :** Heritage Images (hg). **Alamy Stock Photo :** Chris Dorney (hd) ; The Picture Art Collection (bg). **Shutterstock :** Avigator Fortuner (bd). **140-141 Alamy Stock Photo :** Niday Picture Library (h). **140 Alamy Stock Photo :** CPA Media Pte Ltd (bf). **Getty Images :** Photo 12 (bc). **141 Getty Images :** MPI / Stringer (hd) ; Stefano Bianchetti (bg). **Dorling Kindersley :** Gary Ombler / Whipple Museum of History of Science, Cambridge (bc1). **Alamy Stock Photo :** ClassicStock (bc2); dotted zebra (bd). **142 Alamy Stock Photo :** Album (hg) ; Eraza Collection (hd). **Getty Images :** Werner Forman (bg). **Alamy Stock Photo :** PRISMA ARCHIVO (bd). **143 Alamy Stock Photo :** Hemis (h). **Shutterstock :** NORTHERN IMAGERY (b). **144-145 Alamy Stock Photo :** Chronicle of World History (c). **144 Getty Images :** Sepia Times (bg1) ; Sepia Times (bg2) ; UniversalImagesGroup (bg3). **146-147 Alamy Stock Photo :** IanDagnall Computing (h). **146 Alamy Stock Photo :** INTERFOTO (bg) ; Album (bd). **147 Getty Images :** Science and Society Picture Library (hd). **Alamy Stock Photo :** Art Collection 3 (bg). **Getty Images :** The Print Collector (bd). **148 Getty Images :** Photo 12 (hg). **Alamy Stock Photo :** INTERFOTO (bd). **149 Alamy Stock Photo :** Art Collection 3 (hd) ; Heritage Image Partnership Ltd (cg) ; Magite Historic (b). **150-151 Alamy Stock Photo :** incamerastock (h). **150 Alamy Stock Photo :** GL Archive (bg) ; CPA Media Pte Ltd (bd). **151 Alamy Stock Photo :** Glasshouse Images (hd) ; CPA Media Pte Ltd (bd). **152-153 Alamy Stock Photo :** Chronicle (b). **152 Alamy Stock Photo :** INTERFOTO (hg). **Getty Images :** Heritage Images (c). **153 Alamy Stock Photo :** GL Archive (cg) ; Photo 12 (hc). **154-155 Alamy Stock Photo :** The History Collection (hc). **154 Alamy Stock Photo :** miscellany (cr). **Getty Images :** Universal History Archive (bd). **155 Getty Images :** Science and Society Picture Library (cg). **Alamy Stock Photo :** ephotocorp (cd). **156 Getty Images :** Heritage Images (h). **Alamy Stock Photo :** Album (c) ; Image Professionals GmbH (bg). **157 Alamy Stock Photo :** Pictures Now (hc) ; The Natural History Museum (cg). **Getty Images :** Heritage Images (bg). **Alamy Stock Photo :** The Granger Collection (bc1). **Getty Images :** The Print Collector (bc2). **158 Alamy Stock Photo :** Heritage Image Partnership Ltd (hg) ; IanDagnall Computing (bd). **159 Alamy Stock Photo :** AIFA Visuals (cg) ; The History Collection (hd) ; Dinodia Photos (b). **160-161 Alamy Stock Photo :** De Luan (hc). **160 Getty Images :** Robert Alexander (bg). **Alamy Stock Photo :** North Wind Picture Archives (bd). **161 Alamy Stock Photo :** Heritage Image Partnership Ltd (hd) ; Paul Nichol (cg) ; RKive (bd). **162 Alamy Stock Photo :** PjrTravel (hg) ; Granger Historical Picture Archive (bg). **Getty Images :** Universal History Archive (c). **Alamy Stock Photo :** INTERFOTO (cd). **163 Alamy Stock Photo :** Artokoloro (h). **akg-images :** Heritage Images (b). **164-165 Getty Images :** Heritage Images (hc). **164 Bridgeman Images :** Peabody Essex Museum, Salem, Massachusetts, USA (b). **165 Getty Images :** The Print Collector (hd). **Alamy Stock Photo :** BTEU/RKMLGE (cg). **Getty Images :** Science and Society Picture Library (bg). **Alamy Stock Photo :** The Granger Collection (bc). **Getty Images :** Hulton Archive (bd). **166 Alamy Stock Photo :** CPA Media Pte Ltd (h). **Getty Images :** Heritage Images (bg) ; Zhang Peng (bd). **167 Alamy Stock Photo :** Science History Images (h). **Getty Images :** Wolfgang Kaehler (bg). **Alamy Stock Photo :** Matteo Omied (bd). **168-169 Alamy Stock Photo :** Science History Images (c). **168 Bridgeman Images :** Private Collection (bg1). **Alamy Stock Photo :** INTERFOTO (bg2) ; Pictorial Press Ltd (bg3). **170 Alamy Stock Photo :** World History Archive (hg). **Getty Images :** UniversalImagesGroup (hd). **Alamy Stock Photo :** GL Archive (bc) ; World History Archive (cd). **171 Alamy Stock Photo :** robertharding (hd) ; The Picture Art Collection (bc) ; Tom Uhlman (bd). **172-173 Alamy Stock Photo :** Nick Higham (g). **173 Alamy Stock Photo :** North Wind Picture Archives (cd). **Getty Images :** Mfarr (bd). **174-175 Alamy Stock Photo :** Matteo Omied (b). **174 Alamy Stock Photo :** The Granger Collection (hg) ; The Picture Art Collection (hc) ; Yakov Oskanov (bg) ; Historic Collection (bd). **175 Alamy Stock Photo :** Science History Images (ca) ; CPA Media Pte Ltd (hd). **176-177 Getty Images :** Photo 12 (h). **176 Dorling Kindersley :** Richard Leeney / Royal Academy of Music (hg). **Alamy Stock Photo :** AF Fotografie (bd). **177 Alamy Stock Photo :** Niday Picture Library (bg). **Getty Images :** Archive Photos / Stringer (bd). **178-179 Alamy Stock Photo :** imageBROKER (h). **178 Alamy Stock Photo :** GL Archive (hg). **Getty Images :** Sepia Times (bg). **Alamy Stock Photo :** PS-I (bc). **179 Alamy Stock Photo :** CPA Media Pte Ltd (c). **Metropolitan Museum of Art :** Rogers Fund, 1942 (bg). **Dorling Kindersley :** Dave King / Durham University Oriental Museum (bc1). **Alamy Stock Photo :** World History Archive (bc2). **Metropolitan Museum of Art :** vente par souscription, 1879 (bd). **180 Getty Images :** Heritage Images (hd). **Alamy Stock Photo :** INTERFOTO (bg). **Getty Images :** Science & Society Picture Library (bd). **181 Getty Images :** Sepia Times (hg). **Alamy Stock Photo :** Album (bg) ; Ian Dagnall (bd). **182-183 Alamy Stock Photo :** Photo 12 (d). **182 Getty Images :** DEA / A. DE GREGORIO (cgb). **Alamy Stock Photo :** IanDagnall Computing (bg). **184 Getty Images :** Photo 12 (hg) ; Culture Club (bd). **185 Getty Images :** MPI / Stringer (hg). **Alamy Stock Photo :** B Christopher (hd) ; H.S. Photos (cdb). **185 Getty Images :** Heritage Images (bg). **Alamy Stock Photo :** PjrStatues (bc1). **Getty Images :** Nigel Jarvis (bc2) ; GraphicaArtis (bd). **186 Alamy Stock Photo :** INTERFOTO (hd). **Getty Images :** Epics (bg). **187 Alamy Stock Photo :** North Wind Picture Archives (hg). **Bridgeman Images :** The Anson Collection / National Trust Photographic Library / John Hammond (hd). **Alamy Stock Photo :** Chronicle (bg). **Getty Images :** Hulton Archive / Stringer (bd). **188 Alamy Stock Photo :** Ian Dagnall (hd) ; Art Collection 2 (bg) ; Granger Historical Picture Archive (bd). **189 Alamy Stock Photo :** Tim Graham (hd) ; Science History Images (bg) ; Universal Art Archive (bd). **190 Getty Images :** DE AGOSTINI PICTURE LIBRARY (hg). **Alamy Stock Photo :** Pictorial Press Ltd (hd) ; imageBROKER (bg). **Getty Images :** Print Collector (bc1) ; Culture Club (bc2). **Alamy Stock Photo :** Lebrecht Music & Arts (bd). **191 Alamy Stock Photo :** Masterpics (hg) ; Science History Images (bg). **Getty Images :** Stock Montage (bd). **192-193 Alamy Stock Photo :** incamerastock (h). **192 Getty Images :** John Stevenson (bg). **Alamy Stock Photo :** Edwin Verin (bd). **193 Alamy Stock Photo :** J.R. Bale (hg). **Getty Images:** Hulton Archive / Stringer (hc). **Alamy Stock Photo :** Filip Fuxa (bd). **194 Alamy Stock Photo :** Heritage Image Partnership Ltd (hg) ; The Picture Art Collection (hd). **194 Dorling Kindersley :** 123RF.com : Rolando Da Jose / annika09 (bg) ; Dreamstime.com : Onur Ersin (bc). **195 Alamy Stock Photo :** Roland Bouvier (hc) ; Heritage Image Partnership Ltd (hd) ; The Granger Collection (bg). **196-197 Alamy Stock Photo :** REUTERS (d). **196 Alamy Stock Photo :** Album (cg). **Getty Images :** Heritage Images (bg1). **Alamy Stock Photo :** North Wind Picture Archives (bg2). **198 Alamy Stock Photo :** CPA Media Pte Ltd (hg). **Getty Images :** Photo 12 (bd). **199 Alamy Stock Photo :** Niday Picture Library (hg); Balfore Archive Images (cg) ; Arthur Greenberg (bd). **200-201 Getty Images :** Print Collector (h). **200 Alamy Stock Photo :** Alex Segre (hc) ; Heritage Image Partnership Ltd (bg) ; Science History Images (bc). **201 Dorling Kindersley :** 123RF.com : F. Javier Espuny / fxegs (bg). **202 Alamy Stock Photo :** FLHC (hg) ; Album (cd). **202 Dorling Kindersley :** Gary Ombler / Whipple Museum of History of Science, Cambridge (bg) ; Clive Streeter / The Science Museum, London (bc1). **202 Wikimedia Commons :** Medgyes (bc2). **Getty Images :** Andrei Berezovskii (bd). **203 Alamy Stock Photo :** Nigel Reed QEDimages (hg) ; Chronicle (hd) ; North Wind Picture Archives (bd). **204-205 Alamy Stock Photo :** Granger Historical Picture Archive (cb). **204 Alamy Stock Photo :** GL Archive (hg). **Getty Images :** DEA / G. DAGLI ORTI (cd). **205 Getty Images :** API (hg). **Bridgeman Images :** Private Collection (hd). **Dorling Kindersley :** Geoff Dann / David Edge (bd). **206 Alamy Stock Photo :** Niday Picture Library (hc) ; Lifestyle pictures (bg). **Alamy Stock Photo :** Album (bd). **207 Bridgeman Images :** British Museum, London (hd). **Alamy Stock Photo :** Artokoloro (bg). **akg-images :** ART TRADE, VAN HAM (bd). **208 Alamy Stock Photo :** North Wind Picture Archives (hg). **Getty Images :** The New York Historical Society (cd). **Alamy Stock Photo :** The Picture Art Collection (bg) ; Granger Historical Picture Archive (bd). **209 Alamy Stock Photo :** Todd Strand (hg). **Getty Images :** Interim Archives (bg).

Alamy Stock Photo : David Ribeiro (bc1) ; Colin Waters (bc2) ; ARCHIVIO GBB (bc3) ; Pictorial Press Ltd (bd). **210-211 Getty Images :** Science & Society Picture Library (c). **210 Getty Images :** Science & Society Picture Library (bg1) ; UniversalImagesGroup (bg2). **212 Alamy Stock Photo :** INTERFOTO (hg) ; Niday Picture Library (cd) ; GL Archive (cg) ; Ross Jolliffe (bg). **213 Getty Images :** Photo Josse/Leemage (h). **Alamy Stock Photo :** incamerastock (b). **214 Alamy Stock Photo :** INTERFOTO (hg) ; CPA Media Pte Ltd (hd) ; Witold Skrypczak (cd) ; Wahavi (bd). **215 Alamy Stock Photo :** The Granger Collection (hg). **Shutterstock :** Everett Collection (hd). **Alamy Stock Photo :** Chronicle (he). **Shutterstock :** Estragon (bc1). **Alamy Stock Photo :** IanDagnall Computing (bc2) ; Science Picture Co (bd). **216-217 Alamy Stock Photo :** Heritage Image Partnership Ltd (b). **216 Alamy Stock Photo :** CPA Media Pte Ltd (h) ; World History Archive (bg). **217 Alamy Stock Photo :** MehmetO (hg). **Shutterstock :** Everett Collection (hd). **Alamy Stock Photo :** Art Collection 2 (bd). **218 Alamy Stock Photo :** CPA Media Pte Ltd (hg) ; Everett Collection Inc (bd). **219 Alamy Stock Photo :** Lordprice Collection (cg) ; CPA Media Pte Ltd (hd) ; Universal Art Archive (cd). **220-221 Alamy Stock Photo :** CPA Media Pte Ltd (c). **220 Alamy Stock Photo :** North Wind Picture Archives (bg1) ; Hamza Khan (bg2) ; INTERFOTO (bg3). **222-223 Getty Images :** PHAS (h). **222 Alamy Stock Photo :** Boaz Rottem (hg) ; 915 collection (b). **223 Alamy Stock Photo :** Joern Sackermann (bg) ; Granger Historical Picture Archive (bd). **224 Getty Images :** Photo 12 (hg). **Alamy Stock Photo :** PjrStatues (cg) ; IanDagnall Computing (bg). **Getty Images :** Fine Art (bc). **Alamy Stock Photo :** GL Archive (bd). **225 Alamy Stock Photo :** GL Archive (hd). **Getty Images :** Buyenlarge (bd). **Alamy Stock Photo :** Everett Collection Inc (b). **226 Alamy Stock Photo :** The History Collection (hg) ; Austrian National Library/Interfoto (cd) ; Granger Historical Picture Archive (bg). **227 Alamy Stock Photo :** The Print Collector (hg). **Getty Images :** Universal History Archive (cd). **Alamy Stock Photo :** The History Collection (bg). **Getty Images :** Otto Herschan Collection (bd). **228-229 Getty Images :** Geoffrey Clements (bc). **228 Getty Images :** Museum of the City of New York (hg). **229 Getty Images :** Imagno (hg) ; PHAS (hd). **Alamy Stock Photo :** Everett Collection Historical (cg). **Bridgeman Images :** Wallace Collection, London (bd). **230-231 Alamy Stock Photo :** Niday Picture Library (hc). **230 Alamy Stock Photo :** Peter Horree (hg). **Getty Images :** Bettmann (bg) ; ullstein bild Dtl. (bd). **231 Alamy Stock Photo :** GL Archive (hd). **Getty Images :** Heritage Images (bg) ; Bettmann (bc1) ; Leemage (bc2) ; Heritage Images (bd). **232-233 Alamy Stock Photo :** North Wind Picture Archives (b). **232 Alamy Stock Photo :** North Wind Picture Archives (hg) ; INTERFOTO (cd). **Getty Images :** Library of Congress (bg). **233 Bridgeman Images :** Michael Graham-Stewart (hg). **Alamy Stock Photo :** PRISMA ARCHIVO (hg) ; Chronicle (bd). **234 Alamy Stock Photo :** CPA Media Pte Ltd (hg) ; Pictorial Press Ltd (bg) ; Photo 12 (cd). **235 Alamy Stock Photo :** The Granger Collection (h); Kayte Deioma (cg). **Getty Images :** George Rinhart (bc). **Alamy Stock Photo :** IanDagnall Computing (bd). **236-237 Getty Images :** Keith Lance (hc). **236 akg-images :** akg (hd). **Alamy Stock Photo :** Everett Collection Inc (bg). **237 Alamy Stock Photo :** Heritage Image Partnership Ltd (hd) ; FLHC26 (bg) ; Pavel Dudek (bd). **238-239 Getty Images :** Bettmann (c). **238 Getty Images :** STR (bg1). **Alamy Stock Photo :** Historic Collection (bg2) ; RBM Vintage Images (bg3). **240 Alamy Stock Photo :** The Picture Art Collection (h). **Getty Images :** Universal History Archive (bg) ; Photo 12 (bd). **241 Getty Images :** Hulton Archive (hd) ; Historical (bd). **242 Alamy Stock Photo :** Science History Images (hg). **Getty Images :** Hulton Archive (b). **243 Getty Images :** DEA / A. DAGLI ORTI (h) ; Marka (bg) ; Galerie Bilderwelt (bc1). **Alamy Stock Photo :** Sueddeutsche Zeitung Photo (bc2) ; INTERFOTO (bd). **244 Getty Images :** Universal History Archive (hg) ; Fred Stein Archive (hd). **Alamy Stock Photo :** Heritage Image Partnership Ltd (b). **245 Alamy Stock Photo :** Art Library / © Succession Picasso / DACS, Londres 2021 (h) ; Pictorial Press Ltd (bg) ; INTERFOTO (bd). **246 Alamy Stock Photo :** Time Trip (hg) ; Shawshots (cd) ; Chronicle (b). **247 Alamy Stock Photo :** Ian Dagnall (hd). **Getty Images :** Bettmann (b). **248 Alamy Stock Photo :** Pictorial Press Ltd (h) ; Chronicle (bg). **Dorling Kindersley :** Andy Crawford / Imperial War Museum (bd). **249 Alamy Stock Photo :** Shawshots (hg) ; Steve Allen Travel Photography (hd) ; Science History Images (bg) ; Shawshots (bd). **250 Alamy Stock Photo :** IanDagnall Computing (hg) ; CPA Media Pte Ltd (bc). **Shutterstock :** Everett Collection (bd). **251 Alamy Stock Photo :** Marc Tielemans (hd). **Getty Images :** Paul Popper/Popperfoto (bg). **252-253 Alamy Stock Photo :** Science History Images (c). **252 Getty Images :** Topical Press Agency (hg) ; Popperfoto (cd) ; Photo 12 (bg). **253 Alamy Stock Photo :** Entertainment Pictures (bg) ; Granger Historical Picture Archive (bd). **254-255 Alamy Stock Photo :** Sueddeutsche Zeitung Photo (c). **254 Getty Images :** New York Daily News Archive (bg1) ; Hulton Archive (bg2) ; Hulton Archive (bg3). **256 Alamy Stock Photo :** Dinodia Photos (hg) ; CPA Media Pte Ltd (bg). **257 Getty Images :** Hulton Archive (hd) ; Photo 12 (cg). **258 Alamy Stock Photo :** World History Archive (hg). **Getty Images :** Popperfoto (c) ; Universal History Archive (bd). **259 Getty Images :** ullstein bild Dtl. (hg) ; Central Press / Stringer (cd). **Alamy Stock Photo :** mccool (cda) ; Granger Historical Picture Archive (bd). **260 Alamy Stock Photo :** Sueddeutsche Zeitung Photo (hg). **Dorling Kindersley :** Dreamstime.com: Gepapix (hd). **Alamy Stock Photo :** Pictorial Press Ltd (bg). **Getty Images :** Fox Photos / Stringer (bd). **261 Alamy Stock Photo :** Photo 12 (hd) ; Andrew Harker (bd). **262-263 Getty Images :** Photo 12 (c). **262 Alamy Stock Photo :** Shawshots (hg) ; CPA Media Pte Ltd (bg) ; Shawshots (bc1) ; Granger Historical Picture Archive (bc2). **Getty Images :** Keystone-France (bd). **263 Getty Images :** IWM (hd). **Alamy Stock Photo :** mccool (bd). **264 Alamy Stock Photo :** Heritage Image Partnership Ltd (hg). **Getty Images :** Picture Post/IPC Magazines (hc). **Alamy Stock Photo :** World History Archive (bg). **265 Alamy Stock Photo :** Pictorial Press Ltd (hg). **Getty Images :** Universal History Archive (bd). **266 Getty Images :** Bettmann (hg). **Alamy Stock Photo :** World History Archive (hd). **Getty Images :** Bettmann (bc). **267 Getty Images :** HUGO H. MENDELSOHN (hg). **Alamy Stock Photo :** DBI Studio (bd). **268-269 Alamy Stock Photo :** Everett Collection Historical (d). **268 Alamy Stock Photo :** Alexander Perepelitsyn (cg) ; Science History Images (bg). **270-271 Alamy Stock Photo :** World History Archive (hg). **270 Getty Images :** MARIO TAMA / Stringer (cg). **Dorling Kindersley :** Gary Ombler / Wardrobe Museum, Salisbury (cd). **Alamy Stock Photo :** Everett Collection Inc (bd). **271 Alamy Stock Photo :** INTERFOTO (bg). **Getty Images :** Popperfoto (bd). **272 Getty Images :** Sovfoto (hg). **Alamy Stock Photo :** Historic Collection (cg) ; World History Archive (c). **Getty Images :** PAGES Francois (bd). **273 Alamy Stock Photo :** World History Archive (hg) ; INTERFOTO (hd) ; Stephen Saks Photography (bg); Everett Collection Inc (bc1) ; Glasshouse Images (bc2) ; Science History Images (bd). **274-275 Alamy Stock Photo :** CPA Media Pte Ltd (b). **274 Getty Images :** Central Press / Stringer (hg). **Alamy Stock Photo :** PhotoStock-Israel (hd). **Getty Images :** Stringer (cb). **275 Alamy Stock Photo :** Mick Sinclair (hd) ; Dennis Brack (bd). **276-277 Getty Images :** New York Daily News Archive (c). **276 Getty Images :** Bettmann (bg1). **Alamy Stock Photo :** CBW (bg2) ; Granger Historical Picture Archive (bg3). **278 akg-images :** (hd). **Getty Images :** New York Daily News Archive (bg) ; Science & Society Picture Library (bd). **279 Getty Images :** Bettmann (hg) ; STRINGER / Stringer (hc) ; Bettmann (bd). **280-281 Alamy Stock Photo :** World History Archive (h). **280 Getty Images :** CARL DE SOUZA / Staff (bg) ; Hulton Archive / Stringer (bd). **281 Alamy Stock Photo :** PA Images (bg). **Getty Images :** Handout (bd). **282-283 NASA :** (b). **282 Alamy Stock Photo :** REUTERS (hg). **Getty Images :** Bettmann (cgb). **282 NASA :** (cb) ; (cdb). **283 Getty Images :** Rolls Press / Popperfoto (hg) ; Stringer (hd). **284 Alamy Stock Photo :** World History Archive (hg). **Dorling Kindersley :** Gary Ombler / Rob Arnold, Automobilia UK (cd). **Getty Images :** Rolls Press / Popperfoto (bd). **285 Getty Images :** Jacques Pavlovsky (hd) ; Bettmann (bg). **Alamy Stock Photo :** Pictorial Press Ltd (bd). **286 Getty Images :** Paolo KOCH (hd). **Alamy Stock Photo :** Newscom (cdb). **Getty Images :** Science & Society Picture Library (bg). **Alamy Stock Photo :** betty finney (bc1). **Getty Images :** Karjean Levine (bc2). **Alamy Stock Photo :** REUTERS (bd). **287 Alamy Stock Photo :** ITAR-TASS News Agency (hg). **Getty Images :** Universal History Archive (bd). **288 Alamy Stock Photo :** FORUM Polska Agencja Fotografów (gc). **Getty Images :** Peter Charlesworth (cda). **Alamy Stock Photo :** Peter Jordan (bg). **289 NASA :** (hg) ; (c). **289 Shutterstock :** mark reinstein (bg). **Getty Image :** IWM (bd). **290-291 Alamy Stock Photo :** BRIAN HARRIS (h). **290 Getty Images :** TΛSS (c) ; The Asahi Shimbun (bg) ; SHONE (bd). **291 Alamy Stock Photo :** Hum Images (b). **292-293 Getty Images :** STR (d). **292 Getty Images :** JOEL ROBINE (cg) ; Chip HIRES (bg). **294 Getty Images :** David Turnley / Corbis / VCG (hg). **Alamy Stock Photo :** Sueddeutsche Zeitung Photo (bd). **295 Alamy Stock Photo :** JAUBERT French Collection (hg) ; Andia (cd). **Getty Images :** GABRIEL BOUYS / Staff (bg) ; Tom Stoddart / Reportage (bc1) ; PAUL J. RICHARDS / Staff (bc2) ; JOEL ROBINE / Staff (bd). **296-297 Getty Images :** AFP / Stringer (b). **296 Getty Images :** Robert NICKELSBERG (ca) ; Staff (cb). **297 Getty Images :** TASS (hd). **298-299 Getty Images :** NurPhoto (c). **298 Getty Images :** Mint Images (bg1). **Alamy Stock Photo :** Noam Armonn (bg2) ; Xinhua (bg3). **300 Alamy Stock Photo :** Trinity Mirror / Mirrorpix (hg) ; World History Archive (bg). **301 NASA :** (h). **Alamy Stock Photo :** Everett Collection Historical (cg); Mark Pearson (bd). **302-303 Alamy Stock Photo :** REUTERS (h). **302 Alamy Stock Photo :** UPI (ca) ; dpa picture alliance archive (bg) ; REUTERS (bd). **303 Shutterstock :** Evan El-Amin (hd). **Alamy Stock Photo :** James Brittain-VIEW (bd). **304 Getty Images :** FETHI BELAID (hg). **Alamy Stock Photo :** UPI (hd). **Getty Images :** John van Hasselt - Corbis (bg). **Alamy Stock Photo :** Pool Photo (bd). **305 Getty Images :** NurPhoto (hg). **Alamy Stock Photo :** Gelia (cg) ; ZUMA Press, Inc. (cd). **306-307 Shutterstock :** faboi (hd). **306 Getty Images :** Ulrich Baumgarten (hg). **Alamy Stock Photo :** COP21 (ca) ; Shoeb Faruquee (bg). **307 Getty Images :** Kiran Ridley (cg) ; Bill Clark (bd).

Toutes les autres images © Dorling Kindersley
Pour plus d'informations : www.dkimages.com